文语方程式

主编 ◎ 包君成

副主编 ◎ 孙萍花

现代教育出版社

Modern Education Press

图书在版编目（CIP）数据

文语方程式 / 包君成主编 . — 北京：现代教育出
版社，2015.10（2022.7 重印）

ISBN 978 - 7 - 5106 - 3409 - 3

Ⅰ . ①文…　Ⅱ . ①包…　Ⅲ . ①作文课—中学—教学参
考资料　Ⅳ . ① G634.343

中国版本图书馆 CIP 数据核字（2015）第 243587 号

文语方程式

包君成　主编

责任编辑：魏　星

装帧设计：中尚图

出版发行：现代教育出版社

地　　址：北京市东城区鼓楼外大街 26 号荣宝大厦三层

邮　　编：100120

电　　话：010-64251036（编辑部）010-64256130（发行部）

印　　刷：三河市中晟雅豪印务有限公司

开　　本：710mm×1000mm　1/16

印　　张：22.5

字　　数：428 千字

版　　次：2015 年 11 月第 1 版

印　　次：2022 年 7 月第 6 次印刷

书　　号：ISBN 978 - 7 - 5106 - 3409 - 3

定　　价：68.00 元

前　言

语文到底要学习什么？

如果仔细观察，您一定会发现，这本书的名字不是"语文方程式"，而是"文语方程式"。到底语文要学习什么？这是一个仁者见仁的问题，我也想谈一谈我的理解。"文"在中国汉语中其实并不仅仅有"文学、文字、文化"的意思，还有"修饰、装饰"的意思。我认为，学习语文就是学习"文语"（装饰语言）的功夫。为什么这么说呢？因为学习语文的过程就是努力获取"装饰语言"的材料以及方法的过程。我们来看看，语文是如何对语言进行装饰的。

甲：她眼睛真漂亮。

乙：她的眼睛是两颗美丽的黑葡萄。

丙：她的眼睛是一汪幽潭。

丁：她的眼睛是一两点钟的夜。

显而易见，装饰效果越强，文学效果越明显。当然，这里的装饰不仅仅指的是"外在的装饰"（字词句的运用），也指的是"内在的装饰"（丰富的思想内涵）。所以，语文学的是什么？学的就是这样一个"装饰"的功夫，有些人可能天赋异禀比较容易掌握，有的人可能生性愚钝需要经过刻苦训练，但总而言之，"文语"的能力越强，"语文"的能力也就越强。本来，语文是一个整体，但是现在的考试把它分为了基础知识、阅读理解和作文三个部分，就现在的考试模式而言，基础知识是提供装饰的材料，作文考察的就是对语言进行装饰的能力，阅读理解考察的是把作者已经装饰好的语言进行解读的能力。

为什么叫"文语方程式"？

借用了数学里"方程"的概念，主要是想表达我的这样一个理念：语文的教学并不是飘忽无法的，文学并非完全靠感悟和熏陶，现代语文教学应该试图寻找一些类似于"方程"的东西，可推理、可代换、可依循一定的程式由已知推导未知。当然文学从根本上不可能像科学那样逻辑严密，不然就会失去文学的魅力，但就初级阶段特别是中学阶段的语文学习来说，给语文找一些相对固定的程式是必要的。在本书中，我重点与大家探讨这样两种模式，一种是现代文阅读的"法事情人"

模式，一种是作文的"模板＋升级"模式，在实际教学过程中，这两种模式已经取得了较为显著的效果。此外，为了方便学习，本书还添加了比较系统的基础知识供参考。

学习语文的方法五花八门，最终的目的都是培养对语言的理解能力和审美能力，希望《文语方程式》能够带你走进一个从未见过的语文世界！

不再多说，更精彩的内容在后面。

目 录

第一篇 现代文阅读

第一篇　现代文阅读

第一章 记叙文之"法事情人"阅读法概述

第一节 一次"失误"产生的美丽结局
——阅读法的缘起

人们都讨厌犯错误，但有时候错误带来的结局却是非常美好的。

当时，我还是某知名美国上市教育机构的小管理者，但对于备课这件事情还是相当认真与专注的，然而对于"性格大条"的我来说，"意外"总是频频发生。某堂课开课前，我"惊喜"地发现，之前做的课件全找不着了。按说这样的意外对于任何一位经过专业培训的老师来说都不是什么难事，但终究也是一件让人很不爽的事情。于是，我只能合上笔记本，拿起白板笔，以最原始的方式给学生上课。这堂课没有了音频互动，没有了视频渲染，甚至连个辅助图片都没有。我只能发挥所有的"嘴皮子"功夫，跟学生们讲解现代文阅读理解。当时的我，对于现代文阅读理解方面还并没有自己的完整体系，只能蜻蜓点水一般地"就题讲题"，然后很随机地在黑板上写下一些关键词。"鬼使神差"地，黑板上出现了这么几个词汇："事件的概括""情感分析""人物性格与品质""手法"。我不经意地说了一句："同学们，这几个东西就是现代文阅读最重要的几个方面，为了方便记忆，咱们一起来编一个口诀吧！"接下来就是我跟学生一起编口诀，具体过程早已经模糊不清，但最后的结果是编出了一个口诀叫"法事情人"。"法"代表的是手法，"事"代表事件的概括，"情"代表的是情感，"人"代表的是人物品质。然后将这几个字谐音一下就发现是"法式情人"，有点"法式蜗牛"的味道。然后我总结了一句"以后阅读就是我们的情人了，因为是法式的，所以还是比较浪漫的"。这样，课堂部分愉快地告一段落。

越来越相信缘分这个东西，不仅仅是人与人之间，文字与人也是有缘分的。不知道为什么，虽然课上完了，但"法事情人"几个字却不停地在脑海里浮现出来。再后来，就是"法事情人"出现在了另一个班，后来就是对"法事情人"的各种扩展与解读，再后来，"法事情人"成了同学们做题的口头禅，后来的后来，所有的新教师都在培训的过程中被"法事情人"洗脑。

在中学的现代文阅读教学中，每一位老师都有自己的"绝招"，可谓"八仙过海，各显神通"。但我毫不谦虚地说，"法事情人"阅读法在"系统性"和"易掌握性"方面一定是能排上"仙位"的。写此书最主要的目的是将自己的教学成果留下"证据"，等有一天老去了，还可以骄傲地捧起当年自己的书，对子孙们说："看，这就是爷爷当年写的！"当然，还有一个目的就是希望通过这本书，帮助一部分现代文阅读理解有困难的同学，理清思路，找到一条适合自己的阅读道路。

以上部分纯粹属于个人心路历程回顾，技术含量较低，读者们可以忽略。但接下来的章节很重要，也是此书的精华所在。不想把这本书写成一丝不苟的专业教科书，一是我本身觉得文学没有必要过于严谨，二是那样的书可读性太差。但我仍然建议不要以读小说的速度来读它。

第二节　你真的知道"比喻"和"拟人"吗

——手法的解读

我们先来看一些句子，这些句子运用的是什么手法？

（1）水仙花是一位少女，亭亭地立于水边，对涟漪微笑着。

（2）看到皎洁的明月，我仿佛想到了嫦娥奔月的故事。

（3）冰心像大海。

（4）她的眼珠间或一轮，仿佛木刻似的。

在公布答案之前，我们先来看看下面的文字。

有些东西，我们习以为常，以为完全知道，其实并不完全理解。现在我以"比喻"和"拟人"为切入点，来盘点一下现代文阅读中一些看似明晰而实际上容易混淆的概念。

比喻和拟人，这个我们小学三年级就开始接触的概念，不知道被提及了多少次，可是我们真的知道吗？如果能够将下面的几个问题都回答正确，说明你对比喻和拟人的理解还是比较到位的。

问题一：比喻和拟人在概念上属于一个层级吗？

问题二：什么是"喻"？什么是"拟"？

问题三："水仙花是一位少女，亭亭地立于水边，对涟漪微笑着。"这句话是比喻还是拟人呢？

回答一：比喻和拟人不属于一个层级的概念，和"比喻"一个层级的是"比拟"。如果赋予各种手法"能量级"的话，比喻和比拟是一个能量级的。因为比拟分为拟人和拟物两大类，因此拟人的能量级小于比拟，当然也小于比喻。从小到大，我们把比喻和拟人一直作为两个并列概念解读的做法在逻辑上其实并不合理。然而，这些对于日常生活或者普通做题也许影响不大，但从思维的训练上说，这是不可忽视的。从本质上看，就在刚刚阅读以上文字的时间内，我们已经进行了一次批判性思维训练、一次分类逻辑思维训练以及一次比较逻辑思维训练。

回答二：既然知道了比喻和比拟是一个能量级的，那么什么是"喻"，什么是"拟"呢？通俗地讲，"喻"指两种东西相比较，找到共同点。"拟"指把一种东西模拟作另一种东西来写。如果这样说还不够清晰的话，我们可以再换一种更为简单易懂的说法：可以找到喻体的就是比喻，表面文字再像拟人也是比喻；反之，找不到喻体的就不是比喻，表面文字再像比喻也不是比喻。

回答三：严格地讲，"水仙花是一位少女，亭亭地立于水边，对涟漪微笑着。"这个句子是个比喻句。尽管"亭亭地立于""微笑"等充满了"拟人"的味道，但本质上，由于句子中出现了"少女"这个喻体（暗喻），它仍然是一个比喻句。当然，如果把这个句子改成拟人句的话就是这样："水仙花亭亭地立于水边，对涟漪微笑着。"同样一个句子，表达效果也没有明显区别，但从修辞手法上看却有所区别。

从文学的纬度来看，这样"学究式"的区分是没有什么意义的，但是从思维训练的角度来看，这确实是有必要的。不能不说，"分类思维"在应对现代文阅读的过程中起着重要的作用。

接下来，我们用通俗易懂的语言（这样的语言尽管不是最严谨的，但比较容易理解与接受）来区分一些容易混淆的手法。尽管这样的区分并非学术意义上的严谨的区分，但对于厘清一些现代文阅读的手法是不无裨益的。

联想与想象：联想是想到"真实发生过"的事情，在文学作品中往往表现为"回忆"。想象是想到"没有发生"的事情，在文学作品中往往表现为对未知的畅想。最典型的区分联想和想象的句子是：①看到皎洁的明月，我想到了嫦娥奔月的故事。②看到皎洁的明月，我想到了嫦娥在奔月。第一个句子是联想，因为嫦娥奔月这个"故事"是存在的；第二个句子是想象，因为嫦娥奔月这个"事件"是不存在的。

比喻与象征：比喻是把一种"具体"的事物和另一种"具体"的事物相关联的手法，象征是把一种"抽象"的事物和另一种"具体"事物相关联的手法。例如冯骥才缅怀冰心的文章《致大海》中的"大海"就是一种象征，因为冰心博大的胸怀是抽象的，而大海是具体的，用大海来象征冰心博大的胸怀非常契合。但如果认为这是一个比喻，把"冰心"比喻成"大海"的话，我们必须要找到冰心这个具体形象和大海的共同点，莫非冰心的脸是蓝色的？莫非冰心的头发如礁石？显然不可能。我们常说"她像大海一样博大"的时候，其实是口语上的一种省略，正确的说法应该是"她的胸怀像大海一样博大"。

比喻与夸张：我们来看看这句话"她的眼珠间或一轮，仿佛木刻似的"，这是个比喻句还是夸张句呢？这是一个夸张句。虽然出现了"仿佛""似的"等看似像"比喻词"的语言，但从头至尾我们并未发现任何"喻体"，没有喻体的句子不可能是比喻句。

托物言志、借物喻人与借景抒情：这三个概念从属于一个范畴，但有细微的差别，从字面上我们就可以进行区分。"托物""借物""借景"三个词区别并不大，区别在于"志""人""情"上。托物言志往往强调自我肯定，借物喻人往往强调对他人的肯定，"托物言志"必须有"志"，借景抒情只需有"情"。因此，"床前明月光"就是借景抒情，"化作春泥更护花"就是托物言志。

烘托、衬托与对比：通俗地讲，烘托是只出现陪衬的事物，不出现主体的事物，通过对陪衬事物的描写侧面突出主体事物的特点；衬托是陪衬事物和主体事物均出现；对比是出现两种事物进行比较，不区分谁是陪衬谁是主体，它们的比较不是为了突出谁，而是通过比较本身来表现主题。比如"朱门酒肉臭，路有冻死骨"并没有想突出"酒肉臭"或"冻死骨"，而是通过这样的对比来描绘现实的残酷。"东船西舫悄无言，唯见江心秋月白"就是通过描绘环境表现出音乐的美好，在句子中音乐并未出现，因而是烘托。"天姥连天向天横，势拔五岳掩赤城"，句子中出现了天姥山，也出现了五岳，但五岳是为了凸显天姥的高耸，因而这个叫作衬托。

借喻与借代：借喻是比喻的一种，能找到喻体和相似点，而借代往往是用某一种"物"来指代拥有或佩戴这种"物"的一类人。比如"奶奶，我的名字叫作红领巾"，红领巾就是借代，指的是少先队员，因为少先队员要佩戴红领巾，类似的还有"绿军装""白大褂"等，最典型的借代就是"巾帼"和"须眉"。巾帼是古代女子的头饰，因此用来指女性，须眉是男士的专利，所以指男性。总之，借代就是用一种典型的"物"来指某一个或某一类典型的人。"要扫除一切害人虫"，害人虫是借喻，比喻像害虫一样的敌人。其实，借喻和借代是两个完全不同的概念，除了字面上看着比较相似以外，几乎没有什么共同点。

第三节 "前置性"的内容概括

——最容易忽略的是"事"

先不解释任何概念，来看看几个现代文阅读的例子。

例1

铁血将军戴安澜

①1942年的一天，陕北延安的一间窑洞里，中国共产党最高领导人毛泽东惊悉名将陨落的消息，奋笔疾书挽诗一首："外侮需人御，将军赋采薇。……"诗里提到的将军，就是刚刚牺牲在抗日战场的国民革命军第5军200师师长戴安澜。

②将军安徽无为人。少时勤奋好学，曾师从桐城名士周绍峰，后又追随教育家陶行知，深受陶先生爱护平民思想的影响。1924年，将军以一介文弱书生报考黄埔军校，因体能测试不过关未能成功。此时他已立志投笔从戎，救国救民，遂报名参军锤炼自己，经过两年严格的军事训练后再次报考黄埔军校，被顺利录取为第三期学员。

③毕业后，将军经历了包括台儿庄战役在内的多次战争，因战功卓著步步晋升。35岁时，升任国民革命军第200师师长，少将军衔。200师是中国第一支机械化部队，为了找到它最适合的战术，将军冲上前线观察日军如何作战，不幸暴露了目标，被日军火力封锁在掩体内长达两个多小时。其间，他一直静静地趴在那里，细数日军的枪声，最终弄清了日军的坦克与战车、机枪与步枪是如何协调作战的。将军不仅胆识过人，战场上身先士卒，还十分有谋略，治军有方。他发明了很多简短有效的战术，制订了严格的军事考核方案。很快，200师就成为让日军闻风丧胆的王牌师。

④1939年年末，将军奉命镇守广西昆仑关，昆仑关地势险要，历来为兵家必争之地。当时同盟国支援中国的物资85%都要经过昆仑关运输。因此在日军眼里，昆仑关就是中国的命脉，占领它就切断了中国的补给线。战斗一开始，日军就动用了最精锐的部队，不惜血本想赢，可他们遇到了戴安澜。两天时间里，昆仑关两次易主，战斗极为惨烈。最后，是将军率领将士用大刀劈开漫山遍野的铁丝网，一点点清除日军设下的障碍，以血肉之躯向日军步步逼近，才最终赢得了胜利。

⑤战后，人们到医院看望受伤的戴安澜，但他却没把自己的伤放在心上，表示"流血是军人之分，恨不能扬威国外"。而没过多久，机会就来了。1942年年初，为了支援盟军在中印缅战场对日本法西斯的战争，中国十万远征军挥师入缅，准备御敌于国门之外。200师作为先头部队进驻缅甸同古。同古是南缅平原上的一座小城，战略地位十分重要，可它既无天险可守，又缺乏防御工事。强敌当前，将军带领军队日夜抢修，积极布防。

⑥很快，200师就与日军在同古城外交火了。战斗一开始就极为惨烈，日军动用数倍于200师的兵力，对同古城展开了疯狂的进攻。上有飞机轮番轰炸，下有重炮持续猛击，阵地被炸成一片火海。将军始终屹立在阵地上，从容自若地指

挥部队利用抢修好的坑道式掩蔽所灵活地阻击敌人。鬼子炮轰，就钻入坑道；鬼子步兵进攻，便从坑道杀出，杀得鬼子人仰马翻。鬼子退入丛林，就发射燃烧弹，烧得他们哭爹叫娘；鬼子开动坦克攻击，就用手榴弹炸毁坦克。战斗进入白热化阶段，日军的进攻越来越猛烈。在军官会议上，将军缓缓站起，用凝重而略带沙哑的声音留下遗言："余奉命固守同古，余战死，以副师长代理；副师长战死，参谋长代理……"将有必死之心，士无贪生之念，全军士气大振。在随后的战斗中，200 师英勇地与敌人进行过白刃战，机智地应对过敌人的毒气弹，顽强地与敌人展开了周旋。最终，日军血流成河，尸横遍野，同古城安如磐石。

⑦同古之战，200 师以罕见的勇气和智慧阻击了数倍于己的日军精锐部队，战果震惊世界。英、美各国均大幅报道了将军的英雄事迹和伟大壮举，中国军队赢得了国际声誉。然而，形势对于孤军作战的 200 师来说，正变得越来越严峻：援兵被阻，供应断绝，官兵精疲力竭……激战 12 天之后，将军不得不率部突出重围，留给日军一座空城。随后，将军奉命顺利收复了另一战略要冲棠吉，但日军也已追上来并迂回到 200 师后方，切断了将军的退路。

⑧此时，200 师要么以难民身份进入印度，要么冲破日军的五道封锁线回国。将军断然拒绝了前者，他说："我生为中华军人，死为中华雄鬼，宁愿与日寇战死，决不苟且偷生。"将军率领仅存的 6000 余名官兵进入缅北野人山，他要带着将士们回家，回中国。不幸的是，在冲过最后一道封锁线时，将军身负重伤。此时，部队缺医少药，断粮断炊，缅甸又正逢雨季，将军的伤势迅速恶化。1942 年 5 月 26 日凌晨，将军吩咐部下为他换装整容。此时，苍穹寂寥，月暗星稀，唯北斗星依稀可辨。将军遥望天际，久久不语，眼角涌出一颗大大的泪珠……下午，将军的心脏停止了跳动。临终前将军已不能言，只是用手指向北方——祖国的方向。一代名将就此陨落，风云为之变色，山河与之同悲！斯时，将军英年 38 岁。

⑨其实，在率部踏出国门之时，将军就已做好了牺牲的准备。他在给妻子王荷馨的遗书中写道："现在孤军奋斗，决以全部牺牲，以报国家养育！为国战死，事极光荣，所念者……你们母子今后生活，当更痛苦，但东靖澄簟四儿具极聪俊……"这里的"东靖澄簟"指的是将军的四个子女：覆东、靖东、澄东、藩簟，他们的名字寄寓了将军期望覆灭、平靖、澄清东洋鬼子，筑起抵抗鬼子入侵的藩篱的决心。将军对日本侵略者的仇恨，以及他的拳拳报国之心，由此可见一斑。将军夫人王荷馨，名字也是将军取的。当时，将军已从黄埔军校毕业，在北伐军司令部任连长，王荷馨是他在老家定下的还没过门的媳妇，是个旧式的农村妇女，连名字都没有，但将军照样把她接到部队上完婚，并且不离不弃，直到他为国捐躯。婚后，将军还一直鼓励妻子学习，她是他心上盛开的荷花，纯洁美丽。

⑩魂兮归来！将军灵柩经昆明、贵阳、桂林、运抵广西全州。沿途民众迎祭忠烈，沿街跪拜，挥泪如雨。国民政府颁布命令，表彰将军"视死如归，悲

壮激烈，临阵不退，见危甘蹈"，并追赠陆军中将。同期，美国总统罗斯福为表彰将军的功绩，特签署褒奖令，高度评价将军"在 1942 年缅甸作战中，著有丰功伟绩，声誉卓著。"

⑪ "策马奔车走八荒，远征功业迈秦皇。澄清宇宙安黎庶，先挽长弓射夕阳。"这是将军在远征缅甸途中写下的诗句。如今读来，将军当年豪气万丈，策马扬鞭，率领 200 师雄赳赳气昂昂奔赴缅甸的情景仿佛就在眼前。抚今追昔，斯人已去，忠骨永存。愿将军安息！

在这篇阅读中，问了这样一个问题：请说说文章第⑨段对刻画戴安澜将军形象起到了什么样的作用。（3分）

如果你的答案是这样：侧面写出了将军的拳拳报国之心和对家人的牵挂。

你将被扣除 1 分。原因是没有概括第⑨段的"事件"，即第⑨段内容。

更为合理的答案应该是这样：第⑨段通过记叙将军的遗书，将军给子女命名，将军善待妻子，不仅揭示出将军的拳拳报国之心，而且也可看出他对家人的牵挂和爱，使将军形象更为丰满感人。

可见，"事"的概括在现代文阅读答题中的重要性，而在平时教学过程中我也发现，很多同学往往不注重"事"的概括而被扣了很多"冤枉分"。

为了加深印象，咱们再来看一个例子。

例2

枣糕张
（孟宪歧）

①柳河村不大，却有名。因为村里有个枣糕张，做的枣糕独具风味，许多人慕名来尝，尝过便成为枣糕张的老主顾。主顾越来越多，做枣糕的却就他一家，便出现了供不应求的局面。可是，许多年来，没有别的人家敢做枣糕。

②枣糕张的手艺是从他爸爸那里学来的，他爸爸是从他爷爷那里学来的。反正，到枣糕张这儿已经是五代单传了。枣糕张叫什么名字，大家都忘了，只知道他姓张，会做枣糕，天长日久，便唤作枣糕张。

③枣糕张的枣糕为啥这样有名？

④先说柳河。柳河可是一条好河，两岸肥田沃野，盛产稻米。别人种水稻，枣糕张只种粘水稻，别人家一亩地收 500 斤，他家一亩地只收 200 斤，虽说产量低，但他把粘水稻做成枣糕，结果比别人挣的钱还多。后来，在他的带动下，有些乡亲也种粘水稻，秋后卖给枣糕张，枣糕张收购的价格比别处的贵，种粘水稻比种水稻划算，种粘水稻的人越来越多。枣糕张只用柳河沿岸的粘水稻，别处的一概不用。

⑤再说红枣。枣糕张的红枣很讲究，只用沧州的金丝小枣。每年秋天他都去沧州买枣，他买枣时要求极严格。枣糕张总是把手伸进麻袋里，随便捧出两大捧，不挑不选，挨个儿扒开看，扒开100个，如果有两个有虫的枣，他便说："百里挑二，不行，非得百里挑一！"不管买与不买，最后他都把那扒开的枣用秤一约，给钱便走。

⑥最后说蜂蜜。蜂蜜是蒸枣糕必不可少的原料，唯有荆芥的花蜜最好，因为荆芥蜜有一股清新的味道。枣糕张每年要买上百斤好的荆芥蜜，他把金丝枣用清水洗好，把枣放进荆芥蜜桶里。每天蒸枣糕时，撒一层粘稻米，撒一层蜜枣，一共要撒三层米两层枣。那粘稻米必须用清水浸泡10天，才可用。这样，蒸出来的枣糕三层雪白如玉，两层淡黄如金，吃起来又粘又甜又香，让人吃了还想吃。

⑦柳河村虽然只有200多户人家，但喜欢吃枣糕的人不少。枣糕张每日仅做30斤粘稻米的枣糕，多了不做，卖完为止。配料非常严格，30斤粘稻米，要放上3斤蜜枣，一点儿都不能少。有些人想吃却没买到，就劝枣糕张说："你多放些米，不就多蒸了吗？我们有吃的，你又多了收入，岂不两全其美？"枣糕张却说："米放多了，就保证不了味道了。"

⑧有一年，枣糕张病了，没人做枣糕，就有邻居学着枣糕张的做法，做了枣糕出去卖，第一天卖光了，第二天一点儿没卖出。家里亲朋好友足足吃了两天。吃过的人说："虽说也有枣糕的味儿，可跟枣糕张的比，差远啦。"

⑨枣糕张每日四五点钟起来，8点多钟枣糕就蒸好了。媳妇帮他把枣糕放在手推车上，用三层洁白的细纱布罩好，再把一个半尺长的小铁罐挂上，里面装上半罐清水，一把锃亮的小刀放进铁罐里，把盖拧紧。枣糕张就推着手推车，"吱吱呀呀"出了家门。而后，村中便响起了他那浑厚的嗓音："枣——糕！""枣"字拉得极长，"糕"字极短。有人来买，讲好价钱，枣糕张先把买者的碗盘用秤约约，记好斤两，便从推车的把上拧开铁罐，掀开纱布，露出小小的一块来，把刀沾上水，上下左右迅速一切，用碗或盘一接，放在秤盘上一约，保准只多不少，从不再割第二刀。

⑩柳河村的赵根，爱吃枣糕张的枣糕，但对他的一刀切，心存疑虑。有一回，他买了一斤，一刀切下去后他怀疑地看着，枣糕张只冲他笑笑。他回家用天平一称，510克，多出了10克。第二天，他又买了一斤，回家用天平一称，511克，多了11克。赵根算是服了枣糕张。

⑪为了能吃上枣糕张的枣糕，许多老主顾一大早就等候在枣糕张家。闲谈中，有人说："你应该申请专利了。"枣糕张嘿嘿笑："申请那玩意儿干啥？这东西谁都能做。没啥可保密的。"

⑫枣糕张凭着卖枣糕，修缮了房子，还买了一辆三轮车，专门用来卖枣糕。村里人背后议论："枣糕张做生意太固执，不灵活，要不早发啦！"枣糕张听后依旧笑笑："我自有我的规矩！"至今，柳河村也只有枣糕张卖枣糕。

问题是：请简要分析文章第①②两段的作用。（3分）

如果不注意"事"的概括，答案可能是这样的：设置悬念，引发读者的阅读兴趣，为下文介绍枣糕张严守规矩做铺垫。这样的答案将被扣除2分。

更为适合的答案应该是这样的：①介绍枣糕张的枣糕独具风味，供不应求；说明枣糕张得名的由来；枣糕张的手艺是五代单传。②设置悬念，引发读者阅读兴趣，为下文介绍枣糕张严守规矩做铺垫。

总结一下，"事"的概括并不是现代文阅读中的难点，却容易被忽略，因此，在具体答题时，一定要在脑海中牢牢地记住，是不是已经进行了内容的概括，即"事"的概括。

当然，在做一些别的现代文阅读文章时，你还有可能遇到类似于这样的情况，以下举几个例子供参考：

（1）简要分析加点词"颤抖"所表达的情感。

答案一：加点词写出了主人公激动的心情。（没有进行"事"的概括）

答案二：加点词写出了主人公在见到了多年未见的老友时激动的心情。（更合理）

（2）从文章第八段能看出主人公怎样的性格特点？

答案一：第八段写出了主人公善良、质朴的特点。（没有进行"事"的概括）

答案二：第八段通过写主人公帮助孤儿，体现出其善良、质朴的特点。（更合理）

（3）文末作者"敬佩"的原因是什么？

答案一：作者因为艺术家谦逊、严谨的高尚人格而感到钦佩。（没有进行"事"的概括）

答案二：艺术家从不接受任何颁奖、对自己的作品反复修改等情节体现出其谦逊、严谨的高尚人格，作者因此而敬佩。（更合理）

（4）结合全文内容，说说你的感悟是什么？

答案一：我的感悟是，任何人都应该直面自己的错误并勇于改正。（没有进行"事"的概括）

答案二：文章写了一个失足青年在出狱后重新树立人生的理想，边写忏悔录边帮助弱势群体的故事，我的感悟是任何人都应该直面自己的错误并勇于改正。（更合理）

通过以上的例子，相信各位已经明白了什么叫作"前置性"的内容概括，通俗地讲，它就是在回答"人物情感""人物品质"或"作用""原因""感悟"之前，要先进行内容的概括。

从逻辑思维的角度看，"前置性"的内容概括即"事"的概括是非常合理的，因为任何的"情感"也好、"品质"也好、"作用"也好、"原因"也好，都是以一定的内容为基础的，都是以"事"为基础进行的分析或升华。

第四节　作者的情感我们不得而知

——"情"源于文本

先来看一个曾经引起热议的案例——

2009 年，毕业于清华大学的女生周劼人在博客上发表了一篇名为"我的文章成了高考题，而我却不会做"的文章，文章的大意是自己的文章《寂寞的钱钟书》成了 2009 年福建省的高考题阅读，但作者"做完题目，我对了对答案，除了第一个选择题，我拿了 1 分外，其余全错"。作者在博文结尾写道："两个问答题，出题老师比我更好地理解了我写的文章的意思，把我写作时根本没有想到的内涵都表达出来了，将我的文章进一步'做大、做强、做好'了。我的文章在出题老师这种高超的二次加工艺术中，就变成能'代表先进文化'的了。很好很强大。"

这样的事件不得不引起我们的思考，所谓的"现代文阅读题"到底在考查什么？这样的考试题是不是真的"无病呻吟"？

我个人的观点是：现代文阅读题考察的并不是对原作者意图的揣测，也不是对出卷老师意图的揣测，而是从文学创作的角度对文本意思表达的各种赏析。这样的阅读题考查的是一种"文学研究能力"。这就好比苹果从树上掉落的时候，苹果自身并不知道为何会掉落，而具有科学研究能力的牛顿却从中得到了启示。同样，作者在写文章时随手写出的一个词，他本身也许并未在意，但这并不代表这个词从文学的角度不值得品味。所以，不是出卷老师把作者的文章"做大、做强、做好"，而是出卷老师发现了作者未曾关注的"大、强、好"。正如"大漠孤烟直，长河落日圆"，对于王维在写这两句诗的时候是出于斟字酌句的思考还是信手拈来的灵感，我们已经不得而知，对于王维为什么要用"直""圆"二字我们也不得而知，也许王维也没有想到他随手写的十个字竟然引发了后人成百倍字数的评论。如果王维还活着，会不会也写一篇博客题为"我的诗歌被用作高考题，而我却不会做"的博文呢？所以，作者的原意已经不重要了，重要的是这两个字确实给后人以强大的审美启发。从语文教学的角度看，语文教学的目标之一是培养学生这样一种能力：从平凡的文字中体会出不平凡的意义——这难道不是文学思维或者审美思维中很重要的一方面吗？只要这种"从平凡中寻找出不平凡"的思维不走极端（走极端的表现是无原则地进行歌功颂德式的挖掘和宣传），而目前的语文考试中，阅读题并没有走进这样的死胡同。

我在教学的过程中一直非常重视思维的重要性，如果一开始的思维就是错误的，那么所有的讲解或练习都将是无意义的。通过上面的文字，我相信我已经解释清楚了我们做阅读题的意义所在。既然做题不是揣测作者原意，也不是揣测出卷老师的意图，那么我们唯一的工具就是"文本分析"了。其实，这样问题反而变得简单起来，我们可以抛开所有的杂念，一心分析文本，从文本中得到作者的情感。下面简单介绍一些常见的通过文本来发现作者情感的方法。

（1）通过环境描写体会情感。

如果出现了环境描写，一定会有作者情感，在考试中常见的有三种：第一种通过描写明朗的景色表现轻松愉悦；第二种通过描写灰暗的景色表现悲伤痛苦；第三种通过描写静雅的景色表现平静安详。

（2）通过人物细节描写体会情感。

考试中可以通过人物语言的用词、语气（体现在标点符号上），人物动作的用词、急缓，人物神态的描绘、变化等方面体现寻找情感的切入点。

（3）通过抒情议论句体会情感。

一般某件事叙述完毕的时候比较容易出现抒情句或者议论句，文末的抒情句和议论句往往是考查的重点。

（4）直接从文中"照抄"或"近义词替换"。

很多时候，出卷老师会非常"善良"，答案就在文章中，只要静下心来寻找，或者答案就在文章中，有时候用近义词替换一下就是答案。

（5）注意积累"情感词"。

平时做题的意义之一就是积累一些常见的情感词，这样才能避免"心中有、笔下无"的窘境。下面罗列一些常见的情感词（以下词汇按照积极程度从高到低排列，这也是一种思维方式和记忆方法）：激昂、兴奋、得意、敬佩、赞美、羡慕、快乐、陶醉、幸福、感动、理解、牵挂、从容、紧张、侥幸、无奈、遗憾、担忧、自责、悲伤、烦躁、惊慌、嫉妒、批评、痛恨。

第五节　为何老师是最伟大的"典型"

——"人"的类型叠加

人性本就复杂，伟大文学作品中的人性尤为复杂，幸而我们面对的只是初中阶段的文学作品，在这一阶段的考试中，我们面对的人物类型比较简单，或者说比较"模式化"。"模式化"的人物的叠加构成"复合型"人物，因此从逻辑上讲，要理解初中阶段现代文阅读的"人物形象"并不是一件特别困难的事情，只要将人物类型合理分类、循序渐进，还是比较容易掌握的。初中阶段涉及的人物常见类型分为以下三大类。

第一类：亲人。

这类人物形象可以概括为两句话：对子女无私而独特的爱、对生活苦难的默默承受。是朱自清的《背影》，是龙应台的《目送》，是梁衡的《母亲石》，是典型的中国式家长。在这类文章中，父母也会出现专断、严厉甚至愚昧，但最后都化为一股血浓于水的真情，所有的矛盾都冰释为自责与愧疚。抓住了这一点，就抓住了"亲情"主题的文章的核心。

第二类：伟人。

相对于亲人，"伟人类"就显得比较复杂，因为我们不得不将"伟人"进行再次细化分类，大致分为军人、艺术家（作家、画家、音乐家等）、国家领导人三大类，回忆军人类如《望柳庄》《铁血将军戴安澜》，回忆艺术家类如《戴袖套的孙犁先生》《白梅无价》《忆冼星海》《文哲季羡林》《致大海》，回忆国家领导人类如《与周总理的两次见面》。在这三类中，回忆"艺术家"的文章占据了绝大部分，最典型的模式是通过回忆的方式，由一位"在世"的艺术家回忆对他有过影响的"过世"的艺术家，通过对其生命中大事小事的娓娓叙述，表现一位"伟人"应有的品质。有别于"传记"或"回忆录"，这个类型的文章只选取具有"正能量"的事件进行展示，对于不能展现伟人所谓"伟大之处"的事件会进行删减。例如，如果文章写的是齐白石，一般是赞扬齐白石对于艺术的孜孜追求，对于生命的独特感悟，而齐白石个人情感和婚姻生活部分不太可能出现在初中阶段的现代文阅读中。

因此，在具体的答题过程中，我们可以大胆地推断这些伟人的品质，因为这些品质都是伟人"应有"的品质。如军人"应有"的品质是：果断、刚强、勇敢、机智、沉着等；艺术家"应有"的品质是：艺术造诣高、作品贴近生活、为人儒雅有原则等；领导人"应有"的品质是：工作繁忙、深入群众、平易近人、维护民族尊严等。

第三类：路人。

这里所谓的"路人"指的是亲人和伟人以外的人物类型，在以小说为体裁的现代文阅读中最为常见。这类"路人"种类繁多，从工人到老板、从乞丐到富豪、从失足青年到成功人士，但都有一个共同点就是人物品质围绕真善美进行"职业化体现"。如现代文阅读《种春风》讲述了一位其貌不扬的农民给一位父母去世的小女孩汇款的故事，其间穿插"我"对老人的不屑、误会等情节，展现出一位中国农民的纯朴善良。再如《善良的心》通过讲述一位海参养殖场的工人"报恩"的故事，赞扬了企业老板的善良和普通工人知恩图报的品质。所以，遇到这种类型的现代文阅读时，一方面要结合主人公的职业特点，另一方面也要结合人性中的真善美进行人物特点分析。

那么什么是"人"的类型叠加呢？通俗地说，由于文章中的人物往往并非一重身份（如身为艺术家的母亲，当工人的父亲），在分析人物特点的时候我们要把多种人物特点进行叠加。如《文哲季羡林》中，季羡林先生就"扮演"了多重身份，第一重是学者，第二重是老师，第三重是挚友，那么他的人物特点就应该是这三重身份的叠加：对学问一丝不苟，对学生关心爱护，对朋友尊重。

　　我常常跟学生们"戏说"，世界上最伟大的典型就是老师：既具备慈母般的无微不至，又有严父般的一丝不苟；面对调皮捣蛋的学生需要军人般的勇敢机智，面对"学霸"需要艺术家般的高深造诣；既有领导人般的繁忙工作，又有普通百姓的乐观豁达。可见，将老师称为"灵魂的工程师"是恰如其分的。

第二章 "法事情人"在记叙文八大题型中的运用

对记叙文阅读的要求一般有以下几点：

（1）整体感知文章的主要内容，把握文章的中心。

（2）理解文章段落之间的关系，理清文章思路。

（3）体味和推敲重要的词句在语言环境中的意义和作用。

（4）对文章的内容和表达有自己的心得，能结合材料对相关问题进行探究。

（5）了解叙述、描写、说明、议论、抒情等表达方式在文章中所起的作用。

（6）欣赏文学作品，能有自己的情感体验，初步领悟作品的内涵。对作品的思想感情倾向，能联系文化背景做出自己的评价；对作品中感人的情境和形象，能说出自己的体验；品味作品中富有表现力的语言。

第一节 最难的题与最简单的题

——"赏析"题

[说说]

说赏析题是最难的题是因为提问方式比较"抽象"，不太容易抓住答题要点，说它是最简单的题是因为此类题型的答题模式是最为固定的，按照"法事情人"四步走：找到需要赏析的手法，概括文本内容，体会蕴含的情感，指明人物特点。

[答题思路]

（1）读题干，判断题型，明确赏析对象。

（2）罗列答题要点（手法、事件、感情、人物特点）。

（3）根据答题模板组织好答题语言。

例题 1

又临黄河岸

①不知为什么，每当我看到黄河，眼中常渗出热泪。

②大约是少年时候的记忆老盘旋在我心里吧！那时，日寇的铁蹄践踏着中华大地，俯冲的敌机，飞落的炮弹，爬满火车顶的难民……我被大人们塞进闷死人的车厢，暗夜中逃过黄河。在渭水之滨的山村里，我捏紧小拳头，眼里闪着泪星儿，跟流亡的大学生们学唱那首悲愤的歌："风在吼，马在叫，黄河在咆哮！……"

③直到新中国成立后，我才第二次看见黄河。火车北上，欢腾地驶过新生的中原。当列车员告诉乘客们，火车就要跨过伟大的黄河的时候，我急忙把前额贴在车窗上，看浩荡的浊流沉着而有力地漫过大地。一瞬间，我的眼睛润湿了，我胸中涌出了那首崇高的歌："啊，黄河，你是中华民族的摇篮！"

④大前年的秋天，我去访问呼和浩特。好友邀我一道去登大青山。汽车盘旋而上，窗外掠过如花的红叶和挺秀的白桦林。一路上，好友给我说了好些抗日战争时期蒙、汉人民并肩战斗的故事，那昔日的厮杀声和马蹄声，犹在耳边。车停在山巅，他遥指苍莽的土默特平川，深情地说："看，黄河！"可不，远处不就是我久违的黄河吗？像一根不见首尾的丝带，云中而来，雾中而去，千回万转，把我的无尽思绪缠入过去，引向未来。

⑤去年夏天，我又临黄河岸。不是在北方，而是在四川的若尔盖大草原。

⑥谁都知道，四川省属于长江流域。可粗心的人们不曾留意，这巴山蜀水，却也属黄河的版图。黄河，这万水之父，来自巴颜喀拉山，奔过青海高地，急转直下，轻轻地、轻轻地擦过川西北的边缘。

⑦我来到若尔盖的辖曼牧场，一下车，就央告牧场的同志，快带我去看看黄河。于是备马置鞍，牧场的副场长求吉同志，热心地伴我同行。

⑧马蹄溅溅，踩过一条小溪。前面是一大片数千亩的人工草场，种植着披碱草、燕麦和紫花苜蓿。求吉告诉我，眼下这寂静的草原，也曾有过一番沸腾的景象：为建设美好家园所激奋的牧民们，用拖拉机的队列翻起了亘古沉睡的处女地，播下优良草种，造就了这草原上的草原。正是由于近年来他们狠抓草原建设，牲畜才摆脱了靠天吃草、夏足冬欠的困窘，更快地繁衍起来。

⑨看四处，牧草高及马胸，繁花美似彩毡。这是草原牧民用辛勤的汗水描绘出来的美景。肥美的牧草，让马儿走到这里，也只恋着埋头吃草，却把我们搁在马鞍上。我想着心中的黄河，于是扬起马鞭，马儿跃过沟渠，直奔一带浅山。

⑩求吉先登上山头，他翻身下马，欢叫着对我招手："快，快来看！"

⑪啊，黄河，我又一次，又一次看到了你！

⑫千里草原上，从天地相接的远方，迂回曲折，慢慢悠悠地走来了黄河。没有奔腾的激浪，没有啸叫的怒涛，安详、舒展而从容不迫。这里河面不过百十来米，两岸像刀削般整齐；那深沉的河水，呈现着淡淡的绿色，清晰地映出白云的影子。黄河，似乎在沉思，在暂时地歇息，在默默地积蓄力量，在期待着明天的奔腾……

⑬是这样的吗？黄河！此时此地，你多像我们中华民族的今天。我们黄河的子孙们，经历了多少苦难和欢欣，黑暗和光明，失败和胜利……空前浩劫的十年，把我们民族的元气几乎耗尽，留下了贫穷、迷惑、创伤和艰辛。哀叹吗？不！那是弱者的声音。我们需要的是智慧的目光，是积淀的力量，是航机起飞前的滑行，是健将跳高前的一顿……正如这黄河的沉思、歇息、积蓄和期待！

⑭沿着黄河岸，我和求吉并辔而行。黄河在草原上流，也在我的心上流着。这沉着而有力的洪流，冲去我胸中的痛苦和哀伤。我不由得昂奋而自豪了。啊，我们伟大的、多难却不败的中华民族呀，纵然是身负贫穷落后的重荷，纵然是一步一个艰辛，但却更加紧密地团结着，凝聚着无尽的力量，坚韧顽强地向着光明、富足，向着最美好的未来走去！

⑮哦，我眼中又渗出了热泪。我心中颤动着昔日和今日的颂歌：啊，黄河，我们祖国的英雄儿女，像你一样的伟大坚强！伟大坚强！

（选自《改革开放 30 年散文选》，有删改）

问：文章中有许多句子写得很精彩，请你从文中自选一句，作简要赏析。（不超过150个字）（5分）

[解题思路]

（1）根据提干中"赏析"二字可判定是赏析题，由于题干中对于赏析的角度并没有限定，所以选择相对简单的"修辞手法"进行切入比较好。

（2）因为要写150字，所以选的句子最好不要太短，因此找到了"像一根不见首尾的丝带，云中而来，雾中而去，千回万转，把我的无尽思绪缠入过去，引向未来"这一句。

（3）找修辞手法，补写答题模板"这句话运用了×××的修辞手法，生动形象地写出了×××事物×××特点，表达了作者×××感情"。

（4）因为这道题的分值是 5 分，所以单答修辞是不够的，还要找这句话中好的动词和形容词，然后按照"×××词×××样地写出了×××事物×××特点，表达了作者×××感情"这种句式答题。

[答案示例]

"（黄河）像一根不见首尾的丝带，云中而来，雾中而去，千回万转，把我的无尽思绪缠入过去，引向未来。"作者把黄河比作"不见首尾的丝带"，形象地写出了黄河蜿蜒绵长的流动之形；又用"缠"和"引"将黄河"云中而来，雾中而去，千回万转"之态与对往昔的回忆和对未来的畅想巧妙地结合，表达出作者的无限感慨。

例题2

向一棵梨树下跪

①在我们滇西老家有句俗语："今年掰枝丫，明年吃泥巴。"意思是说在采摘果实的时候，不能把生长果实的树枝一起掰断，否则来年就没有果实吃了。这句话除了劝导人眼光要长远外，还给人一种感恩的教育，因为果树为你结出了果实，你不能伤害它，而是应该尊重它、善待它。

②小时候，爹就经常在我耳边唠叨这句话。我始终认为，这与我家院里那棵蜂糖梨树有关。我家那棵蜂糖梨树，每年都会结很多的梨。爹在摘梨时，一边教着我"今年掰枝丫，明年吃泥巴"，一边小心翼翼地施展每一个动作，仿佛怕弄伤树枝似的。丰收的梨除了供家人吃外，其他的都被爹装在箩筐里，背到街上去卖了，然后又买回家里一年所需的煤油、火柴、盐巴……

③爹说，这棵蜂糖梨树是娶妈那年栽下的。我没想到，目不识丁的爹还有这样的浪漫情怀，只可惜命运总喜欢捉弄人，在我5岁那年，妈就因病撒手离开了我们。在凄苦的童年记忆里，只有当秋天来临，院里那棵梨树挂满了光润甘甜的蜂糖梨时，才能让我欢快雀跃。我至今还记得，年幼的我蹦蹦跳跳地在梨树下，手指在挂满枝头的蜂糖梨上指来点去，嘴里不停地嚷嚷："要吃这个，要吃那个……"爹就顺着我手指的方向，把一条高板凳端过来，端过去，人也不停地站上去，跳下来，摘了一个又一个，折腾得满头大汗也顾不上擦，直到我满意后才罢休……

④在爹的呵护下，我很快长到了会摸鱼捉虾、爬树掏鸟的年纪。那年秋天，一次趁家里无人，我带领几个小伙伴进了院子，然后便很麻利地爬上树去摘蜂糖梨给大伙儿吃。为了讨好大伙儿，我一心想去摘那几个长得特大的梨。不料，我刚爬过去，那枝丫便"嘎吱"一声断了，我几乎是半摔半跳地落在了地上，惊出了一身冷汗，好在并没有受伤。

⑤看着一大杈树枝倒垂下来，蜂糖梨滚得到处都是，我吓坏了。爹不止一次说过："今年掰枝丫，明年吃泥巴。"现在一大杈树枝都折断了，明年的蜂糖梨一

定是一个也吃不着了，我难过极了，泪花不停地在眼眶里打转。小伙伴们也呆呆地看着我，不知所措。我无奈地冥思苦想了一会儿，颤声对他们说："今年掰枝丫，明年吃泥巴。要想明年吃梨的话，看来只有给梨树娘娘磕头请她原谅了。"我不知道自己为啥要称梨树为"娘娘"而不是"倌倌"，也许是美丽的梨花于我是一种女性的象征吧。小伙伴们听从了我的提议，一个个跪在梨树前，嘴里念着请梨树娘娘不要怪罪，明年继续给我们结又大又甜的蜂糖梨之类的祈祷话。

⑥就在这时，去田间劳作的爹回来了。看到我们一个个跪在梨树前磕头，他有些莫名其妙，等问明了原委后，爹呵呵地笑了，叫我们快起来，爹还说只要心里想着树枝快长，它就会很快地长出来，还会结很多的蜂糖梨，就像他盼着我快快长大一样。听了爹的话，我那颗悬着的心才放了下来……

⑦第二年我就被爹送进村里的小学。因为怕晒那毒辣的太阳，怕淋那肆虐的风雨，怕像爹一样整日在黄土地上不停地劳作，我一下子就喜欢上了教室，喜欢上了这个可以逃避农活与家务的场所。至于那年家里那棵蜂糖梨树究竟结了多少梨，我反倒没有什么印象了。后来我一路读书，爹也就一路跌跌撞撞地支撑着我，却从来没有任何怨言，即使在家中光景最艰难的那几年，也没有说过半句让我放弃学业的话。他总是这样苦着自己，把他所能给我的一切都不加疑虑地给了我。为了减轻爹的负担，读大学时，我总是利用假期勤工俭学，很少有时间回家。等我工作后，刚想好好回报爹时，他却因长年劳疾，猝然离我而去。

⑧出殡那天，爹的棺材静静地摆放在人声嘈杂的院子里，从城里赶回来的我长跪在他面前。泪眼婆娑中，我不经意地抬头就看见棺材后面那棵蜂糖梨树干枯的虬枝。我猛然想起此时应该是个梨果满枝的季节啊，可眼前的梨树却枝干残损稀疏，不知何年已悄然枯死。爹一直没有挖掉它，也许是想留着等我回来看一眼吧。这是我生命中第一次给爹下跪，也是第二次给梨树下跪。此时我清楚地知道，我家这棵梨树再也不可能结果实了，就像爹，再也不能在我耳边唠叨那句"今年掰枝丫，明年吃泥巴"了。

⑨我终于忍不住悲怆地恸哭起来……

问：本文的描写和议论都饱含感情，请以第③段和第⑦段的相关内容为例，作简要赏析。（不超过150字）（7分）

［解题思路］

（1）从题干中的"赏析"二字可判定为赏析题，又从"描写和议论"等字样判定赏析的对象为表达方式。

（2）在第③段和第⑦段中找出相关的描写和议论。

（3）然后填写答题模板"×××描写，写出了×××情感或中心，×××议论，表达了×××情感"。

[答案示例]

第③段描写了父亲为我摘梨子的情景，用"端过来，端过去""站上去，跳下来""摘了一个又一个""满头大汗也顾不上擦"的动作描写，写出了父亲对孩子的疼爱；用"蹦蹦跳跳""指来点去""嘴里不停地嚷嚷"的动作描写和"要吃这个，要吃那个"的语言描写，写出了我的天真，和在父亲的宠爱下的幸福感受。第⑦段用"从来没有怨言""他总是这样苦着自己，把他所能给我的一切都不加疑虑地给了我"的议论，表达了我对父亲默默付出、不求回报的感恩之情。这些描写和议论都饱含感情，表现了我对父亲的怀念与感恩，感人至深。

（共7分。结合文中描写、议论进行赏析各3分，表达1分。）

例题 3

新疆的歌

王　蒙

①在遥远的伊犁，几乎每一个本地人都会唱《黑黑的眼睛》这首歌，几乎每一次喝酒的时候都要唱这一首歌。

②喝酒和唱歌这二者，从声带医学的观点来看是互相排斥的；从情绪抒发的角度来看却是一致的。

③第一次听到这首歌是1965年冬天，在大湟渠渠首——叫作龙口工程"会战"的"战场"。我与农民们一起住在地窝子里。那里临时开了几个食堂。寒冬腊月，食堂的厚重无比的棉帘子外面挂满了冰雪，也许不是雪而是霜，食堂里的水汽从帘子边缘逸出来，便凝结成霜。掀开这沉重得惊人的门帘，简陋的食堂里热气弥漫、灯光昏暗、烟气弥漫、肉香弥漫。更重要的是歌声弥漫，歌声激荡得令人吃惊，歌声令人心热如焚，冬天的迹象被歌声扫荡光了。

④在关内的时候，我们也听过一些新疆歌曲。但是伊犁民歌自有不同之处，它似乎更散漫，更缠绕，更辽阔，没有开头也没有结尾，抒不完的感情联结如环，让你一听就陷落在那里，痴醉在那里。

⑤从此我爱上了伊犁民歌。在伊宁市家中，常常能有机会深夜听到《黑黑的眼睛》的歌声。是醉汉吗？是夜归的旅人？是星夜赶路的马车夫？他们都唱得那么深情。在寂寥而寒冷的深夜，他们用歌声传达着对那个永远的生着"黑黑的眼睛"的美丽的姑娘的爱情，传达着他们的浪漫的梦。生活是沉重的，有时候是荒芜的，然而他们的歌是热烈的，是益发动情的。

⑥后来我有几次与农民弟兄们一起喝酒唱歌的经验。我们当中有一位歌手，他是大队民兵连长，他叫哈里·艾迈德，他一唱，我们就跟，随着每一句的尾音，

吐出了无限块垒，我傻傻地跟着唱，跟着哼，却总觉得跟不上那火热的深沉与寥廓的寂寞。

⑦也有时候我不跟着唱，只是听着，看着哈里和别的人那种披肝沥胆地唱歌的样子，就觉得更加感动。

⑧1973年我离开了伊犁，1979年我离开了新疆。

⑨1981年中秋节前后我重访伊犁，诗人铁依浦江与我同行。为了将《蝴蝶》改编成电影的事，长春电影制片厂的一位导演不远万里跑到伊犁去找我，一天晚上，我们一同出席伊宁市红星公社就是公园附近的一次露天聚会。饮酒之际，请来了民间的盲艺人司马义尔，他弹着都塔尔，唱起了歌，当然，首先唱的仍然是《黑黑的眼睛》。

⑩他的声音非常温柔。他的歌声不是那么强烈，却更富有一种渗透的、穿透的力量，那是一首万分依恋的歌。那是一种永远思念、却又永远得不到回答的爱情，那是一种遥远的、阻隔万千的呼唤，既凄然又温暖。能够这样刻骨铭心地爱，刻骨铭心地思恋的人有福了，能唱这样的歌，也就不白活一世了！看不见光明的歌手啊，也许你的歌声里充满了对光亮的向往和想象！在伊犁辽阔的草原上踽踽独行的骑手啊，也许你唱这首歌的时候期待着人群的温暖！歌声是开放的，如风，如雄鹰，如马嘶，如季节河里奔腾而下的洪水；歌声又是压抑的，千曲百回，千难万险，似乎有无数痛苦的经验为歌声的泛滥立下了屏障，立下了闸门，立下了堤坝。

⑪一声"黑眼睛"，双泪落君前！他一唱，我的眼泪就流出来了！

⑫伟大的维吾尔诗人纳瓦依说过："忧郁是歌曲的灵魂。"这又牵扯到一个民族的性格问题上来了。

⑬你为什么那么忧郁？由于干旱的戈壁沙漠吗？你的绿洲滋润着心田。由于道路遥远音信难传吗？你的好马和你的耐性使你们的交往并不困难。由于得不到心上人的呼应，得不到知音？你的歌、你的舞、你的饮酒又是那样的酣畅淋漓！而你的幽默更是超凡入圣！

⑭快乐的阿凡提的乡亲们，却又有唱不完的"黑眼睛"的苦恋。

⑮我没有解开这个谜。虽然我自我标榜我对新疆、对维吾尔人的生活、语言、文字颇有了解。我至今学不会这个歌。虽然我喜欢唱歌、粗通乐谱、会唱许多歌、自信学歌的能力不差，那么熟悉，那么想学，却仍然不会唱。也怪了。

⑯就让我唱不好，唱不出这首《黑黑的眼睛》吧。唱不好，但是我知道她，我爱她，我向往她。小小的一声我就能从万千音响中辨识出她。她就是我的伊犁，她就是我的谜一样的忧郁。至少是因为告别了伊犁，至少是因为她是唯一的我又喜爱又熟悉又至今唱不成调的歌儿。

问：请举例分析作者是怎样把歌声写得生动而富于感染力的。（不超过150个字）（7分）

［解题思路］

（1）从题干中的"怎样写得"的字样可判定为赏析题，再从"歌声"一词可以判定赏析的对象是物，所以对应的方法是表现手法（铺垫、衬托、伏笔、对比、渲染、悬念、联想、想象、象征、借物喻人、借景抒情、托物言志、欲扬先抑）。

（2）定位文章描写歌声的第三段，找相关的表现手法，"掀开这沉重得惊人的门帘，简陋的食堂里热气弥漫、灯光昏暗、烟气弥漫、肉香弥漫。更重要的是歌声弥漫，歌声激荡得令人吃惊，歌声令人心热如焚，冬天的迹象被歌声扫荡光了"。

（3）从上面的语句中，不难看出用厚重的门帘，寒冷的天气反衬歌声的"令人心热如焚"，用人气弥漫、灯光弥漫、肉香弥漫来正衬"歌声弥漫"。

［答案示例］

作者运用衬托的手法生动地描绘了歌声的魅力。例如第③段中，用"寒冬腊月"的季节特点、厚重棉帘子的质感和冰雪的寒意，来反衬歌声的"令人心热如焚"；用"简陋的食堂里热气弥漫、灯光昏暗、烟气弥漫、肉香弥漫"来正衬歌声的弥漫、激荡，使我们仿佛置身于氤氲的氛围里，沉醉在迷人的歌声中，感受到满室的春意。（共7分。手法1分，作用1分，举例1分，分析2分，语言表达2分。）

第二节　打碎试试看

—— "标题相关"题

［说说］

在做标题作用题的时候，最重要的就是把标题以词语为单位"打碎"，然后分析每个词语可能涉及的内容、手法、情感和人物品质。

标题相关题包括标题含义、标题作用、标题妙处等。

［答题思路］

（1）先结合文章内容解释标题的表层含义（涉及的事件）。

（2）再结合文章的中心思想（情感和人物品质）答出标题的引申、比喻含义。

（3）如果运用了手法还要指明手法（线索、比喻、象征等）。

（4）答题模板可参考"标题运用了×××的手法，将×××象征／比喻成×××，写出了×××，表达了×××之情"。

注意：答题时，别忘加上"引发读者阅读兴趣"。

[例题精讲]

例题1

六个馒头

陈玉婵

那年，我们学校组织去千岛湖春游。

新来的李老师一宣布这个令人兴奋的消息，教室里马上被大家的喧闹声炸响。同学们纷纷问起一些关于春游要注意的事项和所交的费用等问题。最后，李老师问了一句："大家还有什么问题吗？"很长时间，没有人举手也没有人站起来。谁也没有注意到角落里来自山区的那个女孩子，（甲）她犹豫着举起手，手指颤抖着却没有张开来，嘴张了几张却没有声音。但她还是站了起来，用极低的声音问："老师，我可以带馒头吗？"一阵其实并没有恶意的笑声刺激着女孩，她的脸通红通红的，低着头默默地坐下，眼泪沿着脸颊流了下来。李老师走过去，抚摸着她的头说："你放心，可以带馒头的。"

出发的前一天，女孩子拿着饭票在学校食堂买了六个馒头，然后低着头好像做贼似的跑回宿舍。宿舍里几个女同学正在收拾春游要带的零食，一边叽叽喳喳地议论着什么。女孩子直奔自己的床，迅速地用一个塑料袋把馒头装了进去，女同学的议论声似乎小了一些，女孩子的眼圈红了。

出发的那天下起了雨，女孩子没有带伞，只好和别的同学挤在一把伞下，为了不因为自己而使同学淋湿，女孩子不住地把伞往同学那边移，等到达目的地千岛湖时，女孩子身上的背包也已湿漉漉的了。大家纷纷冲向饭馆吃饭去了，女孩子一个人待在招待所里，从背包里取出馒头。可是，由于塑料袋破了一个洞，湿透背包的雨水将馒头泡透了，女孩子就这样一边流泪一边嚼着被雨水浸泡过的馒头。

女孩子还没有吃完一个馒头，同学们就回来了。她没有料到她们会回来得这么快，来不及藏起湿透了的馒头，只好匆忙地往还没有干的背包里塞。班长突然说："哎呀，我还没有吃饱呢，能给我吃一个馒头吗？"女孩子不好意思摇头也没有点头，班长已经打开她的背包啃起馒头来。其他几个同学也纷纷走过来拿起馒头一边嚼一边说，其实还是学校食堂做的馒头好吃。转眼，女孩带来的馒头都被同学们吃完了，女孩子看着空了的背包只有无声地落泪。

第二天，到了吃早饭的时候，女孩子偷偷一个人走了出去。雨已经停了，女孩子的心却在落泪，本来可以不来的，干吗非要央求父亲借钱交春游费呢？女孩子一边后悔一边默默地落泪。班长找到女孩子，拉起她的手就走，说："我们吃了你带来的馒头，你这几天的饭当然要我们解决呀！"女孩子喝着热腾腾的粥，吃着软软的馒头，眼圈红红的。

后来总有人以吃了女孩子的馒头为理由请她吃饭，使她不再嚼干涩难咽的馒头，使她可以和所有其他同学一样吃着炒菜和米饭。女孩子的脸上渐渐有了笑容，她默默接受了同学们不着痕迹的馈赠，默默地享受着这份单纯却丰厚的友谊。

回来之后，女孩子变了。（乙）她的脸上总是洋溢着明媚的笑容，更加努力地学习，积极地去帮助别人。后来，这个女孩不仅是班里学习最好的一个，也是人缘最好的一个。

因为女孩子知道，同学们给她的是金钱所不能买到的善良和真诚。她们的友谊就像春天里最明媚的那一缕阳光，照射在她以后的人生道路上。

问：文章为什么要以"六个馒头"为题目？

[解题思路]

（1）此题着眼于考查考生对文章题目以及文章行文线索的理解。

（2）需要注意的是：记叙文的题目一般与文章中心、线索有密切关联，有时也与文章的写作意图有关，而此题恰恰兼具这些方面的特点。一定要在阅读全文、深刻把握主旨的基础上考虑答题。

（3）答题时，力求全面，不要只抓住一点。

[答案示例]

①以极平常的馒头为题目，引起读者的兴趣。②六个馒头是本文的线索（故事围绕这六个馒头展开）。③六个馒头凝聚了同学之间深厚的友谊，使文章主题得以表现。

例题 2

桥在水上

这是一座美丽的城市，有许多座桥，桥总是架在水上。

星期天清晨，一片宁静。我站在一座桥上看风景。

桥上没有行人，桥中央的栏杆旁躺着个男子。这几天，我每天从桥上走过，总能看见他蜷缩在这里。

一辆红色小轿车出现在桥头边。车门开了，两个孩子从车里跑了出来，后面是一位中年妇女。男孩6岁模样，女孩小一些。孩子们朝桥上跑来，女人站在桥头观望。

两个孩子各抱一个纸袋，奔到男子身旁站住。早上好！男孩女孩异口同声说。

早上好！男子翻了个身，坐了起来，靠在桥栏上。他头发蓬松，胡子拉碴，深色的夹克衫满是污迹。

这是你的早餐！男孩把手里的纸包递过去。这是你的苹果！女孩把手里的纸包也递了过去。

女孩双手撑在膝盖上，你吃吧，这是我妈妈做的三明治。

男子疲惫地说，对不起，昨天晚上我发烧了，还不想吃，谢谢你妈妈，我一定会吃的。女孩说，哦，我发烧的时候，也不想吃饭。

我克制不住自己的好奇，站在桥栏边，装作欣赏河上的风景，一字不漏地听着他们的对话。

先生，男孩问，你为什么睡在这里呢？

我没有房子。

女孩马上说，你可以住到我们家去，我们家有房子。

谢谢你，可我不能去你家。

为什么呢？女孩很惊奇。

那不是我的家，每个人都应该住自己的家。

你的家在哪里？男孩问。

我的家在外地，房子被大水冲掉了，我没有家。

两个孩子沉默了。过了一会儿，女孩问，先生，我能不能抱抱你呢？不，不不，男子惊慌地缩了缩身子，低头看看肮脏的衣服，我很久没有洗澡了……话还没说完，女孩伸出细小的胳膊，绕住男子的脖子，男子犹豫了一下，紧紧地抱住了女孩。随即，男孩也扑过去，三个人拥抱在一起。

我的眼睛湿润了。我一动也不敢动，怕扰了桥上这无比温馨的一幕。我问自己，我会让自己的孩子去拥抱一个肮脏的发着烧的乞讨者吗？我知道，我是宁愿给钱给物也不愿让孩子这样做的。我遥望对面桥头的母亲，她依然站在那里，粉红的围巾飘动。

我能和你玩一会儿吗？一转眼，女孩已经坐到男子的膝盖上，像自家亲人一样。男子激动得声音发颤，我怕是感冒了，会传染给你的。女孩说，不要紧的，我打过感冒预防针。男子说，可是，我没有什么可以给你玩的呀。

我有玩具！男孩从口袋里掏出一辆掌心大小的玩具汽车，递给男子。男子接过去，看了看，往地上一收一放，小汽车呼啦一下滑了出去。三个人趴在桥上一起玩了起来。咯咯咯的笑声在空气里震荡，传得很远。

太阳升高了。桥头的母亲抬手看了看表，喊道，孩子们，时间到了，该走啦！两个孩子依依不舍地站起来，和男子挥手说再见。可是不一会儿，两个孩子再次飞奔而来，每人给男子手里放了一张纸币。女孩说，妈妈说了，谢谢你陪我们玩得那么开心！男孩说，谢谢你让我们有这样快乐的早晨！

谢谢你们，我也非常快乐。坐在地上的男子扒着栏杆摇晃着站起来，他低佝着身子，不停地挥手，谢谢，谢谢，谢谢，告诉你妈妈，这是我来到这个城市最快乐的一天！

桥上这感人的一幕，让我怎么也平静不下来。良久，我缓过神来，走过去，给了男子一些钱。男子正在流泪，他说他的孩子们寄养在亲戚家，等他赚钱寄回去。可是他病了，没钱医治，又不能打工，只能暂时在桥上乞讨度日，这几天发烧了，头痛欲裂。他曾想从桥上一跃而下，可是今天，上帝派这两个孩子带信来，让他一定要活下去！

问：结合全文，说说题目"桥在水上"的作用。（3分）

［解题思路］

此题着眼于考查考生对文章题目作用的掌握。需要注意的是：记叙文的标题作用，很多时候也不止一条。答题时应力求全面。

［答案示例］

①指架在水面上的桥，点明故事发生的地点。②指架在善良的人们与落难者之间的桥，点明主题。③引起读者的阅读兴趣。④富有诗意，为全文营造美好的氛围。（答出任意三点，意思对即可。一点1分，共3分。）

例题3

萍水相逢①之美
陈 霁

①搬到这个小区已经一年多了，却至今也没有为我增加一个真正的熟人，更不用说朋友。就是邻居，有时同乘电梯上楼，也只是点点头，给出一个微笑而已。这个微笑就礼貌地拒绝了接下来的一切可能。待各自进了各自的家，那扇沉重厚实的防盗门就把我们彻底隔开，里面的一切都成为秘密，被它严严实实地捂住。一个小区上千户人家，就这样被封闭在各自的小格子里。

②闲得无聊，在家泡茶枯坐，一抬眼就看见了墙上的那幅画。

③20多年前的乐山五通桥，秋天，风景优美。古老的小镇，几条逶迤的街

巷被清澈的小河破开，隔河相望各自的另一半。沿河尽是千年古榕，浓荫匝地。那些石板街面，雕花石栏，重重叠叠的飞檐斗拱和粉墙青瓦，都在榕树严严实实的掩映中。我那时还是个小伙子，背了个当时流行的人造革马桶包，沿着几级石阶走上苔痕斑驳的石砌高台。这里是一个独家小院，竹篱笆上爬满牵牛花，院里盛开着海棠，古雅里透出生机的蓬勃。我按捺住一颗怦怦乱跳的心，叩响了门。开门的儒雅老者正是我想求见的大名鼎鼎的画家李道熙，嘉州画派的代表人物。我这次游乐山，感觉不是期望的那么好，心有不甘，便到了五通桥。仗着同是著名画家的孙竹篱是我家邻居，就斗胆来闯李道熙家。大感意外的是，李道熙以爽朗的笑声和清香的"峨蕊"接待了我这个不速之客。谈到兴浓，他起身为我画了这幅斗方，边画边讲授技法，简直像要收我为徒。

④不完美的乐山之行在五通桥得到了加倍的补偿。同时，李道熙的古道热肠，更让我在心里对他和他的五通桥保有了一份永久的记忆。

⑤前年春节，我和妻子去云南景洪旅游。返程飞机很晚，有半天的空当，便去勐腊路的同庆号喝茶。这是景洪市中心一处颇令人注目的园林，热带风情中带有江南元素。气候宜人，环境虽然也是人造，但是感觉比此前看过的许多"原始"更养眼。加上有一个体验式生产作坊，同样一杯普洱，在这里就让人很乐意掏钱。服务员是傣家小妹扮相，清丽而乖巧，并且嘴甜。她介绍茶道，介绍普洱的生产工艺流程，还介绍她为之骄傲的老板。我说，你把你的老板说得那么好，干脆请他来让我们见识见识。我本来是戏言却被当真。结果，我们被请到老板在楼上的办公室做客。老板的办公室实际上是茶室，是小型的茶文化博物馆。更让我惊讶的是，老板是一位还说得上年轻的美女，聪明而博学。名字亦如其人：邓雅然。她亲自为我们沏茶。她沏茶几乎是一场细节丰富的茶艺表演。大半个下午，我们像是老朋友，无拘无束地交流。不，更像是她在作一场关于普洱茶的讲座，附带地，也介绍了作为普洱代表的同庆号茶庄的300年传奇。临走时，在她的盛情之下，我还带走了她馈赠的印有红色龙马图案的普洱茶。后来从新闻里才知道，她的同庆号普洱茶，还曾作为国礼，馈赠来访的英国首相布朗和俄罗斯总统梅德韦杰夫。我真是荣幸之至啊！

⑥汶川地震以后，通信刚刚恢复，我的手机信息迅速爆满。老朋友，经常联系的编辑，他们的关切让我温暖，也在意料中。而那些此前只有一面之缘的远方朋友，比如郑州的何向阳、无锡的黑陶、天津的谢大光、福州的小山等，他们也都发来了问候的短信。刚刚经历了生死震颤的我，这时，意外得到这些仅有一面之缘的友人的一声声问候，就大有"烽火连三月，家书抵万金"的意味了。

⑦在文明礼节和教养的约束之下，在对自身竞争力的打造和维护中，我们在不知不觉中都套上了多层的甲胄，人与人再难触及真实的内心。而生活常常又是

平淡的。很多时候我们都觉得，每个日子都是生产线上出来的同一产品。过于常规、平庸和一成不变，没有特别，没有变化，没有跌宕起伏，没有痛快淋漓，我们就向往远方。希望以旅行来改变平淡，打破平庸，制造一点意外，掀起一点涟漪。但是旅行常常也只是留下几处模糊的景象，几个抽象的地名，还有照面之后迅速虚化为远远的背景的那许多面孔。但是，只要有那么一个人，一件事，能够让你激动或者感动，让你持久地怀想，那么这个地方立刻就会生动起来，清晰起来，就像一个他乡故知，以亲切的目光召唤你的再次造访。

⑧萍水相逢有别样的美丽。哪怕它只是旅途中一个如豆的光点，也会成为永远捂在心头的一份温暖。

（有删改）

[注]①萍水相逢：比喻向来不认识的人偶然相遇。

问：结合文章内容，简要分析本文以"萍水相逢之美"为题目的妙处。（不超过150个字）（7分）

[解题思路]

（1）根据题干中的"为题的妙处"可判定此题为标题赏析题。回忆此题的答题模板是"标题的含义+标题的作用"。

（2）先结合文章内容解释标题，"本文记叙了作者与遇到的人或交往的友人之间的三次经历，这些经历都有萍水相逢的特点，画家、老板和友人与作者虽然短暂（或偶然）相逢，或仅有一面之缘，但都以他们的热情和真诚感动了作者，让他感到别样的美好"。

（3）再回忆标题的作用，去判断标题具有哪些作用。

[答案示例]

题目高度概括了文章的内容并暗示了主题。本文记叙了作者与遇到的人或交往的友人之间的三次经历，这些经历都有萍水相逢的特点，画家、老板和友人与作者虽然短暂（或偶然）相逢，或仅有一面之缘，但都以他们的热情和真诚感动了作者，让他感到别样的美好。作者以事件特征和自己的感受组成了标题，语言凝练含蓄，引人思考。

[牛刀小试]

目 送

龙应台

①华安上小学第一天，我和他手牵着手，穿过好几条街，到维多利亚小学。

九月初，家家户户院子里的苹果和梨树都缀满了拳头大小的果子，枝丫因为负重而沉沉下垂，越出了树篱，勾到过路行人的头发。

②很多很多的孩子，在操场上等候上课的第一声铃响。小小的手，圈在爸爸的、妈妈的手心里，怯怯的眼神，打量着周遭。他们是幼稚园的毕业生，但是他们还不知道一个定律：一件事情的毕业，永远是另一件事情的开启。

③铃声一响，顿时人影错杂，奔往不同方向，但是在那么多穿梭纷乱的人群里，我无比清楚地看着自己孩子的背影——就好像在一百个婴儿同时哭声大作时，你仍旧能够准确听出自己那一个的位置。华安背着一个五颜六色的书包往前走，但是他不断地回头；好像穿越一条无边无际的时空长河，他的视线和我凝望的眼光隔空交会。

④我看着他瘦小的背影消失在门里。

⑤十六岁，他到美国作交换生一年。我送他到机场。告别时，照例拥抱，我的头只能贴到他的胸口，好像抱住了长颈鹿的脚。他很明显地在勉强忍受母亲的深情。

⑥他在长长的行列里，等候护照检验；我就站在外面，用眼睛跟着他的背影一寸一寸往前挪。终于轮到他，在海关窗口停留片刻，然后拿回护照，闪入一扇门，倏乎不见。

⑦我一直在等候，等候他消失前的回头一瞥。但是他没有，一次都没有。

⑧现在他二十一岁，上的大学，正好是我教课的大学。但即使是同路，他也不愿搭我的车。即使同车，他戴上耳机——只有一个人能听的音乐，是一扇紧闭的门。有时他在对街等候公车，我从高楼的窗口往下看：一个高高瘦瘦的青年，眼睛望向灰色的海；我只能想象，他的内在世界和我的一样波涛深邃，但是，我进不去。一会儿公车来了，挡住了他的身影。车子开走，一条空荡荡的街，只立着一只邮筒。

⑨我慢慢地、慢慢地了解到，所谓父女母子一场，只不过意味着，你和他的缘分就是今生今世不断地在目送他的背影渐行渐远。你站立在小路的这一端，看着他逐渐消失在小路转弯的地方，而且，他用背影默默告诉你：不必追。

⑩我慢慢地、慢慢地意识到，我的落寞，仿佛和另一个背影有关。

⑪博士学位读完之后，我回台湾教书。到大学报到第一天，父亲用他那辆运送饲料的廉价小货车长途送我。到了我才发觉，他没开到大学正门口，而是停在侧门的窄巷边。卸下行李之后，他爬回车内，准备回去，明明启动了引擎，却又摇下车窗，头伸出来说："女儿，爸爸觉得很对不起你，这种车子实在不是送大学教授的车子。"

⑫我看着他的小货车小心地倒车，然后噗噗驶出巷口，留下一团黑烟。直到车子转弯看不见了，我还站在那里，一口皮箱旁。

⑬每个礼拜到医院去看他，是十几年后的时光了。推着他的轮椅散步，他的头低垂到胸口。有一次，发现排泄物淋满了他的裤腿，我蹲下来用自己的手帕帮他擦拭，裙子也沾上了粪便，但是我必须就这样赶回台北上班。护士接过他的轮椅，我拎起皮包，看着轮椅的背影，在自动玻璃门前稍停，然后没入门后。

⑭我总是在暮色沉沉中奔向机场。

⑮火葬场的炉门前，棺木是一只巨大而沉重的抽屉，缓缓往前滑行。没有想到可以站得那么近，距离炉门也不过五公尺。雨丝被风吹斜，飘进长廊内。我掠开雨湿了前额的头发，深深、深深地凝望，希望记得这最后一次的目送。

⑯我慢慢地、慢慢地了解到，所谓父女母子一场，只不过意味着，你和他的缘分就是今生今世不断地在目送他的背影渐行渐远。你站立在小路的这一端，看着他逐渐消失在小路转弯的地方，而且，他用背影默默告诉你：不必追。

问：结合文章内容，简要分析文章题目"目送"的含义。（150字左右）（7分）

韭菜饺子
徐立新

①儿子回乡下的老家看父母，但只能在家待一天一夜，第二天早上5点30分就要走，临走的前一天晚上，儿子跟母亲坐在老房里一直聊到深夜。

②临睡前，儿子有些遗憾地说："妈，这次太匆忙，等下次有空，我一定在家多待几天陪陪您，还要吃小时您亲手包的韭菜饺子，那个味道太好了，我一直都想着呢。"

③之后，儿子便到里屋睡觉了，可母亲却没了睡意，她走到另一间屋，叫醒已经睡下的父亲，说："老头子，你赶紧起来，去问问谁家菜园里有韭菜，跟他打个招呼，割点儿回来，娃想吃韭菜饺子了，我得给他做。"

④躺在床上的父亲一听，立即明白，连说："好，好。"然后迅速穿上衣服，下了床。母亲又说："老头子，你动静小些，别吵醒了娃，他明早还要走呢。"

⑤父亲再次"嗯"了两声，然后别上一把菜刀，悄悄打开大门，出去了。

⑥此时，正是初冬的深夜，外面很寒冷。

⑦父亲开始在村子里挨家挨户敲门，借割他们菜园里的韭菜，冬日，菜园里韭菜很少，好在敲了数十家门后终于找到了。

⑧村里各家各户的菜园都离村子很远，加上夜路不好走，等父亲割完韭菜回家已是夜里11点多了。

⑨接下来，两位老人开始择韭菜，把两斤多韭菜择完、洗净后，差不多已经是凌晨了。

⑩接下来是擀饺子皮，然后包馅。这一切如果是在明亮的灯光下完成，不需要太长时间，但事实上他们都是在手电筒的光亮下完成的——两位老人怕开灯惊扰了儿子的好梦。

⑪这一切都做完是凌晨3点多，两位老人想了想，还有一会儿得煮饺子了，干脆别睡了，给儿子烧点儿热乎的水，这样，他一起来就有热水洗脸。

⑫5点30分，儿子的手机闹铃准时响了，儿子从睡梦中醒来，一睁开眼睛，便隐约闻到一股似曾相识的香味，这香味越来越浓，最后在厨房里达到了鼎盛——一大锅韭菜饺子在翻滚呢。

⑬看到儿子，母亲连连说："娃快趁热吃了吧，你最喜欢的韭菜饺子，吃过再刷牙。""是呀，先吃，先吃。"站在一旁的父亲帮母亲的腔，并立即将饺子盛进碗里，双手递到儿子的面前。

⑭儿子怎么也没有想到，自己随口说出的一句话，父亲和母亲就当真了，两位60多岁的老人，竟然为了饺子一夜未眠。

⑮那是一碗滚烫的韭菜馅饺子，很香，很香，吃得儿子想哭。

问：文章标题有什么作用？（3分）

第三节　最说不明白的事

——"词句理解"题

[说说]

当问到某句话"你是如何理解"的时候，相信很多同学都会"发蒙"，理解的方式各种各样，到底什么样的"理解"才是考试中需要的"理解"呢？答案其实很简单，对于词句理解题而言，同学们需要回答的是词句中包含的"手法""事件""情感"或"人物特点"，紧紧围绕这四个方面寻找答题点就没有问题啦。

[答题思路]

（1）分析词句中是否运用了某种手法。

（2）指出词句所指向的内容。

（3）写出词句所蕴含的感情或人物品质。

例题 1

饺子啊饺子

白阿莹

①几乎每个周末，我都要携妻带儿回东郊我的父母家去，陪二老吃顿饺子。

②从懂事时起，我就爱吃母亲包的饺子。小时候，吃饺子还是一家人过年时最憧憬的奢望，平时家里几乎是吃不到纯肉馅的饺子的。即便如此，母亲还是会想各种办法，比如用猪油渣与蔬菜掺和了给我做出美味的饺子来。我总能吃到母亲包的美味饺子，每次都会吃得满嘴生津，直喊："香！香！"一到这时，母亲就会拍拍围裙上的面，眯着眼笑。

③不知从什么时候起，饺子对我们的吸引力大大减弱了，宴请亲朋时只吃饺子，会被嘲笑成吝啬。但母亲却依然固守着对饺子的嗜好，每周末都打电话提醒我早点儿回家来包饺子。此时我已成家立业住到城里，回父母家去吃那已有些乏味的饺子，主要是尽对年迈父母的孝道。每次回家，一半是担心父母受累，一半是不想老吃饺子，我总给母亲建议，换个主食吧，吃米饭，蒸馒头，炒点菜。母亲不吭声只皱眉看我一眼说，我现在老得想不出做啥好了，你看面都和好了，下礼拜吃米饭吧。但是下一个周末又是饺子，只是饺子皮里边的馅会有些变化。回回如此，日子久了，我也只好不再提了。

④近来一段时间，儿子进入青春期，开始爱抱怨了，时常嘟囔说："又是饺子。"我们教训儿子，奶奶包的饺子不能说不好吃。然而，我们的教训不起作用，几乎每次回他爷爷奶奶家，儿子都要闹些让我们不愉快的事。然后常常是一出家门，我就会和儿子在楼外吵将起来，结果直到当天深夜，我的心情也舒缓不过来。儿子对付我们的办法越来越多，后来干脆每次回家吃饺子，碗还没端就说吃过饭了，引得一屋人快快不快。我实在烦得不行，忍不住又劝母亲换个花样，让儿孙们也有个期盼。母亲听了并不吭声。我再多说，她便嘟囔一句："想吃什么，你们自己回来做好了。"

⑤于是，那个周末，我满怀"信心"地提了一大包在超市买好的蔬菜，带着妻儿兴冲冲地迈进父母家门——厨房内外又充盈着饺子馅的香气，客厅中央的茶几上支着一个面案，上边放着一碗面，面案周围一圈摆了五只小板凳：看来母亲是早计划好了，这次要全家一起包饺子。我不好再说什么，强装笑颜坐到母亲旁边，又坚决地示意儿子赶快坐下来擀饺子皮。母亲好像忘了上周的话，只顾招呼大家围坐到面案旁来，一家人擀皮的擀皮，包馅的包馅，忙忙碌碌的，却没多少说笑。

⑥妻子与父亲找了些话题唠家常，聊着聊着又聊到母亲买菜包饺子的事上了，母亲便开始夸耀起她做饺子的诀窍，说着说着，忽然问我懂了吗。我闻声抬头望了母亲一眼，但见母亲的眼睛正朝着这边盯着她的儿子。噢，母亲苍老了许多，特别是她那原本清澈乌亮的眼睛，眼仁变成了棕色，眼白已有些泛黄，眼仁眼白间没了清晰的界限，眼睛便显得异常混浊。我心里不由一酸，想说什么，却不知说什么好。

⑦母亲显然看出了我情绪上的波动，说了句让我一辈子都无法忘记的话。她一边包饺子一边自言自语似的说："你爸你妈老了，也不想吃啥了，饺子香不香，关键是心情。一家人围在一块儿多好啊，一边包一边聊，非要吃什么米饭，准备一两天，吃完你们嘴一抹走了，连句多的话都没有……"她叹一口气，眼窝湿了："你们也有这一天呢！"

⑧饺子香不香，关键是心情！天哪，我怎么就没想一想呢？心灵手巧的母亲什么菜不会做？何曾不想变个花样来款待她的儿孙？但母亲太珍惜这个阖家团圆的周末了，她渴望用这种方式营造一个其乐融融的气氛，品味生活的乐趣和悲苦，虽然仅仅是一会儿，可这段时光对于母亲和父亲来说，是多么难得啊……

⑨那天的饺子皮我擀得很慢很慢，一家人也包得很慢很慢，一个个饺子又周正又美丽，犹如一个个工艺品，围着那笼屉一圈一圈螺旋着向外扩展，让人不忍下锅。那天的饺子，妻儿都说香，我却吃不出味道来。儿子问我，爸你咋了？我抬头看见镜子里自己的一双眼睛涌满了泪花，只能遮掩地说辣到了——谁又能理解，这小小的饺子承载了多少味道啊！

⑩我已不记得那天的饺子是什么馅的了，但我异常高兴，因为我清晰地记得母亲吃得很香，父亲也吃得很香。

（有删改）

问：结合文章，说说第⑨段中加点词"味道"的含义。（4分）

[解题思路]

（1）通过审题得知，考查的是对重点词语的理解。

（2）很明显，这类试题，往往不是要浮于词语的表面意义，如果简单地理解为词句的表层意思，就容易理解偏差，一般要重点进行片段研读和探究，结合语境，联系上下文，紧扣文章中心主题。作答时，一般能表述正确的含义即可得分。

（3）结合文章主题，以及该词语所在的位置是结尾部分，则此处应体会出"母爱""儿女孝顺"等含义。

[答案示例]

（1）这"味道"指的是母爱的味道。文中写"我"小时候，母亲想尽办法给"我"

做肉味饺子，见"我"吃得香就会眯着眼笑，这饺子承载的就是母爱的味道。

（2）这"味道"指的是家人和睦团聚的味道。文中最后写全家人一起慢慢包出来一个个周正又美丽的饺子，这饺子承载的就是一家人其乐融融在一起的味道。

（3）这"味道"指的是儿子孝顺的味道。文中写"我"每周末都携妻带儿回家陪父母吃饺子，这饺子承载的就是儿子孝心的味道。

（4）这"味道"指的是"我"内心感到愧疚的味道。文中写母亲已变得衰老，"我"却没有注意到，母亲说饺子香不香关键是心情，"我"才猛然醒悟，这时饺子承载的就是"我"内心愧疚的味道。

（共4分。答出两种"味道"即可，每个"味道"解释1分，结合原文分析1分。）

例题 2

小镇女人
丁立梅

①六年前，我在一个小镇住。小镇上有个女人，三十多岁的模样，无职业，平时就在街头摆个小摊，卖些塑料篮子、瓷钵子之类的小杂物。女人家境不是很好，住两间平房，供两个孩子上学，还要侍奉一个瘫痪的婆婆。家里的男人也不是很能干，忠厚木讷，在一个工地上做杂工。这样的女人，照理说应该是很落魄的，可她给人的感觉却明艳得很，每日里在街头见到她，都会让人眼睛一亮。女人有如瀑的长发，她喜欢梳理得纹丝不乱，用发夹盘在头顶上。女人有顾长的身材，她喜欢穿旗袍，虽然只是廉价衣料，却显得款款有致。她哪像是守着地摊赚生活啊，她简直就是把整条街当成她的舞台，活得从容而优雅。

②一段时期，小镇人茶余饭后，谈论得最多的就是这个女人。男人们的话语里带了欣赏，觉得这样的女人真是不简单。女人们的言语里却带了怨怼，说，一个摆地摊的，还穿什么旗袍！隔天，却一个一个跑到裁缝店里去，做一身旗袍来穿。

③女人不介意人们的议论，照旧盘发，穿旗袍，优雅地守着她的地摊，周身散发出明亮的色彩。这样的明亮，让人没有办法拒绝，所以大家有事没事都爱到她的摊子前去转转。男人们爱跟她闲聊两句，女人们更喜欢跟她讨论她的旗袍，她的发型。末了，都会买一件两件小商品

④几年后，女人攒足了钱，再贷一部分款，居然就买了一辆二手中巴车跑短途。她把男人送去考了驾照，做了自家中巴车的司机。她则随了车子来回跑，热情地招徕顾客。在来来去去的风尘之中，她照例是盘了发，穿着旗袍，清清丽丽的一个人。她的车也跟别家的车不同，车里被她收拾得异常整洁，湖蓝色的坐垫，淡紫色的窗帘，给人的感觉就是雅。所以小镇人外出，都喜欢乘她的车。

⑤她的日子渐渐红火起来，却不料，竟很意外地出了一起车祸。所赚的钱全

赔进去了，还搭上一辆车和十几万的债务。她的腿部也受了很重的伤，躺在医院里，几个月下不了床。小镇人都说，这个穿旗袍的女人，这次倒下去怕是爬不起来了。可是半年后，她却在街头出现了，干着从前的老行当——摆地摊儿，卖些杂七杂八的日常生活用品。她照例盘发，穿旗袍。腿部虽落下小残疾，但却不妨碍她把脊背挺得笔直，也不妨碍她脸上挂上明媚的笑容。

⑥我离开小镇那年，女人已不再摆地摊了，而是买了一辆出租车。过两年，小镇有人来，问及那个女人。小镇人说："她现在发达了，家里有两辆车子，一辆跑出租，一辆跑长途。"最近又听小镇人说，女人新盖了三层楼房。我问："她还盘发吗？还穿旗袍吗？"小镇人就笑了，说："如果不盘发，不穿旗袍，她就不是她了。真的呢，她还跟从前一样漂亮，一点没见老。"

⑦这样的女人，是应该永远活得如此高贵的，是从骨子里透出来的那种高贵，什么样的艰难困苦也湮没不了她。

问：分析第①段中画线语句的含义。（4分）

[解题思路]

（1）通过审题得知，考查的是对句子含义的理解。

（2）经分析可知，这是一个比喻句，也是一个把字句，主语是"她"，也就是"小镇女人"。而"她"是把整条街当成了表演的"舞台"。

（3）思考：她在这条街上都做了什么呢？不外乎她自己形象（外貌描写）的展示以及她自己职业（摆摊）的展示。再联系她的生活处境，答案就不难得出了。

[答案示例]

①在平凡的小街上，尽情地展示着自己的美。②将小街当作舞台，表现她对平凡生活的热爱和享受。③传达出自信乐观的人生态度。④表现她的与众不同。

[牛刀小试]

戏 霸
刘建超

①老街戏园子不在繁华处，沿着老街往东，出丽景门，走上两里地，有一个桃园，桃园对面就是老街戏园子。

②去戏园子听戏，就成了老街人散心怡情的乐趣之一。老街人爱听戏，对在老街发生的梨园趣事，过去了多少年，老街人也能如数家珍。最让老街人津津乐道的是"戏霸"洛半城。

③说起洛半城，上点儿年纪的老街人都记忆犹新。他嗓音洪亮，唱花脸能声

穿半个洛阳城，便因此而得名。洛半城原是开乐器铺子的，半路出家去唱戏，进老街戏班子时已是二十多岁。开始他只是唱唱折子戏，后来就排全本的《铡美案》《霸王别姬》《西厢记》。洛半城既可以扮花脸唱他最拿手的包拯，也能唱《卖马》里悲愤颓唐的老生秦琼，还能变身《西厢记》里尖音假嗓的小生张君瑞，更绝的是他竟能反串大破天门阵的穆桂英。老街人把十八般武艺集于一身的洛半城称为"戏霸"。

④洛半城读过几年书，脑子特别好使，尤其是听戏有过目不忘的本事。那年，从河北来了个戏班子，唱的是评剧《穆桂英大破洪州》。老街人听得过瘾，洛半城就想把戏给留下来。他买了厚礼去见戏班子的老板，人家把礼收了，就是不给剧本，说话也不中听。同行是冤家不说，人家根本没把老街的小戏班子放在眼里，连个正儿八经的角儿都没有，别说不给，就是给了本子也怕被糟蹋了。洛半城也不计较，连看了三个晚上的戏，把《穆桂英大破洪州》从头到尾一字不差地背了下来。河北的戏班子在附近唱了半个月的戏，再回到老街，看到洛半城带着老街的戏班子在演《穆桂英大破洪州》，老街人听得如痴如醉。惊得戏班老板连声道：霸道，太霸道了。

⑤"戏霸"洛半城在他最红火的时候，忽然不再登台了，谁也不知道啥原因。传得最广的是，他看上了小师妹梨花白，而住在怡心胡同的梨花白却不知为何要终身不嫁，洛半城因情所困，便不再登台。老街人都感叹不已。

⑥洛半城不再登台唱戏，在老街八角楼旁开了一家小店，名叫半城水席园，门面不大，生意却是不闲。老街人怀旧，来此吃饭多半是看看洛半城，期盼洛半城能再出江湖。洛半城只是热情地招呼顾客，从不提唱戏之事。老街人就说，谁要是能让洛半城给唱一出戏，那真是得有天大的面子。

⑦岁月把"戏霸"演变成了一个美丽的传说。

⑧九月天，秋高气爽。半城水席园来了一桌客人，点的是最贵的菜，喝的是最好的酒，五六个健壮的光头小伙子，扬言要见老板洛半城，非要洛半城出来唱上一段，否则就砸了店的招牌。

⑨还没听说过有人在洛半城店里闹事的。洛半城不但有当年"戏霸"的声誉，为人处世也是极其厚道，每年都要出资奖励老街考上大学的孩子，70岁以上的老街人来店里办寿宴一律免费，深得老街人赞誉。

⑩有人说，再闹就报警。

⑪报警，报吧。哥几个天天来这里吃饭，你就天天报，哥几个奉陪。

⑫明眼人知道，这是被街上的小混混给缠上了。老街人不怕别的，就怕难缠的小混混。别的事情是可以用钱来摆平的，小混混要的是面子。正僵持着，忽然听到一声吆喝：圣旨到——

⑬众人诧异，却见洛半城身着朝服，手持一方锦缎大步走来。他身后跟着个小厮，抱着一罐杜康贡酒。洛半城走到年轻人桌前，展开锦缎，朗声念道：奉天承运，皇帝诏曰，时乃国泰民安，秋风送爽之日，朕闻众位爱卿在此雅聚，甚感欣慰。望众位爱卿爱国守法，体恤民情，共建和谐之城。特赐美酒一坛，佳肴免单。钦此。

⑭片刻的沉默，接着便是暴风雨般的掌声和叫好声。几个脸红脖子粗的年轻人也不好再说什么，接过酒坛，抱拳说，哥几个服了。走人。

⑮店里安静下来，洛半城坐在二楼窗前，望着远处的怡心胡同出神。

（有删改）

问：结合文章内容谈谈你对第④段加点词语"霸道"的理解。（4分）

母　亲
洪　烛

①荠菜成了江南春天的一个符号，最讲求新鲜的，现采现摘，现炒现卖。我小时候，母亲领我去紫金山踏青，总要随手拎一把小铲刀，挎一只竹篮子，不时蹲下身子，挖路边的荠菜。这样的活儿，我也爱抢着干。母亲站在一旁，边夸我眼尖、手巧，边承诺回家后给我好好地打牙祭。和母亲一起挖荠菜似乎比真把荠菜吃进嘴里更令人陶醉。事隔多年之后，我在异乡想念母亲，头脑中浮现的，仍是她教我挖荠菜时那年轻的面容与身姿。荠菜，因为我亲手挖过，而且是母亲教我挖的，所以从感情上，它离我最亲近，同时也标志着一段不可复得的儿时时光。

②海带被我当作大海的礼物来看待。我之所以热爱海带，在于它是我妈妈的拿手菜。正如醉翁之意不在酒，食客之意也不仅仅局限于菜本身，还牵涉到饮食时的心情，包括回忆与想象。小时候，妈妈总是为我一锅接一锅地用海带炖排骨，说是可以补钙、可以预防大脖子病等等。我感觉，幸福也一点点地融化在浓香的排骨海带汤里。有人问台湾美食家蔡澜："您见多识广，最好吃的是什么？"蔡澜不假思索就脱口而出："妈妈做的菜最好吃。"他说得太有道理了。一方面年少时人的味蕾最灵敏，容易产生深刻印象，口味还未被后来的山珍海味搞得混杂；另一方面，妈妈做的菜最有家常味了，是家常菜里的家常菜，尤其那份细致入微、润物无声的爱心，星级饭店的大厨师根本模仿不出来。还有一点，恐怕也是最重要的：妈妈做的菜，伴随着我们的成长；妈妈做的菜，不是永远都能吃到的。终有一天，它会成为一个美好而怅然的回忆，你出再多的钱也买不到，它是无价的——任何餐馆的菜单上，都找不到妈妈亲手做的菜。

③我出门在外整整20年，每次离开家都乘坐夜间的火车，母亲早早就上床睡了，希望我在她睡着的时候再离开。不知道她是否真能睡着，至少假装睡着了，

熄灯后的卧室没有任何动静。我探头看了一眼，隐约看见她盖着棉被仰面躺着的轮廓，于是在内心里喊一声妈妈，就蹑手蹑脚地走了。如果她真睡着了，是否梦见准备离开的我？如果她假装睡着，在黑暗中会想些什么？明天醒来后她面对的将是少了一个我的家。母亲说她越来越畏惧和我的离别，既担心我一去不复返，又害怕我下次回来已找不到她。希望我在她睡着后再离开，可以把分别当作一个梦来对待，或者根本就不曾察觉儿子已离开。后来才知道：每次我离开的晚上，母亲都要靠吃点催眠药才睡着的呀。这哪是催眠药，分明是母亲的止疼药。每次离开故乡，离开母亲，我心里都隐隐作痛。

④我最怕听见从故乡传来母亲病危的消息。失去母亲就等于失去了半个故乡，就等于失去了半个自己。就是在那个晚上，我被故乡的长途电话惊醒。远离母亲的 20 多年流浪岁月都像梦境，一个电话把我拉回现实之中。与母亲有关的生活是我全部的现实，其余的一切都是假的。母亲这个词汇，原来是我们人生中的一件易碎品，一定要轻拿轻放啊！稍有疏忽就会摔碎。这时候，我才意识到自己走得太远了，才意识到自己是有罪的：曾把唯一的母亲暂时抛弃。虽然她没有这样责怪我，但我会责怪自己：竟然如此自私地对待母亲。我所追求的那些所谓名啊利啊，全与母亲无关。母亲需要的仅仅是爱，而我付出的爱很明显是有限的，与那无限的母爱形成了鲜明的对比。

⑤我的头顶，天一次次黑了，又一次次亮了。可母亲头顶的那一小块天空再也亮不起来。她睡得那么熟，那么安静，甚至失去了做梦的力气。母亲，你是否也把我忘得干干净净？正如你干干净净地忘掉自己？如果说我比你多一份痛苦，那是因为还无法忘掉你。你确实已睡去了，可在我脑海中，为什么总有一个醒着的你？

问：阅读第④段，理解画线语句的含义。（4分）

第四节　依然是"法事情人"

—— "句段作用" 题

[说说]

针对句段作用题，传统的思路是从结构和内容两方面回答，从"法事情人"的角度看，结构上的作用可以从手法的角度进行寻找，内容上的作用可以从"事""情""人"上进行寻找。

［答题思路］

（1）通过画出题干中的关键字，判断问的是句子作用，还是某个段落的作用。

（2）回到文章找到相应的句子或段落，判断是不是特殊段（环境描写、插叙、人物描写），如果是，则分别答出它们各自的作用即可。

（3）如果不是特殊段，那么就从内容和结构两个方面回答。

内容上：概括句段的内容（"事"），表达的中心（"情"和"人"）。

结构上：要看此段或此句的位置，如果在开头，作用可能是"引出下文，吸引读者"，在中间的作用可能为"承上启下""为下文做铺垫""形成对比或者衬托"，在结尾的作用可能是"点明中心，首尾呼应"等（"法"）。

［例题精讲］

苏醒中的母亲
张抗抗

①年近八十高龄的母亲，长期患高血压，令我一直牵挂悬心。2002年秋天的一个凌晨，我担心的事情终于发生了，父亲打电话告诉我，母亲猝发脑出血，已经及时送往医院准备手术。

②飞机在黑暗中上升，穿越浓云密布的天空，我觉得自己像一个被安装在飞机上的零部件，没有知觉，没有思维。我只是躯体在飞行，我的心早已先期到达了。

③走进重症监护室最初那一刻，我竟然不认识自己的母亲了——仅仅只是一天，脑部手术后依然处于昏迷状态的母亲，整个面部都萎缩变形了，口腔、鼻腔和身上到处插满了管子，头顶上敷着大面积的厚纱布……手术成功地清除了母亲大脑表层的瘀血，家人和亲友们都松了口气。然后是在重症监护室外的走廊上整日整夜地守候，焦虑而充满希望地等待。等待是如此漫长，母亲沉睡的身子把钟表的指针压住了。那些日子我才知道，"时间"是会由于母亲的昏迷而昏迷的。

④两天以后的一个上午，母亲的眼皮在灯光下开始微微战栗。那个瞬间，脚下的地板也随之战栗了。母亲睁开眼睛的那一刻，阴郁的天空云开雾散，整座城市所有的楼窗，都好像突然一扇一扇地敞开。然而她不能说话，只能依赖呼吸机维持生命。她的意识是模糊的，只能用茫然的眼神注视我们，那个时刻，整个世界都与她一同沉默了。

⑤母亲开口说话，是在呼吸机停用后的第二天夜晚。我悄悄走到妈妈床边，说："妈妈，是我呀，抗抗来了。"

⑥由于插管子损伤了喉咙，妈妈的声音变得粗哑低沉，她复述了一遍我的话，

那句话却变成了："妈妈来了。"

⑦我纠正她："是抗抗来了。"

⑧她固执地重复强调说："妈妈来了。"

⑨我的眼泪一下子涌上来。"妈妈来了"——那个熟悉的声音，从我遥远的童年时代传来："别怕，妈妈来了。"——在母亲苏醒后的最初时段，在母亲依然昏沉疲惫的意识中，她脆弱的神经里不可摧毁的信念是：妈妈来了。

⑩妈妈来了。妈妈终于回来了。

⑪母亲的语言功能一天天开始恢复。在病床上长久地输液保持一个姿势让她觉得难受，她便不停地转动头部，企图挣脱鼻管。输氧的胶管常常从她鼻孔中脱落，护士一次次为她粘贴胶布，并嘱咐她不要乱动。她惭愧地说："是啊，我怎么……怎么老是要做……这个动作呢。"她断断续续地用复杂的句式来表达自己的意思。

⑫若是问她："妈妈，今天有哪里不舒服吗？"她总是回答说："我没有不舒服。"真是难以想象母亲是怎样坚持过来的。她只是静静地忍受着病痛，我从未听到过她抱怨，或是表现出病人通常的那种烦躁。灾难过后的母亲，意识与语言的康复依然十分艰难缓慢。她明明是醒过来了，但我时常觉得她好像还在一个长长的梦里游弋。但她天性里那种纯真、善良，却始终被她无意地坚守着。

⑬一天，母亲也许是听见了不知何处传来的乐曲声，她说："敞开音乐的大门，春天来了。"

⑭母亲要做脑部CT，她躺在可移动的病床上，护工推着床下楼，经过医院的小花园。母亲望着天空说："今天真是丰富多彩的一天呀！"那一刻，她笑了，笑容使得她满脸的皱纹一丝丝堆拢，像金色的菊花那样一卷一卷地在微风中舒展。母亲永远都在赞美着生活，即使在大病初愈脑中仍然一片混沌之时。我为自己有这样一位母亲感到骄傲。

⑮母亲终于重新站立起来，几乎奇迹般地康复了。

⑯我想，一个人刚刚从昏迷中苏醒过来，在理智思维尚未健全的状态下，她所自然流露出来的思维和行为，应是她心中最坚实的内核与底蕴。于是我写下了这些。

（有删改）

问：结合内容，简要分析第⑩段在文章中的作用。（4分）

[解题思路]

（1）从题干中的"作用""第⑩段"字样可判断出此题为段落作用题。

（2）回到文章中判断，此段不是特殊段。

（3）从内容和结构两个方面考虑。内容上：解释这句话的含义以及表达的中心："妈妈来了"写出"我"理解了初醒时的母亲，在理智思维尚未恢复的状态下的固执回答，表达了她人性中本真纯粹的母爱，以及"我"对母亲回答的认可，也蕴含着母亲带给"我"的依恋和感动;"妈妈终于回来了"写出了母亲被抢救回来,从昏迷中苏醒的情形,表达了"我"如释重负般的喜悦之情。结构上:处于文章的中间,作用为"承上启下"。

[答案示例]

第⑩段有承上启下的作用。"妈妈来了"紧承第⑨段内容,第⑨段写出"我"理解了初醒时的母亲,在理智思维尚未恢复的状态下的固执回答,实际上显露出了她人性中本真纯粹的母爱,此段的重复,既表达了"我"对母亲回答的认可,也蕴含着母亲带给"我"的依恋和感动;"妈妈终于回来了"写出了母亲被抢救回来,从昏迷中苏醒的情形,也表达了"我"如释重负般的喜悦之情,还领起了下文,下文着重写母亲苏醒后渐渐恢复的情形。(共4分。"妈妈来了"的分析2分,"妈妈终于回来了"的分析2分。)

[牛刀小试]

黑暗的剪影
林清玄

①在新公园散步,看到一个"剪影"的中年人。

②他摆的摊子很小,工具也非常简单,只有一把小剪刀、几张纸,但是他剪影的技巧十分熟练,只要三两分钟就能把一个人的形象剪在纸上,而且大部分非常的酷肖。仔细地看,他的剪影上只有两三道线条,一个人的表情五官就在那三两道线条中活生生的跳跃出来。

③那是一个冬日清冷的午后,即使在公园里,人也是稀少的,偶有路过的人好奇地望望剪影者的摊位,然后默默地离去;要经过好久,才有一些人抱着姑且一试的心理,让他剪影,因为一张二十元,比在相馆拍张失败的照片还要廉价得多。

④我坐在剪影者对面的铁椅上,看到他生意的清淡,不禁令我觉得他是一个人间的孤独者。他终日用剪刀和纸捕捉人们脸上的神采,而那些人只像一条河从他身边匆匆流去,除了他摆在架子上一些特别传神的,用来做样本的名人的侧影以外,他几乎一无所有。

⑤走上前去,我让剪影者为我剪一张侧脸,在他工作的时候,我淡淡地说:"生意不太好呀?"没想到却引起剪影者一长串的牢骚。他说,自从摄影普遍了以后,剪影的生意几乎做不下去了,因为摄影是彩色的,那么真实而明确;而剪影是黑白的,只有几道小小的线条。

⑥他说:"当人们太依赖摄影照片时,这个世界就减少了一些可以想象的美感,不管一个人多么天真烂漫,他站在照相机的前面时,就变得虚假而不自在了。因此,

摄影往往只留下一个人的形象，却不能真正有一个人的神采；剪影不是这样，它只捕捉神采，不太注意形象。"我想，那位孤独的剪影者所说的话，有很深切的道理，尤其是人坐在照相馆灯下所拍的那种照片。

⑦他很快地剪好了我的影，我看着自己黑黑的侧影，感觉那个"影"是陌生的，带着一种连我自己都不敢相信的忧郁，因为"他"嘴角紧闭，眉头深结。我询问着剪影者，他说："我刚刚看你坐在对面的椅子上，就觉得你是个忧郁的人，你知道要剪出一个人的影像，技术固然重要，更重要的是观察。"

⑧剪影者从事剪影的行业已经有二十年了，一直过着流浪的生活，以前是在各地的观光区为观光客剪影，后来观光区也被照相师傅取代了，他只好从一个小镇到另一个小镇出卖自己的技艺，他的感慨不仅仅是生活的，而是"我走的地方愈多，看过的人愈多，我剪影的技术就日益成熟，捕捉住人最传神的面貌，可惜我的生意却一天不如一天，有时在南部乡下，一天还不到十个人上门"。

⑨作为一个剪影者，他最大的兴趣是在观察，早先是对人的观察，后来生意清淡了，他开始揣摩自然，剪花鸟树木，剪山光水色。

⑩"那不是和剪纸一样了吗？"我说。

⑪"剪影本来就是剪纸的一种，不同的是剪纸务求精细，色彩繁多，是中国的写实画；剪影务求精简，只有黑白两色，就像是写意了。"

⑫因为他夸说什么事物都可以剪影，我就请他剪一幅题名为"黑暗"的影子。

⑬剪影者用黑纸和剪刀，剪了一个小小的上弦月和几颗闪耀的星星，他告诉我："本来，真正的黑暗是没有月亮和星星的，但是世间没有真正的黑暗，我们总可以在最角落的地方看到一线光明，如果没有光明，黑暗就不成其黑暗了。"

⑭我离开剪影者的时候，不禁反复地回味他说过的话。因为有光明的对照，黑暗才显得可怕，如果真是没有光明，黑暗又有什么可怕呢？问题是，一个人处在最黑暗的时刻，如何还能保有对光明的一片向往。

⑮现在这张名为"黑暗"的剪影正摆在我的书桌上，星月疏疏淡淡地埋在黑纸里，好像很不在意似的，"光明"也许正是如此，并未为某一个特定的对象照耀，而是每一个有心人都可以追求。

⑯后来我又几次到公园去，想找那一位剪影的人，却再也没有他的踪迹了，我知道他在某一个角落里继续过着漂泊的生活，捕捉光明或黑暗的人所显现的神采，也许他早就忘记曾经剪过我的影子，这丝毫不重要，重要的是我们在一个悠闲的下午相遇，而他用二十年的流浪告诉我："世间没有真正的黑暗。"即使无人顾惜的剪影也是如此。

问：阅读第⑧段，说说本段内容在文中都起到了什么作用？（3分）

我眼中的老龙湾

①老龙湾，因传说有神龙潜居其间而得名。它是由成千上万个泉眼，从特殊的地下岩层结构里喷出的泉水汇成的。老龙湾的泉眼，千姿百态，恣意涌流。主泉"铸剑池"的泉水，从石罅中咕嘟嘟地冒涌，势如龙喷蛟吐，声似滚雷走鼓。"濯马泉"水深盈丈，晶明透亮，能映出晴霞的纯洁，朗月的光华，即使有指甲般大的螃蟹从石陈爬出，人们也能瞧个清晰。

②老龙湾的灵性源于汩汩喷涌的泉水。这里的水温常年都是18℃，并富有多种矿物质和微量元素，使得投生在这湖中、湖畔及山下的方千生物，都能尽性而畅快地生长。浪花里有音乐的银钟，碧波下有奔驰的生灵，湖岸边有绿色的挥洒，山崖上有生命的翔舞……这是老龙湾给我留下的最为深刻的印象。

③老龙湾的南岸，有一片天然淡竹林，无论身个儿、竹节和叶片，都比江南的淡竹挺拔、粗壮、肥厚了许多。它们那活生生、热辣辣的生命激情，就像"铸剑池"的水一样涌出，难以遏控。它们的每一片叶，都像用桐油刚洗过一样，不见一丝儿枯黄。那每一杆竹体，都像特大号的绿笛一样，一齐昂首高吟着生命的"解放曲"。

④老龙湾北岸矗立着若干株树身挺拔的垂柳，它们仿佛忘却了自身应有的婀娜多姿的框范，每一枝条，每一纤维，每一叶脉，都一反矜持、拘谨和彬彬有礼的常态，张扬着生的自由，活得畅快。松柏、洋槐、法桐和楸树等各种树木，在老龙湾畔的各个角落里也都放胆尽兴地生长着。那高耸的法桐，作为来自浪漫之国的树种，在这泉水恒温的清凉世界里，仿佛忘却了自己的国籍，异化成山东大汉般的豪烈、刚劲。土生土长的楸树，更不示弱，它们无不高大英武，试与法桐一争高低……

⑤这里山崖上、路径边的花草，也都找到了它们惬意生存的乐土。二月的迎春、连翘，三月的紫槿、榆叶梅，五月的洋槐，六月的榴花，都以清泉孕育着的生命律动，形成了一种不可名状的空灵与和谐。你刚织出金色的云，它又腾起紫色的雾；你才托起白色的雪，它又绽开火红的霞……它们次第灿烂着这片水湾，最大限度地彰显出泉的清韵，花的秀逸。

⑥老龙湾也是百鸟最能展现生命底气和元气的城邦。它们或戏耍于湖面，像陀螺一样打转；或抖翅于柳梢，忽忽闪动着翅羽；或停栖于枝丫，卿卿我我，无所顾忌地谈情说爱；或在竹林里大展歌喉，唱得山花入神，唱得小草大醉……一切都飘逸着力与美的风姿。

⑦老龙湾古称熏冶湖，本是寂寞天地的寂寞伴侣，自打它偶尔被人类发现之后，这里便激起了一次次感叹的狂潮。春秋末期，冶炼巨匠欧冶子，在老龙湾的主泉旁淬火铸成了一批"龙泉"宝剑，主泉便有了"铸剑池"的大名。"濯马泉"则得名于战国时无盐娘娘曾在此洗过战马。在《水经注》中对老龙湾多有生花妙

笔的郦道元，少年时曾多次跟随时任青州刺史的父亲出游老龙湾。宋代范仲淹、富弼等名相硕儒，也曾常常陶醉于这里的湖光山色，流连忘返。此后老龙湾逐渐成为历代名士弃官归隐的私家园林，作为他们回归自然、纵情山水的心灵栖息地。现在，作为山东省的风景名胜区，老龙湾已经自然地成为人们怡情养性的好去处。

⑧穿越了时光的隧道、历史的风尘仍然美丽的老龙湾，仿佛在向我诠释着生命的本质和意义。在这里，一切生命都在适合自己的生存环境里，无不以最本色的生存状态，作为自己生命的最高境界。

问：联系上下文，简要分析文章第②段的作用。（4分）

第五节　为什么影视剧中分手场景总是下雨

——"环境描写作用"题

[说说]

结合环境描写的以下七个作用，你就不难明白为什么影视剧中男女主人公一分手天上就下起了雨。是为分手后的主人公独自在雨中"悲鸣"做铺垫，是为了交代故事发生的特定背景，还是为了渲染悲伤气氛烘托主人公痛苦的心情？也许都有。

[环境描写的作用]

（1）为下文做铺垫。
（2）交代故事发生的时间、地点和背景。
（3）烘托人物心情。
（4）推动故事情节发展。
（5）渲染×××气氛。
（6）表现人物×××特点。
（7）深化文章×××主题。

[例题精讲]

雪地烤红薯
周海亮

①男人缩在高中校园门口，守着一个烤红薯的老式铁炉。他不断地把烤熟的

红薯挑出来，把没烤的红薯放进去，十几个红薯，让他手忙脚乱。第一次做这种营生，男人的心里有点慌。

②（A）天空平飘着雪花，男人的头顶和肩膀上落着薄薄一层雪。正是放学的时候，走读的学生赶着回家，住校的学生赶着回宿舍，所有人都在雪中匆匆而过。男人把一个烤得最成功的红薯托在手里，嘴张着，却并不吆喝。

③有人停下来，看他的红薯。他立刻打起精神，从旁边操起小秤。他挑了两个最大的红薯放进秤盘，拉起提绳，"啪"的一声，两个红薯紧跟着掉在雪地上。男人急忙再从烤炉里取出两个红薯，那个学生却早已经走远了。

④整个下午他都没有卖掉一个烤红薯，这让他很伤心。现在，除了他，谁还把烤红薯当成好东西？儿子考上重点高中的那一天，闹着要去吃洋快餐。儿子点了一份薯条，端上来的东西又黄又瘦，蜷缩扭曲着，他不知为何物。尝一个，才知不过是炸过的土豆条罢了。他说："这能比得上烤红薯？"儿子边笑边喝着可乐。他也尝了尝，不好喝，麻舌头。他想，烤红薯多好啊，剥了皮，又香又甜，含在嘴里，不用嚼，直接化成蜜淌下去，如果再配一大碗玉米糁子和一碟腌萝卜条，那滋味，真是给个皇帝也不换啊！

⑤他重新把小秤放到身边，扭过头，眼睛盯住校门。这时，有几个学生说笑打闹着，走了出来。男人眼睛一亮，清清嗓子，喊了起来："卖烤红薯啰！"嗓音很小，又哑又沙，像被砂纸打磨过。声音吸引了这几个学生的目光，然而他们只是投来极为漠然的一瞥，又转过脸继续说笑。

⑥于是，男人又提高嗓门吆喝："烤红薯白送啰！"这时，一个长脖子少年停下来，并转身朝男人走来。边上的平头少年拽了拽他的胳膊，可是没能将他拉住。长脖子少年走到男人面前，问道："烤红薯白送？"

⑦男人憨笑着挑出四个红薯，边挑边问长脖子少年："你们宿舍几个人？"长脖子少年说："四个。"男人接着问："那个和你一起走的留平头的也是？"长脖子少年说："不错。"男人说："那就给你们多带几个吧！"于是又挑了四个。他把八个烤红薯分装进两个袋子，递给长脖子少年。

⑧天渐渐黑下来。（B）男人看了看天空，雪越下越大，地上铺了厚厚的一层。男人仍然没有卖掉一个烤红薯。他推起三轮车，慢慢往回走。他在一个街角停下来，就着昏黄的路灯，从炉里掏出一个焦煳的烤红薯。他仔细地剥掉皮，慢慢地吃起来。他不声不响地吃掉一个，又掏出第二个，他一口气吃掉八个烤红薯，那是烤炉里剩下的全部烤红薯。吃到最后，他不再剥皮，将烤红薯从烤炉里取出来，直接塞进嘴巴。男人想，自己的嘴唇肯定被烫出了水疱，因为现在，那里钻心地痛……

⑨长脖子少年回到宿舍，将两袋烤红薯随手放在床头柜上。谁对烤红薯都没

有兴趣，即使是白送，他们也不想吃上一口。终于，快熄灯的时候，留平头的少年打开了一个袋子，取出一个烤红薯，托在手里，细细端详。长脖子少年提醒他说："都烤煳了。"平头少年低头不理他，闭起眼睛嗅那个烤红薯。电灯恰在这时熄灭，平头少年在黑暗来临的瞬间，将那个已经冰凉的烤红薯凑近嘴巴，狠狠地咬了一口。他没有剥皮，感觉到了红薯的微涩与甘甜。

⑩长脖子少年突然说："你和卖烤红薯的那个人长得很像。"

⑪黑暗里，平头少年偷偷流下了一滴眼泪。

（选自《知识窗》2011年第1期，有删改）

问：文中有两处关于雪的环境描写，说说这样写的好处。（3分）

（A）天空飘着雪花，男人的头顶和肩膀上落着薄薄一层雪。

（B）男人看了看天空，雪越下越大，地上铺了厚厚的一层。

[解题思路]

（1）根据题干中"环境描写""好处"可判定此题为"环境描写作用题"。

（2）回原文找到这两处环境描写所处的位置。

（3）回忆环境描写的七个作用分别是什么，根据上下文具体分析。此题为"3分"，可判断有三点。

[答案示例]

暗示时间的推移；交代天气变得更冷；烘托人物失落、苦涩的心情；营造苍凉凝重的氛围。（答出三点，意对即可）

[牛刀小试]

严冬海猎
陈秉汗

①a.风静了，天空像硕大无朋的冰块银晃晃闪着寒光。沿海的海面弥漫着乳白色的雾气。海肚天脚一片胭红。怕冷的夕阳像喝醉了酒，醉醺醺地没入暮霭中。这是霜冻的征兆。几十年未遇的寒流袭来，往日闹市般的海湾冷冷清清。

②"海龙——"海滩那边传来渺远的呼唤声。

③"哎——"礁石上赤条条地爬上一个十四五岁的少年。他迅速穿上一件赤褐色的渔民衣服。衣服又宽又长，过了膝盖，袖口也卷了几卷，分明是他爸爸穿过的。

④一年四季，海龙喜欢在这里洗澡、潜水，即使这样的鬼天气也不例外。现在正是尖头鱼最肥最值钱的季节，海龙的爸爸有一种祖传捕鱼绝招，越是天寒地冻效果越好；深夜走到沙滩，仰头喝下一瓶酒，脱下衣服，跳进海里。尖头鱼便

迎着热气游过来……可是爸爸出海妈妈就心跳。所以爸爸不让海龙学这种原始的捕鱼法。但海龙觉得有趣，几次要跟着下海，被爸爸骂回来。最近爸爸连续几个晚上下海捕鱼，风寒侵入肌体，生起病来，家里仅有的一点钱在药煲里化作一缕缕轻烟。欠下一屁股债。年关在即，爸爸躺在床上发愁。

⑤听到妈妈的喊声，海龙跳下礁石，赤着脚板，沿着沙滩走回来。

⑥一家人正围着低矮的桌子吃晚饭。爸爸舀了一碗粥汤，弓着腰，埋头就着番薯连皮带根艰难地咀嚼吞咽，不时停下来咳嗽。有时咳嗽得喘不过气来，妹妹便给他捶捶腰背。

⑦海风穿过破屋石缝，像吹箫一样呜呜响。爸爸头也不抬地说："阿龙，天气这么冷，你别去耍海水了，弄出病来怎么办！"

⑧"浸浸海水少生病，邻居老叔说的。"海龙抓了一个番薯端着碗到屋外吃，看看海边的天色变化。

⑨天黑下来，爸爸咳嗽着躺下，妈妈和妹妹也上床睡觉了。海龙装作睡着的样子，爸爸的咳嗽声和呻吟声渐渐静了，才蹑手蹑脚溜下床，溜到门外。

⑩大海一片漆黑。墨兰的苍穹缀满星星，洒下淡淡的星光。海滩像一片蒙蒙轻雾。海龙全副武装，用尖担挑着鱼篓、干柴捆，快步向海滩走去。他那稚嫩的脸蛋此刻十分凝重暗淡，和夜色融成一体。他不会喝酒，掏出两个还有些烫手的番薯，拍掉草木灰，连皮吞进肚里。他把尖担插在湖水线上，爬上礁屿，解开柴捆，划了几根火柴。柴枝熊熊燃烧起来，照得海面红光闪烁。他脱下衣服，迅速溜下海里。深夜的海水不同白天，像冰一样。海龙感受到裂肌砭骨的寒冷。他没有反悔，没有退缩——爸爸忍受得了，自己为什么忍受不了。他咬咬牙，挥动双臂，捞水擦擦身体。敏感的尖头鱼已经感受到一团热气，它们笨拙地迎着热气游过来。海龙激动得心怦怦跳，忘记了寒冷，牙齿叼着鱼篓，双手左右开弓，左一条右一条，像捞漂浮在水里的萝卜，一一把它们丢进篓里。

⑪海潮不断上涨。海龙随海水不断上浮，到插尖担的地方，鱼篓满了。要是爸爸便立即上岸小跑回家，钻进孩子们用体温焐热的被窝……不！此刻礁屿附近的尖头鱼还很多，他太舍不得离开了。可是鱼篓满了，没地方放呀！他爬上礁石，添了柴火，拿过裤子，用石头把裤带砸成两段，一段把裤角扎牢，把篓里的鱼倒进去，再用另一段扎了口，海龙带着鱼篓又一次溜下海里，身子接触到密密麻麻的尖头鱼，他激动得热血沸腾，忘记了寒冷，忘记了饥饿，忘记了困乏，抓鱼的动作越来越快……他干狂了，干傻了，恨不得把海里的尖头鱼都抓进自己的鱼篓里。

⑫后半夜，爸爸醒来发现海龙不见了，赶紧和妈妈向海滩寻来，一脚深一脚浅，跌跌撞撞呼唤着儿子的名字。妈妈一个跟跄，脚下好像绊着什么，软绵绵的，只见海龙光着屁股，倒在地上，旁边的担子一头是鱼篓，一头是用裤子改装的

袋子，都盛满银晃晃的尖头鱼。妈妈搀扶着海龙，爸爸挑起担子，一步一步走回家里。

⑬海龙清醒过来，喝下一碗热水，钻进妈妈妹妹的暖被窝。冰冷的身子接触到妹妹，妹妹惊醒了，"哇"地一声大哭起来。妈妈说："哥哥捡回来好多好多的鱼哩。"妹妹揉揉惺忪睡眼，见地上许多尖头鱼，不禁破涕为笑。刺骨的寒风发出尖厉的哨音，穿过小屋的石缝溜走了，b.黎明前的大海静了，静得像守着摇篮的母亲……

（选自《2004年广东散文精选》）

问：阅读文中两处画线部分的景物描写，请分别说明作者的描写意图。（4分）

第六节　很简单的问题不要变得复杂

——"人物形象分析"题

[说说]

此考题多见于小说和叙事性散文中。人物形象是指某人的性格、思想、品质等，在概括人物形象时，应抓住文章中对人物进行的语言、动作、神态、心理等描写。

[答题思路]

（1）在题干中圈出关键字，弄清楚分析的人物是谁。

（2）回归原文，逐段找出这个人物的外貌、语言、动作、心理、神态等描写和侧面描写以及这个人所做的事，然后逐一去分析每一种描写表现了人物什么性格品质。

（3）若原文中有一些定性类的词语，如"善良热情""乐观开朗"等，则圈画出此类关键词，可以直接摘抄。若没有这类词语，则根据一些描述性语句，整理归纳。

（4）一般而言，人物形象赏析类题目中，人物形象都是比较丰满的，不仅仅只有一个特点，因此，要多角度、全方位归纳并分条作答。

（5）最后将信息进行整合，然后按照一定的答题模板组织答案，如"作者运用了×××描写方法+例子+写出了一个×××人+表达了作者对他的×××之情"。

注意：答案一定要与文章内容紧密相关，且概括出的内容要与作者的情感和文章中心保持一致。

[例题精讲]

忆冼星海

茅　盾

①和冼星海见面的时候，已经是在听过他作品的演奏，读过了他那玩语言的自传以后。

②那一次我所听到的《黄河大合唱》，据说是小规模的。那次演奏的指挥是一位青年音乐家，朋友告诉我，要是冼星海自任指挥，演奏当更精彩些。但我得老实说，尽管是"小规模"，可是那一次的演奏还是十分美满的。我应当承认，这开了我的眼界，使我感动，老觉得有什么东西在心里抓，痒痒的又舒服又难受。那伟大的气魄自然而然使人发生崇高的情感，光是这一点，也就叫你听过一次，就像灵魂洗过澡似的。

③从那时起，我便在想象：冼星海是怎样一个人呢？我曾经想象他该是木刻家马达那样一位魁梧奇伟、沉默寡言的人物。可是朋友又告诉我：不是，冼星海是中等身材，喜欢说笑，话匣子一开就会滔滔不绝。

④我见过马达的一幅木刻：一人伏案，执笔沉思，大的斗篷显得他头部特小，两眼眯紧如一线。这人就是冼星海，这幅木刻就名为《冼星海作曲图》。木刻家的用意不在"写真"，而在表现冼星海作曲时的神韵。它还远不能满足我的"好奇"。而这，直到我读了冼星海的自传，才得到部分的满足。

⑤从冼星海的生活经历，我了解了他的作品为什么有这样大的气魄。他做过饭店堂倌，咖啡馆杂役，做过轮船上锅炉间的伙夫，浴堂的打杂，也做过乞丐。什么都做过的一个人，有两种可能：一是被生活所压倒，虽有抱负，只成为一场梦；一是战胜了生活，那他的抱负不但能实现，而且必将放出万丈光芒。"星海就是后一种人！"——我当时这样想，仿佛我和他已经是很熟悉的了。

⑥大约三个月以后，在西安，冼星海突然来访我。

⑦那时我正在候车南下，而他即将经过新疆赴苏联。当他走进我的房间，自己通了姓名的时候，我吃了一惊，"呀，这就是冼星海么！"我觉得很熟识，而也感到生疏。我将这坐在我对面的人和马达木刻中的人作比较，也和我读了他的自传以后在想象中描绘出来的人作比较，我差不多连应有的寒暄也忘记了。然而冼星海却滔滔不绝地说起来。他说起了他到苏联去的计划，讲他的《民族交响乐》的创作。他的话我已记不全了，可是，他那种气魄，却使我兴奋鼓舞。他说，他以后的十年中将以全力完成他的创作计划。我深信他一定能达到，因为他不但有坚强的意志和伟大的魄力，而且又是那样好学深思，勤于收集各地民谣的材料。他说他将在新疆逗留一年半载，尽量收集各民族的歌谣，然后再去苏联。

⑧现在我还记得他的《民族交响乐》的一部分计划。他将从海陆空三方面来

描写我们祖国山河的美丽、雄伟与博大。他将以"狮子舞""划龙船""放风筝"这三种民间的娱乐,作为这伟大创作的"象征"或"韵调",来描写祖国人民的生活、理想和要求。"你预备在旅居苏联的时候写你这作品吗?""不!"他回答,"我去苏联是学习,吸收他们的好东西。要写,还得回中国来!"

⑨那天我们的长谈,是我和他的第一次见面,谁又料得到这就是最后一次啊!"要写,还得回中国来!"这句话,今天还响在我耳边,谁又料得到他不能回来了!

⑩这样一个人,怎么就死了!昨晚我忽然这样想,当他在国境被阻,而不得不步行万里,且经受生活的极端的困厄,而回莫斯科去的时候,他大概还觉得,这一段不平凡的生活经历又将使他的创作增加绮丽的色彩和声调。要是他不死,他一定会津津乐道这一番的遭遇。现在我还是这样想,要是我再遇到他,一开头他就会讲述这一段颠沛流离的生活,而且要说:"我经过中亚细亚,步行过万里,我看见了不少不少,我得了许多题材,我做成了曲子了!"时间永远不能磨灭我们在西安的一席长谈给我的印象。

⑪一个生龙活虎、具有伟大气魄、抱有崇高理想的冼星海,永远坐在我对面,直到我眼不能见,耳不能听,只要我神智还没昏迷,他永远活着。

问:简要分析作者是怎样把只见过一面的冼星海描写得生动而感人的。(不超过150个字)(6分)

[解题思路]

(1)从题干中"怎样描写"等关键字判断出此题为"人物形象赏析题"。

(2)去文章中找对冼星海的描写。如:听《黄河大合唱》和看《冼星海作曲图》的侧面描写,"要写,还得回中国来"的语言描写等。

(3)按照一定的模板组织答案。

[答案示例]

作者先写听《黄河大合唱》和看《冼星海作曲图》,从侧面表现出冼星海的气魄和神韵;然后再正面描写与冼星海的见面,通过对他滔滔不绝谈吐的描述以及"要写,还得回中国来"的语言描写,表现了他热情开朗的性格和炽热的爱国情怀。文章正面描写与侧面描写相结合,使冼星海这一形象生动而感人。

[牛刀小试]

温暖孤独旅程
铁 凝

①有一个冬天,在京西宾馆开会,好像是吃过饭出了餐厅,一位个子不高、

身着灰色棉衣的老人向我们走来。旁边有人告诉我，这便是汪曾祺老人。

②当时我没有迎上去打招呼的想法。越是自己敬佩的作家，似乎就越不愿意突兀地认识。但这位灰衣老人却招呼了我。他走到我的跟前，笑着，慢悠悠地说："铁凝，你的脑门上怎么一点儿头发也不留呀？"他打量着我的脑门，仿佛我是他久已认识的一个孩子，这样的问话令我感到刚才我那顾忌的多余。我还发现汪曾祺的目光温和而又剔透，正如同他对于人类和生活的一些看法。

③不久以后，我有机会去了一趟位于坝上草原的河北沽源县。去那里本是参加当地的一个文学活动，但是鼓动着我对沽源发生兴趣的却是汪曾祺的一段经历。他曾经被下放到这个县劳动过，在一个马铃薯研究站。他在这个研究马铃薯的机构，除却日复一日的劳动，还施展着另一种不为人知的天才：描述各式各样的马铃薯图谱——画土豆。汪曾祺从未在什么文字里对那儿的生活有过大声疾呼的控诉，他只是自嘲地描写过，他如何从对于圆头圆脑的马铃薯无从下笔，竟然到达一种"想画不像都不行"的熟练程度。他描绘着它们，又吃着它们，他还在文中自豪地告诉我们，全中国像他那样，吃过这么多品种的马铃薯的人，怕是不多见呢。我去沽源县是个夏天，走在虽然凉快，但略显光秃的县城街道上，我想象着当冬日来临，塞外蛮横的风雪是如何肆虐这里的居民，而汪曾祺又是怎样挨过他的时光。我甚至向当地文学青年打听了有没有一个叫马铃薯研究站的地方，他们茫然地摇着头。马铃薯和文学有着多么遥远的距离呀。我却仍然体味着：一个连马铃薯都不忍心敷衍的作家，对生活该有耐心和爱。

④一九八九年春天，我的小说《玫瑰门》讨论会在京召开，汪曾祺是被邀请的老作家之一。会上谌容告诉我，上午八点半开会，汪曾祺六点钟就起床收拾整齐，等待作协的车来接了。在这个会上他对《玫瑰门》谈了许多真实而细致的意见，没有应付，也不是无端地说好。在这里，我不能用感激两个字来回报这些意见，我只是不断地想起一位著名艺术家的一本回忆录。这位艺术家在回忆录里写到当老之将至时，他害怕变成两种老人：一种是俨然以师长面目出现，动不动就以教训青年为乐事的老人；另一种是唯恐被旁人称"老"，便没有名堂地奉迎青年，以证实自己青春常在的老人。汪曾祺不是上述两种老人，也不是其他什么人，他就是他自己，一个从容地"东张西望"着，走在自己的路上的可爱的老头。这个老头，安然迎送着每一段或寂寥，或热闹的时光，用自己诚实而温暖的文字，用那些平凡而充满灵性的故事，抚慰着常常是焦躁不安的世界。

⑤我常想，汪曾祺在沽源创造出的"热闹"日子，是为了排遣孤独，还是一种难以排遣的孤独感使他觉得世界更需要人去抚慰呢？前不久读到他为一个年轻人的小说集所做的序，序中他借着评价那年轻人的小说道出了一句"人是孤儿"。

⑥我相信他是多么不乐意人是孤儿啊。他在另一篇散文中记述了他在沽源的另一件事：有一天他采到一朵大蘑菇，他把它带回宿舍，精心晾干（可能他还有一种独到的晾制方法）收藏起来。待到年节回京与家人做短暂的团聚时，他将这朵蘑菇背回了北京，并亲手为家人烹制了一份鲜美无比的汤，那汤给全家带来了意外的欢乐。

⑦于是我又常想，一个囊中背着一朵蘑菇的老人，收藏起一切的孤独，从塞外寒冷的黄风中快乐地朝着自己的家走着，难道仅仅为了叫家人盛赞他的蘑菇汤？

⑧这使我不断地相信，这世界上一些孤独而优秀的灵魂之所以孤独，是因为他们将温馨与欢乐不求回报地赠予了世人吧？用文学，或者用蘑菇。

问：文章除选取典型事件，还运用细节描写刻画人物，请结合文章内容简要分析汪曾祺的形象。（不超过150字）（7分）

第七节　急不得

——"情节梳理"题

[说说]

情节梳理题并不难，关键是要回到原文慢慢寻找，这个题目需要的是细致与耐心，考察能力的同时也考察心态。此题型不需要用"法事情人"，因为这类题型考的就是"事"的梳理。

[解题思路]

"事"的梳理可以概括为三个字——"画""找""仿"："画"指在题干中画出关键字，确定答题内容；"找"指根据线索词、情感词、关联词等划分层次，定位原文；"仿"指根据已知空的句式、字数、结构组织答案。

[例题精讲]

父亲的村庄

孙京涛

①父亲，像他那一代大多数农民一样，没有文化，朴素、勤劳。父亲的村庄，也像大部分胶东农村一样，贫瘠、平淡、寂寂无闻。然而，就是这样的父亲，和

他的东石水头村，成了我生命的起航。

②改革开放前，父亲一直是生产队赶马车的，这份略略异于普通农人的职业，是我向小伙伴们夸耀的资本。我总觉得，父亲能走得很远很远，走到村人们都走不到的地方……因此他的每一次离家，都会引发我对外界无穷的想象，然后添油加醋地演绎给伙伴们听。

③大约在我三四岁的时候，父亲第一次带我到生产队的饲养场玩耍。当时的饲养员叫张爱，干瘦老头，跛腿，脾气大，早年在外当长工，闯荡江湖，见多识广。张爱大爷定定地看着我的眼睛，转头对父亲说："这孩子，以后就靠这双眼吃饭！"父亲不屑："人都靠双手吃饭，哪有靠眼吃饭的？"后来我考上大学，学摄影专业，父亲想起张爱大爷当年的"预言"，不胜唏嘘。

④年龄稍长，我随着父亲的马车进了城。我知道，在城里，有不用马拉就会自己跑的汽车，还有能把人吸到肚子底下轧死的火车。父亲说："使劲念书吧，念好了才能到城里工作。"我听父亲的话，从县城的重点中学一直念到北京的重点大学。大学毕业，系里保送我上研究生。四年本科，我已经让家里家徒四壁了，还可能再读三年吗？我回家问父亲，要不要上这个学？"研究生是什么？"父亲问。"大学毕业了可以教高中，研究生毕业了，就可以教大学。"我比画着跟父亲解释。"那咱村有孩子读吗？""没有。""那咱附近这三个村子有孩子读吗？""好像也没有。""那你得上！砸锅卖铁也得上！这个不是钱能买来的！"父亲果断地替我做了主。

⑤后来，我真的在城里工作了。我觉得自己就像一支箭，而父亲，就是那张弓。他铆足了一生的气力，把我放飞出去；自己却囿于那个封闭的乡村，日渐衰老。

⑥父亲经常说起一个故事：有一年正月十五晚上，一位年龄比父亲小、辈分比父亲高的小老奶奶来到我家，坐下了，只是一个劲儿地东拉西扯。父亲陪了一会儿，问："奶奶，您来我家，是有什么事儿吧？"奶奶的确是有事，可她不好意思张口——她是来借钱的。儿子去烟台打工，缺一百块钱盘缠，正着急上不了路。父亲二话不说，拿出钱来："一百块够不？""够！够了！"小老奶奶连声说。父亲客客气气的双手呈给她一百块钱，奶奶客客气气双手接过。年尾，腊八刚过，小老奶奶就来了，还拎了两瓶"莱阳白干"。她客客气气的双手呈上一百块钱，父亲客客气气的双手接过。第二年正月十五，小老奶奶又来了，还是客客气气借一百块钱；待到年尾腊八，还是拎两瓶"莱阳白干"，客客气气地还一百块钱，而父亲，总是客客气气地接过。如此往复五六年，直到她的儿子成家立业。父亲说，小老奶奶遵循古训，债不过年，她真是个要面子的人！我喜欢听父亲说这个故事，很多东西，从这个故事一直流淌进我的血脉。

⑦近些年，许多体力活儿，父亲已经力不从心。经常地，他会发现一堆土杂肥"被偷了"；待到耕种时，却发现那堆肥已经被均匀地撒到了地里。或者，在

大收时节，门口突然响起一嗓："大叔，你陡崖山的麦子割回来了，扔门口了啊！"出门去看，却是杳无人影。

⑧2007年4月16日，在我的一再劝诱下，一辈子不愿花钱的父亲终于同意做手术，安装心脏起搏器。在手术室外，我算了一笔账：我一年差不多回老家四趟，父亲已经七十五，假如他再活十年，那么，我统共只能再见他四十次！

⑨就是这个结果，让我开始拍摄《父亲的村庄》。每拍一个人，我都会向父亲念叨念叨，父亲便给我讲他们的故事。我惊讶地发现：每一个看似最平常的生命，都是一个不可复制的传奇。人到中年，蓦然回首，却发现，这片自己曾经拼命挣脱的土地，却早已注定了此生所有的精魂。

问：阅读③～⑦段的内容，将下列情节补充完整。（每空限15字以内）（4分）

情节一：张爱大爷预言我将来靠双眼吃饭。

情节二：＿＿＿＿＿＿＿＿＿＿＿＿＿＿＿。

情节三：小老奶奶多次年初借钱年尾还钱。

情节四：＿＿＿＿＿＿＿＿＿＿＿＿＿＿＿。

[解题思路]

（1）画出题干中的关键字"情节""③～⑦段"等关键字。

（2）找出"情节一：张爱大爷预言我将来靠双眼吃饭"所对应的范围是第③段，"情节三：小老奶奶多次年初借钱年尾还钱"所对应的范围是第⑥段。

（3）根据这两个条件，推出情节二所对应的范围是④～⑤段，情节四所对应的范围是⑦～⑧段。

（4）根据已知的句式和结构，提炼出答案结构是"人物＋事件"。

[答案示例]

情节二：父亲决定砸锅卖铁供我上研究生。情节四：乡亲们不留名帮父亲干体力活。（共4分。每空2分，人物1分，事件1分。）

[牛刀小试]

告别老屋

①我离开老屋，搬进市内，已有一个多月了。新房子既宽绰，交通又方便，可我总觉得失落了什么。有时，站在阳台上，眼光便不由自主地越过城中的一切，向紫金山下那一角地方久久眺望。一阵无法解脱的惆怅占满了我的心。

②我原本也舍不得离开它，搬与不搬，反复了多回。然而搬的决心下定之后，我就日盼夜盼，恨不得马上飞进城去。不知怎的，临到乔迁之日，我却慌张了，我不敢留在老屋，我怕看见它最终四壁皆空、满地狼藉的景象。那些在老屋里消

逝了的日日夜夜，竟好像复苏了的亲人，接二连三地扑到我的眼前！

③好像是一九七五年，我们单位在郊区造了一幢并不入时的红砖楼房，进住的人不多，房子却很难要。但为了我可怜的母亲和风烛残年的父亲有一个安身之处，我向领导张口了。我哪里知道，这是必得看尽脸色，向每一位菩萨都把头磕到才能办到的事。记不得不争气的泪在明里暗里流了多少，后来，终于拿到了一小套底层房间的钥匙。

④记得那年冬天，大半个卡车就把东西全拉过来了。母亲憔悴的脸上现出惊喜欲罢的神色。她扶着已近失明的父亲，慢慢地走，一样样地摸，她说："苏夫子，这是窗，这是门，出这个门是阳台，浩大的一个院子噢！"父亲的手指随着她的指点簌簌地摸索，脸上露出安详的喜悦："我们如今有个家了！是吧？"他头顶上堆着雪一样白的发丝，可是口里却发着孩子似的提问。在学问上，他曾经是个多么挑剔、执拗而不知满足的人哪！我久久仰望蓝天，不让泪水落下来。我记得那一天，院子里满是没及膝盖的荒草，倒伏着一片枯黑了的野菊花。松松拉着的铁丝网外有一个不大的荷塘，小路边的一排铁蒺藜树在风中摇颤着它们干瘦的枝干……

⑤在老屋一住就是七八年，我们在这里留下多少个难熬的冬夜，留下过多少个碗里只有几块豆腐乳的日子！父亲去世后，母亲和我守着那寂寥的屋子，晚上，一阵风萧萧地吹来，关不严的门窗就磕磕地颤动一阵。母亲坐在被子里看黄旧了的《儒林外史》，我坐在北窗底下写写画画，坚持着我那看起来毫无指望的写作。表上的指针渐渐地指向十一点，十二点，母亲房里灯已熄了。这时才觉得凉气四升，摸一摸鼻尖，冰冷，脚已麻木了，于是蹑手蹑脚到厨房把盐水瓶灌满热水抱在怀里。这时母亲翻了一个身，说："不早了呢，身体要紧哪！"总要她叫个两三次，我才很不情愿地熄了灯，摸到冰冷的被窝里……

⑥而如今，我高居在城中宽敞的六楼之上，脚沾不到土，鼻子嗅不到河沟里潮湿的气息，举目一望，只有一幢幢灰色的"蜂巢"，一条条灰色的僵直的街巷。有一天半夜，我忽然醒了，周围没有一点声音。那一瞬间，我不知身在何处。过了许久，我这才明白，我是搬了家了！啊，我这才明白，我在这里从此将听不见雨点儿落地，望不到风摇树影，更不必提什么蟋蟀的吟唱，小蚂蚁爬行的长龙了！啊，我这才明白，静，也是需要衬托的，不然就是死寂！我这才明白，我把那无穷的生活情趣失掉了！那原本是大自然对我的厚赐啊！

⑦那一个曾经布满荒草的小院，后来经过整治，是怎样的可爱呀！傍墙种了月季、四季桂、葡萄藤，还从宜兴移来两支修篁。当年的两枚核桃也已长成桃树，出墙招人了，两蓬剑麻也抽出了雪白的花穗。夏天，蝴蝶和蜜蜂在院里嗡嗡地闹。秋风挟着细细的雨丝，将黄了的梧桐叶隔墙吹过来，一片，又一片，打在湿漉漉的台阶上。婚后，我和丈夫常常在人静之后步出门去。总是有月亮，世界有一半

浸在银子里，另一半浸在墨汁里。紫金山静静地横卧，空气里有一股甜甜的气息。早熟的癞蛤蟆有一声没一声地聒噪着，树影在脚步间飘移……

⑧这样的景物，我如今到哪里去寻？到哪里去找？我为什么要遗弃了它搬进城里的水泥匣子中来？

⑨理由自然不会没有。在城外那一块地方，垃圾随处可见。夏天，蚊虫大如豆。一到雨季，屋边小河沟里的水就像一匹黄鬃野马，裹挟着垃圾、菜叶，汹涌而来，四处浸溢……

⑩然而这一切在如今回想起来，都有一种特别的魅力：它记载着我的喜怒哀乐，艰难奋进。我知道，我怀念老屋及它周围的一切，是因为我在那里留下了一段难忘的生活经历。

⑪啊，我那可爱的青竹啊，你就在那里生长繁衍吧，只要在你枝叶的绿汁中，铭记着我对你的呵护！我那美丽的桃树啊，你年年怒发结实吧，只要在你的乳浆里保存一点对我的记忆！葡萄啊，伸长你的藤！芭蕉啊，扩展你的叶！在月白风清之时，只要偶有一回对我思念，我就会觉得欣慰心醉的！

⑫我知道，人，不能只生活在过去。只要是前进，就总有许多东西要被抛弃，舍不得告别过去的人不能去开拓更新的天地。

⑬别了，老屋！让我在远处凝视你吧！让我把对你的爱意渗进土里，嵌在你的石隙砖瓦中，熨帖在你未来的日月中！

问：作者在文章中围绕"老屋"回忆了一些难忘的生活片段。阅读第③~⑦段，概括这些生活片段。（4分）

（1）_____　（2）_____

（3）_____　（4）_____

善良的心
王建兰

①开春，他把自己像种子一样随意撒在一个海参养殖场。多次求职碰壁，无奈只能像现在这样以一个民工的身份被雇用。尽管他的专业就是海水养殖，可是一个三流大学的毕业生，谁能相信他，敢把动辄百万元的海参养殖池交给他？

②秋天，突然接到了母亲因脑出血要做开颅手术的电话，他惊得魂飞魄散。独自把他和弟弟抚养成人，又殚精竭虑供养他上大学的母亲，是他生命的全部。他忐忑不安地站在老板面前，卑微得像根草。他想支走半年的工钱，又嗫嚅着，乞求老板能借给他几千元钱，只要能救母亲的命，他自当竭尽全力为老板打工抵债。出乎意料，老板似乎没有半点迟疑，为他筹措了一万元钱。他怀揣着这份温暖，一刻也不敢停留，甚至没有留下任何凭据。临上火车，他对驱车来送他的老板递

上欠条,不料被老板挡了回来:一百个欠条和誓言也抵不过一颗善良的心。他听了,心动如潮。他把那张欠条藏在贴身的内衣中,同时收藏起的还有一份感动和厚重的情谊。

③半年过去了,再也没见到他的踪影。年终工友们领工资时有人提起了他,言语里除了对他的不屑,更多的是对老板过分善良的感喟。直到这时,老板才恍然想起,他的确是好长时间没有一个电话了。

④年关逼近,打工的人还在回家的途中,不料这时候他回来了,带着成年的弟弟,背着半身不遂的母亲。他告诉老板,母亲的病刚稳定,知道现在这里正是缺人手的时候,就急急地赶来。他一家人执意要住在海边的一所简陋的屋子里,说晚上可以顺便守棚看护,多双眼睛,会少些不必要的损失。

⑤就在这一年的元宵节,当人们还沉浸在欢庆的气氛中的时候,四十年一遇的风暴潮轻而易举地把养殖户多年经营的梦想和希望打得支离破碎。天刚放亮,一宿未眠的老板踏着厚厚的大雪跌跌撞撞赶往场里去,对于海中围堰的养参大池,老板不抱什么幻想,只奢望着老天能留给他一线生机,保住海岸边的育苗大棚。大棚里有越冬的参苗,倘若大棚被风吹走,参苗将全部被冻死。

⑥蓦地,老板在一片歪七竖八的大棚周围,看到一个还倔强地站立的大棚,仔细辨认,那分明就是自己的大棚啊。他狂奔过去,近看才明白:不是老天保佑他,而是人在助他。加固在大棚上的一道道绳索,堆放在周围的一袋袋沙包,都是那兄弟俩所为。那价值几十万的财产,硬是被兄弟俩舍命保护下来了。他想象不出那兄弟俩在暴风雪中干了多长时间,更不敢想那样恶劣的气候,即使出再多的钱,又有谁会不惜冒着塌棚的危险来守候加固?

⑦老板急于找到那兄弟俩。劫后的海滩,一片狼藉。许多人在奔跑着,整篮子地捡拾被浪卷上来的海参。想到那兄弟俩近水楼台会拾到许多海参,也算是对他们冒死守住大棚的一种补偿吧,老板心里稍感宽慰。转身走进大棚,老板惊住了,那兄弟俩正在棚里为苗池换水。"怎么不去捡海参?别人都捡发了。"

⑧他说:"池里盐度太低,并且缺氧,不赶紧换水,参苗会大批死亡,损失的就不是捡几千元海参的价钱了!对了,最好赶紧投放一些光合细菌……"老板诧异地看着他:一个民工能说出这些专业术语来?他不好意思地笑了,说自己学的就是这个专业。

⑨在那场风暴潮中幸存的育苗大棚成了老板最骄傲的资本和财富。老板逢人便夸他的仁义和忠厚,称他是少见的好人,是难得的人才。那棚里的参苗成了抢手货,早已被高价预订一空。还有养殖户打他的主意,悄悄地"递高价"想挖老板的墙脚,却被他断然拒绝了。他说,不是自己有多么高尚,只不过是"人心换人心,黄土变成金"啊。

⑩这是个真事，老板是我哥，每遇别人有求之事，哥总是倾力相助，还现身说法告诫我要与人为善，他说："做生意，有投入不一定会有回报，唯有善举和爱，可以循环，无论投入多少，冥冥之中总会有回报，要么是平安如意，要么是逢凶化吉。即便没有奇迹出现，也会收获快乐，得到愉悦和心安。"

问：本文既写了一个年轻大学生在工作之初经历的几件事，也写了他当时的心理。阅读第①～⑧段，填写下面的表格。（4分）

时间	事件	心理
开春	多次求职碰壁，以民工身份被雇用	无奈
秋天	①	②
年关逼近	带着母亲和弟弟返回养殖场	③
元宵节	④	感恩

第八节　不可天马行空

——"开放性"题

[说说]

此种题型虽然没有规定很死板的答题格式，但答题时也要紧紧围绕文章的主题和内容，不可以天马行空。

[解题思路]

这一类型的题目都会要求考生"谈谈你的看法""你认为……"，只要符合文题要求、所谈内容言之成理就可以。

（1）表达时，最好要有标志性语言。在答题时，可以用"我认为……比如……"这样的标志性语言。先用"我认为……"言简意赅地表明自己的观点。

（2）再用"比如""例如"之类的词语，运用举例论证或道理论证来支撑自己的观点。这样，不仅给阅卷老师留下观点鲜明之感，而且给人以条理清楚、论证有力的良好印象。

（3）表达内容要紧跟时代步伐，贴近生活实际。

（4）要有正确的人生观、价值观。

（5）语言要通顺，表达要流畅。

例题 1

沉在水底的豆子
周　莹

从小到大，他一直是个很浮躁的人。凡事在他眼中，说得头头是道，轮到付出行动时，他就落后了。

高三那年，他告诉父亲说自己非复旦大学不上，您就等着吧。父亲疑惑地问他："你有这么大的把握？成绩如何？"他信誓旦旦地向父亲许诺，您要相信自己儿子才对。于是，父亲不再说什么。父亲知道他的成绩考复旦，问题不是很大。

整个高三期间，父亲忙着自己的小生意，没有过多的精力专门照顾他，只一门心思给他攒钱。没想到，高考过后，他却落榜了。他的分数，勉强够二本。这个意外，让他措手不及。

父亲没有过多地批评他。而他自己，却痛苦地恨不得撕开自己的心脏。他在家躺了三天，愧疚像蛇一样纠缠着他，撕咬着他，折磨着他。

三天后，他自己起床告诉他父亲说想出去打工，体验生活。母亲胆怯地问："你可是什么都不会？……"他一脸严肃地说："我出去学习，可以吗？您总是不相信我！"说完，他头也不回地走出了家门。

母亲心疼得眼泪直掉，父亲安慰母亲说，没事的，鹰总是要学会自己飞翔的嘛！任他去吧。母亲什么也说不出来，只有默默叹息的份儿。

三天后，他回家倒头就睡。母亲问他怎么了？他说在酒店端盘子，因为打碎了一个酒杯，被老板骂了一顿。赌气，就回来了。第二天，他一大早就出门了。四天后回来，长吁短叹。母亲问他为什么？他说在工地搬砖，工头批评他弯不下腰，不是干活的料。说完，他眼泪汪汪地望着父亲。

父亲什么也没有说，只是拿出了三颗芸豆，丢进盛满水的玻璃杯子里，就出去了。他看着三颗漂浮在水上来回转动着的芸豆，不知道父亲葫芦里卖的什么药。母亲看着沮丧的他，想要说一声不要打工了，哪怕是二本，也去上吧。毕竟是在读书。母亲还没有来得及张口，他就站起来冲出了门外。

他在母亲的担忧中，再次离开温暖的家，出去"闯荡"。晚饭后，他回来了。一身灰尘，一身疲惫。

父亲没有嘘寒问暖，只是喊他过来看杯子内的芸豆。他走近一看，三颗芸豆有一颗沉在水底，两颗飘在水上。他不知所以然。父亲含沙射影地问他："你看看，这三颗芸豆，哪颗能够发芽结果？"

他被父亲问得莫名其妙，心里直犯嘀咕："我怎么知道哪颗豆子会发芽结果呢？"

父亲也不恼火，只轻描淡写地说："我们把芸豆种在花盆里试试就知道了。"说完，父亲就从墙角搬出三个花盆，装上泥土，然后指着水中的芸豆，让他看看有什么不同。他看了半天，也没有看出门道，只好把头摇得像拨浪鼓。

父亲指着三颗芸豆让他看："沉在水底的那颗芸豆，你看到了什么？"他想了想说："看到那些水珠像泡泡一样围住豆皮。看样子，芸豆在吸收水分？"沉着脸的父亲，嘴角微微一翘，故意发出疑问："豆子吸收水分是为了干啥呢？"他不知道如何回答。

父亲语重心长地告诉他："豆子沉在水底，用心地吸收着水分，为被埋进土壤的那一天积蓄力量。飘在水上的豆子，只是表皮吸收了一层水分，里面并没有吸收到，一旦埋进土里，遇到干旱，就会因为缺乏水分而不能发芽，最终会烂掉。沉在水底的豆子，安静地积蓄着力量，为的就是发芽的那一天，迎来一个灿烂的朝阳。"

父亲说完，就把三颗豆子分别种在花盆里，并做了三种不同的记号，尤其是沉在水中的那颗豆子，父亲还插了一支筷子。

父亲的行为，让他陷入沉思。

第二天，他没有出去打工，而是静静地等待豆子是否发芽。

十天后，插了筷子的那颗豆子发芽了。芽苗粗壮、肥厚、翠绿，还特精神。

又过了半个月后，发芽的豆苗都窜到一尺多高了，而那两颗豆子还没有出土。他忍不住瞒着父亲，扒开土壤翻看漂浮在水上的豆子是什么结果。等他扒开潮湿的泥土一看，他傻眼了，那两颗豆子早就烂成稀泥，废了。

他再看了一眼那株苗壮青绿的芸豆苗，颓废的心灵为之一振。顿时，他心里充溢着一泓喜悦，仿佛看见天边的星光，让他心底泛出希望的光点，虽然星星点点，若隐若现，但是他却有了方向，有了激情，不再迷茫，不再颓废。他暗想，父亲说的话，果然没错。

晚上，他主动与父母商量，不出去打工了，想再复读一年，一定争取上复旦。母亲没敢表态，父亲故意犹犹豫豫不说话。

他一着急，就发誓：一定要做一颗沉在水底的豆子。第二年，他果然如愿以偿，顺利收到梦寐以求的复旦大学的通知书。

升学宴席上，亲朋好友都赶来祝福。别人纷纷议论说他是一个聪明绝顶的人才。有人羡慕地说："你真了不起！人才啊！"

他笑笑回答："我只不过是一粒沉在水中的豆子而已。"

一粒沉在水中的豆子，改变了他的人生轨迹，成就了他的人生方向，让他看到了一片光明的未来。

问：结合文章内容和自己的生活经历，说说文中父亲给了你什么启示。（不超过140字）（6分）

[答案示例]

可以从父亲所讲的道理"要想成功必须做沉在水底的豆子，沉下心，努力拼搏，积蓄力量"的角度谈；也可以从父亲的教育方法谈。

（评分：本题共6分。对原文内容理解2分，结合自己生活分析3分，语言表达1分。）

例题2

高贵的生命不卑微

①他是黑人，1963年出生于纽约布鲁克林贫民区。对于未来，他看不到什么希望。

②13岁的那一年，有一天，父亲突然递给他一件旧衣服："这件衣服能值多少钱？""大概一美元。"他回答。"你能将它卖到两美元吗？"父亲用探询的目光看着他。"傻子才会买！"他赌着气说。父亲的目光真诚又透着渴求："你为什么不试一试呢？要是你卖掉了，也算帮了我和你的妈妈。"他这才点了点头："我可以试一试，但是不一定能卖掉。"他很小心地把衣服洗净，没有熨斗，他就用刷子把衣服刷平，铺在一块平板上阴干。第二天，他带着这件衣服来到一个人流密集的地铁站，经过6个多小时的叫卖，他终于卖出了这件衣服。

③过了十多天，父亲突然又递给他一件旧衣服："你想想，这件衣服怎样才能卖到20美元？""怎么可能？这么一件旧衣服怎么能卖到20美元，它最多只值两美元。""你为什么不试一试呢？"父亲启发他，"好好想想，总会有办法的"。终于，他想到了一个好办法。他请自己学画画的表哥在衣服上画了一只可爱的唐老鸭与一只顽皮的米老鼠。他选择在一个贵族子弟学校的门口叫卖。不一会儿，一个开车接少爷放学的管家为他的小少爷买下了这件衣服。那个十来岁的孩子十分喜爱衣服上的图案，一高兴，又给了他5美元的小费。25美元，这无疑是一笔巨款！

④回到家后，父亲又递给他一件旧衣服："你能把他卖到200美元吗？"父亲目光深邃，像一口老井幽幽地闪着光。这一回，他没有犹疑，沉静地接过了衣服，开始思索。

⑤两个月后，机会终于来了。当红电影《霹雳娇娃》的女主演拉佛西来到了纽约宣传。记者招待会结束后，他猛地推开身边的保安，扑到了拉佛西身边，举着旧衣服请她签个名。拉佛西先是一愣，但是马上就笑了。没有人会拒绝一个纯真的孩子。拉佛西流畅地签完名。

⑥他笑了，黝黑的面庞，洁白的牙齿："拉佛西女士，我能把这件衣服卖掉吗？""当然，这是你的衣服，怎么处理完全是你的自由！"他"哇"的一声欢呼起来："拉佛西小姐亲笔签名的运动衫，售价200美元！"经过现场竞价，一名石油商人以1200美元的高价收购了这件运动衫。

⑦回到家里，他和父亲，还有一大家人陷入了狂欢。父亲感动得泪水横流，不断地亲吻着他的额头："我原本打算，【A】你要是卖不掉，我就派人买下这件衣服。没想到你真的做到了！你真棒！我的孩子，你真的很棒……"父亲接着说道，"我只是想告诉你，一件只值一美元的旧衣服，都有办法高贵起来。何况我们这些活生生的人呢？我们有什么理由对生活丧失信心呢？我们只不过黑一点穷一点，可这又有什么关系？"就在这一刹那间，【B】他的心中，有一轮灿烂的太阳升了起来，照亮了他的全身和眼前的世界。"连一件旧衣服都有办法高贵，我还有什么理由妄自菲薄呢！"

⑧从此，他开始努力地学习，刻苦地锻炼，时刻对未来充满着希望！20年后，他的名字传遍了世界的每一个角落。他就是最伟大的篮球运动员——迈克尔·乔丹！

问：请结合文章并联系实际，谈谈这篇文章给你的启示。（150字左右）（7分）

[答案示例]

要点：从父亲和儿子的角度谈启示都可以。要求有正确的观点（1分），结合文章（2分），联系生活实际（2分），通顺有文采（2分）。

第三章 "法事情人"在记叙文六大主题中的运用

第一节 思念是会呼吸的痛

——亲情涌动

和老妈过招

①老妈89岁，正在人生的第二个童年时期，又活泼又率真。我正当中年，精力充沛。可是别以为在耄耋老人的面前你就很强大，和老妈过招，胜算几何呢？

②老妈住在我家朝阳的大南屋，家庭公共电视在她的屋里。晚上老妈总是很早吃饭，很早睡下。老妈说："丫头啊，我睡我的，你看你的，我听不见电视的声音，一点儿也不影响我。"为着诚恳的缘故吧，老妈又说："听话啊，我的老丫头，你看吧，愿意看到什么时候就看到什么时候。"

③老妈真好，事儿真少，不像我有些同学或朋友的老妈，事儿多。我于是服侍老妈睡下，然后回到沙发上看电视。没看上半个小时，老妈高亢的声音从我身后传来："丫头啊，别看了，这灯光晃得我心里闹腾得不行了。"因为声音太过突然，我打个哆嗦，手中的遥控器跌落在沙发上。打完哆嗦，我赶紧关电视，关灯，关门，乖乖地退出老妈房间。

④我另有两个房间，每间里都有电脑，坐在电脑前琢磨：老妈厉害呀，不受委屈。我心里很安慰，这个回合我输掉了，但是高兴。

⑤老妈每天都要问我一个问题："百合有电话吗？"百合是我女儿，在北京念大二。老妈耳朵背，我附耳回答："有电话。"过不了多久，老妈又问："百合有电话吗？"有时我忙着别的事情，有时心里被问得厌烦，就不到她的身边附耳回答了，而是先在脸上堆出笑来，口型做得大大的，表示"有"，耶！老妈居然看懂了，高高兴兴的样子。这样一天下来老妈对这个问题又问了七八遍，我就笑呵呵地回答了她七八遍。可能问到第九遍时，我趋近附耳向她质疑："妈，您都问了我一千遍了呀。"老妈眼都不眨一下说："哪有呢，我也就问了八百遍罢了。"

⑥我哈哈大笑，老妈真调皮啊。这个回合我输得甘心。

⑦一天，老妈左侧髋骨突然疼痛，自言快疼哭了。推老妈去医院拍片子，医生说骨质疏松。按照医嘱，系统补钙，喝奶，吃药，静养。为了防止出现意外骨折，我买了坐便椅，不许老妈再去卫生间。这样过了几天，老妈的腿依然疼痛难忍，面部常有痛苦不堪的表情。又过了些日子，老妈平时端坐还好，稍微运动时，表情依然痛苦，躺下歇息的时候，连毛毯都不能自己盖了。我真的很急啊，可是灵感在此刻也出现了。我躲在屋外，偷窥老妈，有巨大收获。老妈独自一人的时候，居然能够比较自如地坐到坐便椅上解决问题，也能自己很轻松地盖好又轻又暖的毛毯。做这些的时候，老妈十分平静安详。

⑧这一次，老妈当我面微微行动时，又说疼啊疼啊，表情显得很痛苦不堪。我俯身贴耳揭她老底："老妈，没有那么疼吧，你其实不怎么疼啊！"老妈仰脸看着我，脸上换上一种如孩童般被揭穿真相的诧异和羞赧，说："你怎么知道的啊？"

⑨这个回合我赢了。可是呆呆地想了想，又何必揭穿老妈呢？老妈够可怜的啦，她心里不知道有多害怕和无助呢。我把老妈搂在怀里，很是羞愧，于是这个回合我还是输掉了。

⑩其实，我知道母女之间哪有输赢呢，或者换句话说，我输了，也就是我赢了。

1. 根据文章内容，完成下表。（4分）

	过招时"老妈"的表现	过招后"我"的反应	
		外在表现	内心感受
第一次过招	前后矛盾	①	高兴
第二次过招	②	哈哈大笑	甘心
第三次过招	夸大病情	③	④

2. 联系上下文，谈谈第⑤段中画线句子的作用都有哪些？（4分）

答：_____

3. 请结合文章的叙事和描写，谈谈你对文章主题的理解。（不超过150字）（7分）

答：_____

母亲的书
琦君（台湾）

①从小到大，我上过那么多年学，后来又教书，天天生活不离书，和书打的交道最多，也读过很多本书，而母亲的书却是我怎么读也读不完的一本。

②母亲在忙完一天的煮饭，洗衣，喂猪、鸡、鸭之后，就会喊着我说："小春

呀，去把妈的书拿来。"

③我就会问："哪本书呀？"

④"那本橡皮纸的。"

⑤我就知道妈妈今儿晚上心里高兴，要在书房里陪伴我，就着一盏菜油灯光，给爸爸绣拖鞋面了。

⑥橡皮纸的书上没有一个字，实在是一本"无字天书"。里面夹的是红红绿绿色彩缤纷的丝线，白纸剪的朵朵花样。还有外婆给母亲绣的一双水绿缎子鞋面，没有做成鞋子，母亲就这么一直夹在书里，夹了将近十年。外婆早过世了，水绿缎子上绣的樱桃仍旧鲜红得可以摘来吃似的；一对小小的喜鹊，一只张着嘴，一只合着嘴。母亲告诉过我，那只张着嘴的是公的，合着嘴的是母的。喜鹊也跟人一样，男女性格有别。母亲每回翻开书，总先翻到夹得最厚的一页。对着一双喜鹊端详老半天，嘴角似笑非笑，眼神定定地，像在专心欣赏，又像在想什么心事。然后再翻到另一页，用心地选出丝线，绣起花来。好像这双鞋面上的喜鹊樱桃，是母亲永久的样本，她心里什么图案和颜色，都仿佛从这上面变化出来的。

⑦母亲为什么叫这本书为橡皮纸书呢？是因为书页的纸张又厚又硬，像树皮的颜色，也不知是什么材料做的，非常坚韧，再怎么翻也不会撕破，又可以防潮湿。母亲就给它一个新式的名称——橡皮纸。其实是一种非常古老的纸，是太外婆亲手裁订起来给外婆，外婆再传给母亲的。书页是双层对折，中间的夹层里，有时会夹着母亲心中的至宝，那就是父亲从北平的来信，这才是"无字天书"中真正的"书"了。母亲当着我，从不抽出来重读，直到花儿绣累了，菜油灯花也微弱了，我背《论语》《孟子》背得伏在书桌上睡着了，她就会悄悄地抽出信来，和父亲隔着千山万水，低诉知心话。

⑧还有一本母亲喜爱的书，也是我记忆中非常深刻的，那就是触目惊心《十殿阎王》。粗糙的黄标纸上，印着简单的图画。是阴间十座阎王殿里，面目狰狞的阎王、牛头马面，以及形形色色的鬼魂。依着他们在世为人的善恶，接受不同的奖赏与惩罚。惩罚的方式最恐怖，有上尖刀山、落油锅、被猛兽追扑等等。然后从一个圆圆的轮回中转出来，有升为大官或大富翁的，有变为乞丐的，也有降为猪狗、鸡鸭、蚊蝇的。<u>母亲对这些图画好像百看不厌，有时指着它对我说："阴间与阳间的隔离，就只在一口气。活着还有这口气，就要做好人，行好事。"母亲常爱说的一句话是："不要扯谎，小心拔舌耕犁啊。"</u>"拔舌耕犁"也是这本书里的一幅图画，画着一个披头散发的女鬼，舌头被拉出来，刺一个窟窿，套着犁头由牛拉着耕田，是对说谎者最重的惩罚。所以她常拿来警告人。

⑨母亲生活上离不了手的另一本书是黄历。她在床头小几抽屉里，厨房碗橱抽屉里，都各放一本。随时取出来翻<u>查</u>，看今天是什么样的日子。日子的好坏，对母亲来说是太重要了。她万事细心，什么事都要图个吉利。买猪仔，修理牛栏

猪栓，插秧、割稻都要拣好日子。腊月里做酒蒸糕更不用说了。只有母鸡孵出一窝小鸡来，由不得她拣在哪一天，但她也要看一下黄历。如果逢上大吉大利的好日子，她就好高兴，想着这一窝鸡就会一帆风顺地长大，如果不巧是个不太好的日子，她就会叫我格外当心走路，别踩到小鸡，在天井里要提防老鹰攫去。有一次，一只大老鹰飞扑下来，母亲放下锅铲，奔出来赶老鹰，还是被衔走了一只小鸡。母亲跑得太急，一不小心，脚踩着一只小鸡，把它的小翅膀踩断了。小鸡叫得好凄惨，母鸡在我们身边团团转，咯咯咯地悲鸣。母亲身子一歪，还差点摔了一跤。我扶她坐在长凳上，她手掌心里捧着受伤的小鸡，又后悔不该踩到它，又心痛被老鹰衔走的小鸡，眼泪一直地流，我也要哭了。

⑩黄历上一年二十四个节气，母亲背得滚瓜烂熟。每次翻开黄历，要查眼前这个节气在哪一天，她总是从头念起，一直念到当月的那个节气为止。我也跟着背："正月立春、雨水，二月惊蛰、春分，三月清明、谷雨……"但每回念到八月的白露、秋分时，不知为什么，心里总有一丝凄凄凉凉的感觉。小小年纪，就兴起"一年容易又秋风"的感慨。也许是因为八月里有个中秋节，诗里面形容中秋节月亮的句子那么多。中秋节是应当全家团圆的，而一年盼一年，父亲和大哥总是在北平迟迟不归。还有老师教过我诗经里的《蒹葭》篇："蒹葭苍苍，白露为霜，所谓伊人，在水一方。溯洄从之，道阻且长，溯游从之，宛在水中央。"我当时觉得"宛在水中央"不大懂，而且有点滑稽。最喜欢的是头两句。"白露为霜"使我联想起"鬓边霜"，老师教过我那是比喻白发。我时常抬头看一下母亲的额角，是否已有"鬓边霜"了。

⑪《本草纲目》是母亲做学问的书，那里面那么多木字旁、草字头的字，母亲实在也认不得几个。但她总把它端端正正摆在床头几上，偶然翻一阵，说来也头头是道。其实都是外公这位山乡郎中口头传授给她的，母亲只知道出典都在这本书里就了。

⑫母亲没有正式认过字，读过书，但在我心中，她却是博古通今的。

（摘自浙江文艺出版社《琦君散文》，有删改）

1. 本文是台湾当代女作家琦君的一篇描写母亲的著名散文，回忆了与母亲的书相关的一些往事。请认真阅读这篇文章，然后填写下表。（6分）

母亲最喜欢的书	喜欢的原因	母亲是一个怎样的人
橡皮纸书	①	
《十殿阎王》	②	
黄历	③	⑤
《本草纲目》	④	

2. 文章第⑧段中画线的语句有两层意思：一是___①___；二是___②___。（4分）

3. 文章结尾说："母亲没有正式认过字，读过书，但在我心中，她却是博古通今的。"这样写是否矛盾？为什么？作者这样写有什么作用？（不超过150个字）（6分）

第二节　你走了我还在，怀念是一种本性

——名人风采

最美人瑞这样走来

柳鸣九

①早在做同事之前，在东四头条的社科院宿舍大院，我就和杨绛先生做过邻居，于是比起别人，我便多了一些熟悉与就近景仰的机会。按"翰林院"（中国社会科学院）不成文的规矩，对她这样的旧时代过来的海归大家，作为小字辈的我，要按其本名，尊称她"季康先生"。

②初见时，季康先生年过半百，精瘦娇小，举止文静轻柔，但整个人极有精神，特别是两道道劲高挑而又急骤下折的弯眉，显示出一种坚毅刚强的性格。和其夫君钟书先生的不拘小节、有时穿着背心短裤就见客不同，她的衣着从来都整齐利索，即使在家不意碰见来访者敲门的时候。

③在公众场合，季康先生总是微笑着倾听别人的发言。在学习会以及其他重要的场合中，季康先生极少发言、表态，实在不得不讲几句的时候，她总是把自己的语言压缩到最少。当时我们想，杨老太这是在"刘备种菜园子——深藏不露"吧。多年后看到她以"点烦"原则（即把译文精简到不可能再精简的程度）翻译《堂吉诃德》，才发现，这不仅是真正发自内心地尊重人，而且真正做到了会尊重人。

④在我见到的大家名流中，钱、杨二位先生要算是最为平实，甚至最为谦逊的两位。季康先生虽然有时穿得雍容华贵，神情态度却平和得像邻里阿姨，而不像某些女才人那样，相识见面言必谈学术文化，似乎不那样就显不出自己的身份与高雅。

⑤但这个看似低调谦恭的阿姨，也有吃了熊心豹子胆的时候，且这个时候出现得无比不合时宜。"文革"之初，他们被造反派揪出来，挂了牌子押上批斗会。可杨季康对"天兵天将"的推推搡搡公然进行了反抗，而且怒目而视。这还了得！在批斗会上，那么多党内老资格的革命干部，哪个不是服服帖帖？于是盛怒之下

的造反派对她狠加惩罚，给她剃了个阴阳头。我第一次惊奇地感到季康先生性格中的凛然。要知道，"牛棚"里有不少从火线上转业过来的老战士，没有一个敢于如此维护自己被践踏了的尊严。

⑥"文革"后期，钱、杨二位先生尚未获得平反，有家回不了，四处流转。更多像我们这样的"小人物"，也在苦等"落实政策"，精神备受煎熬。同是天涯沦落人，处境谁也不比谁强到哪儿去。说起来先生们在浩劫中失去的，远比我们要多得多，但对于这群甚至未能为他们说句公道话的晚辈，他们以极高的涵养、含蓄内敛且从不显于言辞的方式予以理解、宽容和无私帮助。

⑦有一次，我家因额外开支经济上一时告急，杨先生得知后主动支援了我们几百元钱。后来有一天，她的助手递给我一个小纸包，里面有二十元人民币，"这是先生要我交给你们的，补贴你们的家用，要你们收下，什么道谢的话都不要讲。"那个时期，我与妻子朱虹两人的工资加起来只有一百三四十元，承担着抚养两个孩子与赡养双方父母的责任，由于业务断了路，没有半点稿费收入，生活的确相当清苦。先生雪中送炭，我们只好恭敬不如从命。没有想到，到了第二个月，又有一个小纸包。然后，第三个月，第四个月……

⑧后来我还获知，研究所里每月不落地从先生那里得到接济的竟有十多个人，基本上都是处境倒霉、生活拮据的青年人或"小人物"。也就是说，两位先生每月的工资，大部分都用于接济施舍了，且持续了好几年。从"十年浩劫"的炼狱里走出来，如此悲悯，如此退让，如此宽厚慈祥，如此菩萨心肠，这是我在"翰林院"所见到的唯一一例。

⑨先生施恩于后辈，大部分无法用金钱计算。20世纪80年代初，国内的学术气氛充满了"斗争"的遗风。我访法归来写的文章，结集为《巴黎对话录》与《巴黎散记》两书出版，因考虑之前有前辈权威的横眉冷对，我特地在前言中恭敬写明"抛砖引玉"。当然，敬赠给钱、杨二位先生，抱的心态自然不同。很快，杨先生回信了，还是一贯的低调谦恭与幽默："假如你抛出一块小砖，肯定会引来大堆的砖头瓦片，但是珠玉在前，砖就不敢出来了……天气酷热，希望你和朱虹同志都多多保重……杨绛八月十三日锺书同候。"

⑩先生过百岁大寿时，深知先生君子之道的我，自然不敢上门叨扰。当电话里听到老太太爽朗清晰的"专此复谢，朱虹同志均此"，还嘱咐我们注意防暑时，我仿佛又回到了三十年前接到先生回信时的场景，内心如夏天喝了冰水那样舒心畅快——只是多少也有几分伤感，因为再不可能有"锺书同候了"。

（选自《最爱北京人》，有删改）

1.本文作者记录不同时期杨绛先生的若干往事，展现了先生的多个侧面的特点，请阅读③~⑨段，填写下面表格。（4分）

时间	事件	杨绛先生的特点
"文革"之前	会场极少发言	①
"文革"之初	②	坚毅凛然
"文革"后期	接济青年人	③
20 世纪 80 年代	④	谦和幽默

2.结合上下文内容来看，第⑨段画线的语句应如何理解？（4分）

答：_____

3.这篇文章在写杨绛老人时，笔墨中充满了深沉的情感。作者是如何做到这一点的，请以第⑤段和第⑩段为例做简要分析。（不超过150字）（7分）

答：_____

香远益清

①这天，是季羡林先生的米寿，黄昏时分，我来到先生所在的朗润园。没有启动手机联络，更没有径直叩门，而是悄悄绕红湖一圈，然后在湖的东岸，估计在先生及其家人看不到的地方，找一块石头坐了下来。独对了满湖的蛙鸣，和水底喊喊喳喳的繁星，静静地，想。

②脑际浮起一桩传闻：沿湖的这条小道，是先生进出的必由之路。某天，先生刚走出家门，迎面碰上一位驾驶白色轿车的年轻人。对方问明先生去处，执意要相送一程。先生说路不是太远，锻炼锻炼也好，坚持继续步行。先生在前面走，听得后面轿车掉头，为了让它尽快通过，便一直贴着路边。走啊，走啊，走了五六十米，不听喇叭响，也不见轿车从旁擦过。心下奇怪，回头一看，原来轿车放慢速度，老远地尾随。先生便停下来，摆手让轿车先走。轿车也停下来，示意不敢僭越。就这样，先生在前面走，轿车在后面跟。直到出了朗润园，来到一处岔路口，年轻人才轻轻按了一下喇叭，向先生致意，然后拐上另一条道飞驰而去。

③仍是发生在这园里的故事：去年九月二十五日，清晨，一伙男男女女的大孩子，在先生门外徘徊。他们是这一届的新生，久仰季老大名，未等正式上课，甚至未等这一天的霞光染红燕园，就迫不及待地跑来拜谒长者。来了，才想起季老有个习惯，每天四点起床写作，日上三竿方歇，这是先生一天的黄金时段，谁也不忍心上前打扰。那怎么办？既然来了，总不能毫无表示地回去吧。有人便以树枝为笔，在窗外花圃的泥地上留言："来访。九八级日语。"写罢，意犹未尽，又在湖边的湿土上大书："季老好！九八级日语。"这位驾车的年轻人，和这伙十七八岁的大孩子，他们未必懂得多少季老的学问，恐怕也没有谁认真读过几本季老的书。但这并不妨碍他们的崇敬。泰山北斗的比喻太老，太俗，大师大家的说滥了也不觉得新鲜，其实，在他们眸底心田，季老本身就有点像这清塘荷韵，

既古典，又清明，既亭亭净植，又香远益清。有他往这儿一站，湖光山色便鲜灵如一幅水彩。

④类似上述的短镜头，我好像在哪儿见过？想啊想，哦，想起来了，是在季老的书里。倒退六七十年，先生也正处于后生的地位。那时，先生在清华求学。先生眼中的陈寅恪、郑振铎、吴宓、朱光潜、俞平伯、冯友兰，就正如今天年轻一辈眼中的先生。

⑤记得，先生曾深情地回忆过陈师寅恪。先生描绘说，寅恪师走在清华园，他身穿一袭长袍，腋下夹着一个布包，包里装满鼓鼓囊囊的讲义和资料。那样子，无论如何也不像一位内拥传统、外揽西洋的大学者，倒有点像琉璃厂某家书铺的小老板。但就是这么一个土里土气的人物，只要他打校园一过，就会勾起青年学子的无限仰慕，令他们的周身充满张力。

⑥同一时期，同一地点，先生回忆，郑师振铎的腋下也常常夹着一个大包，风风火火地来往于清华、燕京和北大之间。他夹的不是布包，而是皮包，里面装的不仅有讲义和资料，还有自己的以及大学生的文稿。振铎师戴着高度近视眼镜，走路有点昂首阔步，学子们背地开玩笑，说郑先生看上去就像一只大骆驼……

⑦翻开季羡先生的文集，回忆师辈人物的篇幅占了很大比例。除了前面提到的诸位，还有中学老师董秋芳、鞠思敏、胡也频、校长宋还吾、教育厅长何仙槎、大学老师叶公超、北大校长胡适、德国老师瓦尔德施米特、西克，以及亦师亦友的梁实秋、汤用彤、曹靖华、老舍、沈从文、郎静山、周培源、许国璋、冯至、吴组缃、胡乔木、乔冠华、许衍梁、臧克家、张中行等等。先生说，他写这类文章，绝不是随心适性，信笔所至，而是异常珍贵，甚至是超乎寻常的神圣的。珍贵在什么地方？神圣在什么地方？一句话，就是吾国吾民尊师重友的光荣传统，我想，这又是一句老话，老得谢了春红，落了秋叶。尽管如此，我还是瞩望它重新抽出新芽。"捣麝成尘香不灭，拗莲作寸丝难绝。"谁都承认鲁迅的伟大，然而，想想看，假如从鲁迅全集中抽去《藤野先生》《关于太炎先生二三事》，以及《范爱农》《忆刘半农》《悼杨铨》诸篇，先生的人格，还会有如此厚重、高大吗？

⑧当然，在追求真理的过程中，也有出于大义，不得不"谢本师"的，如章太炎之脱离俞樾，周作人之脱离章太炎。这种情况，毕竟是少数。更多的，则应凸现为师恩如海。说师道尊严，又有什么不对？尤其当他或她代表了一种文化精粹。在尊师上，季先生堪为模范标本。据他的研究生钱文忠随记，一九九〇年一月三十一日，年届八十的季先生为冯友兰、朱光潜、陈岱孙三老拜年。每到一家，不论见到的是对方的夫人、女儿、女婿，还是老先生本人，他都身板挺得笔直，坐在沙发的角上，恭恭敬敬地表示祝贺。另据先生自己记述，今年暮春，先生于八十八岁的高龄访台，百忙中，还特地抽空去了北大老校长胡适、傅斯年二公的陵墓，鞠躬献花如仪，一洒异域多年的哀思。

⑨尊人者，势必得到人的尊重。这是常理。就在这个晚上，当我坐在湖边怡然遐想，通向季先生寓所的湖滨小道，走过一拨又一拨的年轻学子。他们中，也许有那位驾驶白色轿车的青年，或者在先生门口留下祝福的日语班学生；从偶尔飘进耳膜的片言只语，确信不少谈话都与先生有关。即使是坐在对岸树影下的那对恋人，一边饕（tāo）餮（tiè）荷花的芳泽，一边沐浴在爱情的天河，他们若是想到这满湖的莲蕊与连理，都是先生亲手所播，只怕在含情脉脉之余，也会向先生窗口的灯光，投去满怀祝福的一瞥。

（选自卞毓方《蔼蔼绿荫》）

1. 请用简洁的语言概括作者的行文思路。（3分）

（1）_____

（2）回想年轻人和日语班学生崇敬季老之事，并引发议论。

（3）_____。

（4）_____。

（5）发表议论，描述眼前之景给自己的感受。

2. 这篇文章所写人物是季羡林先生，文章②、③两段的内容有何作用？（3分）

答：_____。

3. 你如何理解文章第⑦段画线的句子？结合文章内容做简要分析。（不超过150字）（5分）

我的邻居吴冠中

阎 纲

①九旬高龄的吴老，和我同住京南方庄小区。我常在小区边体育公园遇到他们老两口，他搀扶着她，缓缓地，一步一步。

②第一次见吴老，我问他："记得吗？我们报纸曾编发过你的专版，有你一帧正在写生的大幅照片和年轻时在凡尔赛宫的一张……"吴老抢着说："记得。"我说："大标题很醒目——《鲁迅是我的人格老师》！你注重绘画和文学的沟通，使人更理解你的绘画，也更理解你的散文。"

③先前见过他在路边小摊上理发，后来在理发店也和他擦肩而过。这个"福云理发店"，四人座，优惠老人，只收五元。我去理发时，老板娘总会提到吴老，他是那里的老顾客。

④邻居都知道这个很不起眼的小老头是个大画家，却不知道他的作品被拍卖过成百上千次。万贯家产吧？却"穷"得布衣素食。老头倔，价值几百万、几千万的传世名画一捐就是百多幅，消费却极端平民化。当理发店的老板娘得知这个老头的画卖到十多亿人民币的时候，她惊呆了，知道老人来小店理发绝非省钱

图便宜。我问过吴老："有消息称，你的一幅画又拍了四千多万元，创下新的纪录……"他不动声色，然后说了句："这都与我无关。"

⑤吴老脑勤而心静，不大愿意接待访客，大家知趣，尽量不去打扰他。一次，约好去他家说事，踏进家门后我大吃一惊。他的住房同我家的一样大小，都是一百〇八平方米，没有装修，依旧是洋灰地、木制的窗框窗格子，一应的原生态，书房之小，堪称斗室，哎呀，太委屈一个大画家了，然而，他已经习惯了。他的画作就是从这间普普通通的住房走出，进入国际画廊。

⑥他和相濡以沫的她又从公园的林间小道缓缓走来，不认识的人都把他们当作退休多年的老职工。她三次患脑血栓，严重失忆。他伴着她，寸步不离，肩并肩搀扶着，平和而亲昵。

⑦吴老以前常在楼下买天津煎饼，近年来，他不吃了。那个卖煎饼的安徽妇女对我说："老头想吃，可就是咬不动了。"还说："老头人好，没有一点架子。有一年，他送我一本挂历，说上面有他的画。"她还看见他亲自抱着字画从她身边走过，问他怎么自己抱着，他说抱得动的，没关系，马路边等车去。

⑧令人吃惊的是这么一次，吴老一大清早同夫人坐在楼下草坪边的洋灰台上，打开包儿，取出精致的印章，有好几枚，磨呀磨，老两口一起磨。卖煎饼的妇女走过去问他："你这是做什么？"他说："把我的名字磨掉。""这么好的东西你磨它……"他说："不画了，用不着了，谁也别想拿去乱盖。"

⑨多么珍贵的印章啊！为了防范赝品行世，吴冠中釜底抽薪。

⑩一天，又邂逅他和她。她飘着白发，扶着手杖，我的孙儿大声地喊："奶奶好！"她无言地笑。《他和她》里写道："她走在公园里，不相识的孩子们都亲热地叫她奶奶，一声奶奶，呈现出一个灿烂人生。"我便说："吴老呀，你写的散文，特别是《他和她》，空谷足音。当下散文，写暮年亲情，无出其右者。"他摇头。我又说："开篇普普通通的五个字'她成了婴儿'就打动人心。"他微微一笑。

⑪多次接触之后，我对吴老的文学观略有所悟，就是特别注重用文字表现感情内涵。吴老说："我本不想学丹青，一心想学鲁迅，这是我一生的心愿。固然，形象能够表现内涵，但文字表现得更生动，以文字抒难抒之情，是艺术的灵魂。愈到晚年，我愈感到技术并不重要，重要的是内涵，是数千年千姿百态的坎坷生命，是令子孙后代肃然起敬的民族壮景。"

⑫他丰满而瘦小，平易而固执，誉满全球却像个苦行僧。人们觉得怪异，其实，不难理解。他"一心想学鲁迅"，称鲁迅是自己的"精神的父亲"。回顾他坎坷的人生经历，读读他最满意的那幅油画《野草》，凝视鲁迅枕卧在杂花野草上瘦削却坚韧的头颅，这一切也许会变得很容易理解。

1. 文章第⑫段写道"他丰满而瘦小，平易而固执，誉满全球却像个苦行僧"，请你概括文中表现吴冠中"丰满"的事件。（4分）

2. 说说你对第⑨段画线语句的理解。（4分）

3. 请简要分析，本文是如何通过描写和议论刻画吴冠中这一人物形象的。（100~150字）（7分）

第三节 "恶俗"中的人情味儿

——凡俗人生

赌

①出来几个月了，一直没有找到工作。所有人都因为他曾经的经历而拒绝他。渐渐的，他有些失望了。

②一天，在一个建筑工地上，他看到了中学同学蚊子——朱德文。蚊子是工地上的一个小包工头，就安排他当了一个力工，吃住都在工地上。

③"先干着吧，等以后有了好去处再说。"蚊子说。其实他俩的关系并不算好，上学的时候都没怎么说过话。蚊子在同学聚会的时候，听说过他犯了事。他心里很感激蚊子，无论如何，总算暂时有了一个落脚的地方。

④那天晚上，天阴沉沉的，蚊子拿了5000块钱回来，说是向老板要了半年才要回来的。天太晚，已经没有客车了，要在他的工棚里将就一宿。蚊子还弄了花生米、香肠和几瓶啤酒，两个人聊起来。蚊子不胜酒力，喝了两瓶酒就有些摇摇晃晃了。他不时地盯看蚊子的包，那些藏在心底的"恶"蠢蠢欲动起来。在监狱里改造了几年，他以为那些"恶"已经连根拔除了，没想到它们还在，偷偷地生长着，使他的灵魂扭曲变形。

⑤他现在太需要钱了，他想如果现在下手，蚊子没有防备，会很容易得手。于是他又给蚊子开了一瓶酒，想让蚊子醉得彻底些，那样他的成功率会更高。蚊子又喝了一大口，然后就嚷嚷着要睡觉。让他惊讶的是，蚊子竟然把钱包塞到了他的怀里，眯着眼说："我喝多了，你替我拿着吧。"然后脸冲里，呼呼地睡着了。

⑥天赐良机！握着那鼓鼓囊囊的包，他的内心惊涛拍岸。这5000块钱对他来说，诱惑是巨大的。他望了望外面，黑黑的，只有远处几点稀疏的灯光。他转眼之间就可以逃之夭夭。他悄悄地起身开门，蚊子没有反应，依然鼾声如雷，睡得香甜。

⑦工地无人，夜色浓重，他庆幸着，很快融入到了黑暗里。

⑧在一处昏黄的路灯下，他忽然停住了脚步，心底的"恶"有些退缩了。他想到，这几个月里，他受尽白眼，没有人信任他。所有的人都拒绝他，排斥他，只有蚊

子帮了他一把，而且如此信任，对他毫无防范之心。如果自己真的拿走了这5000块钱，就是给唯一信任自己的人当头泼了冷水，让人寒心。这样做，还算个人吗？他不禁哆嗦了一下。想到这里，他折回身，重新回到棚子里，又躺到了蚊子身边。蚊子向里翻了个身，鼾声依旧排山倒海，气势非凡。

⑨不过这真是一个千载难逢的好机会。躺在那里，他的"恶"并不死心，依然怂恿着他。一整夜，他被折磨得疲惫不堪，心底像压了一块大石头。

⑩他终究没有拿走那5000块钱。<u>当东方云层缝隙中射出几线柔光的时候，</u>他把包递给了蚊子，顿时感到莫大的轻松。他的眼睛红红的，蚊子问他怎么了，他撒谎说怕钱丢了，一夜没合眼看着它。蚊子忙说对不起、对不起啊，害你遭罪了。

⑪10年后，他白手起家，成为身价不菲的富商，经历可谓传奇，他的事迹常常是当地报纸的新闻。他被人称道的品质就是诚信，他的商品从不掺假。与人谈起自己成功的经历时，他总是毫不避讳自己曾经阴暗的心路历程，特别是那一个让他辗转反侧的夜晚。他说，那个夜晚，真正改变了他的命运。因为一个人的信任让他觉得自己还是一个有用的人，他不能辜负信任。他感激那个人，他会一辈子记住他的名字：朱德文。

⑫看着报纸，朱德文微笑着对着报纸里的"他"说："其实，那个夜晚，我也很担心。毕竟你曾经是个犯过事坐过牢的人，喝酒时，我看到了你眼神中的贪婪，我的钱甚至生命都处于危险之中。我就决定赌一次。我把钱给你，如果你拿走了，我也认了。那一夜，我故意装作睡得很死，其实你的每个动作我都知道。这场赌博，我赢了——不，那一晚没有输家，咱们两个都赢了。"

⑬是的，那一晚两个人都赢了。一个人赢回了钱和生命，一个人赢回了尊严、赢得了人生的精彩。

（原题为《一个夜晚的赌注》，有删改）

1.阅读第④~⑩段，请写出"他"的心路历程。（2分）

贪婪——惊讶——（　　　）——自责——（　　　　）

2.第⑫段中"我故意装作睡得很死，其实你的每个动作我都知道"，在前文中有几处暗示，请找出两处，并说说反映了"我"怎样的心理。（4分）

3.分析画线句子在文中的作用。（3分）

4.文中的"他"从一个"犯过事坐过牢的人"转变为被人称道的"诚信"的人，从"他"的传奇经历中，你得到了怎样的启示？（不超过150个字）（4分）

鉴赏家
汪曾祺

①全县第一个大画家是季陶民，第一个鉴赏家是叶三。

②叶三是个卖果子的。他专给大宅门送果子。到了什么节令送什么果子都是一定的。他的果子不用挑，个个都是好的。他的果子都是原装。四乡八镇，哪个园子里，什么人家，有一棵出名的好果树，他都知道，而且和园主打了多年交道，熟得像亲家一样了⋯⋯

③叶三五十岁整生日，老大老二都提出爹不要走宅门卖果子了，他们养得起他。

④叶三有点生气了："嫌我给你们丢人？我给这些人家送惯了果子。就为了季四太爷一个人，我也得卖果子。你们也不用给我做什么寿。你们要是有孝心，把四太爷送我的画拿出去裱了，再给我打一口寿材。"这里有这样一种风俗，早早就把寿材准备下了，为的讨个吉利：添福添寿。于是老大老二就都依了他。

⑤季四太爷即季陶民。他大排行是老四，城里人都称之为四太爷。

⑥叶三真是为了季陶民一个人卖果子的。他给别人家送果子是为了挣钱，他给季陶民送果子是为了爱他的画。

⑦季陶民有一个脾气，画一张画要喝二斤花雕，吃斤半水果。

⑧叶三搜罗到最好的水果，总是首先给季陶民送去。

⑨季陶民每天一起来就走进他的小书房——画室。叶三不须通报，一来就是半天。季陶民画的时候，他站在旁边很入神地看，专心致意，连大气都不出。有时看到精彩处，就情不自禁地深深吸一口气，甚至小声地惊呼起来。凡是叶三吸气、惊呼的地方，也正是季陶民的得意之笔。季陶民从不当众作画，他画画有时是把书房门锁起来的。对叶三可例外，他很愿意有这样一个人在旁边看着，他认为叶三真懂，不是假充内行，也不是谀媚。

⑩季陶民最佩服李复堂。他认为扬州八怪里复堂功力最深，有笔有墨，也奔放，也严谨，也浑厚，也秀润，而且不装模作样，没有江湖气。有一天叶三给他送来四开李复堂的册页，使季陶民大吃一惊：这四开册页是真的！季陶民问他是多少钱买的，叶三说没花钱。他到三垛贩果子，看见一家的柜橱的玻璃里镶了四幅画——他在四太爷这里看过不少李复堂的画，能辨认。

⑪季陶民最讨厌听那些名士卖弄自己高雅博学，评书论画，但是他对叶三另眼相看。

⑫叶三只是从心里喜欢画，他从不瞎评论。季陶民画完了画，钉在壁上，自己负手远看。有时会问叶三："好不好？"

⑬叶三大都能一句话说出好在何处。

⑭季陶民画了一幅紫藤，问叶三。

⑮叶三说："紫藤里有风。"

⑯"唔！你怎么知道？"

⑰"花是乱的。"

⑱"对极了！"

⑲季陶民提笔题了两句词：深院悄无人，风拂紫藤花乱。

⑳季陶民最爱画荷花。有一天，叶三送了一大把莲蓬来，季陶民一高兴，画了一幅墨荷，好些莲蓬。画完了，问叶三："如何？"

㉑叶三说："四太爷，你这画不对。"

㉒"不对？"

㉓"'红花莲子白花藕'。你画的是白荷花，莲蓬却这样大，莲子饱，墨色也深，这是红荷花的莲子。"

㉔"是吗？我头一回听见！"

㉕季陶民于是展开一张八尺生宣，画了一张红莲花，题了一首诗：

红花莲子白花藕，

果贩叶三是我师。

惭愧画家少见识，

为君破例著胭脂。

㉖季陶民送了叶三很多画，都是题了上款的。有时季陶民给叶三画了画，说："这张不题上款吧，你可以拿去卖钱，——有上款不好卖。"叶三说："题不题上款都行。不过您的画我一张也不卖！"

㉗他把季陶民送他的画都放在他的棺材里。

㉘十多年过去了。季陶民死了。叶三已经不卖果子，但是他四季八节，还四处寻觅鲜果，到季陶民坟上供一供。

㉙季陶民死后，他的画价大增。大家知道叶三手里有很多季陶民的画，都是精品。很多人想买叶三的藏画。叶三说：

㉚"不卖。"

㉛有一天有一个外地人来拜望叶三，因为是远道来的，叶三只得把画拿出来。客人非常虔诚，要了清水洗了手，焚了一炷香，还先对画轴拜了三拜，然后才展开。他一边看，一边不停地赞叹：

㉜"喔！喔！真好！真是神品！"

㉝客人要买这些画，要多少钱都行。

㉞叶三说：

㉟"不卖。"

㊱客人只好怅然而去。

㊲叶三死了。他的儿子……

（有删改）

1. "全县第一个大画家是季陶民，第一个鉴赏家是叶三"，请你从文中找出叶三作为鉴赏家的具体表现。（6分）

2. 对于季陶民的画，叶三的回答次次都是"不卖！"为什么？（4分）

3. 叶三的儿子会怎样来处理父亲留下的名画呢？依据文章内容，展开合理的想象，补写文章的结尾，并说明这样补写的理由。（5分）

老街名嘴
刘建超

①老街是个生意场所，家家户户都做买卖。做买卖嘛，免不了和各类人打交道，察言观色、能说会道是做好买卖的最起码要求。只要你走进门店，主家的话就兜着你走，天气啊气色啊穿着啊自己商品的优势啊，直到把你送出店门，慢走啊，再来！你耳朵旁就别想清静了。听进去听不进去是您的事，说不说可是主家的事。买卖不成情义在，情义哪来的？两片子嘴吧嗒出来的。

②运动员的腿，老街人的嘴。老街人的嘴厉害，能够被老街人称作名嘴的人，那嘴上的功夫更是了得。这不，他来了：墩子左手掌心里不停地转动着两只核桃，也不知转了多少年，核桃打磨得油光锃亮，能影影绰绰映出人影；右手端着一只精巧黑亮的紫砂壶。对襟的蓝色马褂，镶着金边。千层底的方口布鞋白底黑面，走在青石板上，没有一点声响。方脸大耳，头发往后梳，打了发胶，一缕一缕隐约可见光亮的头皮。别以为他有多大年纪了，满打满算，才三十有五。这副打扮，那叫派儿！

③墩子现在可了不得，凭着两片子嘴，经常被市电视台邀请为嘉宾，评说足球赛事。墩子每天在街上绕上一圈，是在接受老街人的恭维。昨天的赛事转播，墩子又预测灵验——主队取得了胜利。

④墩子走进了天织锦绸缎行，老板正在招呼生意。几个顾客在挑选布料，看来还拿不定主意。墩子把紫砂壶往柜台上一放，说道，看人看的是心肠，买货看的是质量。你看这布，手感光滑温柔似水，既不是纯棉也不是腈纶，而是最新技术两样混纺。纯棉穿着舒服却易褶皱，腈纶直挺穿着却不舒服，两样混纺各取所长。未来要靠小字辈，买货还是老字号。这天织锦绸缎行，祖上六代专营此行，诚信为本，童叟无欺，积德行善，四邻夸奖。您手里这布，老人穿着舒坦，中年人穿着端庄，年轻人穿着漂亮，孩子穿着阳光。做冬装保暖，裁夏衣凉爽，春秋服时尚。看看店家，慈眉善目，菩萨心肠，主家让让利，买家抬抬手，一桩好买卖，心情都舒畅。客户被说得直乐，一单生意也做成了。

⑤主家连忙给墩子的紫砂壶里添上茶水。墩子向来不在自家泡茶的。

⑥墩子自小嘴巴就乖巧，越是人多的时候越爱显摆，说出话来都是一套一套

的。墩子15岁那年夏天，母亲和冠家起了纠纷。冠家是老街的大户人家，人多势众。本来是墩子母亲占理的事，却被冠家抢白得哑口无言，回到家生闷气抹眼泪。墩子放学回到家里，问清了事由，放下书包就去冠家，在冠家门外的古槐树下开始辩理。冠家开始并没有把这个毛孩子放在眼里，没承想墩子口若悬河，说古论今、旁引博论，一开口就刹不住车了。大热的天，一口水不喝滔滔不绝3个小时，两片子嘴唇上下翻飞不知疲倦，直把树上的蝉都给噪走了，老街被堵了半条道。冠家自知理亏，连忙托人去墩子家赔礼道歉。墩子一下子出了名。

⑦若只是会说，也担当不了名嘴的雅号。墩子的嘴还有一绝就是"毒"。马家一个儿子自幼学坏，娶了媳妇后就虐待老母，墩子打抱不平前去理论，说你不忠不孝，会遭报应。那小子还犟，说我会遭啥报应？我等着。墩子大声说，你小子得遭雷劈啊！夏季的第一场雷雨，那小子坐在自家的床头喝酒，被一声闷雷给击中了。没要命，却给打哑巴了。

⑧墩子的名声从老街走向全城是因为足球赛。市里成立了足球队，墩子的一个外甥入选球队踢前锋。一次比赛前，电视台采访墩子的外甥，捎带采访了墩子。墩子不但说了外甥的优势，还大胆预测外甥将在比赛中凭大玩"帽子戏法"①而使球队取胜。比赛的过程果然如墩子所言，外甥独中三元，球队获得胜利。墩子成了名副其实的名嘴。只要有比赛，墩子就被电视台请去做解说嘉宾，而且每次预测都八九不离十。

⑨一天，墩子被一伙人请到了狮子楼，皇家宴席伺候，席间那伙人不停地恭维着墩子。吃饱喝足，墩子也明白了他们的底细，是一伙地下赌球的家伙。墩子从衣兜里掏出一叠现金，往桌子上一放，说，对不起哥们儿，饭钱我付了。你们这一路，墩子不伺候。说罢，转着核桃，握着紫砂壶，走人了。

⑩第二天，老街人看着头上绑着绷带、嘴角粘着纱布的墩子都吓了一跳。墩子也不解释，说，从小卖蒸馍，啥事都经过；从小卖核桃，啥事都知道。明日起，咱不说球了，说戏。哈哈，听戏去。

（有改动）

注：①帽子戏法，指在一场足球比赛中，一名队员3次将球踢进对方球门。

1.文章写了有关"名嘴墩子"的几件事，阅读第④～⑩段，补全下面的相关情节。（4分）

（1）巧言劝说顾客，生意做成；

（2）＿＿＿＿＿＿＿＿＿＿；

（3）训斥不肖子孙，毒咒应验；

（4）＿＿＿＿＿＿＿＿＿＿；

（5）拒绝赌球作弊，被打不悔。

2. 根据作品内容，简要分析第③段和第⑨段两处"恭维"分别表达了怎样的情感。（4分）

（1）第③段：＿＿＿＿＿＿＿＿＿＿＿＿＿＿＿＿＿＿＿＿＿＿＿

（2）第⑨段：＿＿＿＿＿＿＿＿＿＿＿＿＿＿＿＿＿＿＿＿＿＿＿

3. 结合作品内容，简要分析作者是怎样塑造出一个老街名嘴的形象的。（不超过150字）（7分）

答：＿＿＿＿＿＿＿＿＿＿＿＿＿＿＿＿＿＿＿＿＿＿＿＿＿＿＿＿＿

第四节　最"头痛"的主题

——社会文化

人在胡同第几槐

刘心武

①五十八年前跟随父母来到北京，从此定居此地再无迁挪。

②北京于我，缘分之中，有槐。童年在东四牌楼隆福寺附近一条胡同的四合院里居住。那大院后身，有巨槐。那株巨槐，仰起头，脖子酸了，还不能望全它那顶冠。巨槐叶茂如伞，网住好大一片阴凉。最喜欢它开花的时候，满树挂满一嘟噜一嘟噜白中带点嫩黄的槐花，于是，就有院里还缠着小脚的老奶奶，指挥她家孙儿，用好长好长的竹竿，去采下一笸箩新鲜的槐花，而我们一群小伙伴，就会无形中集合到他们家厨房附近，先是闻见香气，然后，就会从老奶奶让孙儿捧出的圆形盖帘上，分食到用鸡蛋、蜂蜜、面粉和槐花烘出的槐花香饼……

③后来我搬出那四合院了，但依然会在梦里来到巨槐之下，梦境是现实的变形。我会觉得自己在用一根长长的竹竿，吃力地举起，不是采槐花，而是采槐花谢后结出的槐豆。如果槐花意味着甜蜜，那么槐豆就意味着苦涩，过去北京胡同杂院里生活困难的人家，每到槐豆成熟，就会去采集，将它晾干后卖给药房做药材……在梦里，我费尽力气也揪不下槐豆来，而巨槐顶冠仿佛乌云，又化为火烫的铁板，朝我砸了下来，我想喊，喊不出声；想哭，哭不出调……噩梦醒来是清晨，但迷瞪中，也还懂得喟叹：生存自有艰难面，世道难免多诡谲①……

④除了院子里的槐树，还有更可爱的胡同路边的路槐。槐树有多种，国槐虽

气派，若论妩媚，则似乎略输洋槐几分。洋槐开花在春天，一株大洋槐，开出的花能香满整条胡同。

⑤北京胡同四合院树木种类繁多，而最让我有家园之思的，是槐树。

⑥东四牌楼附近，现在仍保留着若干条齐整的胡同。胡同里，依然还有寿数很高的槐树，有时还会是连续很多株，甚至一大排。不要只对胡同的院墙门楼木门石墩感兴趣，树也很要紧，槐树尤其值得珍视。青年时代，就一直想画这样一幅画，胡同里的大槐树下，一架骡马大车，静静地停在那里，骡马站着打盹，车把式则铺一张凉席，睡在树荫下，车上露出些卖剩的西瓜……这画始终没画出来，现在倘若要画，大槐树依然，画面上却不该有早已禁止入城的牲口大车，而应该画上艳红的私家小轿车……

⑦过去从空中俯瞰北京，中轴线上有"半城宫殿半城树"一说，倘若单俯瞰东四牌楼或者西四牌楼一带，则青瓦灰墙仿佛起伏的波浪，而其中团团簇簇的树冠，则仿佛绿色的风帆。这是我定居五十八年的古城，我的童年、少年、青年、壮年的歌哭悲欢，都融进了胡同院落，融进了槐枝槐叶槐花槐豆之中。

⑧不过，别指望我会在这篇文章里，附和某些高人的高论——北京的胡同四合院一点都不能拆不能动……城市的改变当然包括拆旧与建新，拆建毕竟是一种活力的体现，而一个民族在经济起飞期的亢奋、激进乃至幼稚、鲁莽，反映到城市规划与改造中，总会留下一些短期内难以抹平的疤痕。我主张在北京旧城中多划分一些保护区，一旦纳入了保护区就要切实细致地实施保护。在此前提下，对非保护区的拆与建都采取个案分析，该容忍的容忍，该反对的反对。发展中的北京确实有混乱与失误的一面，但北京依然是一艘不沉的航空母舰，我对她的挚爱，丝毫没有动摇。

⑨最近我用了半天时间，徜徉在北京安定门内的旧城保护区，走过许多条胡同，亲近了许多株槐树，发小打来手机，问我在哪儿。我说，你该问：岁移小鬼成翁叟②，人在胡同第几槐？

（有删改）

注：①诡谲（jué）：奇异多变。②翁叟：年老的男子。

1.在不同时期，"那株巨槐"给"我"不同的感受和人生感悟。请阅读文章，填写表格。（4分）

时间	事件	感受	人生感悟
童年时	（1）	甜蜜	（2）
搬出四合院后	梦中采槐豆	（3）	（4）

2. 本文笔墨多集中在槐树上，而第⑧段又写到作者对北京城改造的看法。你认为这段内容是否可以删去？请结合文章中心谈谈你的看法。（4分）

3. 作者在文末用两句诗结束全文，请简要赏析这样写的妙处。（不超过150个字）（7分）

明月清泉自在怀
贾平凹

①读王维的《山居秋暝》时年龄还小，想象不来"松间明月"的高洁，也不懂得"泉流石上"是什么样。母亲说这是一幅很美很美的风景画，要我好好背，说背熟了就知道意思了。我虽将诗句背得滚瓜烂熟，其意义依然不懂。什么空山、清泉、渔舟这些田园风物也只是朦胧，而乡野情致则更模糊了。

②后来上了大学，有了些古文功底，常常自豪于同窗学友。翻来覆去的"明月松间照，清泉石上流"，也能时常获得师长赞许。再后来深入乡村，造访田园，登临名山，并且专在月夜听泉，古刹闻钟，_____，_____，都为寻找王维《山居秋暝》的那种灿烂意境，都为了却"明月松间照，清泉石上流"的那份执着情结。一段时间，于人世纷杂之中，自以为林泉在胸，甚至以渔樵野老自居，说和同事纠纷，劝解祸中难人。自以为心中有了王维，就了却了人间烦恼，看透了红尘纷争；更自以为一壶清茶，便可笑谈古今。

③真正进入了人生的生存程序——结婚，生子，住房，柴米油盐，等等，才知道青年时代"明月松间照"式的"超脱"，只不过是少年时代"为赋新词强说愁"的浮雕和顺延。真正对王维和他的诗的理解，是在经历了无数生命的体验和阅历的堆积之后。人之一生，苦也罢，乐也罢；得也罢，失也罢——要紧的是心间的一泓清潭里不能没有月辉。哲学家培根说过："历史使人明智，诗歌使人灵秀。"顶上的松阴、足下的流泉以及坐下的磐石，何曾因宠辱得失而抛却自在？又何曾因风霜雨雪而易移萎缩？它们自我踏实，不变心性，才有了千年的阅历，万年的长久，也才有了诗人的神韵和学者的品性。我不止一次地造访过终南山翠华池边那棵苍松，也每年数次带外地朋友去观览黄帝陵下的汉武帝手植柏，还常常携着孩子在碑林前的唐槐边盘桓……这些木中的祖宗，旱天雷摧折过它们的骨干，三九冰冻裂过它们的树皮，甚至它们还挨过野樵顽童的斧斫和毛虫鸟雀的啮啄，然而它们全都无言地忍受了，它们默默地自我修复，自我完善。

④相形之下，那些不惜以自己的尊严和人格与金钱地位、功名利禄作交换，最终腰缠万贯、飞黄腾达的小人的蝇营狗苟算得了什么？且让他暂时得逞又能怎样？

⑤王维实在是唐朝的爱因斯坦，他把山水景物参悟得那么透彻，所谓穷根物

理形而上学于他实在是储之心灵，口吐莲花！坦诚、执着、自识，使王维远离了贪婪、附庸、嫉妒的装饰，从而永葆了自身人品、诗品顽强的生命力。谁又能说不呢？的确，"空山"是一种胸襟，"新雨"是一种态度，"天气"是一种环境，"晚来"是瞬时的境遇。"竹喧"也罢，"莲动"也罢，"春芳"也罢，"王孙"也罢，生活中的诱惑实在太多太多，而物质的欲望则永无止境，什么都要的结果最终只能是什么都没有得到。唯有甘于清贫，甘于寂寞，自始至终保持独立的人格，这才是人生"取之不尽、用之不竭"的精神财富。王维的人生态度正是因为有了太多的放弃，也便才有他"休阴无恶木，饮水必清源"的高洁情怀，也便才有了他哲悟金铂般的千古名篇。

⑥"明月松间照"，照一片娴静淡泊寄寓我无所栖息的灵魂；"清泉石上流"，流一江春水细浪淘洗我劳累庸碌之身躯。浣女是个好，渔舟也是个好，好的质地在于劳作，在于独立，在于思想——这是物质的创造，更是精神的明月清泉。

（选自《阅读与鉴赏》）

1. 认真阅读全文，想一想贯穿全文的线索是什么？（2分）

2. 文段①中"母亲说这是一幅很美很美的风景画"一句点出了王维诗歌创作的特点，请用一个四字短语概括出来。（1分）

3. 仿照文段②中画线的句子，顺其思路，在横线上续写两句。（2分）

月夜听泉，古刹闻钟，_____，_____，都为寻找王维《山居秋暝》的那种灿烂意境，都为了却"明月松间照，清泉石上流"的那份执着情结。

4. 结合文章内容思考，下面的语句应还原到文中第几段的开头最恰当？（1分）

这风霜雨雪，这刀斧虫雀，统统化作了其根下营养自身的泥土和涵育情操的"胎盘"，这是何等的气度和胸襟！

5. 读诗也是读人，作者从王维的《山居秋暝》中读出了他怎样的人品呢？请用文段⑤中连续的三个双音节词回答。（2分）

6. 文章结尾说"这是物质的创造，更是精神的明月清泉"，那么，作者心中"精

神的明月清泉"是什么呢？请用文段⑤中的原话来回答。（2分）

7.请从修辞的角度赏析文段⑥中画横线的句子。（2分）

8.文段③画横线的句子让我们联想到《岳阳楼记》中表达作者旷达胸襟的名句，请写出这个名句，并补充一个由此联想到的古仁人的事例来证明这个观点。（3分）

红豆树下
陈歆耕

①在绵密的江南细雨中，我伫立在古里红豆山庄的红豆树旁。当年钱谦益柳如是共同生活的红豆山庄，已了无踪迹，只余一片废墟，"硕果"仅存的只有这一棵见证了当年钱柳缠绵情史的红豆树。

②废墟反衬出了红豆树的古老、沧桑、孤傲、孤独……

③我撑着雨伞，夹在数十位观者之中，听不清大家围着红豆树在窃窃私语些什么。有着近五百年历史的红豆树，躯干之粗须数人伸臂合抱；虽已经是初春时节，可是它仍然面容枯槁，似有满腹忧愁；它的枝丫挺立，如利刃般直刺蓝天苍穹……

④唐代王维的咏红豆诗最有名："红豆生南国，春来发几枝。愿君多采撷，此物最相思。"可是，江南春雨，却催不出这古老红豆树的新枝，它已经有80年未开花结果，到哪里去采撷红豆？远近的老百姓把它视作"神树"，逢年过节，有很多善男信女来树下烧香跪拜。这些善男信女在心中祈祷些什么呢？

⑤我收起了雨伞，索性让细雨淅淅沥沥地滴落在自己的面颊上。流连在红豆古树下，我想得最多的，还是写出传世史著杰作《柳如是别传》的国学大儒陈寅恪先生。在史海跋涉20年，用文言文写就80余万字、厚厚三大卷的《柳如是别传》，让很多人不理解：一位史学大儒为何要耗费如许光阴，为柳如是这位曾经沦落风尘的女子作传？其实，只要熟悉柳如是全部人生经历的人就会明白，寅恪先生为柳如是作传，其意旨不在为钱柳姻缘留下翔实的历史记载，或传播一段轰动一时又为世俗所诟病的爱情佳话。他是要为一位生于国破家亡的乱世，却表现出超凡民族气节和风骨的奇女子作传，是为一种伟大的人格和魂魄作传。而柳氏这样一种"风骨"，与寅恪先生倡导的"独立之精神，自由之思想"，在血脉、心灵上则是相通的。寅恪先生以此大著"痛哭古人，留赠来者"。我们这些后来者，在面对先生的精神遗产时，是否存有几分愧疚呢？

⑥据记载，在钱牧斋80岁大寿时，柳如是为他做寿，恰逢红豆树二三十年后又一次花开满树，她从阁前的红豆树上觅得仅有的一颗红豆，作为寿礼呈上，使钱谦益大喜过望。红豆有情，可显然不是为钱某人开花结果的——钱氏在明灭后降清失节不说，又不愿过隐居生活，遂不听柳氏的反复劝说，非要到清廷去谋一官半职。柳氏则坚决不肯随同前往，做降臣命妇。没有想到，钱氏到京后不被

重用，半年后只好托病回老家。他的仕途失意，成全了柳氏在田园山水间安享夫妻生活的愿望。我坚信，有生命的美丽的红豆之花，肯定是为从内而外皆美洁如玉的柳如是而开的。

⑦世间空余"钱牧斋"，"如是"风骨何处寻？

⑧从柳如是到陈寅恪，昂然挺立、傲视红尘的红豆古树，可以看作是他们人格的象征吗？

⑨我觉得，需要到红豆古树下跪拜的，倒是那些缺钙、患软骨病的人……

⑩可惜的是，此刻，在红豆树的废墟周围，推土机正在发出轰鸣，施工车辆穿梭往来，一座再造的红豆山庄将在这里重现。令我忧虑的是：人工再现的雕梁画栋、小桥流水的红豆山庄，加上熙来攘往的红男绿女，反倒会把孑然孤傲的红豆古树给淹没了——我更欣赏它现在的模样，一副卓尔不群的身姿！

⑪不知道红豆古树何时能再发出新枝，何时能再开花结果。它那古老沧桑的面容，给我带来的是无限惆怅和忧思……

（选自 2011 年 5 月 16 日《光明日报》，有删节）

1. 作者笔下的红豆树有什么特点？请联系全文分点归纳。（3分）

（1）历史：_____

（2）外形：_____

（3）神韵：_____

2. 文中多次写到春雨，有什么作用？（3分）

3. 作者为什么要花较多的笔墨叙写陈寅恪撰写《柳如是别传》这件事？（3分）

4. 第⑩段写到已成废墟的红豆山庄将要再造重现，作者为什么反而觉得可惜？（4分）

5. 文章最后一段在结构和内容上有什么作用？请联系全文简要分析。（4分）

第五节　一花一叶皆菩提

——自然感悟

雨　荷

张晓风

有一次，雨中走过荷池，一塘的绿云绵延，独有一朵半开的红莲挺然其间。

我一时为之惊愕驻足，那样似开不开，欲语不语，将红未红，待香未香的一株红莲！

漫天的雨纷然又漠然，广不可及的灰色中竟有这样一株红莲！像一堆即将燃起的火，像一罐立刻要倾泼的颜色！我立在池畔，虽不欲捞月，也几成失足。

生命不也如一场雨吗？你曾无知地在其间雀跃，你曾痴迷地在其间沉吟——但更多的时候，你得忍受那些寒冷和潮湿，那些无奈与寂寥，并且以晴日的幻想度日。

可是，看那株莲花，在雨中怎样地唯我而又忘我，当没有阳光的时候，它自己便是阳光。当没有欢乐的时候，它自己便是欢乐！一株莲花里有怎样完美自足的世界！

一池的绿，一池无声的歌，在乡间不惹眼的路边——岂只有哲学书中才有真理？岂止有研究院中才有答案？一笔简单的雨荷可绘出多少形象之外的美善，一片亭亭青叶支撑了多少世纪的傲骨！

倘有荷在池，倘有荷在心，则长长的雨季何患？

1. 从修辞手法的角度说说画线句的表达效果如何？

2. 最后一段画线句表达了作者怎样的一种生活态度？

3. 作者对于文中"红莲"的感情是怎样的？

4. 作者看到了身边的景物触发了情感，你在生活中是否也有过类似的情况呢？请联系生活实际，融入感情，生动地描绘一种身边的景物。

5. 在文学界，植物往往寄予作者的某种感情，请联系语文相关知识和生活实际，根据自己的理解解读某一种植物。

木瓜树的选择
林清玄

①路过市场，偶然看到一棵木瓜树苗，长在水沟里，依靠水沟底部一点点烂泥生活。

②这使我感到惊奇，一点点烂泥如何能让木瓜树苗长到腰部的高度呢？木瓜是浅根的植物，又怎么能在水沟里不被冲走呢？我随即想到夏季将临，届时会有许多的台风与豪雨，木瓜树会被冲入河里，流到海上，就必死无疑了。

③我看到木瓜树苗并不担心这些，它依靠烂泥和市场排放的污水，依然长得翠绿而挺拔。

④生起了恻隐之心，我想到了顶楼的花园里，还有一个空间，那是一个向阳的角落，又有着来自阳明山的有机土，如果把木瓜树苗移植到那里，一定会比长在水沟更好，木瓜树有知，也会欢喜吧！

⑤向市场摊贩要了塑胶袋，把木瓜和烂泥一起放在袋里，回家种植，看到有

茶花与杜鹃为伴的木瓜树，心里感到美好，并想到日后果实累累的情景。

⑥万万想不到的是，木瓜树没有预期生长得好，反而一天比一天垂头丧气，两个星期之后，终于完全地枯萎了。

⑦把木瓜苗从花园拔除的时候，我的内心感到无比怅然，对于生长在农家的我，每一株植物的枯萎都会使我怅然，只是这木瓜树更不同，如果我不将它移植，它依然在市场边，挺拔而翠绿。

⑧在夕阳照拂的院子，我喝着野生苦瓜泡的茶，看着满园繁盛的花木，心里不禁感到疑惑，为什么木瓜苗宁愿生于污泥里，也不愿存活在美丽的花园呢？是不是当污浊成为生命的习惯之后，美丽的阳光、松软的泥土、澄清的饮水，反而成为生命的负荷呢？

⑨就像有几次，在繁华街市的暗巷里，我不小心遇到一些吸毒者。他们弓曲在阴暗的角落，全身的细胞都散发出颓废，用迷离而失去焦点的眼睛看着世界。我总会有一种冲动，想跑过去拍拍他们的肩膀，告诉他们"这世界有灿烂的阳光，这世界有美丽的花园，这世界有值得追寻的爱，这世界有可以为之奋斗、为之奉献的事物"。随即，我就看到自己的荒谬了，因为对一个吸毒者，污浊已成为生命的习惯，颓废已成为生活的姿态，几乎不可能改变。不要说是吸毒者，像在日本的大都市，有无数自弃于人生、宁可流浪于街头的"浮浪者"，当他们完全地自弃时，生命就再也不可能挽回了。

⑩"浮浪者"不是"吸毒者"，却具有相同的部分，吸毒者吸食有形的毒，受毒所宰制；浮浪者吸食无形的毒，受颓废所宰制，他们放弃了心灵之路，正如一棵以血水、污水维生的木瓜苗，忘记了这世界有美丽的花园。

⑪恐惧堕落与恐惧提升虽然都是恐惧，却带了不同的选择，恐惧堕落的人心里会有一个祝愿，希望自己有一天能抵达繁花盛开的花园，住在那花园里的人都有着阳光的品质，有很深刻的爱、很清明的心灵，懂得温柔而善于感动，欣赏一切美好的事物。

⑫一粒木瓜的种子，偶然掉落在市场的水沟边，那是不可预测的因缘，可是从水沟到花园之路，如果有选择，就有美好的可能。

⑬一个人，偶然投生尘世，也是不可预测的因缘，我们或者有不够好的身世，或者有贫穷的童年，或者有艰辛的生活，或者陷落于情爱的折磨像是在水沟烂泥的木瓜树，但我们只要知道，这世界有美丽的花园，我们的心就会有很坚强很真切的愿望，我是为了抵达那善美的花园而投生此世。万一，我们终其一生都无法抵达那终极的梦土，我们是不是可以一直保持对蓝天、阳光与繁花的仰望呢？

（选自《林清玄散文自选集》）

1. 阅读全文，请概括木瓜树的生存环境和生命状态：

在水沟，_____；

在花园，_____。（4分）

2. 作者对木瓜树的态度发生了变化，从开始的惊奇，到__（1）__、__（2）__，再到最后的疑惑。（4分）

3. 文章最后两个自然段抒写了作者由木瓜树生发的人生感悟，请结合生活谈谈你的理解。（7分）

老海棠树
史铁生

①如果可能，如果有一块空地，不论窗前窗后，要是能随我的心愿种点什么，我就种两棵树。一棵合欢，纪念母亲。一棵海棠，纪念奶奶。

②奶奶和一棵老海棠树，在我的记忆里不能分开；好像她们从来就在一起，奶奶一生一世都在那棵老海棠树的影子里张望。

③老海棠树近房高的地方，有两条粗壮的枝丫，弯曲如一把躺椅，小时候我常爬上去，一天一天地就在那儿玩。奶奶在树下喊："下来吧，你就这么一天到晚待在上头？"是的，我在那儿看小人书、射弹弓，甚至写作业。"饭也在上头吃吗？"她又问。对，在上头吃。奶奶把盛好的饭菜举过头顶，我两腿攀紧树丫，一个海底捞月把碗筷接上来。"觉呢，也在上头睡？"没错，四周都是花香呢。奶奶只是站在地上，站在老海棠树下，望着我。她必是羡慕，猜我在上头都能看见什么。

④春天，老海棠树摇动满树繁花，摇落一地雪似的花瓣。我记得奶奶坐在树下糊纸袋，不时地冲我唠叨："就不说下来帮帮我？你那小手儿糊得多快！"我在树上东一句西一句地唱歌。奶奶又说："我求过你吗？这回活儿紧！"我说："我爸我妈根本就不想让您糊那破玩意儿，是您自己非要这么累！"奶奶于是不再吭声，直起腰，喘口气，这当儿就呆呆地张望——从粉白的花间，一直到无限的天空。

⑤或者夏天，老海棠树枝繁叶茂，奶奶坐在树下的浓阴里，又不知从哪儿找来补花的活儿，戴着老花镜，埋头于床单或被罩，一针一线地缝。天色暗下来时她冲我喊："你就不能劳驾去洗洗菜？没见我忙不过来吗？"我跳下树，洗菜，胡乱一洗了事。奶奶生气了："你们上班上学，就是这么糊弄？"奶奶把手里的活儿推开，一边重新洗菜一边说："我就一辈子给你们做饭？就不能有我自己的工作？"这回是我不再吭声。奶奶洗好菜，重新捡起针线，从老花镜上缘抬起眼，又会有一阵子愣愣地张望。

⑥有年秋天，老海棠树照旧果实累累，落叶纷纷。早晨，天还昏暗，奶奶就起来去扫院子，"刷啦——刷啦——"，院子里的人都还在梦中。那时我大些了，正在插队，从陕北回来看她。那时奶奶已经腰弯背驼。"刷啦刷啦"的声音把我惊醒，赶紧跑出去："您歇着吧我来，保证用不了三分钟。"可这回奶奶不要我帮。"咳，你呀！你还不懂吗？我得劳动。"我说："可谁能看得见？"奶奶说："不能那样，人家看不看得见是人家的事，我得自觉。"她扫完了院子又去扫街。"我跟您一块儿扫行不？""不行。"

⑦这样我才明白，曾经她为什么执意要糊纸袋，要补花，不让自己闲着。有爸和妈养活她，她不是为挣钱，她为的是劳动。奶奶的心思我有点懂了：什么时候她才能像爸和妈那样，有一份名正言顺的工作呢？大概这就是她的张望吧，就是那老海棠树下屡屡的迷茫与空荒。不过，这张望或许还要更远大些——她说过：得跟上时代。

⑧所以冬天，在我的记忆里，几乎每一个冬天的晚上，奶奶都在灯下学习。窗外，风中，老海棠树枯干的枝条敲打着屋檐，摩擦着窗棂。奶奶曾经读一本《扫盲识字课本》，再后是一字一句地念报纸上的头版新闻。在《奶奶的星星》里我写过：她学《国歌》一课时，把"吼声"念成了"孔声"。我写过我最不能原谅自己的一件事，奶奶举着一张报纸，小心地凑到我跟前："这一段，你给我说说，到底什么意思？"我不耐烦地说："您学那玩意儿有用吗？就算都看懂了您就有文化了？"奶奶立刻不语，唯低头盯着那张报纸，半天半天目光都不移动。我的心一下子收紧，但知己无法弥补。"奶奶。"<u>"奶奶！""奶奶——"</u>我记得她终于抬起头时，眼里竟全是惭愧，毫无对我的责备。

⑨但在我的印象里，奶奶的目光慢慢离开那张报纸，离开灯光，离开我，在窗上老海棠树的影子那儿停留一下，继续离开，离开一切声响甚至一切有形，飘进黑夜，飘过星光，飘向无可慰藉的迷茫和空荒……而在我的梦里，我的祈祷中，老海棠树也便随之轰然飘去，跟随着奶奶，陪伴着她，围拢着她；奶奶坐在满树的繁花中，满地的浓阴里，张望复张望，或不断地要我给她说说："这一段到底是什么意思？"——这形象，逐年地定格成我的思念，和我永生的痛悔。

1. 本文按照春夏秋冬的顺序简要写了和奶奶有关的哪几件事（每空不超过5个字）？（4分）

春：＿＿＿＿＿＿＿＿＿＿＿　　夏：＿＿＿＿＿＿＿＿＿＿＿

秋：＿＿＿＿＿＿＿＿＿＿＿　　冬：＿＿＿＿＿＿＿＿＿＿＿

2. 品读第⑧段画线句子，结合标点从语气角度分析"我"的心理变化。（4分）

3. 第①段说要用"一棵海棠树，纪念奶奶"，请结合文章内容简要分析原因。（不超150字）（7分）

第六节　那些莫名其妙的文章

——另类主题

精神与肉体的抗衡

林　锦

本篇小说有两种读法，请按照"导读"提供的结构顺序阅读。

导读：（一）①、⑥、②、⑦、③、⑧、④、⑨、⑤、⑩、⑪。

　　　　（二）①、②、③、④、⑤、⑥、⑦、⑧、⑨、⑩、⑪。

①陈老走进房间，取下摇篮，用一条尼龙绳打了一个圆圈，套在天花板的钢钩上。他双手拉住尼龙绳，双脚一缩，身体腾了上去。这样上下试了几次，证明钢钩够牢固，才满意地把摇篮挂回去。

②陈老走进厨房，在煤气炉前站住。他开了煤气炉的开关，火便着了。<u>他关了，再开，开了，再关</u>。一阵风从敞开着的玻璃窗吹进来，火熄了。他缩一缩鼻子，嗅到煤气的臭味。他打开煤气炉的门，把煤气桶的开关拧紧。

③陈老走进客厅，把头探出窗外，看见停车场的几辆车子，像几个不同颜色的纸箱，不禁把眼睛深深一闭。十八层楼，跌下去只有一个结果，跌进十八层地狱。他把头缩回来，张开眼睛，探寻着有没有椅子、凳子一类可以垫脚的东西靠在窗口下。他把窗户关了，上锁。

④陈老走进房间，拉开抽屉，拿出一罐药丸，端详着。标签上说明，勿放置在小孩儿能触及的地方。药名是安眠药。他用力把罐盖转紧，拉一把椅子，把药罐放在衣橱的最高处。

⑤陈老走进厨房，在碗柜旁拿了一瓶清洁剂。想起住在乡下的时候，隔壁的一个青年喝了杀虫剂，在地上打滚挣扎呼号呕吐的痛苦样子，他不禁打了一个冷战，连忙把清洁剂收在壁橱的最高层。

⑥小宝睡的摇篮一定要稳固。万一摇篮掉下来，后果不堪设想。陈老就只有这么一个孙子。

⑦小宝整天往厨房跑，小手爱抓东摸西，要是扭开煤气炉的开关，火又熄了，煤气不停地排出来，后果不堪设想。陈老就只有这么一个孙子。

⑧小宝最好奇，如果爬上椅子、凳子，小脑袋往窗口一探，一失足倒栽下去，后果不堪设想。陈老就只有这么一个孙子。

⑨小宝嘴最馋，要是把抽屉里的安眠药当糖吃，一口吞下几粒，后果不堪设想。陈老就只有这么一个孙子。

⑩小宝最好玩，喜欢含一根吸管吹泡泡，万一把清洁剂当泡泡液，一口一口地吸进去，后果不堪设想。陈老就只有这么一个孙子。

⑪陈老试了摇篮，关了煤气桶，锁了窗户，也把安眠药和清洁剂收在高处。这些都无法说服儿子，让小宝留下来。儿子的理由是：不担心小宝的肉体受到伤害，只担心小宝的精神受到折磨。儿子决定把小宝带走，带到远远的西方去。

⑫陈老的尸体被发现仰面朝天躺在公寓的楼下。查案人员发现一个很不寻常的现象：陈老的房里有煤气瓶一个、安眠药一瓶、清洁剂一瓶、尼龙绳一环，窗开着，窗口下靠墙的地方有椅子、凳子各一张。

⑬陈老的死，是肉体受到伤害，还是精神受到折磨？

⑭没有结论，判为悬案。

（选自《最好的小小说》（大全集），中国华侨出版社，2010年11月第1版）

1.看了这篇小说后，有个细心的读者给陈老画了一幅"行踪图"。

（1）请你指出圆圈所指代的地方。

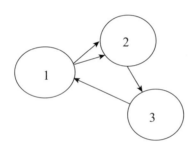

说明：陈老开始是在圆圈1忙碌了一阵，再到圆圈2，再到圆圈3，然后回到圆圈1，最后又到了圆圈2。

圆圈1:_____，圆圈2:_____，圆圈3:_____。

（2）从上图中我们发现陈老活动的空间是不大的，但他做了很多事情，作者这样安排是为了表现什么呢？

2.第②段画线句子有什么表达效果？

3.第⑫段"陈老的尸体被发现仰面朝天躺在公寓的楼下"，陈老为什么会这样呢？请你写出合乎情境与主题的一种猜想,并陈述理由。（提示:"导读一"与"导读二"主题是一样的）

4.你喜欢"导读一"还是"导读二"？请结合你的阅读体验说出理由。

他们那时候多有趣啊

艾萨克·阿西莫夫

①那天晚上，玛琪甚至把这件事记在日记里了。在 2155 年 5 月 17 日这一页，她写道："今天，托米发现了一本真正的书！"

②这是一本很旧的书。玛琪的爷爷有一次告诉她，当他还是一个小孩子的时候，他的爷爷曾经对他讲，有那么一个时候，所有的故事都是印在纸上的。

③他们翻着这本书，书页已经发黄，皱皱巴巴的。书上的字全都静立不动，一点儿也不像他们平常在荧光屏上看到的"书"那样，顺序移动。读到后面，再翻回来看前面的一页，刚刚读过的那些字仍然停留在原地。真是有趣极了！

④"呀！"托米说，"我想，这样的书一读完，就得扔掉，多浪费呀！我们的电视屏幕一定给我们看过一百万本书了，可它还能继续给我们别的许许多多书看，我可用不着哪天把它扔掉！"

⑤"我也不会扔掉。"玛琪说。她只有 11 岁，读过的电视书不像托米那样多。托米已经 13 岁了。

⑥她问："你在哪儿找到这本书的？"

⑦"在我们家，"他指了一下，可没有抬起头，因为他正在全神贯注地看书。"在顶楼上。"他又说道。

⑧"书里写的什么？"

⑨"学校。"

⑩玛琪脸上露出鄙夷不屑的神情："学校？学校有什么好写的？我讨厌学校。"玛琪一向讨厌学校，而且现在比以往任何时候都更憎恶它。那个机器老师一次又一次地给她做地理测验题，她一次比一次答得糟。最后她的妈妈发愁地摇了摇头，把教学视察员找了来。

⑪教学视察员是个身材矮小的胖子，脸红扑扑的，带着一整箱工具，还有测试仪和电线什么的。他对她笑了笑，递给她一个苹果，然后把机器教师拆开。玛琪暗暗希望他拆开以后就不知道怎样装上，可才过了一小时左右，机器老师已经重新装好。黑乎乎的，又大又丑，上面还带着一个很大的荧光屏。在这个荧光屏上，所有的课文都现出来了，还跟着没完没了地提问题。这倒也无所谓，最让她厌烦的是那个槽口——她非得把作业和试卷塞进去的那个口子。她总是要用那种打孔文字像编程序似的把作业和答卷写出来。她还只有 6 岁的时候，妈妈就让她学会用这种语言和机器教师对话了。

⑫视察员把机器调好以后，拍拍她的脑袋，笑着对她妈妈说："这不是小姑娘的错，琼斯太太。我认为是这个机器里的地理部分调得太快了些,这种事是常有的。我把它调慢了，已经适合于 10 岁孩子的水平了。说实在的，她总的学习情况够令

人满意的了。"说着，他又拍了拍玛琪的脑袋。

⑬玛琪失望极了，她本来希望他们会把这个机器老师拿走。有一次，托米的老师就被搬走了将近一个月之久，因为历史那部分的装置完全显示不出图像来了。

⑭所以她对托米说："怎么会有人写学校呢？"

⑮托米用非常高傲的眼光瞧了她一眼："傻瓜，那不是我们这种类型的学校，那是几百年前的一种老式学校。"接着他一字一顿说："几百年前。"

⑯玛琪很难过。"嗯，我不知道古时候孩子们上什么样的学校。"她站到托米身后看了一会儿那本书，说："不管怎么说，他们总得有一个老师吧？"

⑰"当然，他们是有老师，可不是我们这样的老师。是一个真人老师！"

⑱"一个真人？真人怎么会是老师呢？"

⑲"的确是这样的，他跟孩子们一起去学校，给孩子们上课，留作业，提问题。"

⑳"真人可没那么聪明。"

㉑"怎么不聪明？我爸爸就和我的机器老师知道得一样多。"

㉒"不可能。真人不可能知道得和老师一样多。"

㉓"我敢打赌，我爸爸知道得差不多和它一样多。"

㉔玛琪不打算争吵下去，便说："我可不想让一个陌生人到家里来教我功课。"

㉕"你不知道的事太多了，玛琪。那些老师才不到你家里上课呢。他们有一个专门的地方，所有的孩子都到那儿去上学。"

㉖"所有的孩子都学一样的功课吗？"

㉗"那当然，如果他们年龄一样的话。"

㉘"可我妈妈说，老师是需要随时调整的，这样才好适合他所教的每个男孩子和女孩子的智力。另外，对每个孩子的教法也应该是不同的。"

㉙"他们那时候的做法可能和现在不一样。好了，如果你不喜欢书里说的这些事，你就干脆别读这本书。"

㉚"我没说我不喜欢。"玛琪急忙说。她很想知道那些有趣的学校究竟是怎么回事。

㉛他们还没看完一半，玛琪的妈妈就喊了起来。

㉜"玛琪！该上课了！"

㉝玛琪抬起头来。"还没到时间呢，妈妈。"

㉞"到了，"琼斯太太说，"托米差不多也快到点了。"

㉟玛琪对托米说："托米，下课以后我可以和你一起再读读这本书吗？"

㊱"也许行吧，"他冷冷地回答。然后，吹着口哨走开了，胳膊底下夹着那本满是灰尘的旧书。

㊲玛琪走进课堂。课堂就在她卧室的隔壁。机器老师的开关已经打开，正等着她。除了星期六和星期日，它每天总是在相同的时间开启。因为妈妈说，假

如小孩每天都在规定的时间学习，成绩会更好一些。

㊳电视屏幕亮起来了，开口说："今天的算术课讲分数的加法。请把昨天的作业放进槽口。"

㊴玛琪叹了口气，照它的话做了。她脑子里还在想着当她爷爷的爷爷是个小孩子的时候，他们上的那种老式学校。附近一带所有的孩子都到一处去上学，他们在校园里笑呀、闹呀，他们一起坐在课堂里上课；上完一天的课，就一块儿回家。他们学的功课都一样，这样，做作业的时候他们就可以互相帮助，有问题还可以互相讨论了。

㊵而且他们的老师是真人……

㊶机器老师正在屏幕上显现出这样的字："我们把 1/2 和 1/4 这两个分数加在一起——"

㊷玛琪还在想，那个时候的孩子一定非常热爱他们的学校。他们那时候多有趣啊！

（选自《外国现代科学幻想小说》，有改动）

1.几百年以后，两个在"机器学校"读书的孩子，从一本纸张印刷的书中对我们现在的学校有哪些了解？用简短的语言加以概括。（3分）

2.未来的"机器学校"与我们现在的学校有什么相同点和不同点。请你结合文章内容各举一例进行简要说明。（4分）

3.针对文中介绍的两种学校，请你提出一个问题，引起大家对改进目前教育的思考。（2分）

4.展开你的想象，说说你认为人类理想的学校应该是怎样的？（不超过140字）（5分）

手

①已经客满的大巴车打了个饱嗝儿，停了一下，又上来两个青年男人，一个甩着手，一个夹着公文包。"公文包"的脚后跟还在车门外边，客车就又开动了。

②甩手青年坐在门口的马扎上，"公文包"顺手将公文包放在行李架上就直奔车后座去了，那样子好像他买了对号入座的票，最后一排正有一个空位子热情地等着他的屁股呢。事实上他奔的不是座位，而是座位上的人，最后排靠左的那个胖男人正在熟睡中，"公文包"的手灵巧地伸进胖男人的上衣衣兜里，夹出一把单据名片之类的东西，显然这类东西不是"公文包"想要的，就又放回原处，然后揪住了胖男人的衣领，甩给他左右两个嘴巴。

③胖男人抹了一把脸，把拳头捏得略略响，只一下就反剪了"公文包"鸡爪子一样的手，然后拨打110，将贼人绳之以法。

④事实上没有，胖男人只是活动活动肩膀，整理一下衣服，继续睡去了，发生了什么全当梦一场。

⑤"公文包"又瞄准了一个打瞌睡的小伙子，小伙子的手机在牛仔裤的裤兜里，清楚地凸现着它的形状，"公文包"细长的手指在这个形状外游弋了一阵子，牛仔裤绷得太紧，硬拽怕是要惊醒梦中人了。

⑥原来这个小伙子在假寐，他一把就抓住"公文包"的手，像扔抹布一样地将他扔出车外。

⑦事实上没有，小伙子的确在假装睡觉，他也抓住了"公文包"那只游弋的手，不过他悄悄地给放了。"公文包"感觉到这只手的力量，小伙子真跟自己斗等于缚鸡。对这样的主儿还是离远一点儿。

⑧这时他的目光落在一个女式皮包上，皮包被抱在女孩的怀里，由于女孩也在打瞌睡，抱包的胳膊有些松弛，但拉链的开端在女孩的胳膊下压着。"公文包"变戏法儿似的手里多出一个贼亮亮的刀片！他用食指和中指夹着，修长而白皙的手指看上去那么优美。

⑨"叔叔，你的手真好。"

⑩女孩旁边一个七八岁的男孩打破了车里黑夜一般的寂静。自从这两个人上车，大胡子司机和女售票员的说笑就戛然而止，女售票员将马扎腾给甩手青年，自己坐在大胡子身后一个袋子上，将肥硕的屁股伸给所有的乘客，然后一丝不苟盯着前方，天塌地陷与她无关了。

⑪"叔叔，"男孩又开始说话了，"你的手指这么长，钢琴一定弹得很棒，老师一定很喜欢你，老师也喜欢我，只是我的手还小，够不到八度。"

⑫男孩的一番话使那个贼亮亮的刀片离开了女孩的包，被握在有着细长手指的手里。手的主人随着车身的颠簸，身子斜歪了一下。那个甩手青年递过来一只马扎。"公文包"坐下。额头上亮亮的，是汗。

⑬"叔叔，我才考钢琴二级，我要是有你这么长的手就可以多考，至少四级，叔叔，今天你也去考试吗？考几级啊？"

⑭"公文包"看了一眼男孩，男孩也看着他，期待着他的回答。

⑮"叔叔的确弹过钢琴，'六一'的时候还上台演出过，这双手曾将钢琴七级的曲子弹得流水一般，不过那是十三年以前的事情。我的钢琴老师说我是他教的学生当中资质最好的，手指上的天分最高。父母也希望我将来是最优秀的钢琴演奏家。可是后来父母离婚了。虽然他们争着要我，可是我谁也不跟，我离家出走，流浪街头，就被一个团伙看上了这双手。从此这双手在滚烫的肥皂水里接受另外一种训练。(A)看见门口那个人了吗，看见大胡子了吗，看见大屁股了吗，就是司机和卖票的，都是一伙的。我只是干活，等着分成的人不止这伍呢。小弟弟，

这双手如果不给他们干活，回去就得少一截指头，这辈子就别想弹琴了。"

⑯ "公文包"想用手去抚摸一下男孩的头，告诉他这一切。

⑰事实上他没有。他只是将那双手攥紧了，躲开男孩期待的目光①，也回避门口那人刀剜一样的目光②，他知道自己已经被乘客的目光③包围。

⑱（B）男孩等不到回答就只好盯着那双手，盯着盯着，就见一只红色的小虫子从指缝里探头探脑地钻出来，接着第二只，第三只。

⑲ "叔叔，"男孩说，"你的手，流血了。"

⑳ "公文包"用另一只没有流血的手轻轻抚摸了一下男孩的头，在大巴车再次打了饱嗝儿停下的时候，"公文包"夹着他的公文包和甩手青年就下车了。

1. 本文故事情节简单，但人物个性鲜明，请结合文章相关内容，用简洁的语言概括以下人物的性格特征。（3分）

胖男人：＿＿＿＿＿＿＿＿＿＿＿＿＿＿＿＿＿＿＿＿＿＿＿＿＿

小伙子：＿＿＿＿＿＿＿＿＿＿＿＿＿＿＿＿＿＿＿＿＿＿＿＿＿

2. 文章第⑰段写"公文包"发现了三种目光同时盯着自己，他清楚这些"目光"的内涵各有不同，请为这三种目光的主人配上一句描写人物心理的语句来诠释它们各自的内涵。（3分）

（1）＿＿＿＿＿＿＿＿＿＿＿＿＿＿＿＿＿＿＿＿＿＿＿＿＿＿

（2）＿＿＿＿＿＿＿＿＿＿＿＿＿＿＿＿＿＿＿＿＿＿＿＿＿＿

（3）＿＿＿＿＿＿＿＿＿＿＿＿＿＿＿＿＿＿＿＿＿＿＿＿＿＿

3. 小说的情节讲究有"伏"有"应"，请仔细阅读上下文，看看哪一个自然段藏有第⑮段画线句（A）的伏笔。（2分）

4. 文学是语言的艺术，从语言的角度来分析小说，是了解人物形象的重要途径，请简析文章第⑱段画线句（B）的表达效果。（2分）

5. 文章的题目"手"在全文的结构上起什么作用？作者通过"手"寄托了什么主题？（3分）

6. 小男孩到底有没有发现"公文包"是个小偷？请结合你对小男孩形象的认识予以探究。（3分）

第四章　说明文阅读

题型一　文中的语句能不能删 / 换?

[说说]

　　语句不能删减或替换正是说明文语言严密性的要求,考查的也是大家的逻辑思维能力。

[答题思路]

　　1. 不能删的原因

　　(1) 语法角度:(主语、宾语) 等,主语——是谁、是什么。……的原因、删去部分是否为未删部分原因 / 前提 / 条件 / 性质。

　　(2) 结构上:照应前后文,建立……的联系,语句在文中的作用 (过渡、承接、强调等)。

　　(3) 内容上: 删去部分是否与未删部分共同组成一个概念 (使……解说不完整)。删去部分是否与上下文共同强调说明对象的某方面。

　　(4) 语气上: 删去后与事实不符 / 太过绝对。

　　2. 不能换的原因

　　(1) 结构上:与前文照应,与后文照应 (答题时应尽量写全写多)。答题格式:甲句与前文的……的内容直接相关,乙句与……的内容直接相关。

　　(2) 句子间的逻辑关系:两句之间的递进、转折、强调说明重点等。

　　(3) 甲乙句前后有对应词语,使其顺序不能调换。

[例题精讲]

例题 1

城市雕塑 (选段)

　　①在现代城市中, 布设街头雕塑, 重要的是要考虑不同交通特性的道路以及交通环境的视觉特性。快速道路或交通主干道,主要以通行机动车为主,行

人相对较少，同时路旁地带位置也不宽。在这种条件下，路边的雕塑再精美，用路者一闪而过，很难获得多少印象。如果在沿途的适当位置布设造型简单、体量较大的雕塑，则会收到较好的效果。生活性道路是以低速交通方式的视觉特性为主，用路者是在低速通过或停下来的情况下，品赏雕塑。在这种条件下，对街头雕塑的要求就不同于前者。如果不考虑上述因素，街头雕塑就很难起到应有的作用。

问：结合第①段画线句子的内容，说出"用路者一闪而过"这几个字不能删去的两条理由。

[解题思路]

先看删去的文字在句子中属于什么成分，再联系前后句看被删去的内容有什么作用。

[答案示例]

如果删去"用路者一闪而过"，其一，就不知道是谁"很难获得多少印象"；其二，用路者"很难获得多少印象"的原因也不清楚了。（意思对即可）

例题 2

核辐射（选段）

①在发生核泄漏时，放射性物质可通过呼吸吸入，也可通过皮肤、伤口及消化道吸收进入人体内，引起内照射伤害；在各类辐射中，γ射线具有很强的穿透能力，会使人受到外照射伤害。人体在遭受辐射后，由于照射剂量和时间长短不同，会出现不同程度的损伤，最大的风险是增加癌症、白血病、畸变、遗传性疾病的患病率，甚至影响几代人的健康。最典型的例子是切尔诺贝利核电站的核泄漏事故。当时，由于风向的关系，估计约有 60 % 的放射性物质落在白俄罗斯的土地上，经研究发现，白俄罗斯的小孩患甲状腺癌的比例快速增加。

②由此看来，核辐射对人类有着极大的危害，然而【甲】只有过量的核辐射才会对人体造成伤害，而【乙】少量的核辐射不会危及人类的健康，合理使用还可以造福人类。

问：阅读第②段，说出画线的【甲】【乙】两个语句的位置不能调换的三条理山。

[解题思路]

判断两个句子能否调换，先看前一句和上文的关系，再看后一句与下文的关系，最后看两个句子之间是什么关系。

［答案示例］

【甲】【乙】两个语句不能调换位置：其一，【甲】句与前面的"危害"一句直接相关；其二，【乙】句与后面的"造福"一句直接相关；其三，两句调换后，语段表达的重点与原意不符。

题型二　两段能不能换?

［说说］

说白了，段落不能换和词语不能换本质上考察的东西是一样的，都是逻辑关系，这样就好理解多了。

［答题思路］

（1）概括段意。

（2）判断两段是否有逻辑关系：从原因到结果、从共性到特性、从现象到本质、从整体到细节，时间顺序、空间顺序。

（3）判断是否有对应关系。

（4）是否承上或启下。

［例题精讲］

桃花文化（选段）

①中国的"桃花文化"独具特色，它体现了中国文人对自然和社会的一种思考和认识。

②中国的"桃花文化"和女性有不解之缘。早在先秦的《诗经·周南》中，就有一首关于桃花的诗。"桃之夭夭"，描写茂盛、火红的桃花，用桃花来比喻年轻美貌的女子。春秋时代，息国的国君夫人息妫容貌美丽，被人称作"桃花夫人"。唐代的崔护在京都郊游，邂逅一少女，次年再访，人去桃花在，崔护感伤不已，题诗慨叹，"人面桃花相映红"一句就成了千古名诗。还有清初孔尚任的著名悲剧《桃花扇》，曹雪芹在《红楼梦》里有为黛玉葬花写的《葬花辞》和《桃花行》。源远流长的桃花文化，从古代《诗经》一直唱到今天那桃花盛开的大江南北。

③在中国，"桃花文化"是非常普遍的一种文化现象。在民间吉祥喜庆活动特别是恋爱、婚姻这类人生喜庆之事里，桃花是"尚红"礼俗的主要角色。桃花坞、

桃花酒、桃花运，包含"桃花"一词的人名地名更是不胜枚举。我国由历史沿袭形成众多的桃花观赏景点。早春二月，人们踏青采物采撷归来，多是几枝早开的桃花。至于与桃树、桃花、桃实相关的文化现象，几乎无处不在：传说桃都山有一巨大的桃树叫"桃都"，上有天鸡，天鸡一叫，天下的雄鸡也跟着叫。在中国神话中，仙桃又是长寿的象征，神话中的王母娘娘有"蟠桃宴"。桃树可家植于屋前舍后，更多的是漫山野生，人们又用"桃李满天下"比喻老师的学生之多……

④那么，中国桃花文化为何如此独特呢？

⑤桃花文化，反映了中国文人的自然观。大自然最美的季节是万物复生、欣欣向荣的春天，中国文人对春天倾注了十分炽热的情感，"咏春"的诗文特别发达。而春天又美在桃花盛开的时节，于是，自我们所能见到的《诗经》始，铺陈春景，不能不写桃花。永恒的自然界，极富生命力的桃花，激发了中国文人的艺术想象力和热爱生活的心愿。中国文人把自然界的桃花作为自己的生命、自己的本质力量和自己的情感意识的对应物加以抒写。他们借桃花歌颂自然美、劳动美、创造美，表达对永恒自然和永恒生命的向往。

⑥桃花文化还渗透着"儒与庄禅互补"的文人精神。"达则兼济天下，穷则独善其身"是中国文人两种相互依存、相互转化的文化心理。一方面，他们要身体力行，去实现儒家"修身齐家治国平天下""经世致用"的人生理想；另一方面，由于现实不断击碎他们的理想之梦，于是造成了他们的失落心理，他们只好"穷则独善其身"，寄情山水，回归田园，在庄禅的境界中求得精神上的休憩和解脱。于是，陶渊明的《桃花源记》为他自己，也为与他一样的失意文人创造了一个虚幻的世界。桃花源作为中国文人的精神栖息之所，世世代代吸引着文士，形成了他们的"桃花源情结"。他们并不是不知道桃花源之不可寻，他们寻找桃花源，几乎与屈原《天问》一样，上升为一种探索宇宙、社会和人生哲学的思维模式。

问：依据相关语段，说说②③段与⑤⑥段不能调换的理由。

[解题思路]

寻找两部分内容的逻辑关系，并指明这种逻辑关系。

[答案示例]

②③段与⑤⑥段不能调换位置：其一，第①段统领着②③⑤⑥段，第①段前半部分内容与②③段内容相关，而后半部分内容则与⑤⑥段的内容直接相关；其二，从第④段看，②③段介绍的是"桃花文化"的独特，⑤⑥段介绍的是"桃花文化"独特的原因，这种结构安排符合逻辑规律。

题型三　开头段的作用

[说说]

"开头段作用"的答题模式相对固定，一般先概括本段内容，然后指出与下一段的关系就好了。

[答题思路]

开头段作用，是从我们容易理解的常见事物／现象／神话故事谈起，引出说明对象，增强文章趣味性，把说明对象说得浅显易懂，明白晓畅，吸引读者的阅读兴趣。

[例题精讲]

摩天大楼的防风

①近年来，中国各地摩天大楼发展速度十分惊人。未来 10 年内，中国将以 1318 座的摩天大楼总数傲视全球。摩天大楼以其独特的建筑造型和文化韵味，给城市带来了经济效益，受到不少大城市的青睐，但同时也带来了很多安全隐患，比如防风方面的问题。

问：简要分析第①段在文中的作用。（3 分）

[解题思路]

先概括这段话内容，然后寻找与下文的关系，参考【说说】的内容，问题应该会迎刃而解吧。

[答案示例]

第①段介绍了近年来中国摩天大楼快速发展的现状及原因，提出其存在的安全隐患，引出下文对摩天大楼的防风的说明。（3 分：现状及原因，1 分；安全隐患，1 分；引出防风的说明，1 分。）

题型四　文中说明的层次

[说说]

这种题型考察的是对于说明性文字的概括能力。

[答题思路]

一般以填空题形式出现。分层,理清段落结构,分别概括,可提取上文概念,如作用、内涵、含义、特征等每层的信息后填空。

[例题精讲]

小品建筑

①中国古代建筑与世界其他地区的古代建筑相比,有它鲜明的特点:除了以木构架为主要的结构体系以外,建筑的群体性也是重要特点之一。中国古代建筑的群体性表现为一个建筑往往是由许多单幢建筑组合而成的,从老百姓的住宅到皇帝宫殿莫不如此。明清两代紫禁城中的太和殿,作为当时地位最重要、规模最大的建筑也就是一幢平面为长方形、内部也没有分割的单层大殿。然而,就是这些简单的单幢建筑组合成紫禁城这个建筑群体。

问:第①段的说明层次是:先说明＿＿＿＿＿＿＿＿＿＿＿＿＿＿＿＿＿＿＿（不超过 20 个字），再说明＿＿＿＿＿＿＿＿＿＿＿＿（不超过 10 个字），最后＿＿＿＿＿＿＿＿＿＿＿＿＿＿＿＿＿＿（不超过 15 个字）。

[解题思路]

按照句群进行分层概括即可。

[答案示例]

"群体性"是中国古代建筑的特点之一。"群体性"的内涵以太和殿为例作具体说明。

题型五　材料链接题

［说说］

材料链接题一般和原文中提到的相关概念、原理等有关，可以是文中原理的运用、是对文中概念的印证，也可以是对文章内容的补充。所以在解答的时候，需要学生能准确定位分析。

［答题思路］

（1）运用。在文本中找到原理，理清材料的层次与原理层次，进行对接性解释。（将材料中内容尽量完全解释清楚，不得有遗漏。）

（2）印证。概括现象，在原文中找出对象的概念，由涉及的对象在文中找印证点，将材料中的内容替换到概念中，结合材料答题。

（3）补充。补充了文中的哪个内容（原文），补充了什么内容（归纳材料）。

［例题精讲］

城市雕塑

①街头雕塑一般分为纪念性、主题性和装饰性雕塑。纪念性雕塑一般是以历史上的人或事件为主题，它布设在特定地点，再现特定的历史人物和事件，显示一个国家的历史和民族精神。例如，在都江堰市布设的李冰雕塑，就是为了纪念他在设计都江堰工程中所做出的杰出贡献。主题性雕塑是对某个特定地点、环境、建筑的主题说明，它必须与这些环境有机地结合起来，点明并升华主题。例如，在甘肃敦煌市有一座"反弹琵琶"雕塑，它取材于敦煌莫高窟壁画，显示了该城市因拥有莫高窟这一名胜而闻名于世的特色。装饰性雕塑主要用来装饰街道环境，表现的内容比较广泛，体谅也因环境不同而有大有小。

问：根据第①段的内容，说出下面两则材料介绍的街头雕塑分别属于哪一类型，并结合材料内容作简要说明。（4分）

【材料一】

大连街头，有一座"中国奥运第一人"刘长春的雕塑。1932年，中国首次参加第十届奥林匹克运动会，大连人刘长春代表中国参赛。这座雕塑展示的是他在短跑预赛起跑时的瞬间，人物形象动感十足。

【材料二】

王府井大街是一条富有北京特色，具有百年历史的商业老街。街头有一座人力车夫拉洋车的雕塑。这座雕塑展示的是一位老北京人力车夫的形象。他身穿布衫，手扶车把，身体侧倾，注视前方，人物形象栩栩如生。

材料一：_____（1）_____

材料二：_____（2）_____

[解题思路]

按照"概念"＋"结合材料分析"的思路，相信这道题没有想象的那么难。

[答题示例]

（1）"材料一"属于纪念性雕塑。刘长春是大连人，是第一位参加奥运会的中国人。这座雕塑安放在刘长春的家乡大连这一特定地点，再现了刘长春代表中国参加奥运会的情景，显示出中华民族自强不息的精神，具有纪念性雕塑的特征。

（2）"材料二"属于主题性雕塑。王府井大街是具有百年历史的传统商业街，有着浓郁的北京特色，"拉洋车"是老北京劳动人民生活的一个缩影。在王府井大街上布设这座雕塑，凸显了老北京风土人情这一主题，具有主题性雕塑的特征。

[牛刀小试]

我们的身体需要变"碱"吗

①最近一段时间，在"中国60%的人口都属于酸性体质"这一说法的影响下，"恐酸"的情绪在弥漫。人们纷纷购买含碱的保健品，每个人都希望能通过中和身体的酸碱度来找回健康。但是，事情真是这样吗？

②在今天，我们通常用pH值来衡量人体体液的酸碱度。其实人体的pH值是基本不变的，酸碱度不光不能决定我们的健康，甚至很难被改变。

③人体从消化系统到排泄系统，再到呼吸系统都精密地控制着酸碱平衡。就拿最先参与酸碱平衡调节的器官小肠来说，它可以根据食物的成分来调节胰液中碱的再吸收。无论摄入的是酸性还是碱性食物，到了胃里被强酸的胃液混合后，都会变成酸性，到了肠道又被碱性的胆汁、胰液、肠液混合，变成了碱性，从而来调节血液中酸碱的浓度。

④人体在正常生理状态下，血液的pH值精确保持在7.35～7.45之间，为弱碱性。因为我们的血液中含有碳酸氢盐、磷酸盐、血浆蛋白、血红蛋白和氧合血红蛋白等几大缓冲系统，使酸和碱无法兴风作浪引起血液pH值的急剧变化。当血液带着代谢产物经过肾脏时，肾脏会像一个泵一样将酸性物质排出体外，并回

收碱性物质，同时还不断控制和调整酸性和碱性物质排出量的比例，以保持机体pH值恒定。

⑤另外，我们体内代谢反应产生的二氧化碳能与水结合生成碳酸，这是体内最多的酸性物质。但我们的肺也没闲着，不断地排出二氧化碳，调节酸碱平衡。

⑥我们大可不必"恐酸"，事实上，酸不但不可怕，人体中有几个地方，必须偏酸才算健康。第一个就是胃，大量的胃酸排出体外，反倒会引起轻度碱中毒。除此之外，人正常的尿液的pH值保持在5.5~7.5之间，多呈酸性。肾脏的一个重要功能就是把体内的酸性物质从尿液中排出去，如果一个人的尿液呈碱性，反倒是不健康的。

1.阅读文章，说说第①段在文中的作用。（2分）

2.阅读下面材料，借助文章中相关知识，分析医生为什么这样劝说小李。（5分）

目前有不少专家纷纷表示，60%的中国人的身体正在变酸。小李听闻后赶紧到医院做了一个有关体液pH值的检查，结果显示小李血液的pH值是7.37，尿液的pH值是6.1。小李认为自己是严重的酸性体质，需要补碱。可是医生却劝说小李："不用补，并且补也没有用。"

第五章　议论文阅读

中考语文阅读议论文文体知识要点。

议论文的三要素：论点、论据、论证。

论据分类：事实论据和理论（道理）论据。

论证方法：道理论证、举例论证、对比论证、引用论证、比喻论证。

论证方式：立论、驳论。（议论文可由此标准分为立论文与驳论文二大类。）

议论文的结构：提出问题（引论）、分析问题（本论）、解决问题（结论）。

题型一　找文章的中心论点方法

[说说]

找论点可谓是传统题型了，议论文阅读题怎么能少了它呢？

[答题思路]

（1）看标题。有些文章的标题就是中心论点。

（2）看文章开头。多数文章在文章开头（第一段）便提出中心论点。

（3）看文章结尾。有些文章在结尾归纳出中心论点。

（4）看文章中间。文章中间某个承上启下的句子就是中心论点。

（5）自己归纳。文章没有直接提出中心论点，但始终围绕某个对象展开论述。

[例题精讲]

成功的秘诀

①古往今来，成功始终是一个绕不开的话题，采撷成功的花朵，是芸芸众生共同的追求。那么成功的秘诀是什么呢？有人认为，成功要有鸿鹄之志；有人认为，

成功要得到命运的垂青……其实，自信是成功的第一秘诀。

问：请找出选文的中心论点，写在答题卡上。

[解题思路]

找找开头具有总结性的句子就好了，难度较低。

[答案示例]

自信是成功的第一秘诀。

题型二　议论文论证过程

[说说]

分析文章的论证过程时，首先，要按照原题的相关提示给相关的段落划分好层次；其次，理清议论文段落之间的逻辑关系（由原因到结果或先结果后原因；由特殊到一般；由现象到本质等）；第三，用高度概括的语言对分好的层次进行总结。

[答题思路]

如果要求对一个段落的论证层次进行分析，其解题的思路是：第一，首先给段落划分层次；第二，进行具体分析。一般答题的格式是：首先提出了××分论点；其次列举××事例从××角度进行论证；再次引用××人的话进行论证；最后得出××结论或者提出××号召（中间分析的部分也可能是正反对比论证）。

如果要求对几个段落的论证过程进行分析，作答时一般把段落的分论点写上即可（或者分析段落之间的逻辑关系）。

[例题精讲]

阅历与读书

①那么，该如何丰富阅历呢？一般来说，一个人的阅历是不是丰富，往往与其生活经历密切相关。然而经历不等于阅历。经历只是一种经过，形成的是对事物表象的感性的认知；而阅历则是在表象的基础上对经历进行思考、领悟、概括、提炼，是感性与理性的有机统一。只有勤于反思，才能从经历中领悟到

人生的真谛,才能让经历升华成为阅历。但对于人生经历并不丰富的年轻人来说,要丰富自己的阅历,最有效便捷的方法是读书。书籍是人类进步的阶梯,书籍是人成长的良师益友。读书,与智者对话,向圣人讨教,从他人的经历中取得经验教训,从前人的论述中获得启迪,赢得智慧,增长阅历。行万里路,读万卷书,人不能任意拉长生命的长度,但可以在不断经历与不断读书中拓宽生命的宽度。

问:请简要分析第①段的论证思路。

[解题思路]

对段落进行分层概括即可。

[答案示例]

先提出本段论题"如何丰富阅历"(1分)。然后从阅历与经历的关系、阅历与读书的关系进行论证(2分)。最后点明本段论点"经历与读书都能丰富阅历"(1分)。(意思对即可。共4分。)

题型三　文句、文段结构上的作用

[说说]

文句、文段结构上的作用有:①总领全(下)文,引出下文;②总结上(全)文;③承上启下(过渡)。议论文段的作用,必须结合文体特征具体回答。

[答题思路]

如开头段作用往往是引出中心论点(论题),可以参考下面两个具体答题规范格式的例子使用或变通使用。

(1)开头通过写＿＿＿＿＿＿＿＿的事例,提出中心论点＿＿＿＿＿＿＿＿(或引出＿＿＿＿＿的论题)。

(2)开头通过引用名言,提出中心论点＿＿＿＿＿＿(或引出＿＿＿＿＿＿的论题)。

(3)开头通过引用名人趣事(或＿＿＿＿＿＿＿＿的奇闻趣事),提出中心论点＿＿＿＿＿＿(或引出＿＿＿＿＿的论题),引起读者的阅读兴趣,增强了文章的趣味性。

(4)某个事例或名言证明了什么观点?答案就是事例或名言开始前的一句表

明观点的话。

[例题精讲]

阅历与读书

①在读书的过程中,我们都有这样的体会:同一本书,在不同的人生阶段阅读,往往会有不同的理解和感受。正如清代文学家张潮在《幽梦影》一书中写道:"少年读书,如隙中窥月;中年读书,如庭中望月;老年读书,如台上玩月。皆以阅历之深浅为所得之深浅耳。"可见阅历对读书至关重要。

问:第①段在文中有什么作用?

[解题思路]

先概括本段内容,再看与上下文的关系。

[答案示例]

(1)指出"阅历对读书至关重要",引起下文。

(2)从读书体验谈起,借用名言,引起读者的阅读兴趣。(意思对即可。一点1分,共2分。)

题型四　分析论据的类型和作用

[说说]

论据可分为事实论据和道理论据两种类型。

[答题思路]

①明确论据类型;②具体分析作用。这个题目就其实质是考查论据与论点的关系,论据与论点的关系就是证明与被证明的关系。所以,规范性答题格式如下:这是_____论据,在文中证明了_____的论点。

补充论据作为一种新题型正在流行,做这种题目,注意以下两个方面:①看清楚要求补充的论据类型,即看清楚要求的是名言还是事例;②补充名人事例要注意字数限制。

成功的秘诀

①自信是对目标执着的追求。水滴石穿，绳锯木断，当一个人执着于一个目标，并脚踏实地不懈奋斗，他一定会收获辉煌的成功，至少会书写一段无悔的人生。正如居里夫人曾对友人所说的那样，"我们必须要有恒心……无论代价有多大，这种事情必须做到"。为了改变新中国的贫油面貌，李四光风餐露宿，披荆斩棘，足踏千山，脚涉万水，风尘苦旅30载，相继发现大庆油田、胜利油田、华北油田等多处油田，并成功预见了今天正在开发的新疆大油田，成为共和国杰出的地质学家。为了解决亿万生命的吃饭问题，袁隆平废寝忘食、潜心钻研，以稻田为家园，视秧苗为亲人，白首不坠青云之志，浮华难动济世之心，为中国和世界粮食生产做出不可磨灭的贡献，被誉为"杂交水稻之父"。所以，若想成功就得坚忍执着，就要忠于自己的梦想。

问：请分析第①段中李四光的事例是如何证明观点的。

[解题思路]

将事例重新概括一遍，概括的时候结合论点，突出论点所要强调的重点。

[答案示例]

李四光执着于"改变新中国的贫油面貌"的目标（1分）。风尘苦旅30载，脚踏实地不懈奋斗，发现多处大油田，成为杰出的地质学家（2分），从而证明"自信是对目标执着的追求"（1分）。（意思对即可。共4分）

题型五　分析论证方法的作用

[说说]

这种题型难点在判断论证方法上，一旦判断准确，接下来只要牢记答题格式就好了。

[答题思路]

（1）举例论证答题格式：使用了举例论证的论证方法，举_____的事例通俗易懂、有力地证明了_____的观点。

（2）道理论证答题格式：使用了道理论证的论证方法，证明了_____的观点，从而使论证更概括、更深入。

（3）比喻论证答题格式：使用了比喻论证的论证方法，将_____比作_____，证明了_____的观点，从而把抽象深奥的道理阐述得生动形象、浅显易懂。

（4）对比论证答题格式：使用了对比论证的论证方法，将_____和_____比较，突出强调了_____的观点。

（5）引用论证：引用论证比较复杂，这与具体的引用材料有关，有引用名人名言、格言警句、权威数据、名人逸事、笑话趣闻等各种情况，其作用要具体分析。如引用名人名言、格言警句、权威数据，可以增强论证的说服力；引用名人逸事、奇闻趣事，可以增强论证的趣味性，引起读者的阅读兴趣。

引用论证答题格式：使用了引用论证的论证方法，通过引用_____证明_____的观点，使论证更有说服力（或增强论证的趣味性，引起读者的阅读兴趣）。

［例题精讲］

畏惧错误就是毁灭进步

①<u>用辩证的观点来看，错误同真理，失败同成功，像睡梦同清醒，黑夜同黎明一样紧密相连，一个人从错误的"梦"中醒来，就会以新的智慧和力量奔向真理</u>。经历着失败的黑夜，正预示着成功的黎明即将来临。黑格尔说过：错误本身乃是"达到真理的一个必然的环节"，由于这种错误，真理才会出现。人们的知识，能力以至发明创造，并不单单是在总结成功经验，也是在吸取失败教训的基础上产生出来的，戴维谈到自己获得成功时说过："我的那些最主要的发现是受到失败的启示而做出的。"

问：解释文中画线句子的作用。

［解题思路］

先指出论证方法，阐释论证方法的作用。

［答案示例］

作者用比喻的方法——拿"睡梦同清醒，黑夜同黎明"来比喻"错误同真理，失败同成功"，形象地阐明了"错误同真理，失败同成功"的内在关系和本质特点（用比喻论证方法阐明：错误与失败并不可怕，一定能迎来真理与成功）。（4分，作用要具体。）

[牛刀小试]

日成一事，方可有为

王开林

①一位熟识的读者告诉我：几年前，他曾在精神方面出现了危机的前兆——空虚和迷茫。于是他主动应对，阅读了一些书。忽然悟到，大家人云亦云，反复强调"有志者，事竟成"，那个"事"通常都指大事，然而天下大事太少，小事如麻，倘若我们一味地想做大事，别说良机有限，贵人难遇，就老实地掂量自己的才智吧，也未必够用。悟到这一层，他当机立断，确定了一条崭新的座右铭——"日成一事"。这个"事"只限于小事和微事，但必须做得有条不紊，有始有终。一段时间后，他走出困境，取得了突出的业绩，成为同行中的领军人物。可见，日成一事，方可有为。

②日成一事，就是要尽可能地把小事做好，把细节顾全。读一本书，就把这本书读明白，不"杀书头"（国学家黄侃的说法，只读个开头，就将书撂下抛弃）。写一封信，就把这封信写周详，慎勿差池。见一个人，就把这个人见清楚，莫留疑惑。植一棵树就把这棵树植成活，勿使枯萎。诸如此类。日成一事，既是一个原始积累的过程，也是一个自我完善的过程，久而久之，不说积土成山，积水成渊，至少也能集腋成裘。

③日成一事，就是要尽可能地把小事做好，不慌不忙，不急不躁。曾国藩有一副名联，可谓快人"慢语"："好人半自苦中来，莫贪便宜；世事皆因忙里错，且更从容。"我说曾国藩是"快人"，其意并不难解，他是近代公认的立德、立功、立言的头号典型人物，大家都认定他是快刀斩乱麻的顶尖高手。殊不知，他经常劝人要慢工出细活，天下事非从容而莫办。无独有偶，民国元勋黄兴也是"快人"，半生戎马倥偬，但他好整以暇，最爱对人说的四个字是"慢慢细细"（长沙方言，意为做事不求快而求精）。大德高人，我们学不来，但其言之要义值得留心，无论做大事还是做小事，单纯地追求快速都不行，急就章靠谱的总是太少，精心之作则须仔细打磨。

④也许有人会犯嘀咕：日成一事，这是否要求太高而又逼迫太紧？首先，日成一事，是专指小事；其次，日成一事，是专重细节；此外，日成一事，是要快人减速；还有，日成一事，是要懒人提劲。虽是小事和细节，你若日日慎意而为，精心而为，你将具备过人之处。

1.选文的中心论点是什么？（2分）

答：_____

2.选文开头从一位读者的经历写起，有何用意？（3分）

答：_____

3.下列选项中，不适合作为选文论据的是哪一项？并简要说明理由。（5分）

A.马南邨《燕山夜话》："任何重大原则的分野，常常是隐伏在不被注意的细枝末节之间，有识者不可不察！"（分野：常指政治、思想的分歧）

B.梁实秋《书》："挤在书肆里读书，应该像牛吃嫩草，不慌不忙的……"

C.陶渊明在《五柳先生传》中写道："好读书，不求甚解；每有会意，便欣然忘食。"

D.老子说："天下难事，必做于易；天下大事，必做于细。"

答：_____

第二篇 写 作

修炼成考场作文的"武林高手"

首先得明白一个问题：好文章和高分的考场作文不一定画等号。

我常常想，如果把朱自清的《荷塘月色》拿到考场来，会不会得到高分？阅卷老师会不会因为这篇文章"中心不突出""主题不明确"而给低分？会不会因为不明"梵阿玲"为何物而把此文打入二类甚至三类文？

甚至，我也常常想，自从科举制度建立以来，中国的文学界是不是应该在小说、戏剧、散文之外再增加一类文体叫作"考场作文"呢？因为这种文章实在是太特殊、太奇怪了。诚然，也有不少考场作文成了脍炙人口的名篇，如白居易的《赋得古原吟留别》，但这样的概率似乎很低。而且，在中国的文学界也流传着一个见怪不怪的现象，凡是极具文学才华的人在"科举"这件事情上往往不太如意。所以，我甚至固执地认为，像唐宋八大家之类既能写"考场作文"，也能写"真文章"的人实在是"天才"。所以，在编写作文这一章的时候，我的心情是极其复杂和矛盾的。但是，既然本书的目的是帮助同学们"应试"，那么，提供一些考场作文的技巧也无可厚非了，尽管这些东西不可避免地跟"真文学"存在差距。

接下来，我们必须明白考场作文的一些特点。

第一，批改时间短。以中考为例，每一篇中考作文的批改时间不会超过两分钟（平时的考试中甚至更短），且不说短短两分钟的时间能否判断一篇文章的好坏，其短暂的阅卷时间决定了考场作文必须"亮点明确"。考场作文，是要把"珍珠"放在阅卷老师的面前，而不要让阅卷老师费力地寻觅"珍珠"。

第二，同类型作文多，题材同质化明显。由于初中生的生活阅历比较少，写作素材本身就比较缺乏，因此一到考试同质化的题材往往很多。当然，在平时的作文训练中也会遇到"好素材"，但这样的"好素材"在具体应试中却不见得用得上。而所谓的"万能素材"又往往让阅卷老师"审美疲劳"。

第三，作文分数"相对集中"。我们发现，考试时学生的作文往往集中于某一特定的分数段，只有突破了这个分数段，才有可能在作文分数上占优势。这个特定的分数段我称为"未经训练的自我发挥分数段"，这个分数段的学生在考场写作时很少考虑到写作技巧和方法的问题，自由发挥的成分相对多一些。

然后，我们必须明白，未经训练的考场作文是一场"赌博"。平时作文十分优秀而在考场中"马失前蹄"的例子已是屡见不鲜，如果没有掌握一些基本的作文方法，写作文"跟着感觉走"实在是一件令人担忧的事情。在此，请允许我赘述一下原因：考场作文和平时随笔是两种完全不同的心态，由于考场紧张，写作的"灵感"往往容易消失，那么写作就真的成了"爬格子"，这样的作文通常不能反映出真实的写作水平。然而，中考只有一次，失败了也不能重新再来。对于作文而言，如果考前不做好"万全的准备"，无异于暴虎冯河。

那么，什么样的训练是比较"靠谱"的考场作文训练呢？其实，古人早就给我们提供了非常好的方法，那就是"模仿"。明代的茅坤曾编写《唐宋八大家文钞》，就是"考场满分作文集"的一个极品。任何艺术门类的入门都是从"模仿"开始的，这一点在书法上表现最典型，我们称之为"临摹"。而文学作为一门艺术，本质上也从"临摹"开始，只有临摹的"量变"积累到了一定程度才可能产生艺术的"质变"。针对初中阶段的作文，我的观点是一定要进行"系统化"的模仿训练，这也正是大部分的作文教学中所缺乏的。下面的作文章节中，我试图提供一些模仿的方式与方法，这些方法被我总结为"作文升级法"。在每一个门类中，我都会提供一篇"模板文"，然后根据"模板文"在题材、语言、结构等方面进行四次升级，每一次升级都会给出"升级理由"。

这样做的目的有两个：第一，针对作文水平一般的同学，通过这样的升级训练积累一些实用的作文模板以供在考场上运用；针对作文水平较好的同学，通过这样的升级训练不断提升写作水平，最后达到"自创模板""自我升级"的目的。第二，通过"作文升级"这样一种方式，给战斗在教学一线的语文老师提供一些作文教学的思路和方法，共同切磋，让作文教学有章可循，让学生的作文训练更加系统、科学。

当然，我也必须解决一些疑问。一直以来，有不少家长和同行都曾问我：这样的一种"模板＋升级"的作文教学模式会不会限制学生的思维，扼杀他们的写作灵感和创造力？每次，我都会与大家分享一个故事：在武侠小说中，我们会惊奇地发现，所有的武林高手最初都经过了特别"死板"的训练，每一天打同样的招式，每一天念一样的心法，后来出于幸运偶然得到一本武林秘籍，然后成了武林高手。其实，在初中阶段，所有同学都应该经过的一个"死板训练"的阶段，根据天资的不同，有些同学可能一年就完成了，有些同学可能需要三年，但这个阶段必不可少的。因此，最后的问题不在于要不要"模仿"，而是"怎样模仿"。

然而，仅凭一己之力确实无法让这样一种"模版＋升级"的作文法达到完美，以下的作文章节中仍存在很多不足。但我希望通过这样一种方式，抛砖引玉，共同探讨，不断完善，让自己在中学语文的教学之路上越走越好。

个人奋斗类

追逐梦想

有时候，重要的不是梦想的大小，而是在追逐梦想的路上收获的财富。

转身、移动、跳投……每个动作都像跳跃的音符，连成了一曲奋进之歌，催促着我朝着梦想前行。汗水从手背沁出，在烈日下仿若一颗颗晶莹的珍珠，而在那些珍珠里有我小小的梦想：成为学校篮球队的一员。

"就你那'豆芽菜'的身体，也想进篮球队？别痴人说梦啦！"那个仲夏夜，嘲笑声依然在耳畔，而我却暗暗告诉自己：梦想就在前方，努力追逐定能实现！那晚，借着皎洁的月光，我开始了第一次追逐梦想的努力。带着兴奋与激动，我捧着篮球，来到小区球场。从这头跑到那头，一遍、两遍、三遍……任汗水浸湿衣裳，只知梦想就在前方。

"最无益，只怕一日曝，十日寒。"我这样告诉自己，想要成为校篮球队的一员绝非易事，追逐梦想的过程需要一步一个脚印。

每天清晨，我在跑道上追逐着第一缕阳光；每日傍晚，我在操场上亲吻最后一抹夕阳。我知道，优秀篮球运动员需要结实的身体。跑步、俯卧撑、蛙跳……日复一日的锻炼，让我的体力渐渐增强。我感到梦想又离我近了一步。但是，良好的体力也仅仅是个基础，技术的提升更是关键。每当校篮球队训练时，我就会悄悄地躲在一旁"偷学"。一有机会我还会上场跟他们"切磋"一把。虽然常常成为他们的"手下败将"，但我并不气馁，因为我知道，梦想的实现不可能轻而易举，需要用心去追逐。他们训练结束后，我总是激动地拿起篮球重复刚刚"偷学"到的技术。从陌生到熟悉、从熟悉到巧用。渐渐地，每一个动作都深深地烙在了心里，原本调皮的篮球也变成了一匹被驯服的战马，跟随我在球场上驰骋。

落日的余晖渐渐消失在地平线，我满怀信心地等待着新一轮选拔赛的来临。这一刻，我明白了，那是追逐梦想的力量。

［写作技巧点拨］

个人奋斗类作文的基本模式便是"遇见困难—克服困难—获得成功"，此文是很好的范例。对于个人奋斗文而言，写作的难点在于如何把克服困难的"过程"写好，而本文采取"心里克服＋生理克服"的方式很好地解决了这一难题。不管是在平时的作文练习中还是考场作文中，这样的一种写作模式都非常实用。

[升级1]

拥抱梦想

一直期待着，有一天我也可以身穿洁白的天鹅服，在舞台中央，拥抱我的梦想。可是——

"最基本的站姿都不对！""怎么搞的？""多练习吧……"舞蹈老师的鞭策、叹息在耳畔回响，似乎在一遍遍地提醒着我，我不是学芭蕾的料。要不要继续学？如果继续，最终也不一定能登上舞台，但如果不学……

这便是五年前的那个午后，阳光也显得有些落寞，当我刚伸手想要触碰梦想的时候，它显得那样冷淡而疏远。也正是在那个午后，偶然间我看到了那句诗"只有经历地狱般的磨炼，才能炼出创造天堂的力量；只有流过血的手指，才能弹出世间的绝唱"。年幼的我不能彻底领悟，只是觉得，那句诗给了我某种力量，后来我才明白，那种力量叫作希望。带着几分懵懂甚至是莽撞，我第一次踏上了拥抱梦想的征途。

咪——啦西哆来、咪哆咪哆……又是一个晴朗的午后，音乐声再次响起，老师欣慰地告诉我可以立足尖了。我兴奋不已，急忙换上了那粉红的足尖鞋，紧紧地握住把杆，慢慢地拱出脚背，猛地立起足尖，"啊，疼！"我叫了出来，瘫坐在了练功房里。阳光轻轻地洒进练功房，也洒在了我的脸上。"不，这小小的挫折不能阻止我拥抱梦想！"我暗暗告诉自己，然后揉了揉脚趾，站起身，再次踮起……

每日清晨，我在练功房里迎接第一缕朝阳，到了傍晚，我在把杆前亲吻最后一抹夕阳。小小的练功房里，我无数次汗流浃背，无数次摔倒又站起，脆嫩的足尖磨泡、出血、愈合直至生出厚厚的茧……

而五年后的这一刻，我终于将梦想拥入怀中。

聚光灯亮起，一切隐没在黑暗中。那一刻，我不再是我，而属于那天鹅湖畔的一只小生灵。乐声中，那洁白的羽翼轻缓而翩然，拥抱着它的希望，也拥抱着我的梦想。

现在我明白了：梦想的距离便是手与心的距离，只要用心去改变，用双手去拼搏，梦想便可以紧紧拥入怀中。

此文是上一篇《追逐梦想》的升级版,升级理由如下:第一,题材更加"唯美",容易引起阅卷老师的关注。第二,叙述语言更具有"技巧性",如"独句成段""独词成段"的运用让文章增色不少。

［升级2］

放飞梦想

梦想有一对美丽的翅膀,在放飞的天空中凝成一首又一首奏鸣曲。

欢乐奏鸣曲:梦想之美

咪——啦西哆来、咪哆咪哆······伴随着美妙的《天鹅湖》乐曲,年幼心灵第一次被梦想填满:我成为舞台上那最美的"白天鹅"!

"你,收腹。你,挺胸。腰背立······"老师的"呵斥"声在练功房里回荡。为了有一天可以穿上雪白的天鹅裙在舞台上飞扬,我一遍一遍地重复跳跃和把杆练习。基本动作的练习难免枯燥和单调,但我紧咬牙关,默默地告诉自己:梦想的双翼只有经历风雨才更强壮。

执着奏鸣曲:放飞之路

咪——啦西哆来、咪哆咪哆······那个晴朗的上午,音乐声再次响起,老师欣慰地告诉我可以立足尖了。我兴奋不已,急忙换上了那粉红的足尖鞋,紧紧地握住把杆,慢慢地拱出脚背,猛地立起足尖,"啊,疼!"我叫了出来,瘫坐在了练功房里,畏惧的阴云突然占据了放飞的晴空,梦想似乎也欲收起它本应展开的翅膀。

阳光轻轻地洒进练功房,也洒在了我的脸上。"不,这小小的挫折不能阻止我放飞梦想的翅膀!"我暗暗告诉自己,然后揉了揉脚趾,站起身,再次踮起······每日清晨,我在练功房里迎接第一缕朝阳,到了傍晚,我在把杆前亲吻最后一抹夕阳。小小的练功房里,我无数次汗流浃背,无数次摔倒又站起,脆嫩的足尖磨泡,出血,愈合直至生出厚厚的茧······

感动奏鸣曲:成功之翼

咪——啦西哆来、咪哆咪哆······那一天,老师告诉我:"你来领舞!"我抹了抹眼角,对着镜子幸福地微笑。

聚光灯亮起,一切隐没在黑暗中。那一刻,我不再是我,而属于那天鹅湖畔的一只小生灵。乐声中，那洁白的羽翼轻缓而翩然，放飞着它的希望，也放飞着我的梦想。

放飞梦想，就是要让梦想长出坚强翅膀，飞出彷徨，冲出怅惘，在青春的天空中，搏击风雨，在生命的海洋中迎接风浪！

［升级理由］

此文是上一篇《拥抱梦想》的再升级版，此次升级的亮点主要在于"奏鸣曲式"的妙用，使得文章的结构更加清晰，文章的"创新点"得以展现。

［升级3］

一朵美丽的浪花

（一）梦之始

"秦筝吐绝调，玉柱扬清曲"，那朵美丽的音乐浪花，不是简单的宫商之调、角徵之音，而是用心倾诉的感情。

第一次看到筝的时候，我便梦想着有一天端坐筝前，指尖轻弹，让那芙蓉泣露之音袅袅而出，漾出一朵绝伦的音乐之花。

可是——

（二）梦之惘

"只知道炫技巧，感情在哪里？"古筝老师的批评声再一次在耳边响起。窗外，细雨蒙蒙，灰黑一片。学习筝三年有余，曾苦练技巧，曾苦学乐理，但到了《秦桑曲》，不管如何苦练，总是无法充分表达出那份思念之情，我既焦躁又茫然。

"汝果欲学诗，工夫在诗外。"脑海里突然浮现出了这句话，古人学诗如此，那学音乐呢？我暗自思忖：一味地练习似乎已经没太大效果，是不是可以从别的途径来提高自己的感悟力呢？于是，接下来的日子，我在余光中的《乡愁》中细细品味赤子的情怀；在龙应台的《关山难越》中慢慢咀嚼游子的情愫。当看到"浮云游子意，落日故人情时"，我不再匆匆掠过，而是试图体会青莲居士的那份不舍；当读到"临行密密缝，意恐迟迟归"时，我不再有口无心，而是试图感悟孟郊的那份深情。渐渐地，我明白了原来每一首看似简单的筝曲都饱含着曲作者的深情。

（三）梦之美

"燕草如碧丝，秦桑低绿枝。"再次演奏《秦桑曲》，脑海里不再是复杂的节奏，不再是高难的技巧，而是一幅幅流动的画面。筝音时而低沉厚实，时而婉转清澈。大撮、小撮、琵音、摇指，每一个技巧背后都倾注一份感情。抬手，收音，我领略到了从未有过的快乐。

那一刻，我知道我采撷到了音乐中那朵最美的浪花！

［升级理由］

此文虽然是一篇个人奋斗文，却处处洋溢着"文化气息"，这种文章在考场上可谓凤毛麟角。此文不但展现了作者较强的文字处理能力，更凸显了作者较深厚的文学素养，这样的文章恐怕要给低分都难吧！

［升级4］

点滴的细节创造美

天下难事，必作于易；天下大事，必作于细。是以圣人终不为大，故能成其大。

——题记

（一）昨夜西风

月光甩下洁白的水袖，飘过窗台，也飘进了我苦涩而又焦急的心。

"注意行笔的细节！""怎么没有任何美感？""多多体会每个字的细节吧……"书法老师的"教诲"声、"训斥"声、"叹息"声还萦绕在耳际。什么时候我的字才能如颜真卿般化瘦削为丰腴雄浑，骨力遒劲而气概凛然呢？

我焦急而又惆怅，正如晏殊《蝶恋花》里那一句：昨夜西风凋碧树，独上高楼，望尽天涯路。

（二）为伊憔悴

窗外的月光那样细腻，默默地把大地装扮得如此精美，就连月光都那样"一丝不苟"，而我呢？对，要练好书法，就应该像老师说得那样，注意每一个细节！

我再次翻开《多宝塔碑》，一遍遍地品味每个字的平稳谨严，咀嚼每个字的刚劲秀丽。然后闭上眼，脑海中一遍遍地回忆那笔笔藏锋、笔笔回锋的细节。终于拿起笔，提——按——转——折，一遍、两遍、十遍……时钟无力地指向了十二点，执笔的手心沁出汗水，而笔下的字也越来越美。

每日清晨，我在书房中追逐第一缕阳光，每天傍晚，我在墨香里亲吻最后一抹夕阳。曾经多少次，因为疏忽，临摹的成果功亏一篑；曾经多少次，因为大意，本该匀稳的字失去了美。但心底的有个声音在回响：衣带渐宽终不悔，为伊消得人憔悴。

（三）蓦然回首

追忆曾经的付出，我突然发现，我爱上书法不是因为它笔走龙游的豪迈，不是因为它洒脱舒逸的豁达，而是在学习书法的过程中我明白了，那些点点滴滴的付出，那些执着追求的细节，不但创造了文字的美，更见证着我的坚持，见证着我的不懈，而这，又何尝不是另一番美呢？

原来，在笔锋一回一转的细节之间，蕴藏着多少古人的彻悟：是那点滴的细节创造出了文字之美，人性之美。

众里寻他千百度，蓦然回首，那美就在平凡细微处……

[升级理由]

此文将王国维提出的"人生三境界"与个人奋斗文进行了很巧妙的结合，不管是小标题的运用，还是前后的呼应，甚至是文末的古诗词化用，都显出了作者的匠心。以"书法"为题材本身就是一个很好的选择，加之语言优美、结构独特，这样的文章冲击"满分"是极有希望的。

亲情关爱类

父爱如酒

父爱如酒，初尝时，有些酸涩，有些"无情"。

早春的空气中洋溢着阳光的味道，路边的白杨抽出几片新叶，道旁的垂柳泛数颗嫩芽，鸟儿们也叽叽喳喳地议论着，议论着浅绿色的早春。公园里，刚学骑车的我，正"显摆"着自己"精湛的车技"，故意将车骑得飞快，一点也不领会边跑步边扶着自行车后座的爸爸的情。"爸爸"，风略过我的面颊，两耳旁只有呼呼的风，感觉好极了，"我骑得好吗？"没听到爸爸的回答，我一回头，发现爸爸早已放开了手。"爸爸……"我的心一下子凉了，没有爸爸强有力的大手的保护，车把一歪，我重重地摔在了地上。我埋怨着，为什么父爱如此无情。

父爱如酒，再尝时，有些无奈，有些"冷漠"。

春天随着落花走了，夏天披着一身的新叶儿在暖风里蹦跳着跑来。一个学期过去了，迎来了暑假，爸爸让我参加出国夏令营培养我的独立，我却更愿意和爸爸在家嬉戏。临上车时，我使劲攥着爸爸的手，爸爸却甩开了。"爸爸……""要独立，快上车吧！"我希望能从他的目光中收获慈祥的温情，可碰到的却是冷漠的威严。爸爸把我推上车，转身离开。我静静坐在车上，只听到一串沉闷的脚步声，看着落日的微光斜射在爸爸高大的身影上，变得越来越微小，我更是期待爸爸能回头再看我一眼，然而，爸爸却在远方消失的一刹那，并没有回头。车上，只有汽车的奔驰声，我伤心着，为什么父爱如此冷漠？

父爱如酒，三品其味，我终于明白了它的厚重与沉甸。

深秋，绚烂的深秋，它把金色和紫色掺杂在依然鲜明的剩余的绿色里，仿佛是日光融成了点滴，落在茂密的树丛里。我的心情却没有被这美丽打动，昏暗无比。"放学啦，今天怎么样啊？"爸爸听到敲门声，赶忙出来迎接我。"爸爸——"我的声音都变了，轻轻地抽泣着，"今……今天，学校话剧选演员，我……我是搬道具的！"爸爸并没有像想象中那样安慰我，而是平静地解下手表，慈祥地问我："是什么告诉你时间啊？""时针和……和分针。"我擦了擦眼泪，回答道。"那它们呢？"说着，爸爸翻过手表，将背壳拧了下来，"这些齿轮发条是干什么的？"我疑惑地看着爸爸。"没有它们，时针和分针就无法工作。平日里，你看不到它们，可这并不代表它们不重要啊。恰恰相反，这些幕后的'无名工作者'与台前的'演员'同等重要！"说罢，爸爸拍拍我的肩膀，目中充满鼓励与期待。我点了点头，"嗯，我一定努力！"在那次话剧表演中我认真地完成了本职工作，发现了自己的价值。

我终于明白了，父亲这盅酒"并非无情"，也并非"冷漠"，它丰厚的内涵酿出了我的独立，酿出了我的坚强，酿出了我青春的色彩。

[写作技巧点拨]

用"故事串联"的方法写亲情文不失为一种很好的选择。本文通过选取三个展现父爱的小故事，并通过三个"串联句"使文章成为一个有机的整体。这种方法易学易写，是亲情关爱文的一种入门方法。

[升级1]

母爱如书

母爱如书，书中写着"谎言"，而我却读到了爱的真实。

落日的余晖轻轻地洒进屋子，把飘香的餐桌点缀得更加"金碧辉煌"。全家分享着那盘金黄酥脆的藕荷，我还不时地用舌头舔舔留在嘴角的"珍馐"。不一会儿，盘子上便只剩下最后一块，似乎等待着我们的"争抢"。"快吃了它！"您指着藕荷道。"妈，您吃。"我把伸出去的筷子又缩了回来。"我饱了，再不吃就凉了，快！"说着您把香芋饼塞进我的嘴里。

您说谎了，而我并不拆穿，这小小的谎言里何尝不是最真实的爱呢？

母爱如书，书里写着"唠叨"，而我却读到了爱的简明。

昏黄的灯光照亮了墙角那一个"军用背包"，也照在了妈妈忙碌的身影上。明天就要军训了，为了不让我"吃苦"，她已经忙碌了一个晚上。"毛巾和牙刷在外侧的小袋子里，防暑药就挨边儿上，记住了吗？"她不放心，又把包翻出来检查了一遍，"袜子放在最底下，记得每天换，还有……""妈，我知道啦，您放心吧！"

"对了，身体不舒服要跟教官说，不要硬撑……"妈妈并不理会我，不厌其烦地"嘱咐"着。

这絮絮叨叨的话语里，浸透的不正是最深沉而又最简明的爱吗？

母爱如书，书里写着"沉默"，而我却读到了爱的最强音。

消毒水味儿和酒精味儿混合病人的呻吟弥漫在空气中，拥挤的医院里连过道上都放着病床。刚做完手术的妈妈被推进病房，医生说麻醉药效消失后病人会异常疼痛。时间一分一秒过去，妈妈渐渐苏醒了过来。"妈，你疼不疼？"我噙着泪水。妈妈嘴唇微启却没有说话，憔悴而苍白的脸上露出一个勉强的微笑，似乎想告诉我：

"孩子，妈不疼，一点儿都不疼。"然而，微蹙的眉头却出卖了她。

这沉默，难道不是爱的最强音吗？

母爱似书，需要我们用心品读；母爱又不似书，因为书有读完的一天，而母爱却用永恒做注脚。

［升级理由］

本文的题材选择更加富有特色，选取了与"语言"相关的几个素材，全文的亮点都在"对话"上得以体现。三段文字结构精巧，会让阅卷老师眼前一亮。特别是"串联句"的设置比《父爱如酒》更加有特色。

［升级2］

送你一轮明月

我是多么想将这轮明月送给我的母亲。

——题记

幼时·母亲

月亮不知不觉地爬上中天，把冰凉洒向大地，深蓝的夜空伸出静谧的上臂，把大地轻轻地拥入怀中。而年幼的我却整晚整晚地哭闹，迟迟不肯睡去。无奈，你只好抱起我，在皎洁的月光下不停地摇晃。哼起了那一曲柔软的摇篮曲，让我的心变得安静而柔软。夏风轻轻吻着我的脸颊，也熨平了我皱的眉头，在这月光氤氲下，我安然睡去，很甜。

我也想送你一轮明月，在你疲惫之时，为你带去丝丝惬意。

童年·母亲

皎洁的月光装饰了春天的夜空，也装饰了大地。田野、村庄、树木，在幽静的睡眠里，披着银色的薄纱。山，隐隐约约，像云，又像海上的岛屿。而我，却在这作业的山中寻找出路，忘记了时间。只知道明月高悬在夜里许久许久了。可是，客厅仍然亮着微弱灯光。母亲在沙发上躺着盯着晚间新闻，迟迟不肯去睡，是因为她在等我，早已端来的牛奶静静地立在桌上，而后知它早已凉，又拿去热。再端来。那牛奶的香在这清新的空气中微微酝酿，我的心也沉浸在那里。明月陪伴着我学习，你也陪伴着我。

我也想送你一轮明月，在你劳累之时，为你带去阵阵舒爽。

少年·母亲

我和你行在桥头，远山近水、村落人家，朦朦胧胧的淡黄色油菜花绽放在泼墨般的山水之间，安静得好像整个世界都已经变得清澄透明，犹如一幅水墨丹青。在这样美丽的风景里，你要我朗诵一首诗："你站在桥上看风景，看风景的人在楼上看你。明月装饰了你的窗子，你装饰了别人的梦。"我不解，你抚摸着我的头，静谧的眼神中流露着爱意，你说："孩子，慢慢体会，总有一天你会懂的。"那山，那水，那首诗，随着风，轻轻地吹，吹进了你和我的心里。

我也想送你一轮明月，在你寂寞之时，给你片片温暖。

［升级理由］

本文的升级主要表现为语言表达上更真诚和细腻，特别是最后一个片段，把现代诗融入到了作文中，使文章增添了淡淡的文化意味。对于"送你一轮明月"这样一个极其抽象的作文题，作者能够巧妙地结合亲情关爱文进行写作，值得大家仔细琢磨和学习。

［升级3］

爷爷的"三七"

"爷爷，这是什么？"我伸手，指着爷爷家门口小土坡上的那一株奇怪的植物，显得有些疑惑。"呵呵，那是三七。"爷爷笑了，"你看，它有三个小叶柄，上面生有七个叶片，所以呀，叫三七。"我咯咯地笑了，伸出肉嘟嘟的小手指一片一片地数着，"真的是七片！"你用枯枝般的手摩了摩我的头，余晖落尽，爷爷的银发上落了一层金色。

爷爷是一名老中医，不愿意搬到大城市，所以每年一到假期，爸爸便会带我回到南方老家，那个记忆中充满药香的地方。

"囡囡，那是什么？"爷爷指向远方，"还记得那些三七吗？三七呀，又叫田七，还有个名字叫金不换……""啊呀，爷爷您别说啦，每一年都说，好烦啊！"我嘟囔着跑开了。回头，发现爷爷仍不错眼地盯着山坡上的那一株一株的三七，夕阳薄薄地披在爷爷佝偻的身躯上，显得有些孤独，有些落寞。我想，在他手指向的远方，一定有一样东西让他想念和牵挂。突然浮起一丝愧疚，可倔强的我却没有向这个老中医道歉，直到——

床边，泛着渐渐火光，熬着中药；床上，您望向窗外，欲言又止。屋内，药香却伴着淡淡苦涩；屋外，清风拂过山坡，那熟悉的"身影"依稀拂动。我坐在一旁，顺着您的眼神望去："爷爷，那不就是您曾说的三七嘛。没想到现在长得更多更密了呢。还记得您当年跟我说关于它的'故事'，现在还真想再听您讲讲呢……"我突然止住了刚打开的话匣子，只因看到了您同样也注满希望和惆怅的眼神。

又是一年三七生长的季节，只是，这次我只能独自倚着山坡，听着风和叶交织而成的歌，看着那成片的绿中泛着零零的"红鹤"。这三七已成熟结果，但耳边却再也没有您的吟哦。

静静地，依偎在它们身旁，多么希望，这小小的三七可以抚平我内心的愧疚与遗憾，多么怀念，这小小的三七承载的爱意与幸福……

［升级理由］

有句话叫作"清水出芙蓉，天然去雕饰"，这篇亲情关爱文虽然也是选取了三个小故事，但既没有用小标题也没有明显的"串联句"，文章娓娓道来，以时间为轴反复了三次"爱的镜头"，三个小故事层层递进，全文语言优美却不浮夸，相信没有阅卷老师不会喜欢这样"隽永"的作文。

［升级4］

收藏幸福

母子之间，是一场旷日持久的目送，总有"昔我往矣"的悲伤与苍凉。

今我来思，杨柳依依，在水一方，不与流年走。这是曾经收藏的点滴幸福，是我们所珍视的存在。母亲是我们人生中的易碎品，只能努力地铭记她的流光溢彩。

当时只道是寻常

夜阑人寂之时，望着桌上热气蔓延的牛奶，总会泛起一阵感动。水汽驱开了眼角的疲惫与干涩，驱开了指尖上的阵阵寒冷。总能想起那句"忆共灯前呵手为伊书"，恍然觉得这是在写某个晚上母亲握住我僵硬的手指的情形。只是她在"呵手"我在"书"。我一直将这份温暖藏于心中，唯恐失落那份感动。当时只道是寻常，这是不曾褪色的几笔水墨。

谁念西风独自凉

每一位母亲，都是美好而坚强的存在，坚强得几乎永远是可供停泊的港湾，安心而温暖。

有多少个夜晚，你趴在桌上睡着了。

有许多个夜晚，你以为她也早已进入了梦乡。

却也在第二个清晨，你依旧从被窝中懒洋洋地起床。犹记得，那厨房里的粥的清香。

我一直将这份温暖藏于心中，唯恐失落那份感动。

每个人都或多或少地珍藏着这些幸福，也有许多欲静而不能止的树，念着西风独自凉，对那些温暖的过往，紧抓不放。

蓦然回首，彼岸成殇

当岁月被尘封。当我按下快退键。我看见了收藏的幸福，在彼岸幸福着。倒影易碎而浅淡。背后有我的愧疚与感动。

其实无数次的愧疚与感动之后，也没有改变——除了时光带给我的成长与带给她的苍老。我永远是拥有着，盛满幸福的箱箧，不想失落，那份感动。不想蓦然回首，却不在灯火阑珊处。那些幸福还是被我小心地收藏，所以即使是彼岸的花朵，也有触手可及的温暖与芬芳。

［升级理由］

严格地讲，这篇文章不是一篇通常意义上的"记叙文"，全文没有完整的故事情节，没有所谓的"起承转合"，但透过作者的文字，我们可以看到其真情的流露，能够看到其文学功底。其实，真正的高分作文"无章可循"，只要能展现出一种能力——感情与文字联结的能力，就会获得阅卷老师的青睐，这就是所谓的"无招胜有招"吧。

自然感悟类

[原版]

那一丛紫鸢尾

落日的余晖渐渐地消失在地平线，窗外的树渐渐地穿上了青黛色的外衣。我心中原本七彩的调色板似乎也只剩下了黑白……

为什么？难道我画得不够好吗？绘画比赛失利的场景一次又一次地浮现在眼前，那斑驳的树影似乎也在嘲笑着我的无能。我的眼眶湿润了……

这时，身后的门被轻轻地推开了，一个温暖的声音传到耳际："孩子，阳台的花开了，快来看看它的样子吧。"我慌忙拭了拭眼角，不情愿地转过身："是那丛鸢尾？""是啊，你不是一直期待它们能早日开花吗？"妈妈这才轻轻地走进房间，拉着我的手来到阳台。

月亮已不知不觉爬上中天，把丝丝清凉洒向大地，也洒在了阳台的那一盆鸢尾上。它真的开了！我不敢相信自己的眼睛：蓝紫色的花瓣像起舞的蝴蝶，又似翻飞的纸鸢。金色的花蕊是那样浓郁，在这深蓝的夜色里是一片化不开的晴天，仿佛把周围都照得通亮。而昨天，它还只是一个个不起眼的花蕾，是什么力量让它在一夜之间迸发出如此顽强的生命力呢？

"还记得你最喜欢的那幅画吗？"妈妈轻声对我说。我的脑海中突然浮现出了凡·高那幅著名的《鸢尾花》：在寂寞的角落中，鸢尾却没有放弃生的希望，它们簇拥着，似乎要把整个世界填满……那么，我们又需要什么来填满自己的心灵呢？是失落，是苦恼，还是彷徨？不，一定还有另一样东西！

一回头，却发现妈妈正微笑地看着我，从她的眼里，我似乎也看到了一丛温暖的鸢尾花。

我重新拿起画笔，投入到练习中。因为，那一丛紫鸢尾分明已经开进了我的心里，它既单纯又灿烂，既谦卑又勇敢，既豁达又奋进……

后记：每个人的心中，都应该有一盆鸢尾花，当你骄傲的时候它提醒你要谦逊，当你失望的时候它提醒你要乐观，当你彷徨的时候它提醒你要振作。那么，让我们从现在就开始种下这颗种子吧！

[写作技巧点拨]

"自然感悟类"的题材是考场中非常常见的题材,关键在于如何在这样一个貌似"恶俗"的题材下展现出作者的写作实力。此类文章不妨遵循这样一个结构来展开:出现困难—看到某物—受到启发。然后思考如何把每一部分写得精致一些,如"借景抒情"引出困难,用"联想法"引出启发感悟,等等。

[升级 1]

玉簪花

夕阳是一首疲惫的歌,渐渐地流淌进了黛青色的天际。我心中原本五彩的丹青此刻却只剩下了黑白。

为什么?难道我还不够好吗?我将钢笔丢在一边,书法比赛失利的场景仿若一个挥之不去的梦魇一遍又一遍扼住我的咽喉。那窗外的树也似乎在嘲笑着我的无能,我的眼眶湿润了……

"孩子……"身后传来一个"小心翼翼"的声音,"阳台的花开了,来看看它的样子吧。""是那盆玉簪花?"我慌忙拭了拭眼角,不情愿地转过身。"是啊,你不是一直期待它开花吗?"妈妈这才轻轻地走进房间,拉着我的手来到阳台。

月光把洁白的水袖洒向大地,也笼在了那一盆小小的玉簪花上。它真的开了!我不敢相信自己的眼睛:一柄柄白花擎起,隐约如绿波上的白帆,仿似要驶向远方。那独特的香味宛如梵阿玲奏出的小夜曲萦绕在鼻尖。可是,昨天它还只是一个个从绿叶间羞涩地探出头来的小棒槌,是什么力量让它在一夜之间迸发出如此令人惊叹的美呢?

"还记得背过的那首《玉簪花》吗?"妈妈轻声地提醒我。我的脑海中突然浮现出了宋代李处权的那首诗:"秋露日以繁,秋气日以清。爱此堂下花,色好香满庭……我老味更薄,与世无复情。颓然衰病余,见花犹眼明……"诗人在这小小的生命中领取一份感慨,一份感动,一份感悟,那么,我又需要在其中领取什么呢?

一回头,发现妈妈正微笑地看着我,从她的眼睛里,我似乎也看到了一株纯洁而美好的玉簪花。我重新拿起笔,将这一瞬的美记录在笔尖,那一株玉簪花此刻也开在了我的心间——是那日积月累的力量让它绽放了美丽,是那厚积薄发的坚守让它吐露了芬芳,是那静水深流的执着让它凝聚了生命的启悟……

[升级理由]

此文的升级主要体现在语言方面,开头的环境描写,对于玉簪花的描写以及结尾的议论都比《那一丛紫鸢尾》更优秀一些。对于写作刚入门的同学来说,语言的升级可能会比较困难，但只要充分利用身边的资源——网络、书籍、报纸杂志等，细心搜集优美文字，这样的升级也不难做到。

[升级2]

根抱石

太阳落山，暮色渐浓，燃烧着的晚霞渐渐暗淡，而我心中原本动听的歌谣却只剩下了难成曲调的喑哑。

为什么高音总是上不去？为什么？声乐训练受挫的场景一次又一次浮现在眼前。窗外，昏黄灯光下摇曳的树影仿佛也在嘲笑我的无能了……

这时，房门被轻轻地推开了，一个温暖的声音传到耳际："宝贝，今天新买了一个盆栽，来看看吧！"我不情愿地转过身，"盆栽有什么好看的？""这个可不一样，它有一个特别的名字叫'愚公移山'呢。"妈妈轻轻地走进我的房间，拉着我的手来到阳台。

一缕清冷的月光透进窗子，打在盆栽上。盆栽很大，主体是一个被雕刻得活灵活现的"愚公"，笑眯眯的眼睛弯得宛如天上的一弯新月。他背上是一块黝黑的"大石"，看起来格外沉重。

"知道'根抱石'吗？这个盆栽就是用它精心雕刻而成的。"妈妈温柔地说道。我有些好奇："什么是根抱石？""根抱石，它源于生长在极其贫瘠的土壤里的树根，为了更好地生存，只能贴着周围的岩石生长，日复一日，它的根须便紧紧地包围了石头，最终竟把石块给'抱'了起来。这样，就算是再大的风雨都没有办法摧毁它了。"

原来，我看到的"愚公"就是那顽强不屈的树根！在他慈祥的笑脸背后，我仿佛看见了雷鸣电闪的考验，看见了山洪来袭时它紧紧拥在石上的勇敢。土地虽然贫瘠，可树根并没有放弃自己，它让脆嫩的肢体与坚硬的岩石作斗争，最终战胜了自然，也战胜了自己，它名叫"愚公移山"，再合适不过，再贴切不过了。突然觉得，自己也应该像这"根抱石"一样，不管土壤多么贫瘠，都要闯出属于自己的美丽。

那一刻，我重新拿起乐谱，投入到练习当中。因为，"愚公"脸上的微笑分明已经印进了我的心房，既坚韧又温和，既谦卑又勇敢，既沉稳又昂扬。

[升级理由]

本文的升级主要体现在题材方面，这也是"自然感悟类"文章升级的重点。"根抱石"对人产生的冲击力要大于鸢尾花或是玉簪花，而从这样的文章中，阅卷老师也能发现作者观察生活的能力比较强。

[升级3]

一品红

雨，那么意外，那么突然，顷刻间把天地撕破，无情地打在紧锁的窗上，碎在这迷蒙的天地中……

为什么？难道我跳得还不够好吗？舞蹈比赛失利的场景又一次浮现在眼前，仿若一个梦魇扼住咽喉，我的眼眶又一次不争气地湿润了。

"孩子……"身后传来一个"小心翼翼"的声音，"快看看院子里的花吧。""是那丛一品红？"我不情愿地转过身。"是啊，你不想看看它雨中的样子吗？"妈妈轻轻地走进房间，帮我推开窗棂。

漫天的雨纷然又漠然，透过雨的雾帘，我发现了那丛一品红，像一团火焰在雨中燃烧，淋不坏，浇不灭。当大地都在雨的混沌中的时候，为何唯独它依然燃烧着生命？

"知道它的'花瓣'为什么不会被大雨打落吗？"妈妈轻声地问我，"因为它根本没有花。"

"没有花？"我惊异地看着妈妈。

"是啊，一品红本没有花，但它渴望开花，于是将叶子开成了花。"妈妈不再多说，默默地看着我。

是啊，它渴望开花，但不能开花，这本该是一种毫无回旋余地的绝境，可它竟将叶子开成了花！这样的结局，需要什么样的努力才能做到呢？没有花，哪怕是将叶子开成花，也要实现一种理想，成就一个信念，这样的顽强，我却不及花。而正是这叶子开成的"花"，才经得起狂风肆虐，才经得起骤雨摧残，才会在其他花纷纷凋零的时候依然像火焰般燃烧不止。

我羞愧了，我发现我竟然还不及这一丛在人们看来无比"卑微"的一品红。舞蹈比赛失利的场景又一次浮现在眼前，那不就是一场雨吗？我之所以会灰心丧气，是因为我心中的信念之花还不够顽强。眼前的一品红似乎变得更加火红而夺目，我知道，它已经悄悄地开进了我的心里。

拿起舞鞋，拭去泪水，我决定我要像这一品红，盛开在青春的园圃中。

[升级理由]

在《根抱石》的点评中已经提到过，对于"自然感悟类"的文章，题材的升级是关键。相信本文选取的"一品红"让阅卷老师也为之"惊讶"吧。这样的题材即使是在文章"浩如烟海"的作文阅卷场上，也能引起阅卷老师的注意并且引其入胜。文中的议论更是妙不可言，很难想象这样的句子出自初中生的笔下，不能不让大家都眼前一亮。

人生路上的青藤

漫步于幽静的院落，夏日的清风徐徐从耳际拂过，碧绿的瓜叶也随之顽皮地跳跃，身下肥嫩水灵的青瓜忽隐忽现，像是调皮地玩着捉迷藏。我经不住问自己，愉悦的背后有多少苦痛，它又是如何历经风吹日晒长成肥硕的瓜果，又是何以悬于如此纤弱的藤蔓之上，还能如此茁壮地成长？

走近细看，我看到了盘结在瓜身上的坚韧的青藤，还有瓜身上一道道被青藤勒出的道痕。叹瓜果为何如此作践自己。我伸手一根根地拨开青藤，当最后一根青藤离开瓜身时，我听到的却是瓜坠地的一声闷响。我愣住了：原来以为青藤是瓜们成长的束缚，却不知它是黄瓜生命的支柱；原本以为那是无知的自虐，却不料那才是对自己的善举。

我厌恶生活中的种种规矩、诸多原则，以为它们是追求自由的桎梏，是扼杀创造力的元凶。然而，一旦离开它们，仿佛无源之水无本之木，像鸟儿失去了翅膀，无法继续飞翔，像探路者遗失了指南针，迷失了方向。没有适当的束缚，我们很容易从放松滑向放纵，最初的欣喜将会被随岁月而渐次累积的茫然而取代。徘徊于人生的岔路口时，我们仍然会希望找回曾经遗失的美好——是束缚，是规矩，是底线，是原则。

瓜果知道为了成长宁愿被青藤勒住，蝉蛹知道破茧方能成蝶，我们更应该懂得成长须有代价。我们要学会去适应环境，遵循原则，守住底线，寻找成长道路上属于自己的生命支柱——"青藤"。唯有青藤在，我们才能在面临诱惑时，坚定地摇头拒绝；唯有青藤在，我们才能在挫折失落中，坚守自己内心的信念；唯有青藤在，我们才能在收获成就时，微笑淡然。

青藤无他，青藤就是你的处世原则，就是你生活中的道德准则，就是你不懈追求的梦想。

青藤常在，帮我们铭记成长的代价——伤痛、泪水；青藤常在，鞭答我们努力前行，感知追逐梦想的喜悦——成就、微笑。

我走向瓜藤边，从松软的泥土上拾起那依旧水灵却失去生命光泽的黄瓜，不觉间竟有些为自己成长的感悟而欣喜。

让青藤见证成长，那道道被勒出的伤痕绝不仅仅是我们晦暗的痛苦记录，而是我们光辉的青春舞步。

[升级理由]

之所以把这篇文章定位此板块的最高级别，是因为这篇文章从"最普通"的自然物中提炼出了"最可贵"的品质。青藤，这生活中最常见的东西，在作者的一番议论之后充满了"灵气"。

第三篇　基础知识

第一章　语言基础

第一节　字音、字形

一、考点解读

（一）拼音与汉字

近几年来，中考语音题不曾缺席，这充分体现出语文注重朗读的特色，仍要给予重视。其特点和趋势是侧重考查语音基础知识，特别是拼写规则。所选字大多为易读错的常用字，如多音字、形似字、同音字等，均来自课文。题型仍以选择题为主，其优点是包容量大，重在检测辨别能力；当然也出现一些主观题，或把字放在具体的词、句语境中灵活考查。为此在复习迎考时，同学们要归纳整理所学课文中涉及的字词，有意识地读准它们的音。

从近几年中考汉字考查的特点来看，应注意以下几点。

一是所选汉字大多出自课文或与学生现实生活相近，体现出人文精神，突出了语文实际运用能力。

二是把汉字放在一定的语境中考查，具有一定的灵活性、实用性。

三是主观改正题大幅度增多，突出正确运用母语的能力，这一点变化值得关注。

四是开始注重对汉字书写基本功的考查，要求做到规范、工整、优美，这是一种崭新的题型，虽是抄写但要求较高，要想得到理想的分数，非得平时苦练汉字书写的基本功不可，此类命题意图是导向学生培养热爱祖国文字的感情。

（二）词语及运用

纵观近年的中考试卷，词语考查题已成为常规题，题型变化不大，仍以选择题为主导，便于考查对词语（含成语）的辨识运用能力，不考单独死记词语解释。大多仍是要求学生联系具体语境和生活实际来理解词义，在阅读和表达的语言实践中灵活地运用词语，因而要善于积累词汇，善于结合句子理解，从而提高得分率。

有关词语的考查，内容主要是辨析近义词、反义词和多义词，分辨词语的感情色彩和语体色彩，正确理解和运用词语，其中词语的理解和运用是重点，在答题时，必须结合具体语境来理解和运用词语，从考试题型看，则大多是选择题。

二、巧辨字音字形

字音字形知识，每年中考必考。因此很多教师都研究并实施了各种各样的方法，如多看、多读、多抄、多写、多查工具书等，各种方法无所不有，无可非议。但细细想来，各种方法又各有缺憾——加重了学生的负担，又影响了其他科的学习。如何才能做到既省时又能有好效果呢？

（一）教学生用换语境的方法读准字音

换语言环境是解决字音问题的一种好方法。所谓换语言环境即在拿不定某字读音时，给它换个语言环境，达到读准字音的目的。

1.单音字的判断

汉语中有一些单音字，常常读错。例如："始"正音读 shǐ，而很多人却读成 chǐ。"脊"正音读 jǐ，在"脊梁"中一般会误读为 jí，但在"房脊""屋脊"中只能读 jǐ，没人会读 jí。语言环境换了，字音就读准了。

2.多音字的辨别方法

根据语言环境辨别字的读音。例如："处"有两个读音 chǔ 和 chù，何时读 chǔ 何时读 chù 呢？语境可以作答。如"处理"是动词，读 chǔ。"教务处"是名词，读 chù。又如"舍"有两个读音 shě 和 shè。"宿舍"读 shè，"舍弃"读 shě，词性决定读音。再如"与"（参与 与人为善）"解"（解决 押解）"载"（运载 记载）"禁"（禁止 不禁）"横"（横祸 横标）。只要抓住语境，都能准确辨别读音。

（二）教学生根据语言环境辨别字形

汉字有很多形声字，根据形声字形旁表意的特性，再结合语境辨别字形的正误。如："日"作偏旁大都与太阳有关，引申与时间有关；"水"作偏旁的字，其意大都与水有关系；"示"作偏旁大都与神有关系；"言"作偏旁大都与说有关系；"玉"作偏旁大都与玉有关系；"心"作偏旁大都与心相关；根据字意和语境即可判断字形的正误。如："暇疵""珠联壁合""迫在眉捷""心浮气燥""火中取粟""气冲宵汉""义不容词"。"暇"是日字旁，表示时间，即没事的时候，空闲。与疵相连，不知是什么意思。瑕是玉字旁，意思是玉上的斑点。疵是缺点，"瑕疵"是微小的缺点的意思。根据"日""玉"偏旁判断"暇疵"的"暇"是别字。同样道理、同样方法去判断壁（璧）、捷（睫）、燥（躁）、粟（栗）、宵（霄）、词（辞）。只要抓住语境，用形声字知识就能较容易地判断出字形的正误。

判断字音字形正误的方法很多，当然最可靠的方法还是查工具书。可在考场上，不可能查工具书，这种方法就会派上用场。

掌握并运用这种方法，既减轻了学生的负担，又达到了掌握字音、字形知识的目的。

三、同音、近音、形近字字形辨析

1. 克敌制胜 　先发制人 　因地制宜 　和气致祥 　负重致远
2. 销声匿迹 　撤销处分 　形销骨立 　一笔勾销 　积毁销骨 　冰消瓦解 　气冲霄汉
   九霄云外 　霄壤之别 　逍遥法外 　硝烟弥漫 　潸乱乾坤 　烟消云散
3. 以逸待劳 　严阵以待 　责无旁贷 　严惩不贷 　披星戴月 　不共戴天 　一衣带水
   戴罪立功
4. 怡然自得 　心旷神怡 　甘之如饴 　含饴弄孙 　贻笑大方 　贻害无穷 　贻人口实
5. 百战不殆 　车殆马烦 　懈怠 　春风骀荡
6. 莫名其妙 　不可名状 　一文不名 　不明利害 　深明大义
7. 荆榛遍地 　渐臻佳境 　臻于郅治 　百福并臻
8. 嘻皮笑脸 　嬉皮笑脸 　嬉戏 　嬉闹 　文恬武嬉
9. 心浮气躁 　干燥 　躁动 　少安毋躁 　声名大噪 　名噪一时
10. 进退维谷 　咸与维新 　运筹帷幄 　唯我独尊 　惟我独尊 　步履维艰
    惟妙惟肖 　任人唯亲 　唯命是从 　惟命是从 　人心惟危 　口诵心惟
11. 振聋发聩 　振笔疾书 　震耳欲聋 　震古烁今 　振动 　震动 　开仓赈饥
12. 判若鸿沟 　鸿篇巨制 　洪福齐天 　大展宏图 　嗓音洪亮
    声如洪钟 　气势恢宏 　弘扬光大 　宽宏大量
13. 老生常谈 　冬夏常青 　常备不懈 　三纲五常 　长此以往 　长吁短叹
    长治久安 　长年累月 　长风破浪 　扬长而去
14. 责有攸归 　利害攸关 　悠然自得 　优柔寡断 　优哉游哉 　忧心忡忡
15. 大相径庭 　径情直遂 　经天纬地 　泾渭分明 　不胫而走 　不经之谈
16. 锐不可当（dāng） 　一以当十 　螳臂当车 　首当其冲 　独当一面 　阻挡
17. 迭挫强敌 　花样迭出 　叫苦不迭 　高潮迭起 　层见叠出 　叠床架屋
    重规叠矩 　折叠衣服 　峰峦叠翠 　重峦叠嶂 　跌宕起伏
18. 惨无人道 　惨绝人寰 　风卷残云 　残害生命 　残篇断简 　残酷无情
    凶狠残忍 　残垣断壁
19. 工程竣工 　高山峻岭 　严刑峻法 　疏浚河道 　模样俊俏 　山势峻峭
    骏马奔驰
20. 姹紫嫣红 　诧异 　侘傺 　叱咤（zhà）风云
21. 作客他乡 　到人家做客 　做文章（比喻抓住一件事发议论或在上面打

主意。)

作文　做主　坐而论道（泛指空谈大道理。）

22. 骨肉相连　藕断丝连　连篇累牍　废话连篇　连缀　连接　血肉相连
　　联袂而至　珠联璧合

23. 历史渊源　世外桃源　源远流长　穷原竟委　原原本本　自圆其说
　　圆凿方枘　花好月圆

24. 截长补短　直截了当　截然不同　交头接耳　接踵而来　开源节流
　　节衣缩食

25. 众口铄金　流金铄石＝铄石流金　繁星闪烁　闪烁其辞

26. 相形见绌　左支右绌　心余力绌　心劳日拙　勤能补拙　弄巧成拙

27. 好高骛远　趋之若鹜　心无旁骛　不敢旁骛

28. 容光焕发　焕然一新　精神焕发　涣然冰释　精神涣散　瘫痪在床
　　换届选举

29. 一塌糊涂　死心塌地　邋遢　糟蹋粮食　脚踏实地　琉璃榻

30. 深孚众望　久负盛名　身负重任　不负众望　名实不符　名副其实
　　名不副实

31. 励精图治　变本加厉　再接再厉　铺张扬厉　色厉内荏　雷厉风行
　　厉兵秣马　疾言厉色　厉行节约　声色俱厉　成败利钝　兴利除害
　　利欲熏心　伶牙俐齿　聪明伶俐　痢疾　茉莉花　蛤蜊　粗粝

32. 鱼死网破　鱼目混珠　竭泽而渔　坐收渔利　渔人之利　道情渔鼓
　　渔场　渔村　渔夫　渔歌　渔船　渔港

33. 独力经营　自力更生　独立思考　独立自主　自立谋生

34. 挺身而出　铤而走险　挺拔秀丽

35. 引咎自责　咎有应得　咎由自取　既往不咎　动辄得咎　追根究底
　　追究缘由　不予追究　盘根究底

36. 继往开来　承前继后　既往不咎

37. 白璧无瑕　瑕不掩瑜　瑕瑜互见　遐迩闻名　闭目遐思　应接不暇
　　自顾不暇　无暇兼顾　目不暇给（jǐ）（"给"可用"接"）

38. 莫衷一是　言不由衷　和衷共济　无动于衷　衷心拥护　互诉衷情
　　折中主义

39. 扇动翅膀　煽动闹事　煽风点火　煽惑　扇了他一耳光

40. 德才兼备　多才多艺　才疏学浅　人尽其才　就地取材　量材录用
　　大材小用　因材施教　骨瘦如柴

41. 滥竽充数　粗制滥造　陈词滥调　宁缺毋滥　烂醉如泥　山花烂漫

42. 无耻谰言　力挽狂澜　推波助澜　色彩斑斓　春意阑珊

43. 惋惜　婉言相劝　歌声婉转　宛然在目　宛如大海

44. 诅咒　阻击（注意：阻击≠狙击 jū）

45. 攻击≠攻讦（两个词都有，但两者意思不同）

46. 颂古非今　歌功颂德　熟读成诵　口诵心惟　传诵≠传颂（二者皆有）

47. 厮杀　厮打　厮混　耳鬓厮磨　撕扯　撕票　人喊马嘶　声嘶力竭
　　斯文扫地

48. 稽查　无稽之谈　有案可稽　稽考　反唇相稽　反唇相讥（讥：讥讽）

49. 缉查　通缉　缉拿　辑录成书　辑佚　舟楫　渡江亡楫　开门揖盗
　　打躬作揖（缉 jī　辑 jí　揖 yī）

50. 乐不可支　支离破碎　支吾其词　不枝不蔓

51. 支吾其词　过甚之词　理屈词穷　夸大其词　振振有词（也可用"辞"）
　　闪烁其词（也可用"辞"）含糊其辞　义正词严（也可用"辞"）
　　不赞一词（可用"辞"）词藻＝辞藻　词章＝辞章

52. 巧夺天工　工力悉敌　穷而后工　公之于世　大公无私　良工心苦
　　功成名就　事半功倍　急功近利　事必躬亲

53. 民生凋敝　敝帚自珍　一言以蔽之　衣不蔽体　营私舞弊　切中时弊
　　弊绝风清　作法自毙　惩前毖后　弊端

54. 绵里藏针　绵亘　缠绵悱恻　秋雨绵绵　棉花　锦上添花　锦心绣口
　　锦囊妙计

55. 积毁销骨　积羽成舟　积重难返　集思广益　集腋成裘

56. 真谛　谛听　谛视　结缔组织　瓜熟蒂落　根深蒂固　缔造　缔结条约

57. 错落有致　淋漓尽致　至尊无上　闲情逸致　专心致志　学以致用
　　错落有致　至高无上　至理名言　至死不变

58. 练达老成　练功　练笔　炼纲　炼句　锻炼　洗练　简练　精练

59. 佳话　佳节　佳肴　佳作　嘉言懿行　渐入佳境　嘉宾　嘉奖　嘉勉

60. 树荫　绿树成荫　林荫道　荫庇　荫凉　绿草如茵
　　封妻荫子（"荫"不再读 yīn，只能读 yìn）

61. 翻来复去（可用"覆"）反复无常　山重水复　翻天覆地　重蹈覆辙
　　全军覆灭　覆盆之冤　覆水难收　覆巢无完卵　覆盖　翻云覆雨

62. 恢复　气度恢弘（"弘"也作"宏"）天网恢恢　诙谐

63. 要言不烦　心烦意乱　絮烦　手续烦琐（也作"繁琐"）烦躁不安
　　繁花似锦　工作繁忙　繁文缛节　删繁就简　繁征博引
　　急管繁弦（也作"繁弦多管"，形容乐曲的节拍急促，音色丰富。）

64. 晶莹<u>剔</u>透　<u>荧</u>光屏　<u>萤</u>火虫　坟<u>茔</u>

65. 千头万<u>绪</u>　离情别<u>绪</u>　安排就<u>绪</u>　井然有<u>序</u>
　　<u>序</u>齿入座（同在一起的人按照年纪长幼来排次序。）

66. <u>慌</u>手慌脚　<u>荒</u>诞不经　兵<u>荒</u>马乱　<u>皇</u>天后土　<u>惊惶</u>失措　惊慌≠惊皇
　　诚<u>惶</u>诚恐　神色<u>惶</u>遽　人心<u>惶惶</u>（也作"皇皇"）

67. 杂乱无<u>章</u>　<u>獐</u>头鼠目　<u>彰</u>明较著（非常明显，容易看清）　<u>彰</u>善瘅恶
　　<u>蟑</u>螂　<u>樟</u>树　<u>障</u>碍　挽<u>幛</u>　<u>瘴</u>气　层峦叠<u>嶂</u>

68. 口<u>是</u>心非　惹<u>是</u>生非　各行其<u>是</u>　<u>是</u>古非今　独行其<u>是</u>　今<u>是</u>昨非
　　无事生非　郑重其事

69. <u>趁</u>火打劫　<u>趁</u>热打铁　<u>乘</u>风破浪　<u>乘</u>坚策肥　<u>乘</u>龙快婿　<u>乘</u>人之危
　　<u>乘</u>虚而入　<u>乘</u>兴而来

70. <u>饶</u>有风趣　<u>饶</u>恕　<u>饶</u>舌　妖<u>娆</u>多姿

71. 朝气<u>蓬</u>勃　<u>蓬</u>荜生辉（"荜"＝"筚"）　船<u>篷</u>　帐<u>篷</u>
　　<u>蓬</u>门荜户（"荜"：可换用"筚"）<u>蓬</u>头垢面

72. 转<u>嗔</u>为喜　<u>嗔</u>怪　<u>瞋</u>目而视　文思<u>缜</u>密　小心<u>谨</u>慎　<u>滇</u>池

73. <u>恃</u>才傲物　居功自<u>恃</u>　有<u>恃</u>无恐　<u>侍</u>立一旁　倚官<u>仗</u>势　狗<u>仗</u>人<u>势</u>
　　<u>势</u>不两立　垂手<u>侍</u>立

74. <u>依</u>草附木　<u>依</u>违两可　<u>倚</u>老卖老　<u>倚</u>马可待　<u>倚</u>官仗势

75. 洗耳恭听　<u>躬</u>逢其盛　反<u>躬</u>自问　反<u>躬</u>自省　事必<u>躬</u>亲　<u>躬</u>行节俭
　　卑<u>躬</u>屈膝

76. 戒<u>骄</u>戒躁　<u>骄</u>奢淫逸　<u>娇</u>生惯养　<u>矫</u>治　<u>矫</u>情　体态<u>娇</u>娆　<u>矫</u>若游龙
　　<u>矫</u>揉造作　<u>矫</u>饰

77. 卑躬<u>屈</u>膝　理<u>屈</u>词穷　宁死不<u>屈</u>　喊冤叫<u>屈</u>　能<u>屈</u>能伸　弯腰<u>曲</u>背
　　<u>曲</u>径通幽　<u>曲</u>突徙薪　是非<u>曲</u>直　委<u>曲</u>求全　<u>曲</u>意逢迎

78. 揭<u>竿</u>而起　钓<u>竿</u>　日上三<u>竿</u>　百尺<u>竿</u>头，更进一步　旗<u>杆</u>　电线<u>杆</u>
　　枪<u>杆</u>　烟<u>杆</u>　笔<u>杆</u>　一<u>杆</u>秤　一<u>杆</u>枪　麦<u>秆</u>儿　<u>矸</u>石

79. <u>倨</u>傲　前<u>倨</u>后恭　<u>据</u>理力争　锯条　龙盘虎<u>踞</u>　拮<u>据</u>　鲸吞虎<u>据</u>

80. <u>魁</u>梧　<u>魁</u>首　<u>傀</u>儡　<u>愧</u>疚　<u>槐</u>树　指桑骂<u>槐</u>　<u>瑰</u>丽　玫<u>瑰</u>

81. 重峦叠<u>嶂</u>　<u>孪</u>生兄弟　<u>銮</u>驾　<u>鸾</u>凤和鸣　拘<u>挛</u>　<u>挛</u>缩　痉<u>挛</u>
　　<u>銮</u>舆（皇帝的车驾）

82. 语无<u>伦</u>次　<u>伦</u>理通德　不<u>伦</u>不类　<u>沦</u>落天涯　<u>沦</u>陷　轮廓　满腹经<u>纶</u>
　　锦<u>纶</u>　涤<u>纶</u>　<u>沦</u>肌浃髓（比喻感受和受影响深）　羽扇<u>纶</u>（guān）巾
　　<u>论</u>（lún）语　<u>论</u>（lùn）资排辈　<u>抡</u>（lūn）刀　轮椅

83. <u>匮</u>乏　发聋振<u>聩</u>　昏<u>愦</u>无能　<u>愦</u>乱　功亏一<u>篑</u>　<u>溃</u>不成军

84. 曼延　轻歌曼舞　无礼谩骂　蔓（mán）菁　漫山遍野
　　布幔　漫不经心　谩骂　漫语　漫延≠曼延（两者皆有）
　　蔓延（形容像蔓草一样，不断向周围扩展）

85. 沉湎　缅怀　缅想　腼腆　偭（miǎn）规越矩（偭：违背）

86. 耳濡目染　相濡以沫　孺子可教　风流儒雅　嗫嚅　糯米　蠕动　懦弱无能

87. 司空见惯　发号施令　各司其事

88. 阳奉阴违　围魏救赵　宫闱　经天纬地　明珠玮宝　讳疾忌医　讳莫如深
　　伟岸　苇塘　韦编三绝　冒天下之大不韪　春闱（闱：科举时代考场）

89. 胁从不问　胁肩谄笑　同心协力　协调　协商　协助

90. 一泻千里　上吐下泻　水泄不通　开闸泄洪　泄露（lòu）天机

91. 熏陶　利欲熏心　醉醺醺　兰薰桂馥
　　薰莸不同器（香草和臭草不能收藏在一个器物里。比喻好和坏不能共处。）

92. 陨石　陨落　陨灭＝殒灭　陨星　殒命　殒身不恤

93. 贪赃枉法　销赃灭迹　坐地分赃　转移赃物　肮脏交易　灵魂肮脏
　　脏话连篇

94. 溶解　糖溶化　溶剂　熔点　铁块熔化　熔解　熔炉　熔岩　熔铸
　　冰雪融化　水乳交融　融会贯通　融洽　融通　融资

95. 揉搓　揉木为耒　杂糅　糅合　蹂躏　鞣制皮子　柔肠百结

96. 防范　就范　范文　违犯　侵犯　犯愁

97. 提纲　提词　提名　提要　题字　题词　题名　题记

98. 长乐未央（央：中止，完结）　泱泱大国（泱泱：形容气魄宏大）
　　殃及池鱼　秧歌　商鞅变法　怏怏不乐（怏怏：形容不高兴的样子）
　　鞅鞅自足（鞅鞅：形容自大的样子）

99. 百废俱兴　与时俱进　一应俱全　初具规模　毫无惧色　俱乐部　家具
　　卧具　飓风

100. 倔强　发掘　崛起

101. 黔驴技穷　雕虫小技　故伎重演　伎俩

四、108 个多音字

1. 单：单（shàn，姓）老师说，单（chán，匈奴族首领）于只会骑马，不会
骑单（dān）车。

2. 折：这两批货物都打折（zhé）出售，严重折（shé）本，他再也经不起这
样折（zhē）腾了。

3. 喝：武松大喝（hè）一声："快拿酒来！我要喝（hē）十二碗。"博得众食
客一阵喝（hè）彩。

4. 着：你这着（zhāo 名词）真绝,让他干着（zháo 动词）急,又无法着（zhuó）手应付，心里老是悬着（zhe）。

5. 蕃：吐蕃（bō，藏族的前身）族在青藏高原生活、蕃（fán，茂盛、繁多）衍了几千年。

6. 量：有闲心思量（liáng）她，没度量（liàng）宽容她。野外测量（liáng）要量（liàng）力而行。

7. 沓：他把纷至沓（tà）来的想法及时写在一沓（dá）纸上，从不见他有疲沓（tà）之色。

8. 烊：商店晚上也要开门，打烊（yàng，晚上关门）过早不好，糖烊（yáng，溶化）了都卖不动了。

9. 载：据史书记载（zǎi），王昭君多才多艺，每逢三年五载（zǎi）汉匈首脑聚会，她都要载（zài）歌载（zài）舞。

10. 曝：陈涛参加体育锻炼缺乏毅力、一曝（pù）十寒的事情在校会上被曝（bào）光，他感到十分羞愧。

11. 宁：尽管他的生活一直没宁（níng）静过，但他宁（nìng）死不屈，也不息事宁（níng）人。

12. 和：天气暖和（huo），小和（hé）在家和（huó，动词）泥抹墙。他讲原则性，是非面前从不和（huò）稀泥，也不随声附和（hè，动词）别人，更不会在麻将桌上高喊："我和（hú）了。"

13. 省：副省（shěng）长李大强如能早些省（xǐng）悟，就不至于丢官弃职、气得不省（xǐng）人事了。

14. 拗：这首诗写得太拗（ào）口了，但他执拗（niù）不改，气得我把笔杆都拗（ǎo）断了。

15. 臭：臭气熏天的臭（chòu）是指气味难闻，无声无臭的臭（xiù）是泛指一般气味。

16. 度：度（dù 姓）老师宽宏大度（dù，名词），一向度（duó，动词）德量力，从不以己度（duó 动词）人。

17. 哄：他那像哄（hǒng）小孩似的话，引得人们哄（hōng）堂大笑，大家听了一哄（hòng）而散。

18. 丧：他穿着丧（sang）服，为丧（sāng）葬费发愁，神情沮丧（sàng）、垂头丧（sàng）气。

19. 差：他每次出差（chāi）差（chà）不多都要出点差（chā）错。

20. 扎：鱼拼命挣扎（zhá），鱼刺扎（zhā）破了手，他随意包扎（zā）一下。

21. 埋：他自己懒散，却总是埋（mán）怨别人埋（mái）头工作。

22. 盛：盛（shèng）老师盛（shèng）情邀我去她家做客,并帮我盛（chéng）饭。

23. 伧：这个人衣着寒伧（chen），语言伧（cāng）俗。

24. 创：勇于创（chuàng）造的人难免会遭受创（chuāng）伤。

25. 伯：我是她的大伯（bó），不是她的大伯（bǎi）子。

26. 疟：发疟（yào）子就是患了疟（nüè）疾。

27. 看：看（kān）守大门的保安也很喜欢看（kàn）小说。

28. 行：银行（háng）发行（xíng）股票，报纸刊登行（háng）情。

29. 艾：他在耆艾（ài）之年得了艾（ài）滋病，整天自怨自艾（yì）。

30. 把：你把（bǎ）水缸把（bà）摔坏了，以后使用没把（bǎ）柄了。

31. 传：《鸿门宴》是汉代传（zhuàn）记而不是唐代传（chuán）奇。

32. 荷：荷（hé）花旁边站着一位荷（hè）枪实弹的战士。

33. 涨：我说她涨（zhǎng）了工资，她就涨（zhàng）红着脸摇头否认。

34. 奇：数学中奇（jī）数是最奇（qí）妙的。

35. 炮：能用打红的炮（pào）筒炮（bāo）羊肉和炮（páo）制药材吗?

36. 给：请把这封信交给（gěi）团长，告诉他，前线的供给（jǐ）一定要有保障。

37. 冠：他得了冠（guàn）军后就有点冠（guān）冕堂皇了。

38. 干：穿着干（gān）净的衣服干（gàn）脏活，真有点不协调。

39. 巷：矿下的巷（hàng）道与北京四合院的小巷（xiàng）有点相似。

40. 薄：薄（bò）荷油味不薄（báo），很受欢迎，但要薄（bó）利多销。

41. 拓：拓片、拓本的"拓"读tà，开拓、拓荒的"拓"读tuò。

42. 恶：这条恶（è）狗真可恶（wù），满身臭味，让人闻了就恶（ě）心。

43. 便：局长大腹便便（pián），行动不便（biàn）。

44. 宿：小明在宿（sù）舍说了一宿（xiǔ）有关星宿（xiù）的常识。

45. 号：受了批评，那几名小号（hào）手都号（háo）啕大哭起来。

46. 藏：西藏（zàng）的布达拉宫是收藏（cáng）大藏（zàng）经的宝藏（zàng）。

47. 轧：轧（zhá）钢车间的工人很团结，没有相互倾轧（yà）的现象。

48. 卡：这辆藏匿毒品的卡（kǎ）车在过关卡（qiǎ）时被截住了。

49. 调：出现矛盾要先调（diào）查，然后调（tiáo）解。

50. 模：这两件瓷器模（mú）样很相似，像是由一个模（mó）型做出来的。

51. 没：驾车违章，证件被交警没（mò）收了，他仍像没（méi）事一样。

52. 舍：我真舍（shě）不得离开住了这么多年的宿舍（shè）。

53. 殷：老林家境殷（yīn）实,那清一色殷（yān）红的实木家具令人赞叹不已。

54. 还：下课后我还（hái）要去图书馆还（huán）书。

55. 系：你得系（jì）上红领巾去学校联系（xì）少先队员来参加活动。

56. 假：假（jiǎ）如儿童节学校不放假（jià），我们怎么办?

57. 降：我们有办法使从空中降（jiàng）落的敌人投降（xiáng）。

58. 脯：胸脯（pú）、果脯（fǔ）不是同一个读音。

59. 间：他们两人之间（jiān）的友谊从来没有间（jiàn）断过。

60. 石：两石（dàn）石（shí）子不够装一卡车。

61. 劲：球场上遇到劲（jìng）敌，倒使他干劲（jìn）更足了。

62. 茄：我不喜欢抽雪茄（jiā）烟，但我喜欢吃番茄（qié）。

63. 刨：我刨（bào 推刮）平木头，再去刨（páo 挖掘）花生。

64. 弹：这种弹（dàn）弓弹（tán）力很强。

65. 颤：听到这个噩耗，小刘颤（zhàn）栗，小陈颤（chàn）抖。

66. 扒：他扒（bā）下皮鞋，就去追扒（pá）手。

67. 散：我收集的材料散（sàn）失了，散（sǎn）文没法写了。

68. 数：两岁能数（shǔ）数（shù）的小孩已数（shuò）见不鲜了。

69. 参：人参（shēn）苗长得参（cēn）差不齐，还让人参（cān）观吗？

70. 会：今天召开的会（kuài）计工作会（huì）议一会（huì）儿就要结束了。

71. 簸：他用簸（bò）箕簸（bǒ）米。

72. 吓：敌人的恐吓（hè）吓（xià）不倒他。

73. 胖：肥胖（pàng）并不都是因为心宽体胖（pán），而是缺少锻炼。

74. 耙：你用犁耙（bà）耙（bà）地，我用钉耙（pá）耙（pá）草。

75. 伺：边伺（cì）候他边窥伺（sì）动静。

76. 好：好（hào）逸恶劳、好（hào）为人师的做法都不好（hǎo）。

77. 咳：咳（hāi）！你怎么又咳（ké）起来了？

78. 处：教务处（chù）正在处（chǔ）理这个问题。

79. 囤：大囤（dùn）、小囤（dùn），都囤（tún）满了粮食。

80. 缝：这台缝（féng）纫机的台板有裂缝（fèng）。

81. 澄：澄（dèng）清浑水易，澄（chéng）清问题难。

82. 扇：他拿着扇（shàn）子却扇（shān）不来风。

83. 得：你得（děi 必须）把心得（dé）体会写得（de）具体、详细些。

84. 屏：他屏（bǐng）气凝神躲在屏（píng）风后面。

85. 几：这几（jǐ）张茶几（jī）几（jī）乎都要散架了。

86. 卷：考卷（juàn）被风卷（juǎn）起，飘落到了地上。

87. 乐：教我们音乐（yuè）的老师姓乐（yuè），他乐（lè）于助人。

88. 了：他了（liào）望半天，对地形早已了（liǎo）如指掌了（le）。

89. 吭：小李一声不吭（kēng），小王却引吭（háng）高歌。

90. 粘：胶水不粘（nián）了，书页粘（zhān）不紧。

91. 畜：畜（xù）牧场里牲畜（chù）多。

92. 称：称（chèng 同"秤"）杆的名称（chēng）、实物要相称（chèn）。

93. 弄：别在弄（lòng）堂里玩弄（nòng）小鸟。

94. 俩：他兄弟俩（liǎ）耍猴的伎俩（liǎng）不过如此。

95. 露：小杨刚一露（lòu）头，就暴露（lù）了目标。

96. 重：老师很重（zhòng）视这个问题，请重（chóng）说一遍。

97. 率：他办事从不草率（shuài），效率（lǜ）一向很高。

98. 空：有空（kòng）闲就好好读书，尽量少说空（kōng）话。

99. 泊：小船漂泊（bó）在湖泊（pō）里。

100. 朝：我朝（zhāo）气蓬勃朝（cháo）前走。

101. 膀：膀（páng）胱炎会使人膀（pāng）肿吗？

102. 校：上校（xiào）到校（jiào）场找人校（jiào）对材料。

103. 强：小强（qiáng）很倔强（jiàng），做事别勉强（qiǎng）他。

104. 塞（sài）外并不闭塞（sè），塞（sāi）子塞（sāi）不住漏洞。

105. 辟：随意诬陷人搞封建复辟（bì）可不行，得辟（pì）谣。

106. 倒：瓶子倒（dǎo）了，水倒（dào）了出来。

107. 都：大都（dū 名词）市的人口都（dōu 副词）很多。

108. 匙：汤匙（chí）、钥匙（shi）都放在桌子上。

五、200 个常见成语解释

1. 安然无恙（ān rán wú yàng）：恙，病。原指人平安没有疾病，现泛指事物平安未遭损害。

2. 拔苗助长（bá miáo zhù zhǎng）：比喻违反事物发展的客观规律，急于求成，反而坏事。

3. 跋山涉水（bá shān shè shuǐ）：跋山，翻过山岭；涉水，用脚蹚着水渡过大河。翻山越岭，蹚水过河。形容走远路的艰苦。

4. 百看不厌（bǎi kàn bú yàn）：看了多遍，不感厌倦。

5. 班门弄斧（bān mén nòng fǔ）：在鲁班门前舞弄斧子。比喻在行家面前卖弄本领，不自量力。

6. 搬弄是非（bān nòng shì fēi）：搬弄，挑拨。把别人的话传来传去，有意挑拨，或在背后乱加议论，引起纠纷。

7. 变本加厉（biàn běn jiā lì）：变得比原来更加严重。

8. 变幻莫测（biàn huàn mò cè）：变幻，变化不可测度。变化很多，不能预料。

9. 别具匠心（bié jù jiàng xīn）：匠心，巧妙的心思。指在技巧和艺术方面具有与众不同的巧妙构思。

10. 不耻下问（bù chǐ xià wèn）：乐于向学问或地位比自己低的人学习，而不觉得不好意思。

11. 不可救药（bù kě jiù yào）：药，治疗。病已重到无法用药医治的程度，比喻已经到了无法挽救的地步。

12. 不可思议（bù kě sī yì）：原有神秘奥妙的意思，现多指无法想象，难以理解。

13. 不谋而合（bù móu ér hé）：谋，商量；合，相符。事先没有商量过，意见或行动却完全一致。

14. 不期而遇（bù qī ér yù）：期，约定时间。没有约定而遇见，指意外碰见。

15. 不屈不挠（bù qū bù náo）：屈，屈服；挠，弯曲。比喻在压力和困难面前不屈服，表现得十分顽强。

16. 不速之客（bù sù zhī kè）：没有约请而自到的客人。

17. 不屑置辩（bù xiè zhì biàn）：屑，认为值得；置辩，辩论，申辩。认为不值得争辩。

18. 不言而喻（bù yán ér yù）：喻，了解，明白。不用说话就能明白，形容道理很明显。

19. 不折不扣（bù zhé bù kòu）：折、扣，出售商品时，按定价减去的成数。没有折扣，表示完全、十足的意思。

20. 层峦叠嶂（céng luán dié zhàng）：层峦，山连着山；叠嶂，许多高险的像屏障一样的山。形容山峰多而险峻。

21. 畅所欲言（chàng suǒ yù yán）：畅：尽情，痛快。畅快地把想说的话都说出来。

22. 车水马龙（chē shuǐ mǎ lóng）：车像流水，马像游龙。形容来往车马很多，连续不断的热闹情景。

23. 称心如意（chèn xīn rú yì）：形容心满意足，事情的发展完全符合心意。

24. 承前启后（chéng qián qǐ hòu）：承，承接；启，开创。承接前面的，开创后来的，指继承前人事业，为后人开辟道路。

25. 惩恶扬善（chéng è yáng shàn）：惩，处罚。惩罚恶势力，奖励宣扬善良的意志。

26. 触景生情（chù jǐng shēng qíng）：受到眼前景物的触动，引起联想，产生某种感情。

27. 重蹈覆辙（chóng dǎo fù zhé）：蹈，踏；覆，翻；辙，车轮碾过的痕迹。重新走上翻过车的老路，比喻不吸取教训，再走失败的老路。

28. 春华秋实（chūn huá qiū shí）：华，花。春天开花，秋天结果。比喻人的文采和德行，现也比喻学习有成果。

29. 唇亡齿寒（chún wáng chǐ hán）：嘴唇没有了，牙齿就会感到寒冷，比喻关系密切，利害相关。

30. 当之无愧（dāng zhī wú kuì）：无愧，毫无愧色。当得起某种称号或荣誉，无须感到惭愧。

31. 道听途说（dào tīng tú shuō）：道、途，路。路上听来的、传播的话，泛指没有根据的传闻。

32. 得陇望蜀（dé lǒng wàng shǔ）：陇，指甘肃一带；蜀，指四川一带。已经取得陇右，还想攻取西蜀。比喻贪得无厌。

33. 滴水穿石（dī shuǐ chuān shí）：水不断下滴，可以洞穿石头。比喻只要有恒心，不断努力，事情一定会成功。

34. 断壁残垣（duàn bì cán yuán）：残垣，倒了的短墙。残存和坍塌了的墙壁。形容残败的景象。

35. 耳濡目染（ěr rú mù rǎn）：指见闻熏染多了就能不自觉受影响。

36. 风调雨顺（fēng tiáo yǔ shùn）：调，调和；顺，和谐。风雨及时适宜，形容风雨适合农时。

37. 峰回路转（fēng huí lù zhuǎn）：峰峦重叠环绕，山路蜿蜒曲折，形容山峰道路迂回曲折，有时也比喻经过挫折后出现转机。

38. 赴汤蹈火（fù tāng dǎo huǒ）：赴，走往；汤，热水；蹈，踩。沸水敢蹚，烈火敢踏，比喻不避艰险，奋勇向前。

39. 高屋建瓴（gāo wū jiàn líng）：建，倒水，泼水；瓴，盛水的瓶子。把瓶子里的水从高层顶上倾倒。比喻居高临下，不可阻遏。

40. 高瞻远瞩（gāo zhān yuǎn zhǔ）：瞻，视，望；瞩，注视。站得高，看得远，比喻眼光远大。

41. 刚正不阿（gāng zhèng bù ē）：阿,迎合，偏袒。刚强正直，不逢迎,无偏私。

42. 各得其所（gè dé qí suǒ）：原指各人都得到满足，后指每个人或事物都得到恰当的位置或安排。

43. 各行其是（gè xíng qí shì）：行，做、办；是，对的。按照各自认为对的去做，比喻各搞一套。

44. 根深蒂固（gēn shēn dì gù）：比喻基础深厚，不容易动摇。

45. 功亏一篑（gōng kuī yī kuì）：亏，欠缺；篑，盛土的筐子。堆九仞高的山，只缺一筐土而不能完成，比喻做事情只差最后一点没能完成。

46. 骇人听闻（hài rén tīng wén）：骇，震惊。使人听了非常吃惊、害怕。

47. 厚此薄彼（hòu cǐ bó bǐ）：重视或优待一方，轻视或怠慢另一方，比喻对两方面的待遇不同。

48. 焕然一新（huàn rán yī xīn）：焕然，鲜明光亮的样子。改变旧面貌，出现崭新的气象。

49. 豁然开朗（huò rán kāi lǎng）：豁然，形容开阔；开朗，开阔明亮。从黑暗狭窄变得宽敞明亮，比喻突然领悟了一个道理。

50. 既往不咎（jì wǎng bù jiù）：咎，责怪。原指已经做完或做过的事，就不必再责怪了，现指对以往的过错不再责备。

51. 记忆犹新（jì yì yóu xīn）：犹，还。过去的事，至今印象还非常清楚，就像刚才发生的一样。

52. 家喻户晓（jiā yù hù xiǎo）：喻，明白；晓，知道。家家户户都知道，形容人所共知。

53. 坚不可摧（jiān bù kě cuī）：坚，坚固；摧，摧毁。非常坚固，摧毁不了。

54. 见异思迁（jiàn yì sī qiān）：迁，变动。看见另一个事物就想改变原来的主意。指意志不坚定，喜爱不专一。

55. 今非昔比（jīn fēi xī bǐ）：昔，过去。现在不是过去能比得上的，多指形势、自然面貌等发生了巨大的变化。

56. 斤斤计较（jīn jīn jì jiào）：斤斤，形容明察，引申为琐碎细小。只对无关紧要的事过分计较。

57. 津津有味（jīn jīn yǒu wèi）：津津，兴趣浓厚的样子。指吃得很有味道或谈得很有兴趣。

58. 惊涛骇浪（jīng tāo hài làng）：涛，大波浪；骇，使惊怕。汹涌吓人的浪涛，比喻险恶的环境或尖锐激烈的斗争。

59. 精打细算（jīng dǎ xì suàn）：打，规划。精密地计划，详细地计算，指在使用人力物力时计算得很精细。

60. 精雕细刻（jīng diāo xì kè）：精心细致地雕刻，形容创作艺术品时的苦心刻画，也比喻认真细致地加工。

61. 井然有序（jǐng rán yǒu xù）：井然，整齐不乱的样子；序，次序。整整齐齐，次序分明，条理清楚。

62. 迥然不同（jiǒng rán bù tóng）：迥然，相距很远或差别很大的样子。相差得远，很明显不一样。

63. 居高临下（jū gāo lín xià）：居，站在，处于；临，面对。占据高处，俯视下面，形容占据的地势非常有利。

64. 举世闻名（jǔ shì wén míng）：举，全。全世界都知道，形容非常著名。

65. 举一反三（jǔ yī fǎn sān）：反，类推。比喻从一件事情类推而知道其他许多事情。

66. 可歌可泣（kě gē kě qì）：泣，不出声地流泪。值得歌颂、赞美，使人感动流泪，形容英勇悲壮的感人事迹。

67. 刻舟求剑（kè zhōu qiú jiàn）：比喻不懂事物已发展变化而仍静止地看问题。

68. 扣人心弦（kòu rén xīn xián）：扣，敲打。形容事物激动人心。

69. 苦口婆心（kǔ kǒu pó xīn）：苦口，反复规劝；婆心，仁慈的心肠。比喻善意而又耐心地劝导。

70. 脍炙人口（kuài zhì rén kǒu）：脍，切细的肉；炙，烤熟的肉。脍和炙都是人们爱吃的食物，指美味人人爱吃，比喻好的诗文受到人们的称赞和传颂。

71. 滥竽充数（làn yú chōng shù）：滥，失实的，假的。不会吹竽的人混在吹竽的队伍里充数，比喻无本领的冒充有本领的，次货冒充好货。

72. 理直气壮（lǐ zhí qì zhuàng）：理直，理由正确、充分；气壮，气势旺盛。理由充分，说话气势就壮。

73. 力挽狂澜（lì wǎn kuáng lán）：挽，挽回；狂澜，猛烈的大波浪。比喻尽力挽回危险的局势。

74. 历历在目（lì lì zài mù）：历历，清楚，分明的样子。指远方的景物看得清清楚楚，或过去的事情清清楚楚地重现在眼前。

75. 两全其美（liǎng quán qí měi）：美，美好。指做一件事顾全到双方，使两方面都得到好处。

76. 流离失所（liú lí shī suǒ）：流离，转徙离散。无处安身，到处流浪。

77. 流连忘返（liú lián wàng fǎn）：流连，留恋不止。玩乐时，留恋得忘记了回去。

78. 络绎不绝（luò yì bù jué）：形容行人车马来来往往，接连不断。

79. 略胜一筹（lüè shèng yī chóu）：筹，筹码，古代用以计数的工具，多用竹子制成。比较起来，稍微好一些。

80. 满载而归（mǎn zài ér guī）：载，装载；归，回来。装得满满的回来，形容收获很大。

81. 漫不经心（màn bù jīng xīn）：漫，随便。随随便便，不放在心上。

82. 茅塞顿开（máo sè dùn kāi）：茅塞，喻人思路闭塞或不懂事；顿，立刻。原来心里好像有茅草堵塞着，现在忽然被打开了，形容思想忽然开窍，立刻明白了某个道理。

83. 毛遂自荐（máo suì zì jiàn）：毛遂自我推荐，比喻自告奋勇，自己推荐自己担任某项工作。

84. 门庭若市（mén tíng ruò shì）：庭，院子；若，像；市，集市。门前和院子里人很多，像市场一样，原形容进谏的人很多，现形容来的人很多，非常热闹。

85. 名副其实（míng fù qí shí）：名声或名义和实际相符合。

86. 名列前茅（míng liè qián máo）：比喻名次列在前面。

87. 名正言顺（míng zhèng yán shùn）：名，名分、名义；顺，合理、顺当。原指名分正当，说话合理，后多指做某事名义正当，道理也说得通。

88. 莫名其妙（mò míng qí miào）：说不出其中的奥妙，指事情很奇怪，说不出道理来。

89. 漠不关心（mò bù guān xīn）：漠，冷淡。态度冷淡，毫不关心。

90. 默默无闻（mò mò wú wén）：无声无息，没人知道，指没有什么名声。

91. 目不暇接（mù bù xiá jiē）：指东西多，眼睛都看不过来。

92. 难以置信（nán yǐ zhì xìn）：不容易相信。

93. 迫不得已（pò bù dé yǐ）：被逼得没有办法，不得不这样。

94. 破釜沉舟（pò fǔ chén zhōu）：比喻下决心不顾一切地干到底。

95. 其乐无穷（qí lè wú qióng）：其中的乐趣没有穷尽，指做某一件事，感到乐在其中。

96. 杞人忧天（qǐ rén yōu tiān）：杞，周代诸侯国名，在今河南杞县一带。杞国有个人整天担心天塌下来，比喻不必要的或缺乏根据的忧虑和担心。

97. 气冲霄汉（qì chōng xiāo hàn）：霄汉，指天空。形容魄力非常大。

98. 恰如其分（qià rú qí fèn）：指办事或说话正合分寸。

99. 千姿百态（qiān zī bǎi tài）：形容姿态多种多样。

100. 牵强附会（qiān qiǎng fù huì）：把本来没有某种意义的事物硬说成有某种意义，也指把不相关联的事物牵拉在一起，混为一谈。

101. 前车之鉴（qián chē zhī jiàn）：鉴，镜子，引申为教训。前面车子翻倒的教训，比喻先前的失败，可以作为以后的教训。

102. 巧妙绝伦（qiǎo miào jué lún）：绝伦，无与伦比。伦，类。精巧美妙到了极点。

103. 轻而易举（qīng ér yì jǔ）：形容事情容易做，不费力气。

104. 情不自禁（qíng bù zì jīn）：禁，抑制。感情激动得不能控制，强调完全被某种感情所支配。

105. 情投意合（qíng tóu yì hé）：投，相合。形容双方思想感情融洽，合得来。

106. 全神贯注（quán shén guàn zhù）：贯注，集中。全部精神集中在一点上，形容注意力高度集中。

107. 人声鼎沸（rén shēng dǐng fèi）：鼎，古代煮食器；沸，沸腾。形容人群的声音吵吵嚷嚷，就像煮开了锅一样。

108. 忍俊不禁（rěn jùn bù jīn）：忍俊，含笑；不禁，无法控制自己。指忍不住要发笑。

109. 任劳任怨（rèn láo rèn yuàn）：任，担当，经受。不怕吃苦，也不怕招怨。

110. 锐不可当（ruì bù kě dāng）：锐，锐气；当，抵挡。形容勇往直前的气势，不可抵挡。

111. 三顾茅庐（sān gù máo lú）：顾，拜访；茅庐，草屋。原为汉末刘备访聘诸葛亮的故事，比喻真心诚意，一再邀请。

112. 赏心悦目（shǎng xīn yuè mù）：悦目，看了舒服。指看到美好的景色而心情愉快。

113. 舍本逐末（shě běn zhú mò）：舍，舍弃；逐，追求。抛弃根本的、主要的，而去追求枝节的、次要的，比喻不抓根本环节，而只在枝节问题上下功夫。

114. 舍生取义（shě shēng qǔ yì）：舍，舍弃；生，生命；取，求取；义，正义。舍弃生命求正义，指为正义而牺牲生命。

115. 身临其境（shēn lín qí jìng）：临，到；境，境界、地方。亲自到了那个境地。

116. 深恶痛疾（shēn wù tòng jí）：恶，厌恶；痛，痛恨。指对某人或某事物极端厌恶痛恨。

117. 声色俱厉（shēng sè jù lì）：声色，说话时的声音和脸色；厉，严厉。说话时声音和脸色都很严厉。

118. 失魂落魄（shī hún luò pò）：魂、魄，旧指人身中离开形体能存在的精神为魂，依附形体而显现的精神为魄。形容惊慌忧虑、心神不定、行动失常的样子。

119. 诗情画意（shī qíng huà yì）：像诗画里所描摹的能给人以美感的意境。

120. 势不两立（shì bù liǎng lì）：两立，双方并立。指敌对的双方不能同时存在，比喻矛盾不可调和。

121. 世外桃源（shì wài táo yuán）：原指与现实社会隔绝、生活安乐的理想境界，后也指环境幽静生活安逸的地方，借指一种空想的脱离现实斗争的美好世界。

122. 守株待兔（shǒu zhū dài tù）：株，露出地面的树根。原比喻希望不经过努力而得到成功的侥幸心理，现在也比喻死守狭隘经验，不知变通。

123. 首当其冲（shǒu dāng qí chōng）：当，承当、承受；冲，要冲、交通要道。比喻最先受到攻击或遭到灾难。

124. 首屈一指（shǒu qū yī zhǐ）：首，首先。扳指头计算，首先弯下大拇指，表示第一，引申为最好的。

125. 殊途同归（shū tú tóng guī）：通过不同的途径，到达同一个目的地，比喻采取不同的方法而得到相同的结果。

126. 水乳交融（shuǐ rǔ jiāo róng）：交融，融合在一起。像水和乳汁融合在一起，比喻感情很融洽或结合十分紧密。

127. 水涨船高（shuǐ zhǎng chuán gāo）：水位升高，船身也随之浮起，比喻事物随着它所凭借的基础的提高而增长提高。

128. 四面楚歌（sì miàn chǔ gē）：比喻陷入四面受敌、孤立无援的境地。

129. 素不相识（sù bù xiāng shí）：素，平素、向来。向来不认识。

130. 随波逐流（suí bō zhú liú）：逐，追随。随着波浪起伏，跟着流水漂荡，比喻没有坚定的立场，缺乏判断是非的能力，只能随着别人走。

131. 随声附和（suí shēng fù hè）：和，声音相应。自己没有主见，别人怎么说，就跟着怎么说。

132. 谈笑风生（tán xiào fēng shēng）：有说有笑，兴致高，形容谈话谈得高兴而有风趣。

133. 叹为观止（tàn wéi guān zhǐ）：叹，赞赏，观止，看到这里就够了。指赞美所见到的事物好到了极点。

134. 甜言蜜语（tián yán mì yǔ）：像蜜糖一样甜的话，比喻为了骗人而说得动听的话。

135. 推陈出新（tuī chén chū xīn）：推，除去，淘汰；陈，陈旧的；新，好的、新的。去掉旧事物的糟粕，取其精华，并使它向新的方向发展（多指继承文化遗产）

136. 完璧归赵（wán bì guī zhào）：本指蔺相如将和氏璧完好地自秦送回赵国，后比喻把原物完好地归还本人。

137. 万籁俱寂（wàn lài jù jì）：籁，从孔穴中发出的声音；万籁，自然界中万物发出的各种声响；寂，静。形容周围环境非常安静，一点儿声响都没有。

138. 亡羊补牢（wáng yáng bǔ láo）：亡，逃亡，丢失；牢，关牲口的圈。羊逃跑了再去修补羊圈，还不算晚，比喻出了问题以后想办法补救，可以防止继续受损失。

139. 妄自菲薄（wàng zì fěi bó）：妄，胡乱的；菲薄，小看、轻视。过分看轻自己。形容自卑。

140. 闻鸡起舞（wén jī qǐ wǔ）：听到鸡叫就起来舞剑，后比喻有志报国的人及时奋起。

141. 唯利是图（wéi lì shì tú）：唯，只有；图，图谋、追求。只要有利可图，什么事都干。

142. 温故知新（wēn gù zhī xīn）：温，温习；故，旧的。温习旧的知识，得到新的理解和体会，也指回忆过去，能更好地认识现在。

143. 无边无垠（wú biān wú yín）：形容范围极为广阔，同"无边无际"。

144. 无动于衷（wú dòng yú zhōng）：衷，内心。心里一点儿也没有触动，指对应该关心、注意的事情毫不关心，置之不理。

145. 无精打采（wú jīng dǎ cǎi）：采，兴致。形容精神不振，提不起劲头。

146. 无缘无故（wú yuán wú gù）：没有一点原因。

147. 息息相关（xī xī xiāng guān）：息，呼吸时进出的气。呼吸也相互关联，形容彼此的关系非常密切。

148. 洗耳恭听（xǐ ěr gōng tīng）：洗干净耳朵恭恭敬敬听别人讲话，指专心地听。

149. 喜不自胜（xǐ bù zì shèng）：胜，能承受。欢喜得控制不了自己，形容非常高兴。

150. 喜出望外（xǐ chū wàng wài）：望，希望，意料。由于没有想到的好事而非常高兴。

151. 鲜为人知（xiǎn wéi rén zhī）：鲜，少。很少被人知道。

152. 闲情逸致（xián qíng yì zhì）：逸，安闲；致，情趣。指悠闲的心情和安逸的兴致。

153. 相得益彰（xiāng dé yì zhāng）：相得，互相配合、映衬；益，更加；彰，显著。指两个人或两件事物互相配合，双方的能力和作用更能显示出来。

154. 相辅相成（xiāng fǔ xiāng chéng）：辅，辅助。指两件事物互相配合，互相辅助，缺一不可。

155. 相提并论（xiāng tí bìng lùn）：相提，相对照；并，齐。把不同的人或不同的事放在一起谈论或看待。

156. 小心翼翼（xiǎo xīn yì yì）：翼翼，严肃谨慎。本是严肃恭敬的意思。现形容谨慎小心，一点不敢疏忽。

157. 心驰神往（xīn chí shén wǎng）：驰，奔驰。心神奔向所向往的事物。形容一心向往。

158. 心旷神怡（xīn kuàng shén yí）：旷，开阔；怡，愉快。心境开阔，精神愉快。

159. 心平气和（xīn píng qì hé）：心情平静，态度温和，指不急躁，不生气。

160. 心悦诚服（xīn yuè chéng fú）：悦，愉快、高兴；诚，硬实。由衷地高兴，真心地服气，指真心地服气或服从。

161. 欣喜若狂（xīn xǐ ruò kuáng）：欣喜，快乐；若，好像；狂，失去控制。形容高兴到了极点。

162. 星罗棋布（xīng luó qí bù）：罗，罗列；布，分布。像天空的星星和棋盘上的棋子那样分布着，形容数量很多，分布很广。

163. 胸有成竹（xiōng yǒu chéng zhú）：原指画竹子要在心里有一幅竹子的形象，后比喻在做事之前已经拿定主意。

164. 栩栩如生（xǔ xǔ rú shēng）：栩栩，活泼生动的样子。指艺术形象非常逼真，如同活的一样。

165. 轩然大波（xuān rán dà bō）：轩然，波涛高高涌起的样子。高高涌起的波涛，比喻大的纠纷或乱子。

166. 悬梁刺股（xuán liáng cì gǔ）：形容刻苦学习。

167. 鸦雀无声（yā què wú shēng）：连乌鸦麻雀的声音都没有，形容非常静。

168. 言简意赅（yán jiǎn yì gāi）：赅，完备。话不多，但意思都有了，形容说话写文章简明扼要。

169. 眼花缭乱（yǎn huā liáo luàn）：缭乱，纷乱。看着复杂纷繁的东西而感到迷乱。也比喻事物复杂，无法辨清。

170. 杳无消息（yǎo wú xiāo xī）：杳，无影无踪。没有一点儿音信。

171. 夜以继日（：yè yǐ jì rì）：晚上连着白天，形容加紧工作或学习。

172. 一筹莫展（yī chóu mò zhǎn）：筹，筹划、计谋；展，施展。一点计策也施展不出，一点办法也想不出来。

173. 一劳永逸（yī láo yǒng yì）：逸，安逸。辛苦一次，把事情办好，以后就可以不再费力了。

174. 一脉相承（yī mài xiāng chéng）：从同一血统、派别世代相承流传下来，指某种思想、行为或学说之间有继承关系。

175. 依然如故（yī rán rú gù）：依然，仍旧；故，过去、从前。指人没有什么长进，还是从前的老样子。

176. 怡然自乐（yí rán zì lè）：怡然，喜悦的样子。形容高兴而满足。

177. 贻笑大方（yí xiào dà fāng）：贻笑，让人笑话；大方，原指懂得大道的人，后泛指见识广博或有专长的人，指让内行人笑话。

178. 义不容辞（yì bù róng cí）：容，允许；辞，推托。道义上不允许推辞。

179. 异曲同工（yì qǔ tóng gōng）：工，细致、巧妙；异，不同的。不同的曲调演得同样好，比喻话的说法不一而用意相同，或一件事情的做法不同而都巧妙地达到目的。

180. 异想天开（yì xiǎng tiān kāi）：异，奇异；天开，比喻凭空的、根本没有的事情。指想法很不切实际，非常奇怪。

181. 抑扬顿挫（yì yáng dùn cuò）：抑，降低；扬，升高；顿，停顿；挫，转折。指声音的高低起伏和停顿转折。

182. 因地制宜（yīn dì zhì yí）：因，依据；制，制定；宜，适当的措施。根据各地的具体情况，制定适宜的办法。

183. 饮水思源（yǐn shuǐ sī yuán）：喝水的时候想起水是从哪儿来的，比喻不忘本。

184. 油然而生（yóu rán ér shēng）：自然地产生（某种思想感情）。

185. 与日俱增（yǔ rì jù zēng）：与，跟、和。随着时间一天天地增长，形容不断增长。

186. 语重心长（yǔ zhòng xīn cháng）：话深刻有力，情意深长。

187. 源远流长（yuán yuǎn liú cháng）：源头很远，水流很长，比喻历史悠久。

188. 再接再厉（zài jiē zài lì）：接，接战；厉，磨砺，引申为奋勉、努力。指公鸡相斗，每次交锋以前先磨一下嘴，比喻继续努力，再加一把劲。

189. 载歌载舞（zài gē zài wǔ）：边唱歌，边跳舞，形容尽情欢乐。

190. 张灯结彩（zhāng dēng jié cǎi）：挂上灯笼，系上彩绸，形容节日或有喜庆事情的景象。

191. 郑重其事（zhèng zhòng qí shì）：郑重，审慎、严肃认真。形容说话做事时态度非常严肃认真。

192. 中流砥柱（zhōng liú dǐ zhù）：就像屹立在黄河急流中的砥柱山一样，比喻坚强独立的人能在动荡艰难的环境中起支柱作用。

193. 专心致志（zhuān xīn zhì zhì）：致，尽、极；志，意志。把心思全放在上面，形容一心一意，聚精会神。

194. 壮志未酬（zhuàng zhì wèi chóu）：酬，实现。多指潦倒的一生，志向没有实现就衰老了，也指抱负没有实现就去世了。

195. 追本溯源（zhuī běn sù yuán）：本，根本；溯，探求。追究根本，探索源头，比喻追寻根源。

196. 谆谆教诲（zhūn zhūn jiào huì）：谆谆，教诲时耐心恳切的样子。恳切、耐心地启发开导。

197. 自给自足（zì jǐ zì zú）：给，供给。依靠自己的生产，满足自己的需要。

198. 自强不息（zì qiáng bù xī）：自强，自己努力向上；息，停止。自觉地努力向上，永不松懈。

199. 走投无路（zǒu tóu wú lù）：投，投奔。无路可走，已到绝境，比喻处境极困难，找不出出路。

200. 左顾右盼（zuǒ gù yòu pàn）：顾、盼，看。向左右两边看，形容人骄傲得意的神情。

六、初中常见错别字

（一）二字词

斑烂（斓）	安祥（详）	端祥（详）	布署（部）	朝庭（廷）
揣摹（摩）	摧眠（催）	璀灿（璨）	恶耗（噩）	恶梦（噩）
发楞（愣）	雕象（像）	防碍（妨）	防犯（范）	粉粹（碎）
份量（分）	幅射（辐）	辐员（幅）	付予（赋）	股分（份）
害躁（臊）	寒喧（暄）	函养（涵）	耗废（费）	和霭（蔼）
河漕（槽）	恢谐（诙）	浑号（诨）	骄健（矫）	骄纵（娇）
娇矜（骄）	辑私（缉）	稼接（嫁）	间牒（谍）	精采（彩）
精萃（粹）	痉孪（挛）	咀咒（诅）	决择（抉）	决窍（诀）
峻工（竣）	堪误（勘）	流览（浏）	拢络（笼）	引伸（申）
录象（像）	脉博（搏）	梦餍（魇）	涵怀（缅）	描摩（摹）
呕歌（讴）	欧打（殴）	起迄（讫）	气慨（概）	遗害（贻）

阴庇（荫）	鱼杆（竿）	鱼船（渔）	帐蓬（篷）	蜇居（蛰）
针贬（砭）	真缔（谛）	震奋（振）	振撼（震）	振慑（震）
支解（肢）	桎锢（梏）	钟罄（磬）	通谍（牒）	通辑（缉）
悟面（晤）	像片（相）	泻露（泄）	邪渎（亵）	陷井（阱）
渲泄（宣）	延用（沿）	妆扮（装）	商确（榷）	振撼（震）
嗽口（漱）	撕杀（厮）	融恰（洽）	恰谈（洽）	辩析（辨）

（二）四字词

安帮定国（邦）	安份守己（分）	百费待兴（废）	百战不怠（殆）
白浪淘天（滔）	报消发票（销）	卑恭屈膝（躬）	背道而弛（驰）
碧波鳞鳞（粼）	筚路篮缕（蓝）	蔽帚自珍（敝）	鞭辟入理（里）
变本加利（厉）	变换莫测（幻）	别出心才（裁）	不卑不抗（亢）
不记其数（计）	不径而走（胫）	不落窝臼（窠）	不翼而飞（翼）
步入正规（轨）	残无人道（惨）	苍海桑田（沧）	察颜观色（言）
辰己午未（巳）	瞋目结舌（瞠）	成群接队（结）	叱诧风云（咤）
斥之以鼻（嗤）	重山峻岭（崇）	重蹈复辙（覆）	出奇致胜（制）
唇枪舌箭（剑）	戳力同心（戮）	寸草春辉（晖）	打报不平（抱）
带罪立功（戴）	淡泊名志（明）	惮思竭虑（殚）	党同罚异（伐）
谛结和约（缔）	豆寇年华（蔻）	读书扎记（札）	独辟溪径（蹊）
独书己见（抒）	度过难关（渡）	恶惯满盈（贯）	尔愚我诈（虞）
耳语目染（濡）	幡然悔误（悟）	翻天复地（覆）	反恭自省（躬）
反映灵活（应）	飞声遐迩（蜚）	风尘扑扑（仆）	丰功伟迹（绩）
蜂涌而上（拥）	凤毛鳞角（麟）	复水难收（覆）	负偶顽抗（隅）
高中肄业（肆）	各行其事（是）	攻城掠地（略）	骨梗在喉（鲠）
盅惑人心（蛊）	故弄悬虚（玄）	刮不知耻（恬）	关怀倍至（备）
神功鬼斧（工）	鬼蜮技俩（伎）	海市唇楼（蜃）	含辛如苦（茹）
竭泽而鱼（渔）	恒古木有（亘）	宏篇巨制（鸿）	候门似海（侯）
虎据龙盘（踞）	虎视耽耽（眈）	怀瑾握玉（瑜）	黄粱美梦（梁）
慌诞不经（荒）	烩炙人口（脍）	浑浑恶恶（噩）	混然一体（浑）
混为一团（谈）	火中取粟（栗）	饥肠漉漉（辘）	击活经济（激）
嘎然而止（戛）	计日成功（程）	记忆尤新（犹）	卑躬曲膝（屈）
既往不究（咎）	坚如磬石（磐）	见义思迁（异）	矫柔造作（揉）
接长补短（截）	揭杆而起（竿）	锦秀河山（绣）	进升工资（晋）
晶莹惕透（剔）	精精有味（津）	炯然不同（迥）	鸠占雀巢（鹊）
久负胜名（盛）	开仓振饥（赈）	开门缉盗（揖）	开宗明意（义）

克苦耐劳（刻）　克守不渝（恪）　苦心孤意（诣）　夸夸奇谈（其）
窥豹一般（斑）　烂调文章（滥）　老生长谈（常）　厉害得失（利）
厉精图治（励）　利兵秣马（厉）　良晨美景（辰）　临风殒泪（陨）
林林种种（总）　伶牙利齿（俐）　流恋忘返（连）　绿草如荫（茵）
挛生姐妹（孪）　满山遍野（漫）　门可落雀（罗）　好高鹜远（骛）
迷天大谎（弥）　密而不宣（秘）　免为其难（勉）　民生凋蔽（敝）
名付其实（副）　名门旺族（望）　名振一时（震）　谋取暴利（牟）
目不遐接（暇）　能伸能曲（屈）　浓装淡抹（妆）　旁证博引（征）
陪礼道歉（赔）　砰然心动（怦）　蓬壁生辉（筚）　凭心而论（平）
气势凶凶（汹）　讫今为止（迄）　敲榨勒索（诈）　巧装打扮（乔）
轻歌慢舞（曼）　磐竹难书（罄）　曲突徙薪（徙）　趋之若鹜（鹜）
惹事生非（是）　人才汇萃（荟）　人心唯危（惟）　乌和之众（合）
入不付出（敷）　如雷灌耳（贯）　儒子可教（孺）　若及若离（即）
色厉内任（荏）　舍身取义（生）　申张正义（伸）　升官进爵（晋）
生杀与夺（予）　声势赫弈（奕）　食不裹腹（果）　始作佣者（俑）
势不可档（当）　事情辣手（棘）　嗜酒成僻（癖）　手不失卷（释）
手屈一指（首）　冰溶雪化（融）　水泻不通（泄）　死不瞑目（瞑）
死心蹋地（塌）　四马难追（驷）　随身附和（声）　粹琼乱玉（碎）
滔光养晦（韬）　贪脏枉法（赃）　提心掉胆（吊）　天崩地拆（坼）
天方夜谈（谭）　天网灰灰（恢）　舔犊情深（舐）　通霄达旦（宵）
头痛齿豁（童）　头晕目炫（眩）　涂毒生灵（荼）　坐地分脏（赃）
脱颖而出（颖）　歪风斜气（邪）　完璧归赵（璧）　妄费心机（枉）
微言大意（义）　巍然不动（岿）　唯妙唯肖（惟）　违反刑法（犯）
闻过饰非（文）　稳操胜卷（券）　乌烟嶂气（瘴）　无礼漫骂（谩）
无尚光荣（上）　熙熙嚷嚷（攘）　闲情逸志（致）　相辅相承（成）
嚣张拔扈（跋）　协从不问（胁）　心恢意冷（灰）　心惊胆颤（战）
行踪鬼秘（诡）　虚渡年华（度）　虚无飘缈（缥）　寻声望去（循）
揠旗息鼓（偃）　淹没无闻（湮）　严惩不怠（贷）　眼花潦乱（缭）
要言不繁（烦）　一笔勾消（销）　一幅中药（服）　一幅对联（副）
一幅尊容（副）　一付眼镜（副）　一股作气（鼓）　一切就序（绪）
一如继往（既）　一蹋糊涂（塌）　依然固我（故）　漪丽多彩（绮）
遗笑大方（贻）　以警效尤（儆）　以身徇职（殉）　以逸代劳（待）
义愤填膺（膺）　异曲同功（工）　意兴昂然（盎）　因才施教（材）
忧柔寡断（优）　阴谋鬼计（诡）　纭纭众生（芸）　原驰腊象（蜡）
原气大伤（元）　渊远流长（源）　怨天忧人（尤）　沾污清白（玷）

震聋发聩（振）	招来顾客（徕）	仗义输财（疏）	知书达里（理）
致理名言（至）	重蹈复辙（覆）	珠联壁合（璧）	追根索源（溯）
装腔做势（作）	锱株必较（铢）	自命得意（鸣）	自园其说（圆）
阻击敌人（狙）	出人投地（头）	走头无路（投）	装黄门面（潢）
众口烁金（铄）	中流抵柱（砥）	吊以轻心（掉）	直接了当（截）
自曝自弃（暴）	置若惘闻（罔）	真知卓见（灼）	张慌失措（皇）
仗义直言（执）	责无旁代（贷）	再接再励（厉）	运筹帷握（幄）
欲盖弥张（彰）	营私舞敝（弊）	沓无音信（杳）	同仇敌慨（忾）
投机捣把（倒）	图穷匕现（见）	退化变质（蜕）	文过是非（饰）
无耻滥言（澜）	相形见拙（绌）	消声匿迹（销）	心浮气燥（躁）
形消骨立（销）	修茸一新（葺）	修养生息（休）	宣宾夺主（喧）
诩诩如生（栩）	暇思迩想（遐）	一张一驰（弛）	一愁莫展（筹）
言简意该（赅）	挺而走险（铤）	叹为观只（止）	世外桃园（源）
如法泡制（炮）	磬竹难书（罄）	轻歌漫舞（曼）	前踞后恭（倨）
迫不急待（及）	破斧沉舟（釜）	披星带月（戴）	披肝历胆（沥）
篷筚生辉（蓬）	沤心沥血（呕）	奴颜卑膝（婢）	弄巧成绌（拙）
暗然失色（黯）	按步就班（部）	白璧无暇（瑕）	别出新裁（心）
病入膏盲（肓）	并行不背（悖）	不加思索（假）	草管人命（菅）
层峦迭嶂（叠）	缠绵悱测（恻）	陈词烂调（滥）	穿流不息（川）
惮精竭虑（殚）	耳儒目染（濡）	飞扬拔扈（跋）	愤发图强（奋）
蜂涌而至（拥）	斧底抽薪（釜）	富丽堂黄（皇）	肝脑途地（涂）
感人肺腑（腑）	膏梁子弟（粱）	功亏一匮（篑）	鬼计多端（诡）
海角天崖（涯）	汗流夹背（浃）	和霭可亲（蔼）	轰堂大笑（哄）
怙恶不俊（悛）	震聋发聩（振）	涣然一新（焕）	积毁消骨（销）
坚如盘石（磐）	金榜提名（题）	金壁辉煌（碧）	精神焕散（涣）
苦心孤旨（诣）	口干舌躁（燥）	烂竽充数（滥）	离经判道（叛）
礼上往来（尚）	历兵秣马（厉）	历精图治（励）	缭原烈火（燎）
留芳百世（流）	龙盘虎据（踞）	录录无为（碌）	落英宾纷（缤）
惩前必后（毖）	貌和神离（合）	美玉无暇（瑕）	明辩是非（辨）
名列前矛（茅）	明火直仗（执）	名记不忘（铭）	摸糊不清（模）
莫不关心（漠）	默守成规（墨）	目不交捷（睫）	脑羞成怒（恼）
凤冠霞佩（帔）	振人心魄（震）	民生凋弊（敝）	不韫不火（温）
坐想其成（享）	前扑后继（仆）	兵慌马乱（荒）	融汇贯通（会）
巾国英雄（帼）	日新月异（异）	背景离乡（井）	如洪气势（虹）
空空如野（也）	淋漓尽至（致）	蛋丸之地（弹）	怨天由人（尤）

无可非异（议）　　洁然一身（孑）　　直言不诲（讳）　　锋芒必露（毕）
故名思义（顾）　　相反相承（成）　　事得其反（适）　　劳役结合（逸）
占了上峰（风）　　包罗万项（象）　　轻而一举（易）　　不可名壮（状）
道貌暗然（岸）　　无精打彩（采）　　浮想联篇（翩）　　物及必反（极）
无可质疑（置）　　及及可危（岌）　　人才倍出（辈）　　养尊处悠（优）
受益非浅（匪）　　不求慎解（甚）　　出类拔粹（萃）　　自立更生（力）
不可就药（救）　　忧心重重（忡）　　孩啼时代（提）　　争争日上（蒸）
功不可抹（没）　　致关重要（至）　　应辨能力（变）　　珊珊来迟（姗）
人至义尽（仁）　　义气用事（意）　　余勇可估（贾）　　永保青春（葆）
举旗不定（棋）　　无则加免（勉）　　冒然行动（贸）　　哀声叹气（唉）
针贬时弊（砭）　　当物之急（务）　　辛辛学子（莘）　　腼不知耻（恬）
彼彼皆是（比）　　苇编三绝（韦）　　百孔千窗（疮）　　炉火纯清（青）
自名得意（鸣）　　胜气凌人（盛）　　一本万历（利）　　势均利敌（力）
悬梁刺骨（股）　　名思苦想（冥）　　珠丝马迹（蛛）　　全宜之计（权）
老声常谈（生）　　一獗不振（蹶）　　立杆见影（竿）　　大气晚成（器）
精兵减政（简）　　委屈求全（曲）　　棉里藏针（绵）　　合盘托出（和）
举止安祥（详）　　大名顶顶（鼎）　　立案侦察（查）　　勾通南北（沟）
纷至踏来（沓）　　以老卖老（倚）　　口蜜腹箭（剑）　　山青水秀（清）
不及不离（即）　　一泄千里（泻）　　嘻笑怒骂（嬉）　　岂人忧天（杞）

七、典型试题

1. 下列词语中，加点字读音全都正确的一组是（　　）。

A. 攫取（jué）　　精神矍铄（jué）　　应和（huò）　　风和日丽（hé）

B. 涟漪（yī）　　风光绮丽（yǐ）　　凶恶（è）　　深恶痛疾（wù）

C. 匍匐（pú）　　相辅相成（fǔ）　　拗口（ào）　　性格执拗（niù）

D. 豁免（huò）　　浴血奋战（yù）　　肖像（xiào）　　惟妙惟肖（qiào）

2. 下列词语中加点的字，注音全都正确的一项是（　　）。

A. 焦灼（zhuó）　　荒谬（miù）　　跟帖（tiě）　　面面相觑（qù）

B. 脊梁（jǐ）　　禁锢（gù）　　开涮（shuàn）　　浑身解数（jiě）

C. 徜徉（cháng）　　拂晓（fó）　　潜水（qián）　　玲玲剔透（tī）

D. 雀跃（yuè）　　粗犷（kuàng）　　吐槽（cáo）　　断壁残垣（yuán）

3. 下列词语中加点字的注音有错误的一项是（　　）。

A. 愧怍（zuò）　　寥廓（liáo）　　爵士（jué）　　哺育（bǔ）

B. 酷肖（xiào）　　砭骨（biān）　　鞭挞（tà）　　敧斜（qī）

C. 恣睢（zhì）　　瓦砾（lì）　　窥伺（sì）　　殷红（yīn）

D. 伫立（zhù）　　　　哂笑（shěn）　　　　鄙夷（bǐ）　　　　啜泣（chuò）

4. 下列加点的字注音错得最多的一项是（　　　）。

A. 麦穗（huì）　　　　热泪盈眶（kuàng）稽首（qǐ）　　　　淙淙溪流（zōng）

B. 骸骨（hái）　　　　强聒不舍（guō）　　剽窃（piāo）　　　翘首以待（qiáo）

C. 绯闻（fěi）　　　　锐不可当（dāng）　　愧怍（zuò）　　　百舸争流（kē）

D. 挑剔（tì）　　　　　按捺不住（nài）　　信笺（qiān）　　　惟妙惟肖（xiào）

5. 下列词语中加点字注音完全正确的一项是（　　　）。

A. 梦寐（mèi）　　　　哺育（pǔ）　　　　奄奄一息（yǎn）

B. 贮存（chǔ）　　　　教诲（huì）　　　　衰草连天（shuāi）

C. 惆怅（chóu）　　　　提防（dī）　　　　潜心贯注（qián）

D. 呵斥（hē）　　　　　怡情（yí）　　　　锲而不舍（qì）

6. 下列词语中，注音有错误的一项是（　　　）。

A. 高亢（kàng）　　　迄（qì）今　　　　趾（zhǐ）高气扬　　赫（hè）然在目

B. 恬（tián）淡　　　　谬（miào）误　　　鳞次栉（jié）比　　绚（xuàn）丽多彩

C. 横亘（gèn）　　　　洗濯（zhuó）　　　不无裨（bì）益　　　纵横捭（bǎi）阖

D. 蹒（pán）跚　　　　徘徊（huái）　　　觥（gōng）筹交错　不蔓（màn）不枝

7. 下列字形和加点字注音全部正确的一项是（　　　）。

A. 勾当（gòu）　　　侧隐　　　忍俊不禁（jìn）　　妇孺皆知

B. 归省（xǐng）　　　愧怍　　　戛然而止（gá）　　　销声匿迹

C. 藩篱（fān）　　　　瑟缩　　　锲而不舍（qiè）　　月明风清

D. 枯涸（hé）　　　　技俩　　　顶礼膜拜（mó）　　　无可质疑

8. 下列加点字的注音完全正确的一项是（　　　）。

A. 伫立（chù）　　　　叱咤（chì）　　　　褶皱（zhě）　　　惟妙惟肖（xiào）

B. 拮据（jū）　　　　　绮丽（qǐ）　　　　倔强（juè）　　　期期艾艾（ài）

C. 伧俗（cāng）　　　　哂笑（shěn）　　　敧斜（qī）　　　鲜为人知（xiǎn）

D. 荣膺（yīng）　　　　惩戒（jiè）　　　　柔嫩（nèn）　　　妄自菲薄（bó）

9. 下列注音全都正确的一项是（　　　）。

A. 惬意（qiè）　　　　馈赠（guì）　　　　茅塞顿开（sè）

B. 熟谙（àn）　　　　眼睑（liǎn）　　　　恍如隔世（huǎng）

C. 毗邻（bǐ）　　　　跻身（jī）　　　　　泰然处之（chù）

D. 震慑（shè）　　　　马圈（juàn）　　　戎马倥偬（zǒng）

10. 下列注音有误的一项是（　　　）。

A. 脑髓（suǐ）　　　　应和（hè）　　　　不屑（xiè）

B. 拮据（jù）　　　　　阔绰（chuò）　　　殉职（xún）

C. 冗杂（rǒng）　　街衢（qú）　　贮存（zhù）

D. 庇护（bì）　　蹒跚（pán）　　狼藉（jí）

11. 加粗字读音全都相同的一组是（　　）。

A. 门楣　倒霉　媒体　春光明媚　　B. 咫尺　旗帜　滞留　无可置疑

C. 滑稽　畸形　羁绊　汲取经验　　D. 伫立　铸造　贮存　青春永驻

12. 下列加粗字读音不相同的一项是（　　）。

A. 欣慰　馨香　薪水　辛苦　　B. 娴熟　和弦　头衔　嫌疑

C. 起哄　洪水　拱桥　烘托　　D. 阴谋　殷切　音讯　原因

13. 下列读音有误的一项是（　　）。

A. 当它戛（gá）然而止的时候，世界出奇的寂静，以至使人感到对她十分
　　陌生了

B. 如果希巴女皇住在气窗对面的公寓里，德拉总会有一天把头发悬在窗外去
　　晾干，只是为了使那位皇后的珠宝和首饰相形见绌（chù）

C. 不少人对工作不负责任，拈（niān）轻怕重，把重担子推给人家，自己挑
　　轻的

D. 食（sì）马者不知其能千里而食也

14. 下列标题中注音不正确的一项是（　　）。

A. 台湾游，期待如花般绚（xuàn）烂（《新安晚报》）

B. 中国银行向全球招聘（pìn）人才（《中国青年报》）

C. 美称朝试射导弹是恐吓（xià）策略（《参考消息》）

D. 带头解放思想 奋力促进崛（jué）起（《安徽日报》）

15. 下列词语书写完全正确的一项是（　　）。

A. 秩序井然　惊慌失错　期期艾艾　波光嶙嶙

B. 气充斗牛　锲而不舍　顶礼摹拜　芒刺在背

C. 精巧绝伦　物竞天泽　踉踉跄跄　无可置疑

D. 长途跋涉　红装素裹　袅袅烟云　孜孜不倦

16. 下列词语中没有错别字的一组是（　　）。

A. 和谐　别出新裁　谈笑风生

B. 风彩　扣人心弦　舍身取义

C. 陶冶　脍炙人口　出类拔萃

D. 真谛　呕心沥血　一愁莫展

17. 下列词语中没有错字的一组是（　　）。

A. 亵渎　吊唁　群蚁排衙　有例可援

B. 拮据　遁辞　万贯家私　如坐针毡

C. 襁褓　寒禁　不容置疑　世外桃园

D. 泯灭　蓬蒿　轻飞慢舞　奄奄一息

18. 下列词语中没有错别字的一项是（　　）。

A. 殉职　徇情枉法　经纶　语无伦次

B. 骄艳　矫揉造作　纯粹　鞠躬尽瘁

C. 雅致　哑雀无声　夜宵　九霄云外

D. 勘测　疲惫不堪　譬喻　不言而语

19. 下列句子中没有错别字的是（　　）。

A. 这里盛产优质雪花梨，可以就地取才办一个水果加工厂

B. 当遇到重大问题需要他拿主意的时候，他反倒迟疑不绝了

C. 今年春节期间，各地电视台的文艺节目多得令人目不暇接

D. 北京办奥运，既展示传统文化又展现精神风貌，可谓两全齐美

20. 下列各句中，没有错别字的一句是（　　）。

A. 他从唐诗下手，目不窥园，足不下楼，兀兀穷年，历尽心血

B. 站在景山的高处望故宫，重重殿宇，层层楼阁，道道宫墙，错宗相连

C. 设计者和匠师们因地制宜，自出心裁，修建成功的园林当然各各不同

D. 我一直盯着父亲，看他郑重其事地带着两个女儿和女婿向那个衣服褴褛的年老水手走去

第二节　辨析并修改病句

一、考点解读

学会辨析和修改病句，有利于正确运用句子来表情达意，这也是语文实际运用能力的具体体现之一。因此，这一类题型一直受到各省市命题者的青睐，历年来的命题一直以选择题为主，判断加改错类的主观题型也有增加趋势，一些省市在语段中进行修改，甚至加入了错别字、标点符号等，综合性较强。熟练地把握句子结构，了解常见病句类型及修改方法，是基本的应对策略。

常见的语病类型有：①搭配不当（如主谓搭配不当、动宾搭配不当、修饰语与中心语搭配不当等）；②成分残缺（如缺主语、缺谓语、缺宾语等）；③词语误用（主要指词语褒贬色彩不当）；④语序有误（如因果颠倒、不符合认识事物规律或事物发展规律等）；⑤句式杂糅（常见有两句混杂、前后牵连等）；⑥不合逻辑（主要指语意违背常理）。

病句修改以改通顺、改正确为原则，不作语言润色，不改变句子原意，修改

的方法可采用成分检验法（提取句子主干）、寻找关联词语法、同类型句子比较法、语感把握法等方法进行。对句子成分残缺的——增；搭配不当或不能搭配的——调；成分多余累赘的——删；用词不当的——换。

二、常见易混易错病句类型

（一）一面与两面搭配不当

（1）电子工业能否迅速发展，并广泛渗透到各行各业中，关键在于要加速训练、造就一批专业技术人才。（改法有二：①在"要"前面加上"是否"一词，构成两面对两面；②去掉"能否"一词中的"否"。）

（2）安定团结的政治局面是我国社会主义现代化建设成败的关键。（改法有二：①在句首加上"能否有"之类词语；②将"成败"改成"成功"。）

（3）一部现代小说的优劣高低，不在于它是否塑造了典型环境、典型人物，而在于它是否构成了独特的心灵世界。（"不在于……而在于"句式中的"不在于"，排除了作两面讨论的可能性，故应去掉第一个"是否"。类似的句式还有"不是……而是"等。）

（4）无论中国队输赢与否，当地华侨组织都将在比赛结束之后为中国队举办盛大的庆功宴会。（"与否"前面词语必须是正面的，不能是正反两方面。另外，如果是输了，就不存在"庆功"之说。）

（二）并列结构所出现的搭配不当

这里所说的并列结构，主要是指动词的并列、名词的并列以及形容词的并列等。动词的并列结构中，往往出现动词与宾语不能搭配的现象；而名词的并列结构中，往往有一个或多个名词与后面的谓语（并列的名词结构作主语时）或前面的谓语（并列结构作宾语时）不能搭配。

（1）这位高能机械工程师的出色工作和独特设计，已被国内有关单位采用，并受到国外专家的赞赏。（"出色工作"是不能被"采用"的。）

（2）大会期间，广大代表认真阅读并领会《公民道德规范》的精神实质，提出了许多具有建设性的意见和建议。（句中第一个谓动词"阅读"与宾语"精神实质"不搭配，应改成"阅读《公民道德规范》并领会其精神实质"。）

（3）眼前，沙沙沙的浪声和银光闪闪的海面构成了一幅美妙绝伦的图画。（"浪声"和"海面"均为主语，其中"浪声"不能与谓语"构成"形成主谓关系。）

（4）读他的诗会使人感到如行云流水般流畅自如，感情宣泄不急不火，语言简约通达，给人亲切、自然之感。（谓语"感到"与最后一个补语不搭配，存在语义重复，应去掉"给……之感"。）

（三）句式杂糅

属于结构混乱的一种，即表达时因既想用这种句式，又想用那种句式，结果造成将两种句式放在一起说，半截转向的现象。

（1）这起明显的错案之所以迟迟得不到公正的判决，其根本原因是党风不正在作怪。（是"其根本原因是党风不正"与"党风不正在作怪"两种句式糅在一起，去掉"在作怪"。）

（2）止咳祛痰片，它里面的主要成分是远志、桔梗、贝母、氯化铵等配制而成的。（要么用"主要成分是……等"，要么用"是由……等配制而成的"，不能将二者糅在一起。）

（3）这次老人节茶话会的地点是在老年活动中心举行的。（"地点是老年活动中心"与"是在老年活动中心举行的"两种句式糅合在一起，只能保留其中一种。）

（4）电子工业要迅速发展，并广泛渗透到各行各业中去，关键在于加速训练并造就一批专门人才是十分重要的。（应去掉"是十分重要的"。）

（四）关联词位置不当所引发的语病

配套使用，表示某种逻辑关系的两个关联词，如果第一个关联词放在前一个分句主语的前面，那么意味着两个关联词所连接的是句子结构，前后两个分句的主语必须保留并且不同；如果第一个关联词放在前一个分句主语的后面，那么意味着前后两个分句都是以该主语作为陈述对象，两个关联词所连接的是谓宾语成分，后一分句不得再保留主语。

（1）最近，巴以局势尽管出现缓和的迹象，但有关各方表示要真正实现美国提出的中东和平路线图计划仍将十分艰难。（前后两个分句的主语确实不同，第一个关联词"尽管"应放在前一分句主语"巴以局势"的前面。）

（2）与其说抄版现象是一个企业同另一个企业间的行为，不如说是关系到整个社会的行为。（前后两个分句事实上都以前一个分句主语"抄版现象"作共同的主语，故"与其说"应放在前一个分句主语"抄版现象"的后面。）

（3）一块块砖石、一根根钢筋虽然看起来微不足道，但参天的高楼大厦却是用它们建成的。（将"虽然"放在句首。）

（五）缺主语或宾语中心词

（1）凭借NBA的一部宣传片，姚明完成了从单纯的"体育明星"到"体育、娱乐明星"，昨天，小巨人再一次成了娱乐界的焦点人物。（主宾搭配不当，需要在"体育、娱乐明星"的后面添加中心词"的转变"。）

（2）目前，虽然每年大学毕业生不少，但是我国各方面人才的数量和质量还不能满足经济和社会发展。（主宾搭配不当，需要在句尾添加"的需求"。）

（3）目前，城市交通干道车辆拥挤的状况日益严重，有关部门准备采取车辆分流，限制货车在上下班高峰时间进入市区，以缓解矛盾。（在"车辆分流"后面添加"的措施"。）

（4）中国强烈要求所有核武器国家及早谈判并缔结一项无条件不首先使用核武器及不对无核国家和无核地区使用或威胁使用核武器。（划分句子的结构，"要求"后面的文字全作宾语。宾语是一个句子形式："所有核武器国家"作小主语，"谈判并缔结"作小谓语，"一项"后面的文字全作小宾语，结果就会发现缺乏"一项"所修饰的中心词。改法就是在句尾添加"的协定"。）

（5）学生个人缴费，承担一部分教育成本是我国高教改革的方向，也是弥补社会教育投入不足的有效方式。（主宾搭配不当，需要在"教育成本"的后面添加"的做法"之类词语。）

（6）提高早餐质量是十分重要的，早餐营养应提供占人体每天所需总量三分之二的维生素和矿物质。（需要在"早餐营养"的后面添加"品"。）

（7）心理健康思想的研究源远流长，早在我国战国时代的《内经》一书中，就有心理因素在人体疾病的发生、诊断和预防中起着重要作用。（在句尾添加"的论述"之类词语。）

（8）为防止东南亚地区发生的禽流感传入我国，国家质检总局和农业部今天联合发出通知，自即日暂行禁止进口来自疫区的禽类及其产品。（在句尾加"的规定"。）

（六）介词短语固定结构的缺损或不配套

（1）我们青年志愿者出发前，老师就已作了明确的分工，安排男同学和力气大的干重活，负责把垃圾运到垃圾掩埋场。（在句首必须加"在"，与其后的"前"相配套，构成表时间状语的介词短语结构，否则主语就有两个。）

（2）刘涌以组织、领导黑社会性质组织罪等七项罪名被最高人民法院再审判处死刑。据悉，对刑事案件启动再审程序是最高人民法院有史以来的首次。（"以"含有主动色彩，与"被"连用，不合逻辑，应改成"因"。）

（3）日常生活中是少不了烦恼的，而像缺电、涨价、堵车这样的烦恼都是经济社会迅速发展中而产生的，是"成长的烦恼"。（改法有二：①在"经济社会"前加"在"，与后面的"中"相配合，同时去掉"而"；②在"经济社会"前加"因"，与后面的"而"相配合，同时去掉"中"。）

（4）农村改革的成功经验，农村经济对城市的要求，为城市为重点的整个经济体制改革提供了极为有利的条件。（需要在"为"和"城市"之间加上"以"，与后面的"为"相配合。第一个"为"是介词,领取的对象是"整个经济体制改革",第二个"为"是作为之意。)

（5）我国卫生部接到广东省卫生厅发现非典疑似病例的报告后,立即派出专家协助和指导当地开展调查处理工作。（在"接到"前面加"在"或"自"。）

（七）其他特殊语病

1. 主客体颠倒

（1）作为一名杰出的政治家和诗人,于谦为人正直,不畏强暴。他短暂而壮烈的一生,正是他那首自勉诗的真实写照。（"写照"的对象是人,不是"自勉诗"这个物,"他短暂而壮烈的一生"与"他那首自勉诗"位置调换。）

（2）具有二千五百多年历史的古城苏州荟萃了江南园林的精华,沧浪亭、狮子林、拙政园、留园、网师园等无不以流光溢彩的风姿为中外游人所倾倒。（把"为……所"去掉,在"中外游人"前加"使"。"为……所"表被动,"为"后的对象是谓动词的发出者,而客观上显然是"风姿"倾倒中外游人,"风姿"才是谓动词的发出者。）

（3）鸦片战争以来的中国近代史,对于大多数中学生是比较熟悉的,重大的历史事件都能说得一清二楚。（这是由介词"关于"的位置不当所引发的语病。"对于"所引导的对象就是"熟悉"的对象,"中国近代史"熟悉"中学生"显然不合常情,对象肯定搞反了。改法有二:①直接在"中学生"后面加"来说",与前面"对于"相配合,"中学生"就成了"熟悉"行为的发出者;②将"对于"移到句首。）

（4）这种"壮心不已"的精神对于我们这个走向中兴的民族自然也是备感亲切的。（语病和改法同上。）

2. 不合事理

（1）经过高中三年的勤奋学习,你一定能昂首走进久违的大学城。（"久违"是好久未见之意,意味着曾经见过,曾经在此学习过,与前面所说的将第一次进大学城学习相矛盾。）

（2）一声令下,运动员们冲出了起跑线,像脱缰的野马一样。（"野马"不可能有缰绳,所以应去掉"野"字。）

（3）1999年,刘永行被美国《福布斯》杂志评为中国第二首富。（"第二"与"首富"的"首"相矛盾,应去掉"首"。）

（4）新华社上海2001年1月27日电:近日,首位华人教授杨福家就任英国诺西汉大学校长。（"首位华人教授"表述不当,该句应改为"杨福家教授就任英国诺西汉大学校长,是华人任外国大学校长中的第一位"。）

（5）中央政法委书记罗干同志对因公殉职的公安干警及家属表示崇高的敬意并致以亲切的慰问。（不适宜的合述造成了表述上的不合情理。应分述为:"中央政法委书记罗干同志对因公殉职的公安干警表示崇高的敬意，并对他们的家属致以亲切的慰问。"）

（6）汽车在蜿蜒的山道上急驰，如离弦之箭一般。（"蜿蜒"是曲曲折折的，而"离弦之箭"是一直向前的，相互矛盾，比喻不合事理。）

（7）当今世界的一个严重问题是人的物质生活与精神生活的失衡。人文教养、精神建设已经成为引起严重关注的问题。（可以说"人的物质生活与精神生活的失衡"是一种"问题"，但不可以说"人的物质生活与精神生活"是一种"问题"，它只是"对象"。同理，"人文教养、精神建设"是"对象"，不属于"问题"。第二个句子语病改法有二：①将句尾的"问题"改为"对象"；②在"人文教养、精神建设"后面添加"欠佳"字样。）

（8）从农业部最近几年检查的结果来看，我国农药的合格率为75%，也就是说，进入生产领域的农药有25%是假冒伪劣产品。（在"假冒"后面加"或"。）

（9）公安分局接到受骗未遂的群众举报：有人在新华北街工商银行门前利用"掉钱"和"捡钱"的方式诈骗钱财。（"未遂"多用来表施事主语的行为，而"受骗"为受事主语。故应改为"骗钱未遂"。）

3. 语义重复

（1）毕竟，经过近百年的努力，中国终于在国际间扬眉吐气了，所有大国应享有的地位，中国现在全有了。（"国际"指国与国之间，应将"间"改为"上"。）

（2）本次联赛大爆冷门的八一队，凭借场上的整体配合和积极拼抢，终于以1:1逼平了志在卫冕桂冠的申花队。（"卫冕"指竞赛中保住上次获得的冠军称号。"卫冕"与"桂冠"存在语义上的重复。）

4. 状语位置不当

（1）因特网的诱惑无法令现代人拒绝，但昂贵的网上消费又使人们难以接受。（事实上，不是"诱惑""无法"，而是"现代人""无法"，将"无法"一词移至"现代人"之后。）

（2）三年当中，这个县的粮食生产，以平均每年递增20%的速度大步向前发展。（"平均"修饰的是"递增"，应挪到"递增"前。）

（3）每一个立志成才的青年将来都希望自己成为一个对社会主义建设事业有贡献的人。（将"将来"挪到"成为"的前面。）

（4）我们顺利地按照老高头画的那张简图找到了深山中的那位猎手。（"顺利地"实际上是修饰"找到"的，应挪到其前面。）

（5）全世界至少有5万人每天死于水污染引起的各种疾病，饮用水质已经成为威胁50亿地球人生存的尖锐问题。（这是由于"每天"的位置不当所引发的费解：一个人怎么可能反复死呢？改法就是将"每天"挪至"至少"前面。）

5. 修饰成分内部的成分残缺

（1）各级政府特别有关部门应当很好地履行中小企业发展的职责，要依法规范和引导其经营行为，保证中小企业健康发展。（在"履行"后面加"扶持"。）

（2）有关负责人强调，必须把有偿新闻、买卖书号等不正当行为作为一项长期任务常抓不懈。（在"把"后面加"打击"。）

三、分辨病句类型小技巧

（1）介词开头的句子，如：通过、由于、在、从、对、对于、经过……检查是否缺少主语。（不能与"使"同用。）

例1：经过老主任再三解释，才使他怒气逐渐平息，最后脸上勉强露出一丝笑容。

（2）有并列词的句子，检查是否存在相互包容或搭配不当或语序不当的问题。

例1：我们的报刊、杂志、电视和一切出版物，更有责任做出表率，杜绝用字不规范的现象，增强使用语言文字的规范意识。

例2：通过检查，大家讨论、发现、解决了课外活动中的一些问题。

（3）有两面词（是否、能否、好坏、能不能等），检查是否患有前后失应病（即两面对一面）。

例1：能否贯彻落实科学发展观，对构建和谐社会，促进经济可持续发展无疑具有重大的意义。

例2：法律专家的看法是，消费者当众砸毁商品只是为了羞辱或宣泄自己的不满。

例3：学校抓不抓青少年理想教育的问题，是关系到祖国建设事业后继有人的大事，必须引起高度重视。

（4）句中有数量词要考虑是否前后矛盾或有没有歧义。

例1：这个事故造成的经济损失至少在二百万元以上。

例2：他迟到了整整十分钟左右。

（5）有代词的句子，检查是否有指代不明的毛病。

例1：最近，为某边远山区林业站王站长诊治的医生惊奇地发现，他患了多年的心脏病竟奇迹般好了。

例2：欣赏一首好诗不容易，创作一首好诗更不是简单的事，小王对诗歌情有独钟，可见，他平时在这方面做了不少努力。

（6）句子谓语是"避免""预防""防止""忌"等词时，可考虑句子是否把意思说反了。

例1：出发之前，学校领导反复强调要防止不发生安全事故。

例2：为了防止这类交通事故不再发生，交警部门加大了执法力度。

（7）有的句子可以拆分成两个句子，检查是否是杂糅。

例1：你不认真学习，那怎么可能有好成绩是可想而知。

（8）句子中有谦辞或敬辞时，要考虑是否用错对象。

例1：我们将光临你们单位参观。

四、典型试题

1. 下列句子没有语病的一项是（　　）。

A. 俄罗斯举行规模空前的阅兵式，目的在于向人们发出珍爱和平，反对战争对人类虐杀

B. 在第七个国家防灾减灾日到来之际，各地举行了多种形式的宣传活动，以增强人们抗灾、防灾，减灾的意识

C. 要实现中华伟大复兴的中国梦，我们中学生必须发扬奋发图强、艰苦奋斗的革命精神和循序渐进的学习方法

D. 为了提高同学们的语文素养，我市很多学校正在开展"读经典作品，建书香校园"的活动

2. 下列句子没有语病的一项是（　　）。

A. 这条隧道已使用多年，里面相继出现了顶部渗漏、路面坑陷、道路泥泞等

B. 中国政府提出的"一带一路"发展战略将惠及沿线国家，促进这些国家的经济发展

C. 目前，有些国家和地区出现了动荡局势，难道这对世界和平有影响吗

D. 在今年的女排亚锦赛上，中国女排辉煌地取得了八战全胜的战绩，荣获冠军

3. 下列各句没有语病、句意明确的一项是（　　）。

A. 这所大学的一些学生的语文水平实在低劣，传扬出去，准会被人贻笑大方，影响学校的声誉

B. 当灵感迸发、文思泉涌时，美妙的文辞会源源不断地流注笔端，这是源于作者平时用心观察，重视积累为基础

C. "地球一小时"活动虽然只有60分钟，但传递给地球人的节能环保作用却不可低估，它提醒人们：只要时时关注节能，就能为保护地球做出贡献

D. 我们欣赏古代诗词，应该全面了解作者的生平以及他所处的时代和环境，真正走进作品，去获得独特的审美体验

4. 下列各句没有语病的一项是（　　）。

A. 变色龙随着周围环境的变化而不断变色，是出于生存的本能

B. 过了一会儿，汽车突然渐渐放慢了速度

C.《水浒》生动叙述了梁山好汉们从起义到兴盛再到最终失败

D. 父母过于溺爱自己的孩子，这对孩子的成长极为不利

5. 下列各句中没有语病、句意明确的一项是（　　）。

A. 未成年人思想道德建议的加强和改进关系到国家前途、民族命运，是战略
工程

B. 几个农民工来到经理部索要工钱，经理派副经理和他的助手接待了这些农
民工

C. 近年来，多种制作精美的公益广告，不断纷纷出现在泰州主干道上

D. 从牡蛎中可以提取抗癌物质，许多海洋生物的药用价值正在被推广和发现，
前途不可估量

6. 下列有语病的一项是（　　）。

A. 春节、元宵节、端午节、中秋节，每一个节日都蕴含着丰富的传统文化
内涵

B. 由于建成了公共自行车运行系统，为济宁市民"绿色出行"提供了便利
条件

C. 国务院要求加快推进宽带网络基础设施建设，进一步提速降费，加强服务
水平

D. 如果将烟草税提高 50%，可使烟民减少 4900 万，避免约 1100 万人不因吸
烟死亡

7. 下列句中没有语病的一项是（　　）。

A. 看到白衣天使们为了抗击"非典"而忘我工作，使我很受教育

B. 有没有团队精神和拼搏精神，是衡量一个优秀球队的标准之一

C. 三峡工程是当今世界上最大的水利枢纽工程，现已进入蓄水阶段

D. 有关部门最近发出通知，要求各地在中考阶段严防安全不出问题

8. 下列有语病的一项是（　　）。

A. 高峻的山岭，形成横亘山间谷地的天然屏障

B. 在轻轻的薄雾里，使这座山城显得格外温柔、可亲

C. 这是虽在北方风雪的压迫下却保持着倔强挺立的一种树

D. 哲尔赛的旅行成了我们的心事，成了我们时时刻刻的渴望和梦想

9. 下列句子没有语病的一项是（　　）。

A. 我昨天参观了这个画展是很有特色的

B. 我们坚信北京申办 2008 年奥运会一定能够获得成功

C. 同学们讨论并听取了刘校长关于进一步加强中学生思想品德教育的报告

D. 两天来，艺术家们悦耳动听的歌声和婀娜多姿的身影时时浮现在我的眼前

10. 下列句子没有语病的一项是（　　）。

A. 在英国举行的羽毛球公开赛首轮比赛中，林丹战胜中国香港选手魏楠，闯

入男单 16 强

B. 第一次全国可移动文物普查取得重要阶段性成果，包括一大批甘肃省在内的 8 个省区的具有一定价值的文物得到认定和发现

C. 我们要加强足球特长文化课教学管理和考试招生政策，激励学生长期积极参加足球学习和训练

D. 近年来，伴随手机、平板电脑等电子产品的普及 KTV，酒吧等娱乐场所的增多，使少年因不当用耳机发生噪声性听力损伤的风险日益加大

11. 以下没有语病的一项是（   ）。

A. 《西游记》的作者是吴承恩的故居坐落在风光秀丽的淮安

B. 增强法律意识，提高自我保护能力，是青少年健康成长的需要

C. 在酷热的夏季，雪碧、娃哈哈、农夫山泉等矿泉水是深受考生喜爱的夏季饮料之一

D. 中国珠峰登山队之所以能成功登上珠峰，是因为全体队员不畏艰险、团结协作的精神

12. 下列没有语病的一项是（   ）。

A. 五一节的夜晚显得特别热闹，到处张灯结彩，人来人往也特别多

B. 姹紫嫣红的月季、馨香四溢的玫瑰，构成了令人陶醉的花的世界

C. 只要做到这一点，出锅的炸糕才不绵不破不塌

D. 从这些小事，往往反映出一个人的精神世界

13. 下面没有语病的一句是（   ）。

A. 小王对自己能否学好电脑充满了信心

B. 请永远保存向往和平、向往自由、向往未来的美好愿意，反对战争、专制和恐怖主义

C. 中国飞人——雅典奥运会 110 米栏冠军刘翔的名字，可能对我们已经非常熟悉了

D. 北京市百货大楼从市场需求出发，不断增加商品品种

14. 下列没有语病的一句是（   ）。

A. 我国的人口占世界五分之一是世界上最多的国家

B. 要想成就一番事业，积极的心态则是成功的起点

C. 同学们对学校的教育课程改革交换了广泛的意见

D. 经过几个月的培训，使我掌握了使用多媒体的技术

15. 下列句子没有语病的一句是（   ）。

A. 初三毕业典礼后，我们全体师生和任课老师一起在新落成的科技楼前合影留念

B. 赵本山的小品总是给人们带来无穷的欢乐和笑声

C. 多读多写，至今仍不失为好的学习语文的一种方法

D. 为了避免再犯类似的错误，我们一定要从这次事件中吸取教训，并切实加以改正

16. 下列句子中没有语病的一句是（　　）。

A. 实施西部大开发战略的关键必须抓好三项工作：一是资金匮乏，二是人才紧缺，三是基础设施落后

B. 切实地减轻中小学生过重的课业负担、心理负担和经济负担，是能否实施素质教育的关键

C. 在日本大阪举行的第四十六届世乒赛上，我国男女健儿奋力拼搏，一举囊括全部七项冠军

D. "和平统一、一国两制"是我们解决台湾问题的基本方针，但我们决不承诺放弃使用武力

17. 下列没有语病的一句是（　　）。

A. 作为日益影响着我们学习和生活的网络，它对于我们充满了新鲜和好奇

B. 面对美国启动限制钢铁进口的"201条款"，中国、日本等国家在多次与其谈判未果的情况下，不得已不向世贸组织提出仲裁申诉

C. 我们的祖先创造了灿烂的物质文明和精神文明，弘扬优秀民族的文化传统，是我们的神圣使命

D. 克隆羊"多利"的成功，经历了227头克隆羊实验失败的波折，这一幕如果在克隆人时重演，谁来为227条生命的夭折负责

18. 下列句中没有语病的一项是（　　）。

A. "减负"后，我们学校开设了丰富多彩的活动

B. 实施西部大开发战略是党中央做出的重要决策

C. 大量植树种草直接关系到我们生活环境能否得到改善

D. 他那认真刻苦学习的精神，值得我们每个同学效尤

19. 下列各句中没有语病的一项是（　　）。

A. 很长一段时间，经济效益差一直困扰着这个五万职工的企业，谁也提不出使企业走出困境的灵丹妙药

B. 罗马尼亚艺术家的演出，博得了各界观众的热烈欢迎，对这次成功的演出给予了很高的评价

C. 如何防止青少年，尤其是中、小学生，在学校周边免遭抢劫，是落实未成年人保护法的大事

D. 目前，以专利、商标、版权为三大支柱的知识产权制度正在上海全面贯彻实施，至今年4月底，上海的专利申请总量已达35746件

20.下列各句没有语病的一项是（　　）。

A.安顺是一个美丽的城市，夏日的龙宫是人们避暑纳凉的好季节

B.能否贯彻落实科学发展观，是构建和谐社会、促进经济可持续发展的重要保证

C.宽带网不仅能浏览信息，还可以提供网上视频点播和远程教育等智能化、个性化

D.语文综合性实践活动，使我们开拓了视野，提高了能力

第三节　标点符号的用法

一、考点解读

标点符号的用法，是 2011 年北京市中考语文试题调整试卷结构后，在基础知识部分新增设的考查点，以选择题的形式出现。

这一考点的相关要求是：了解标点符号的书写规则、用法及其位置。常用的标点符号有点号和标号两大类。点号包括逗号、顿号、分号、冒号、句号、问号、叹号；标号包括引号、括号、破折号、省略号、着重号、连接号、间隔号、书名号、专名号。

常见的标点符号考查方式有：①判断所给的几句或一段话中标点符号使用的正误，选出正确的一项；②选出几组句子中误用标点符号的一项；③根据表达的需要，为一段话中隐去标点符号的地方添加正确的标点符号；④在原句上修改使用不正确的标点符号；⑤结合具体语境，理解常用标点符号所起表达作用的正误，做出选择。

标点符号的使用具有一定的综合性，初中阶段主要考查学生对常见标点符号的用法及其作用的掌握情况。因此，解答此类试题时要做到：准确掌握常见标点符号的用法和作用；在正确感知句意、段意的基础上，弄清句与句之间的关系，以便准确判断、合理使用标点符号；认真审读题干，准确捕捉有关标点的考查信息，揣摩命题者的设计意图和规律；平时要总结、积累标点符号使用的特点，并运用它们去解决相关的问题，还要注重在语境中准确把握各种标点符号的使用方法。

二、标点符号用法

常用的点号有七种，标号有九种，共十六种。点号的作用是点断，主要表示语句的停顿、结构关系的语气。按照使用的不同位置，点号可分为句末点号和句

中点号两种。

（一）句末点号：句号、问号、感叹号

1. 句号（。）

作为最常见的句末点号之一，句号很少单独考查，一般都结合引号进行考查，主要考查引号与句号的位置关系。因此具体的考查方式见后文引号的作用即可。

2. 问号（？）

（1）除一般的疑问句用问号表示疑问语气外，反问句和设问句句末也用问号。

例：世间还能有比这更居心险恶的事情吗？

是谁创造了人类世界？是我们劳动群众。

（2）选择问句只在句末用一个问号，句中各项之间要用逗号；但有时为了强调各选项的独立性，也可以在各项之后都用问号。

例：明天是你去监考呢，还是我去监考呢？

站在他们的前头领导他们呢？不是站在他们的后头指手画脚地批评他们呢？不是站在他们的对立面反对他们呢？

（3）有些表示委婉语气的祈使句，句末也可用问号。

例：请你们说话小声一点好不好？

（4）有的句子虽含有疑问词（谁、什么、怎么样等），但并非真正发问，而是表达了一个陈述语气，因而应用句号。

例：谁都不知道他是谁。

3. 叹号（！）

表示感情强烈的句子末尾的停顿。

（1）表示感叹句末尾的停顿。

例：歌唱吧，为迎接这辉煌的胜利！

（2）语气很重，很强烈的祈使句、反问句也用叹号。

例：小王，快来！快来！怎么会讲得这么糟呢！

（3）兼有两种语气的，例如兼有疑问语气和感叹语气的句子，通常应该根据句子的基本句式属于哪一种，以及这个句子用在哪个特定的地方所着重表示的语气，选用一个合适的点号。

例：这件事太难了，我该怎么办呢？又如：快去吧，这又有什么可犹豫的！

（二）句中点号：逗号、顿号、分号、冒号

1. 逗号（，）

逗号是句中点号的重点。

（1）表示句子里边的一般停顿。

例：中国一向是所谓"闭关主义"，自己不去，别人也不许来。

（2）单句的一般成分——主语和谓语之间，动词和宾语、补语之间，定语、状语和中心语之间，一般不用点号。在以下几种情况下，这些成分之间要用逗号。

①主语、谓语的情况特殊。

第一，主语（复杂的短语作主语）和谓语比较长，主语和谓语中间通常要用逗号。

例：这巨大的打击和难言的悲痛，几乎把吴吉昌击倒了。

第二，主语虽然短，但需要强调，主语后面要用逗号。

例：她，就是这次比赛中唯一的女冠军。

第三，主语后面带有语气助词，语气助词后面要用逗号。

例：你啊，还是这个老脾气。

第四，谓语是主谓短语，主语后有时要停顿，要用逗号。

例：你的申请，厂长已经同意了。

②变式句中间要用逗号。

第一，谓语前置的句子。

例：出来吧，你们！

第二，定语后置的句子。

例：荷塘四面，长着许多树，蓊蓊郁郁的。

第三，状语提到主语前头的句子。

例：眨眼间，岗尖岗尖的四大堆柴火已经准备好了。

③宾语较长，特别是当主谓短语或者动宾短语作宾语时，前边往往要用逗号。

例：我知道，你是为中国战士的鲜血而痛惜……

他每天早上起床后的第一件事是，打半个小时简化太极拳。

司机答应，把这批大学生尽快送到火车站。

④某些复指短语后头或组成成分之间要用逗号。

例：张敏，我们的班长，昨天突然病了。

这位是总务主任，我们的管家人。

⑤句子中除了一般成分外，还有独立成分。这些独立成分和一般成分之间要用逗号。

例：我们，包括领导同志，明天都要去植树。

⑥较长的并列的词语之间，一般要用逗号。

例：政治的黑暗，阶级的矛盾，人民的疾苦，在他的作品里都充分反映出来。

⑦反复的词语之间要用逗号。

例：水，水，我要喝水。

⑧转折连词后可用逗号，以突出转折的意思。

例：我的身体不太好，但是，和以前相比，已经好多了。

（3）在复句中，逗号主要用于下边两种情况。

①分句和分句之间除了有时用分号外，都用逗号。

例：虽然我一见便知道是闰土，但又不是我记忆上的闰土了。

②少数关联词语后面必要可用。

例：祖冲之虽然驳斥了戴法兴的谬论，但是，他所编制的《大明历》还是被搁置了。

（4）使用逗号需要注意以下几点。

①逗号虽然用处广泛，但也要注意用得恰当。除了上述几种情况外，不要碰到句内停顿就加上逗号。用不用逗号既要看是否需要停顿，更要看结构上能否断开。有的长句子读起来中间需要停顿，但结构上不能断开，也就不能加逗号。

例：它是站在海岸遥望海中已经看得见桅杆尖头的一只航船，它是立于高山之巅远看东方已见光芒四射喷薄欲出的一轮朝日，它是躁动于母腹之中的快要成熟了的一个婴儿。

②由"把""被"字组成的介宾短语和中心语，兼语和前面的动词联系都很紧密，因此，介宾短语后面，兼语前后都不能用逗号。

例：我们一定要把党风建设作为头等大事来抓。

主犯已被人民法院依法判处有期徒刑八年。

我们必须帮助青年人努力提高自己的文化素养。

2. 顿号（、）

（1）顿号也用于并列词语之间，不过这种词语比用逗号隔开的并列词语更简短，表示最小的停顿。

例：他引用了传说、民谣、古诗。

（2）使用顿号时应注意下列八点。

①并列词语中如果有连词"和""与""及""或""或者"等，不必要再用顿号。"和"类连词一般用在多项并列词语的最后两项之间。

例：我国科学、文化、文艺、卫生、教育和新闻出版等事业有了很大的发展。

②有的并列词语读起来并不停顿或者停顿很短，又不会产生歧义，中间就不必用顿号。

例：这在母亲的心里是多么惨痛悲哀和无可奈何的事啊！其他如"工农业""中外记者""甲乙丙丁"等都是这样。

③不是并列词语之间不应用顿号。

例：我家住北京朝阳区、和平里。（此句顿号前后是领属关系而不是并列关系，中间没有停顿，不应该用顿号。）

④只有两项并列词语的，一般不用顿号，而用"和""及"等连词。

例：老刘病了。昨天小张给他送去点心和水果。

⑤并列词语作谓语、补语，并列词语之间不用顿号，而用逗号。

例：一群年轻人在唱歌，跳舞。

这篇文章写得生动，感人。

⑥如果要把简短的并列词语加以强调，这些并列词语之间就不用顿号而用逗号。

例：这次采访，你必须带三样东西：钢笔，录音机，照相机。

⑦邻近的两个数字（一、二、三……九）连用，表示概数时不用顿号。如果是数字省略语，就要用顿号。

例：三四米　十之七八

全文共分四部分，第二、三部分是主体部分。

⑧如果并列词语中还有并列词语，大的并列词语之间用逗号，小的并列词语之间用顿号。

3. 分号（；）

（1）分号和逗号都可以用于复句内部的分句之间，不同之处在于分号常常用在并列分句之间，表示的停顿大于逗号。

例：这种作风，拿了律己，则害了自己；拿了教人，则害了别人；拿了指导革命，则害了革命。

（2）分号只用在复句中，不用在单句中。复句中除了并列分句以外的其他分句，如果分句内部已经用了逗号，分句之间通常就得用分号。分号的作用主要是使各分句间的结构层次清楚。

例：做，要靠想来指导；想，要靠做来证明。

两岸的豆麦和河底的水草所发散出来的清香，夹杂在水气中扑面吹来；月色便朦胧在这水气里。

（3）使用分号时应注意以下两点。

①单句排比，要求气势贯通，一般用逗号，不用分号。

例：对待同志要像春天般的温暖，对待工作要像夏天般的火热，对待个人主义要像秋风扫落叶一样，对待敌人要像严冬一样残酷无情。

②并列关系句，分句较短的用逗号不用分号。

例：虚心使人进步，骄傲使人落后。

4. 冒号（：）

冒号的基本用处是提示下文和总括上文，表示较大的停顿。

（1）提示下文。

①用在书信、发言稿开头的称呼语下边，有引起收信人、听众注意的意思。

②有在"××说"后面，表示后面是引用的话。

③用在提示性的话的末尾，表示后边有话要说。

例：历史已经不止一次地告诉我们：当社会急遽变化的时候，新的事物不断涌现，旧的关系不断改变，语言受到冲击，随着发生变化。

我已经说过：我向来是不惮以最坏的恶意来推测中国人的。

④用在总提的话后面，表示后面要分项说明。或者表示冒号前面的话引起后面的话。

例：我们一连穿过三座石坊：一天门、孔子登临处和天阶。

⑤表示后面是补充说明或解释性的话。

例：只是我总以为没有春和秋：冬末和夏初衔接起来，夏才去冬又开始了。

⑥用在强调动词后面的宾语，提起读者注意。冒号前的动词常用的有："想""说""问""是""记住""认为""证明""宣布""指出"等，宾语往往较长或复杂。

例：我想：希望是本无所谓有，无所谓无的。

事实证明：你的看法是完全正确的。

（2）总括上文。

在分项或从几个方面说了以后，用冒号表示后面还有一句总括的话。

例：教师爱护学生，学生尊敬老师：师生关系非常融洽。

（3）使用冒号时需要注意以下几点。

①冒号是句内点号。没有提示的意思，没有较大的停顿（即使出现了上述"想""说"等动词），就不要用冒号。

例：华老师批评他：不遵守课堂纪律。（冒号没有提示作用,因此应删掉冒号。）

我认为这首诗很好。（没有冒号，使用正确。）

②冒号一般管到句末，如果需要延长，要管几句或一段话，一般要用序次语或引号标明。

例：本词典主要作了如下修订：一、增加了一千多个新词；二、修改了释义下确切之处。

姐姐来信说："最近上海天气很热。妈妈已迁入新居。"

③"××说"之类放在引用的话前头，用冒号；放在引用话中间或者后边，不用冒号。

例：李老师说："我走了还有王老师，王老师会照顾她的。"

"谢谢你，"李老师说，"车快来了吧？"

"李老师，现在是什么时候了？"范福喜问。

④带有强烈感情和表示大声呼叫的称呼语后边不用冒号，用叹号；属于相互交谈的称呼语后边一般也不用冒号，用逗号。

例：同志们！你们辛苦了！

小高，这是你的票。

⑤不要在一个句子里套用两个冒号。

例：小刘来信说：近来农村中出现了三多现象：小企业多了，使用家用电器的多了，骑摩托车的多了。

应改为：小刘来信说近来农村中出现的一些现象，这些现象可以归纳为三多：小企业多了，使用家用电器的多了，骑摩托车的多了。

（三）标号：引号、破折号、括号、省略号、着重号、连接号、间隔号、书名号

1. 引号（""）

（1）引号用途主要有下面两种。

①表示话在引号里的话是实际那样说的（或者想说的），或者是引用来的。

例：船工从酣睡中醒来："敲门干什么？"

②表示放在引号里的话是有特殊意味的，如意义突出的，不照字面理解而别有含义的，作者不同意或者怀疑这种说法的，以及讽刺、反语等。

例：母亲是个"平凡"的人。（表示突出、强调）

白日的亮光把犯罪者的"成绩"完全暴露出来了。（反语）

此外需要指出的词语以及专名、术语、成语之类有时候也用引号。

例：这就是"滥竽充数"这个成语的由来。

好就好在它点出了南郭先生的要害，在于一个"充"字。

（2）使用引号，有三点需要特别注意。

①用引号的话里还有需要引用的话，外边一层用双引号，里边一层用单引号。

②凡是把引用的话独立来用，末尾的标点放在引号里边；凡是把引用的话作为作者自己的话的一部分，末尾不点标点。但是，引用的话末尾的标点如果是问号或叹号，那么，即使作为作者自己的话的一部分，一般也要予以保留。

例：贾岛诗云："两句三年得，一吟双泪流。"

写文章要做到"平字见奇，常字见险，陈字见新，朴字见色"。

他把"醉卧沙场君莫笑，古来征战几人回？"两句反复吟诵了好几遍。

那天晚上，我刚走到胡同口，就听到"啊呀！"一声。

③只说出别人的话的意思，不照原样引用，叫作转述。转述的话不用引号。

例：有的说，你们走了，就像我掉了一扇膀子；有说的，你们走了，就像是吃饭时缺少了盐；有的说，要是背得动，妈妈要把你们背着送过鸭绿江。

2. 破折号（——）

（1）破折号是标号中的重点。它有多种用途，主要有以下两种。

①表示它后边是解释或补充说明的话。

例：我在生活中的第一件艺术品——就是小屋。

无须挂画，门外有幅巨画——名叫自然。

行文中通常用一个破折号引出解释或补充说明的话，如上二例。如果这类语句插在一个句子中，往往前后两处都用破折号。

例：任何一门理论科学中的每一个新发现——它的实际应用也许还根本无法预见——都使马克思感到衷心的喜悦……

②表示后面是跳跃或转折的话。

例："好香的菜，——听到了风声了吗？"赵七爷站在七斤的后面七斤嫂子的对面说。

（2）破折号还有其他一些用法。

①表示说话中断。

例："你——"老张看了看我，亲切地说，"未来属于你们，你们青年人一定要刻苦学习，力争成为本行的专家。"

②表示声音的延长。

例：我们对着大海喊：周总理——

③副标题的前后，或只用在前面。

例：为了周总理的嘱托……

——记农民科学家吴吉昌

④表示事项的列举，多用于文件和科技文献。

⑤引文后面注明出处。

例：朱门酒肉臭，路有冻死骨。——杜甫

⑥注释后，说明注释者。

例：……如格林（英国新康德学派和新里格尔的创始者——译者）给他的影响更大了。

此外，破折号有时也可用于总括前文。例：革命和革命战争是进攻的，但是也有防御和后退，——这种说法才是完全正确的。

（3）使用破折号需要注意的是：破折号前面的词句原来有标点，用了破折号以后，一般说不必再保留那个标点，跳跃或转折的话除外。因为读到破折号时，总要停顿，省去那个标点不影响理解语意。

3. 括号（()）

（1）括号主要表示括起来的话是注释或补充说明前边的词语或句子。这种注释或补充说明面比较宽，可以解释语义，注明时间，也可以交代引出处，列举具体内容，还可以讽刺、批评、订正错误等。

（2）使用括号要注意以下几点。

①括号要紧挨前面被注释或说明的词语或句子。

②按注释范围大小来分，括号可分为句内括号和句外括号两种。前者只注释句中一部分词语，括号前如有点号要放在括号外边，括号内的最后一个点号（问号、叹号除外）应当省去。后者要放在全句句末点号之后，括号内的标点按一般情况处理。

例：他高声念道："万道光芒地，将出现了哟——新生的太阳。"（郭沫若：《太阳礼赞》）

猿人是第一次能用双手制造工具的人，他和那种只能本能地使用自然工具（石块、木棒）的一般南方古猿，有了本质的区别。

③括号和破折号都可以注释前边的话，两者的区别大致是：内容重要，属于正文的部分的，用破折号；内容不太重要，不是正文的一部分，只是注释，没有它也不影响意思完整的，用括号。

这里附带说明一下常用序次语的表示方式。

①用"首先""其次""最后"或"第一""第二""第三"等，后面用逗号。

例：首先，思想上要重视。……其次，要掌握有关知识。

②用"一""二""三"或"甲""乙""丙"等，后面用顿号。

例：根据代词指代的对象的不同，代词可分为三种：一、人称代词，二、疑问代词，三、指示代词。

③数字外面加了括号，序次语后面就不再加点号。

例：第一单元有下面几篇课文：（1）谈《水浒》的人物和结构；（2）说"小"；（3）文学评论两篇。

④用阿拉伯数字时，后面用小圆点。

4. 省略号（……）

（1）省略号用法如下。

①表示引文或引述的话里有所省略，表示重复的或者类似的语气的省略，还表示列举同类事物和序数词语的省略。

②表示话未说完、语意未尽、说话空隙，或者说话断续、沉默不语等。

例：原来如此！……

喂！是小陈吗？你托我买的书买到了……你什么时候来取？……好，好，再见！

（2）使用省略号要注意下面三点。

①省略号所表示的不必尽举的同类事物省略，一般要在列出三项以后再用，以便读者据以联想和补充省略的内容。

②省略号前边的话如果到了需要停顿的地方，应该用什么标点符号就用什么标点符号（如果是顿号、逗号也可以用），省略号后边不必再用表示停顿的点号。

③省略号相当于"等""等等",所以省略号后面不必再用"等""等等"。

（3）省略号和破折号都可表示语言的中断，两者的不同之处是：省略号表示余声未尽，破折号表示戛然而止。

5. 书名号（《》）

书名号主要用来标明书名、篇名、报刊名、文件名、戏曲名、歌曲名、图画名等。

（1）书名号之间可用顿号，也可不用任何点号。

例："激流三部曲"——《家》、《春》、《秋》

（2）书名与篇名连用时，先写书名，后写篇名，中间用间隔号，然后加上书名号。

例：《荀子·劝学》。

三、其他应注意的问题

（1）叹号、问号不能用在句子成分之间，因为其语气停顿相当于句号。

例：我呀，还得再活上一阵子呀！

（2）书名号容易忽视。

例：资本论不是很长吗？你不也要读吗？（"资本论"应加书名号。）

（3）破折号与省略号的区别：破折号表声音延长，省略号表说话断断续续。

例："我……不行……了，请……你……"。

（4）复指成分之间不能用逗号或顿号，如果用只能用破折号。

例：敬爱的总理——周恩来。

四、常见标点差错

（1）非疑问句用问号。

例：我不知道这条路谁能走通？但我一定要坚定不移地走下去。

"这条路谁能走通"虽然有疑问词，但它是"不知道"的宾语，整个句子是一个动宾结构的陈述句，故不能用问号。

（2）倒装句中问号前置。

例：到底去还是不去？我的小姑奶奶。

这是一个倒装句，"我的小姑奶奶"是全句的主语。凡是倒装问句，问号应置于句末，才能准确表达出疑问或反问的语气。不能一看到发问便加问号。

（3）分句之间用顿号。

例：浦东展开了翅膀，她是那样欢快、昂扬、奋发、正在向辉煌的明天飞去。

这里实际上有三个分句，在第二个分句和第三个分句之间，应用逗号而不是顿号。"欢快、昂扬、奋发"是联合词组。凡是联合词组，最后一个成分后面，不能用顿号。

（4）联合词组不同层次的词语之间用顿号。

例：上海的越剧、沪剧、淮剧、安徽的黄梅戏、河南的豫剧，在这次会演中，都带来了新剧目。

"越剧、沪剧、淮剧"是一个层次；它和安徽黄梅戏、河南豫剧组成联合词组，又是一个层次。不同层次之间都用顿号，必然脉络不清。第二层次应改用逗号。

（5）连词前面用顿号。

例：观众长时间地等待，只为一睹她的风采、或签上一个名。

"或"是连词。在不表并列关系的连词前面，无论是"或"，是"和"，是"及"，还是"与"，均不能用顿号。可根据不同句子的情况，或者删去顿号，或者改用逗号。

（6）概数用顿号。

例：看上去十七、八岁，一副瘦骨伶仃的样子。

"十七八岁"是邻近两个数字连用，表示大概年龄。既然是概数，便不能加顿号。因为概数无须停顿；一加顿号便成了"十七"和"八"并列了。这不符合表述原意。

（7）集合词语用顿号。

例：这次"严打"的成功，和广大公安干、警的努力是分不开的，和公安干、警家属的支持是分不开的。

"公安干警"是集合词语，"干"指干部，"警"指警察。集合词语是紧密结构，不能用顿号分隔开来。"中、小学生""大、专院校""指、战员""司、乘人员"，这些词语中的顿号都是不该用的。

（8）句中没有逗号径直用分号。

例：打好这一仗的关键是：一是发动群众；二是找准目标；三要速战速决。

顿号、逗号、分号、冒号，虽同为句内点号，但停顿的时间有长短之分。应先用停顿短的逗号，再用停顿长的分号，不能乱了秩序。只有在"分行列举的各项之间"，才能直接用分号。

（9）句中已用句号再用分号。

例：一、学习贵在自觉。要有笨鸟先飞的精神，自我加压；二、学习贵在刻苦。要有锲而不舍的精神，持之以恒；……

句号是句末点号，分号是句内点号。既然已经用了句号，表明整个句子已结束，再用分号，便显得不伦不类。或者句号改为逗号，或者分号改为句号。

（10）冒号后面揭示范围不清。

例：毛泽东有两句诗："独有英雄驱虎豹，更无豪杰怕熊罴"，我从中感受到了共产党人的大无畏精神。

从表面上看，冒号后面的内容，全是提示的范围。其实不然。这里提示的，只是两句诗。或者将冒号改为逗号，或者将逗号改为引号内句号。

（11）句中短暂停顿用冒号。

例：本市文坛三位女杰：王安忆、王小鹰、程乃珊在一起谈笑风生。

"三位女杰"和"王安忆、王小鹰、程乃珊"是同位词组，中间只需短暂停顿，不必用标点符号。如果一定要用，只宜用破折号，让王、王、程作"三位女杰"的说明词语。

（12）同一句中用两个冒号。

例：晚上开大会，张书记宣布：厂里要实行两项改革措施：一是持证上岗，二是脱产培训。

"宣布"后面是冒号，"措施"后面又是冒号，这是不符合标点符号使用习惯的。在同一个句子中，冒号一般只能用一个，否则便会面目不清。两个冒号中应有一个改为逗号。

（13）引语中"××说"后用冒号。

例："大桥就要通车了，"他环视了一下会场说："请大家咬紧牙关，作最后的冲刺。"

凡是在一段引语的中间插"某某说"，这"某某说"后面只能用逗号，不能用冒号。冒号在这里的作用是提示下文。用了冒号，前面的话便没有着落了。

（14）引语中句末点号设置。

例：李白的诗多豪迈："君不见黄河之水天上来，奔流到海不复回。"

为了子孙后代，为了中华民族，他们成了"盗火的普罗米修斯"。

用了引号后，句末点号究竟是在引号内还是在引号外，关键是看引用部分是独立成句的，还是从属于引用者。上句李白诗是完整的两句，句末点号应放在引号内；下句"盗火的普罗米修斯"，只是句中的宾语部分，句末点号则应放在引号外。一般来说，凡前面用了冒号，便是提示下面的引文是独立成句的。

（15）引号有直排和横排之分。直排用 L'LI，横排用" "和' '，不能横竖不分，乱用一气。有些广告设计者误以为直排引号古色古香，身份高横排符号一头，这种想法是要不得的。

（16）不是书名用书名号。

例：《丽达公寓》即日发售……

书名号用于书名、篇名、报纸名、刊物名。"丽达公寓"是商品房的名称，是不能用书名号的。不能为了突出某一表述对象，便乱用书名号。

五、典型试题

1.下列句子使用问号有错误的一句是（　　）。

A.延安的革命传统结出了丰硕之果，有谁不万分欣喜呢？

B.只有古柏知道这昔日的野岭荒山，恶水险川，是怎样变成了今天的繁华世界？

C. 我们的饺子是亲手包的，亲手煮的，怎能不最好吃呢？

D. 与天文祥、卓别林、诺贝尔相比，一个青年人才瑕瑜互见，就不至于大惊小怪了吧？

2. 下列句子使用感叹号有错误的一句是（　　）。

A. 让我们行动起来，用自己的双手营造出千千万万片森林，尽情地享受"森林浴"吧！

B. 石的感情是多么沉郁、厚实、丰富，跟人们心心相印啊！

C. 真美啊！桂林的山水。

D. 保守落后的人就是阻碍社会向前发展的人！

3. 下列句子使用顿号、逗号、分号有错误的一句是（　　）。

A. 一来一去，来的时候凶猛；去的时候又多么平静啊！

B. 战鼓声、金锣声、呐喊声、叫号声、啼哭声、马蹄声、车轮声、机翼声，掺杂在一起，像千军万马混战了起来。

C. 如果不是碰上了花店的一场争执，知道了它的生长规律，这一盆万年青，不但不会变成两盆、三盆，恐怕是弃置在一边，不再过问，久而久之，也就枯死了，岂不冤哉！

D. 伟大的东西总是围以辉煌的光彩，辉煌的光彩就会激起虚荣心，而虚荣心又很容易引起激动或我们心目中的激动；谁要是为名利的恶魔所诱惑，他就不能保持理智，就会依照不可抗拒的力量所指引给他的方向扑去。

4. 引号的用法有：A. 引用，B. 特定称谓，C. 强调，D. 讽刺，E. 否定。请在句后括号中填写相应用法的字母序号。

①总司令把"大胜仗"三个字拉得长长的，加重了语气。（　　）

②三味书屋是几十年前的书塾，当年"诗云""子曰"，咿咿哑哑的读书声街上都听得到，盛极一时。（　　）

③这样空想出来的"道理"其实并不像什么道理。（　　）

④"眼高手低"常常是使许多原来的名手渐渐无声无息的重要原因之一。（　　）

⑤我孩子时候，在斜对门的豆腐店里确乎终日坐着一个杨二嫂，人都叫伊"豆腐西施"。（　　）

5. 破折号的用法有：A. 下文对上文的注释说明或总结，B. 提示下文，C. 插说，D. 语意递进，E. 话题转换，F. 说话延长，或停顿，或中断。请在句后括号中填写相应用法的字母序号。

①有的人死在战场上，有的人死在酷刑下，而我们的钱班长却死在他的岗位上——锅炉前。（　　）

②你买这本书吧——这本比那本好。（　　）

③"哦！您，您就是——"（　　）

④车夫毫不理会，——或者并没有听到，——却放下车子，扶那老女人慢慢起来。（　　）

⑤这句名言，蕴含着丰富的哲理，它给人们——特别是热心改革，勇于创新的人们以深刻的启示。（　　）

⑥敬请说明——新任州长竞选人可否将下述事实经过向本市若干迫切等待着给他投票的市民赐予说明，以释群疑？（　　）

6. 省略号的用法有：A.引用的省略，B.列举的省略，C.话音的断续或延长。请在句后括号中填写相应用法的字母序号。

①总而言之：我将不能常到百草园了。Ade，我的蟋蟀们！Ade，我的覆盆子们和木莲们！……（　　）

②"它们从来不争，也不计较什么，还是继续劳动，继续酿蜜，整日整月不辞辛苦……"（　　）

③"非常难。第六个孩子也会帮忙了，却总是吃不够……又不太平……什么地方都要钱，没有定规……收成又坏。种出东西来，挑去卖，总要捐几回钱，折了本；不去卖，又只能烂掉……"（　　）

7. 为下面语句选择正确的标点，将序号写在括号里。

记得在小学里读书的时候①班上有一位"能文"的大师兄，在一篇作文的开头写下这句②鹦鹉能言，不离于禽③猩猩能言，不离于兽④

A.①，②：③，④。　　　　B.①。②："③；④。"

C.①，②："③。④。"　　　D.①，②："③；④。"

8. 下列句子使用标点符号正确的一项是（　　）。

他随手拨开分队长的手说　嘿　什么首长　在这里我是战士　你才是首长哩　分队长同志　我有个意见　你得赶快把大家组织一下　风雨里看不清　要特别注意安全

A.："　，　，　！　，　：　，　，　。"

B.："　，　，　，　。　，　：　，　，　！"

C.："　，　，　，　！　，　：　，　，　！"

D.："　。　，　，　。　，　：　，　，　。"

9. 在下面这段话的四个空格处依次填标点，最准确的一项是（　　）。

①你这可不行②战士一面理着绳子，一面真像老战士似地批评起来③这样毒的太阳，你光着膀子，一会儿就晒爆皮了，可痛啦④说着就去给他拿衣服。

A.①"②，"③，④。"　　　　　　　　B.①"②。"③："④。"

C.①"②！"③。"④！"　　　　　　　D.①"②，"③，"④。"

10. 对下列句子中标点符号用法分析不正确的一项是（　　）。

A. 我们对着高山喊：周总理——（破折号表示声音延长）

B. 一个矮小而结实的中年人——内山老板走了过来。（破折号表示解释说明）

C. 好个国民党政府的"友邦人士"！（引号表示讽刺、否定）

D. 当他带着他的师跨进"天下第一关"时，他也是这样走着的。（引号表示引用）

11. 下列句子标点符号使用正确的一项是（　　）。

A. 他问我是如何将宏大的历史浓缩在 140 分钟的音乐舞蹈史诗《复兴之路》
之中的？

B. 语文学科考试以教育部制订的《全日制义务教育语文课程标准》为依据，
以《课程目标》规定的内容为考试范围。

C. "诗有什么作用？"台湾美学家蒋勋说，"我常常觉得诗只是在最哀伤最绝
望的时刻，让你有面对生命的平静"。

D. 滴灌、微喷、小管出流……这些节水灌溉方式已经在密云县 80% 的农田
广泛应用，全县节水灌溉面积目前已达 37.9 万亩。

12. 下列句子的标点符号使用正确的一项是（　　）。

A. 西城区在全市率先推出"保护和促进老字号发展若干意见"。这是西城区
保护和促进区域百家老字号发展的根本性文件。

B. 目前网络上流行电子版古籍，很多研究者在思考国学网站上的电子版古籍
是使用简体字好，还是使用繁体字好？

C. 燕子去了，有再来的时候；杨柳枯了，有再青的时候；桃花谢了，有再开
的时候。但是，我们的日子为什么一去不复返呢？

D. 金中都的皇宫奢华浮艳，正如清代官书《日下旧闻考·宫室》中所说的"其
宫阙壮丽，虽秦阿房汉建章，不过如是。"

13. 下面各句标点使用有误的一项是（　　）。

A. 京剧的五大行当——生、旦、净、末、丑在表演上各具特色。

B. 学校的社团活动丰富多彩，我是选文学社呢，还是选天文社呢？

C. "人不可有傲气，"老师语重心长地对我说："但不可无傲骨"。

D.《朝花夕拾》是鲁迅先生唯一的一本回忆散文集，一向得到极高的评价。

14. 对下面语段中所使用的标点符号的修改不正确的一项是（　　）。

"如果你是一颗最小的螺丝钉，你是否永远坚守在你生活的岗位上？"这是雷
锋在日记中写下的一句话。我们可以看到——生活中有很多人就就业业地工作，
就像是一颗螺丝钉。他们干一行，爱一行，钻一行，在自己的岗位上学习践行雷
锋精神，一滴水可以折射太阳的光芒，小小的钉子，大写的人字！小小的事情，
高尚的品格。

A.引用雷锋日记中的话，句末问号应去掉。

B."可以看到"后面的破折号应改为逗号。

C."学习践行雷锋精神"后面应使用句号。

D."小小的事情"前面的叹号应改为分号。

15.下列句子的标点符号使用正确的一项是（   ）。

A.有诗云："长桥驾彩虹，往来便市井。日中交易过，斜阳乱人影"。

B.未到婺源，婺源是一个奇迹，来到婺源，婺源有许多奇迹。

C.翻开《红楼梦》，我们会为曹雪芹当年在悼红轩中"披阅十载，增删五次"而感动。

D.北京的美食有哪些？您一定会说出一大串儿：什么豆汁儿啦、炒肝啦、爆肚啦……

16.下面语段中标点符号使用不正确的句子是（   ）。

①"中国的年轻人不自私"。海外媒体这样评价说。

②地震中，他们是把生机留给学生把死亡留给自己的老师。

③地震后，他们是蹚过湍急的河流通报险情的勇者。

④救灾中，他们又是组织有序冲锋在前的志愿者。

⑤中国的年轻一代，以自己在抗震救灾中的表现，赢得了世界的赞叹。

A.第①句和第②句   B.第①句和第③句

C.第②句和第④句   D.第③句和第⑤句

17.对下列句中标点符号修改不正确的是（   ）。

A.让我们出去散散步吧！   修改 将句中叹号改为句号。

B.那优美的琴声啊！令我如痴如醉。 修改 将句中叹号改为逗号。

C.有人问我什么最难——我答不上来。 修改 将句中破折号改为问号。

D.老师说：毕业后她会想念我们的。 修改 将句中冒号改为逗号。

18.下列句子的标点符号使用正确的一项是（   ）。

A.教育部2012年3月下发了"关于建立中小学幼儿园家长委员会的指导意见"的文件，要求有条件的公办、民办中小学幼儿园要建立家长委员会。

B.本市今年25万亩平原造林工程传来捷报：截至5月1日，全市植树突破万株，提前完成全年任务的74%，取得重大阶段性成果。

C.南京长江大桥远看是一道直线，直线美不美，这种设计符合新的审美观吗？我们对这两个问题，不宜笼统地提问，也不能笼统地答复。

D."不过人不是为失败而生的"，他说。"一个人可以被毁灭，但不能给打败。"

19.下列句子的标点符号使用有误的一项是（   ）。

A.我站在海南的沙滩上，举目四望，不禁想起郭沫若那句"波青海面阔，沙白磊石圆"。远方烟波浩渺，水天一色；近处奇石磊磊，被海水冲刷得光滑无棱。

B. 英国诗人马维尔在《花园》一诗中写道："对自然那甜蜜的宁静而言，人类是太鲁莽了。"这似有陶渊明《归去来兮辞》那种"今是而昨非"的感慨。

C. 一片大地能昂起几座山？一座山能涌出多少树？一棵树里能秘藏多少鸟？一声鸟鸣能唱出多少天机？——大自然有许多奥秘等待我们探索。

D. 我从他那里知道数学家黎曼（他说了国籍，但我没记住。）在 1859 年提出的猜想就像一座巍峨的山峰，吸引了众多数学家去攀登，但谁也没能登顶。

20. 下列句子的标点符号使用正确的一项是（　　）。

A. "飞流直下三千尺，疑是银河落九天。"李白这两句诗把庐山瀑布雄伟壮观的景象描写得极为生动。

B. 第 12 届北京车展中，跨国车企的首发车大多体现了未来汽车的发展方向，新能源和小型化。

C.《文化中国》丛书包括《中国人的思想历程》《中国人的科学精神》《中国艺术的特质》等 12 册书。

D. 汝窑素雅温润，官窑精致莹澈，哥窑釉色独特，钧窑云蒸霞蔚，定窑如银似雪：中国的陶瓷艺术辉煌灿烂，卓越千古。

第四节　语言的衔接连贯

一、考点解读

语句衔接是指将若干语句围绕统一的话题，并拥有一个共同的中心，有条理地排列，最终构成一个文段。连贯就是语言的表达要注意句与句的排列组合，注意上下句的联系、衔接与呼应，做到话题统一，句序合理，衔接和呼应自然。这类考题主要考查学生的语言表达能力和逻辑思维能力。多以选择题的形式出现，题型多为定位选句和排序题。

简明："简"的含义是"简要"，"明"的含义是"明确""明白"。"简明"就是要求在表达时要注意简洁、不啰唆，明白、不晦涩、无歧义。

连贯：指的是句子内或句与句之间内容一致，语意顺畅，语气贯通。

语句衔接连贯的要求是：一段话话题要统一，语句间语意要紧密相连，句子的顺序要合乎逻辑，前后要呼应自然，要做到语句表达衔接连贯，有一定的技巧，掌握了这些技巧，做到语句表达衔接连贯，并不是一件难事。做到语言表达连贯，从方法上应注意以下几点。

（1）注意陈述角度的一致。

（2）注意统一话题，不要旁逸斜出。

（3）注意选用恰当的、统一的句式。

（4）注意句内语言风格、感情色彩的协调一致。

（5）注意句间的过渡、照应。

（6）注意词语间、句子间的逻辑顺序。

得体：指的是能够恰当地使用语言，体现语境和语体的要求。

（1）要注意说话时的对象、场合、目的——符合语境要求。

（2）要注意符合口语表达和书面语表达的不同要求——符合语体要求。

（3）要注意用语文明得体——积极健康。

二、例题分析

1.分别填入下面语段中横线上的句子，最恰当的一项是（　　）。

小明不愿意上学，他钻到床底下躲了起来，小明爬到床底下，偷偷躲了起来，_____，从床底下拽了出来，送到幼儿园去了。

A.妈妈找了好久，最终才发现他

B.但后来还是让妈妈找到了

C.使妈妈找了好久，终于把他找到了

D.但妈妈毕竟发现了他

[解析] 这道题考查的是叙述角度。文段是以"小明"为主语进行叙述的，因而衔接句的叙述角度就必须也以"小明"为主语，据此就可以排除 A、D 两项。"小明"是"拽""送"两个动作的接受者，从句式角度看应该是用被动句，据此可以排除 C 项而选择 B 项。

2.填入下面横线处的句了，与上下文衔接最恰当的一组是（　　）。

去年暑假，爸爸带我去潜山爬山。_____；山顶上，电视塔高高矗立，煞是雄伟。

A.这里的景色真美！山脚下，温泉河静静流淌，碧波粼粼

B.这里的景色真美！山脚下，静静流淌的温泉河，碧波粼粼

C.那儿的景色真美！山脚下，温泉河静静流淌，碧波粼粼

D.那儿的景色真美！山脚下，静静流淌的温泉河，碧波粼粼

[解析] 答案：C。一是注意时空关系，因为是去年暑假发生的事，应用"那"来远指；二是句式要一致，应该与最后一句句式相同。

3.阅读下面语段，为空格处分别选择恰当的句子，将序号填在横线上。

谁都不会想到，林书豪，（1）_____，竟率领球队在 NBA 赛场上创造了七连胜的佳绩。

同样是替补队员，当别人迷茫、抱怨的时候，林书豪每天都在训练体能，研究比赛。七连胜的奇迹，（2）_____。

（1）A.这个任何时候都可能被裁掉的队员

B.这个任何时候都不可能被裁掉的队员

（2）A.不是上帝的赏赐，就是日日苦练的必然结果

B.不是上帝的赏赐，而是日日苦练的必然结果

［解析］解答此类题目的关键，是通过对语意的把握和对关键词语的分析，准确地找出与所提示或暗示的词句相呼应的选项。本题中的语段，主要评价林书豪创造的奇迹，从"谁都不会想到"和"竟"可以看出，林书豪之前并不被看好，所以第（1）题选填A项是合适的；林书豪创造七连胜的奇迹，原因在于他每天都在"训练体能，研究比赛"，因此第（2）题选填B项。

4.将"那么，忙了请停一停，累了请歇一歇"这句话还原到下面语段中，最恰当的一处是（　　）。

生活在日新月异的时代，忙与累也许是无法避免的。（A）当我们稍作停歇，伸手把过一枝梅花，此时不用再去美慕梅妻鹤子的悠闲。（B）嗅一嗅梅花的清香，就能嗅到生活的芬芳。（C）能嗅到生活芬芳的人，四季都有花开。（D）四季的花香会让我们远离忙碌和疲惫，享受到生活的惬意与美好！

［解析］解答这道题，要充分考虑到该句与前后句是否衔接，语意是否连贯。"那么，忙了请停一停，累了请歇一歇"讲到"忙"和"累"，只有A处的前一句讲到了"忙"和"累"，而B、C、D三处都没有"忙"和"累"的字眼。如果放入它们三处中的任何一处，无形中就打乱了原语序，因而放入A处最佳。

5.依次填入文中横线上的语句，最恰当的一项是（　　）。

武汉曹祥泰生产的月饼，一向以_____而享誉全国。

A.香甜可口，选料精细，工艺精湛，配方科学

B.配方科学，选料精细，工艺精湛，香甜可口

C.工艺精湛，配方科学，香甜可口，选料精细

D.选料精细，香甜可口，配方科学，工艺精湛

［解析］最恰当的一项是B。组织这几句话的顺序首先应该按制作及成品的先后顺序来确定顺序；在其制作的过程中又应该按配方、选料、制作流程所体现出的工艺这样的先后顺序来写。

6.把带序号的句子依次填入下文中横线处，使上下文语意连贯。（只填序号）

建筑不是浮在空中的，它跟一个民族的文化、理念和思维方式紧密相关。"中则正，满则覆"，_____，_____。_____，_____。方方正正的一个房子，故意缺少一角，留出一点缺憾，意思就是不能过满，过满就走向反面了。

①它的审美趣味在于"整"和"缺"

②这是中国人的处世之道

③中国建筑不过分追求完美

④同样也反映在建筑上

[**解析**] 答案：②④③①。先通读语段，包括待选的句子，理解语段的主要内容；然后根据第②句中的"这"（指"中则正，满则覆"）和第④句中的"同样"确定次序为②④；再根据第④句中的"在建筑上"和第③句"中国建筑"二者之间的衔接关系，可确定正确的排序为②④③①。

7. 将下列句子重新排列后填入横线中，与前后句组成一段语意连贯的文字。（只填序号）

一个真正的读者应具备基本的判断力和鉴赏力，能够辨识一本书的优劣，本能地拒斥劣书，倾心好书。_____一旦你的灵魂足够丰富和深刻，你就会发现，你已经上升到了一种高度，不再能容忍那些贫乏和浅薄的书了。

①只要坚持这个标准，灵魂的品质和对书的判断力就自然会同步得到提高。

②这种能力部分来自阅读的经验，但更多地源自一个人灵魂的品质。

③当然，灵魂的品质是可以不断提高的，读好书也是提高的途径，二者之间有一种良性循环的关系。

④重要的是一开始就给自己确立一个标准，每读一本书，一定要在精神上有所收获，能够开启你的心智。

[**解析**] 答案：②③④①。上句中讲述的判断力和鉴赏力是人的能力的一种，所以后文应衔接第②句。第③句开头紧承第②句结尾着讲"灵魂的品质"。通过第④句"确立一个标准"和第①句"坚持这个标准"，确定后两句的顺序为④①。语意连贯题中最重要的是紧扣前后文语句，做好语意的衔接。

8. 依次填入下列横线上的句子，排序最恰当的一项是（   ）。

一个人小时候喜欢的味道，会"蛊惑"他的一生。最野蛮的要数夜来香了，白天倒温和，一到晚上，_____，烈得近不可闻；梅花香得凛然，_____，即使是最豪奢的新贵站在她面前，也会受到威胁；柑橘花的香是潮湿的，_____，飞不远，让人觉得就在周围，觉得牢靠。

①像酒精勾兑的假酒

②像翅膀沾了雾气的虫子

③像不肯俯就的没落贵族

A. ③②①   B. ②①③   C. ①③②   D. ②③①

[**解析**] 答案：C。本题是一道"语句复位"题，要结合句意，抓住关键词句选择，如根据"烈得近不可闻"选①，再根据"新贵"选③，最后根据"飞不远"确定②。

9. 下面横线处应填入一组句子，调整下列各句的顺序，将调整后的句子序号依次写在横线上。

两进院落以上的四合院，多分为外宅和内宅两部分。_____。

①外宅为宾客居住，内宅为主人居住

②垂花门为四合院内的二进门，俗称"二门"

③内外宅之间用一堵墙隔开，这堵墙上的门通常用垂花门

④所谓"大门不出，二门不迈"的"二门"，指的就是垂花门

[解析] 本题答案为①③②④。在这道题中，话题为简要介绍四合院的相关知识。首先要关注到原语段中词语的先后顺序，再分析给出的四句话中的衔接，即注意到顺序的照应：原语段先说"外宅"，再说"内宅"，①句也是先说"外宅"，再说"内宅"；除此之外，四句话的排序用到了前一句话的宾语是后一句的主语的技巧，逐句地展开要说明的内容，前后句形成了环环相接的一组句子，语意紧密相连。

10.结合语境，填入横线处最恰当的一项是（   ）。

北京奥运会的圣火跨越了千山万水，传遍了五洲四海。无论哪个民族、哪种文化、哪种信仰的人们，都会从奥运圣火的传递中，感受到它彰显的进取精神，领悟到它承载的友谊信息，体会到它倡导的和平宗旨。"圣火"的传递，_____。

A.让世界各地了解北京奥运，把世界人民汇聚到五环旗下

B.表现了北京奥运会的特色，把世界人民汇聚到五环旗下

C.让世界各地了解北京奥运，弘扬了和平与友谊的奥运理念

D.表现了北京奥运会的特色，弘扬了和平与友谊的奥运理念

[解析] 这一段素材是由三句话组成：三句话之间的关系是分总关系，前两句具体陈述奥运圣火到了哪里，全世界的人民都从中感受、领悟到什么内涵。第三句总括其作用。让学生判断续接的句子，哪两句最恰当，给出的最佳选择为A。在一段话内，总分（或者分总）关系的句子，上下要互相照应，扣合严密。B选项和D选项中"表现了北京奥运会的特色"一句，与原文内容不符，没有体现上下要相互照应，扣合严密的原则；而且C选项和D选项中"弘扬了和平与友谊的奥运理念"一句中"和平与友谊"的语序与原文不符，并且对原文信息概括不全。

三、典型试题

1.结合语境，在下面语段中的横线处填写句子最恰当的一项是（   ）。

你看那急速漂流的波涛一起一伏，真是"众水会万涪，瞿塘争一门"。而两三木船，___①___，像鸟儿扇动着翅膀，正在逆流而上。不久，江面更开朗辽阔了。两条大江，骤然相见，欢腾拥抱，___②___，波涛沸荡，至此似乎稍为平定，水天极目之处，灰蒙蒙的远山展开一卷清淡的水墨画。

A.①朝怒涛冲去　②激起云雾迷蒙

B.①却齐整地摇动着两排木桨　②烟波浩渺

C.①却齐整地摇动着两排木桨　②激起云雾迷蒙

D.①朝怒涛冲去　②烟波浩渺

2.结合语境，在下面语段中的横线处填写语句最恰当的一项是（　　）。

一江秋水，澄蓝澈底；两岸青山，层峦叠嶂；＿＿＿＿＿＿＿，繁密茂盛。这里是陕西佛坪自然保护区，九十年代人们曾在这里发现了白色和棕色的大熊猫，堪称"宝中之宝"。大熊猫的活动很有规律：秋天，它们生活在海拔1600米的地带避风；冬天，低处日照短，竹叶结霜，它们就迁往1800米的高山；入春以后，低处转暖早，＿＿＿＿＿＿＿竹笋开始萌发，它们就迁到竹子繁盛的地方。

A.竹林几片　1600米以上　　　B.竹林几片　1600米以下

C.几片竹林　1600米以上　　　D.几片竹林　1600米以下

3.结合语境，将下列句子填入横线处，最恰当的一项是（　　）。

我喜欢秋天的雨。淅淅沥沥的秋雨，＿＿①＿＿。柔柔的雨线，从空中飘然而落。这时候，我最喜欢靠在窗边，聆听仙籁，享受平淡中的一份清雅，品味人生的乐趣，觉得这也是一种莫大的幸福。而随着一阵清凉的风，迎面拂来，这时你就会惊喜地发现，＿＿②＿＿。

A.①不缓不急地敲打着窗棂　　　②酷热的夏天已成为梦中的回忆了

B.①紧锣密鼓地敲打着窗棂　　　②夏天的酷热已成为梦中的回忆了

C.①不缓不急地敲打着窗棂　　　②夏天的酷热已成为梦中的回忆了

D.①紧锣密鼓地敲打着窗棂　　　②酷热的夏天已成为梦中的回忆了

4.结合语境，在下面语段中的横线处填写句子最恰当的一项是（　　）。

娘子关的飞泉最壮观的当数水帘洞泉，飞泉从山顶突出的山嘴上飘然而下，泉后的山石在流水的浸润下满是苔藓、葛藤。那飞泉白光一闪，当空划破厚重的浓绿，散成一挂珠帘，靠着石壁悬垂下来；＿＿①＿＿，贴着绿壁，浴着艳阳，时舒时卷，就专等谁来作画题诗了。飞泉流到谷底，如银河泻地，云翻水怒，＿＿②＿＿，掬拢成一泓清潭，再转山绕石，悠然而去。

A.①又像是一轴素绢　②飞珠碎玉

B.①又像是一幅挂毯　②珠飞玉碎

C.①又像是一幅挂毯　②飞珠碎玉

D.①又像是一轴素绢　②珠飞玉碎

5.将下列句子填入文段中的横线处，顺序最恰当的是（　　）。

2012年2月23日，北京启动新中国成立以来最大规模的"名城标志性历史建筑恢复工程"和"百项文物保护修缮工程"，每年投入10亿元用于文化遗产保护。此次"名城标志性历史建筑恢复工程"，＿＿＿＿＿＿＿，保护好以现状护城河为标志的外城轮廓及城墙走向，进一步保护和恢复北京古都的整体形象和传统城市结构。同时启动的"百项文物保护修缮工程"，＿＿＿＿＿＿＿＿，＿＿＿＿＿＿＿＿。

①将其转化为服务于人类现代和未来生活的文化资源

②将通过深入发掘文化遗产的多重价值

③将保持明、清北京城"凸"字形城市轮廓平面

A.①②③　　　B.③①②　　　C.③②①　　　D.②③①

6.结合语境，在下列语段中的横线处填写句子正确的一项是（　　）。

（1）青春是珍贵的，她是人生最美的花朵。＿＿＿＿＿＿＿＿；青春的意义在于它是开拓进取的精神，是顽强不屈的性格；青春的奥秘在于它是正在萌芽的希望，是奋勇向前的理想。

（2）我见过雍容的牡丹、清雅的菊花、婀娜的水仙、纯洁的荷花。然而令我终生难忘的却是这样一种花——它不是开在阳春三月，而是开在寒冬腊月；＿＿＿＿＿＿＿＿；迎接它出生的不是和煦的春风，而是凛冽的北风；滋育它成长的不是甘甜的雨露，而是人民的眼泪。它，就是献给周总理的花，那天安门广场上一望无际的——花。

A.（1）青春的价值在于它是连城不啻的珍宝，是稍纵即逝的瞬间

　　（2）它不是在花坛暖房里绽开，而在冰天雪地这样的地方怒放

B.（1）青春的价值在于它是珍宝连城不啻，它是瞬间稍纵即逝

　　（2）它不是绽开在花坛暖房，而是怒放在冰天雪地这样的地方

C.（1）青春的价值在于它是连城不啻的珍宝，是稍纵即逝的瞬间

　　（2）它不是绽开在花坛暖房，而是怒放在冰天雪地这样的地方

D.（1）青春的价值在于它是珍宝连城不啻，它是瞬间稍纵即逝

　　（2）它不是在花坛暖房里绽开，而在冰天雪地这样的地方怒放

7.结合语境，将下列句子填入横线处，顺序最恰当的一项是（　　）。

我见过森林里参差不齐的各种树木。这里没有等级观念，没有恃强凌弱，没有明争暗斗；＿＿＿＿＿＿＿＿。地上，统一的绿色着装，难辨彼此；地下，千万条血脉相连，密不可分。＿＿＿＿＿＿＿＿。狂风来了，身材高大的树木手拉手筑成一道道城墙，阻挡着狂风前进的脚步，竭尽全力保护着弱小；暴雨来了，一把把大小不一的绿伞，各尽所能地阻挡着雨水的冲刷。＿＿＿＿＿＿＿＿。

①森林里的树，体现着友善、互助、和平

②它们言行一致，步调统一

③这里只有平等，只有团结，只有合作

A.②①③　　　B.③①②　　　C.②③①　　　D.③②①

8.结合语境，在下面语段中的横线处写句子最恰当的一项是（　　）。

新雨过后，苍翠如濯的山冈，＿＿＿＿＿＿＿＿，显得那么忧郁、沉默；潮声澎

湃犹如万马奔腾，遥望波涛汹涌，好像是无数条白龙＿＿＿＿＿＿＿于海面群峰之间。

A.①浓云密布，仿佛罩着轻纱的少妇　②盘旋飞舞

B.①云气弥漫，仿佛罩着轻纱的少妇　②起伏追逐

C.①云气弥漫，仿佛罩着轻纱的少妇　②盘旋飞舞

D.①浓云密布，仿佛罩着轻纱的少妇　②起伏追逐

9.结合语境，将下列句子填入横线处，最恰当的一组是（　）。

近了，近了，我倾听到了春天的脚步声。燕子在呢喃，＿＿＿＿＿＿＿，潺潺流水捎来了春天的讯息。不知从哪里＿＿＿＿＿＿＿，接着，就像早约好似的，树们绽开新芽，碧草绿满山坡，到处是诱人的绿。

A.大雁掠过蓝天　溜来一抹新绿

B.大雁掠过蓝天　长出一片绿色

C.蓝天上掠过一群大雁　长出一片绿色

D.蓝天上掠过一群大雁　溜来一抹新绿

10.结合语境，在下面语段中的横线处填写句子最恰当的是（　）。

我爱小池，也爱溪流，是因为我爱它们的"清"和"远"。小池清澈见底，汪汪一碧，宛如一块温润的碧玉。＿①＿，各种颜色的小鱼穿行其间，历历可数。溪流蜿蜒，如一条银蛇，＿②＿，游向远方，像一位活泼的姑娘，唱着欢快的歌儿，踏着轻快的脚步，走出群山去迎接朝阳和大海。

A.①水底轻轻晃动着绿油油的水草　②时隐时现

B.①水底轻轻晃动着绿油油的水草　②清澈透明

C.①绿油油的水草在水底轻轻晃动　②时隐时现

D.①绿油油的水草在水底轻轻晃动　②清澈透明

11.结合语境，将下列句子依次填入横线处，顺序最恰当的一项是（　）。

深夜听泉，别有一番滋味。泉声浸着月光，听来格外清晰。白日里浑然一片的泉鸣，此时却能分出许多层次：那＿＿＿＿＿者，是草丛中淌过的小溪；那＿＿＿＿＿者，是石缝间漏下的滴泉；那＿＿＿＿＿者，应为万道细流汇于空谷；那＿＿＿＿＿者，定是激流直下陡壁，飞瀑落入深潭。至于泉水绕过树根，清流拍打着卵石，则轻重缓急，远近高低，各自发出互不相同的音响。这万般泉声，被一支看不见的指挥棒编织到一起，汇成了一首奇妙的交响曲。

①清脆如弹拨　②厚重如贝斯轰响　③柔曼如提琴　④雄浑如铜管齐鸣

A.①②③④　　B.①③②④　　C.③①②④　　D.④②③①

12.结合语境，在下面语段中的横线处填写句子最恰当的一项是（　）。

迎面起了风，＿①＿。我仰起头一望：街道两旁的树木都黄了，太阳光一映，显出一片透明的金色。＿②＿！

A. ①一阵落叶扑到我身上   ②北京的初冬多美啊

B. ①一阵落叶落在我身上   ②多美啊，北京的初冬

C. ①一阵落叶落在我身上   ②北京的初冬多美啊

D. ①一阵落叶扑到我身上   ②多美啊，北京的初冬

13. 结合语境，将下列句子填入横线处，顺序最恰当的一项是（   ）。

农村的道路像一些遗弃的绳子，_____，永远不会有人想起把它弄直；河流始终妄图躲开人类，_____；树林是淡青的，它们已由自然繁殖生长改为人工种植，_____。

①这些本已归顺人类的植物不再能躲匿住任何一个童话了

②被随便地扔在田野上

③却总是在某个拐弯处踩住它

A. ③②①   B. ①③②   C. ②①③   D. ②③①

14. 结合语境，将下列句子填入横线处，顺序最恰当的一项是（   ）。

我怀想着故乡的雷声和雨声。那隆隆的有力的搏击，从山谷返响到山谷，___①___。

我怀想起故乡放雏鸭的人了。一大群鹅黄的雏鸭游牧在溪流间。溪水潺潺，___②___，远山如黛。牧人的手里执着一根长长的竹竿，他的小队伍欢欣地发出咽啾声，驯服地随着他的竿头越过一个又一个山坡。夜来了，帐幕似的竹篷撑在地上，就是他的家。

A. ①仿佛春之芽就从冻土里萌发，苏醒，而怒苗出来   ②拂面的轻风

B. ①仿佛春之芽就从冻土里萌发，苏醒，而怒苗出来   ②轻风拂面

C. ①仿佛春之芽就从冻土里震动，惊醒，而怒苗出来   ②拂面的轻风

D. ①仿佛春之芽就从冻土里震动，惊醒，而怒苗出来   ②轻风拂面

15. 结合语境，将下列句子填入横线处，顺序最恰当的一项是（   ）。

孩子和父母之间，是有一根直线连着的，_____。但是，有人说，孩子连向父母的那根线，就像筷子那么短；父母系在孩子身上的线呢，_____，而且，_____，一通到底，无所阻拦，总能以最快的速度抵达孩子的心。

①那是铺设的很好的高速公路

②却像道路一样长

③那是一根象征着"关怀"的线

A. ③①②   B. ②③①   C. ③②①   D. ①②③

16. 下列语段空白处依次填入三个句子，排序正确的一项是（   ）。

我的祖国，我深深爱恋的祖国。你是昂首高歌的雄鸡，_____；你是奋蹄疾驰的骏马，_____；你是冲天腾飞的巨龙，_____。你有一个美丽的名字——中国。

A. 叱咤时代的风云　　唤醒黎明的沉默　　挣脱千年的羁绊

B. 叱咤时代的风云　　挣脱千年的羁绊　　唤醒黎明的沉默

C. 唤醒黎明的沉默　　挣脱千年的羁绊　　叱咤时代的风云

D. 唤醒黎明的沉默　　叱咤时代的风云　　挣脱千年的羁绊

17.结合语境，填入横线处最恰当的一项是（　　）。

夏天，雷雨到来之前，在天空先会看到积云。积云如果迅速地向上凸起，形成高大的云山，群峰争奇，耸入天顶，就变成了积雨云。积雨云越长越高，云底慢慢变黑，＿＿①＿＿，不一会儿，整座云山崩塌了，乌云弥漫了天空，顷刻间，＿＿②＿＿，马上就会哗啦哗啦地下起暴雨，有时竟会带来冰雹或者龙卷风。

A.慢慢清晰　　雷声隆隆，电光闪闪

B.慢慢清晰　　隆隆的雷声，闪闪的电光

C.渐渐模糊　　隆隆的雷声，闪闪的电光

D.渐渐模糊　　雷声隆隆，电光闪闪

18.结合语境，在下面语段中的横线处填写句子最恰当的一项是（　　）。

当女主角以轻盈而矫健的步子走出场时，平静的人海陡然膨胀起来了，观众像触了电似地对她报以雷鸣般的掌声。她开始唱了。她圆润的歌喉在夜空中颤动，听起来似乎辽远而又逼近，似乎舒缓而又急促，似乎＿＿＿＿＿＿。歌词像珠子似的从她的一笑一颦中，从她优雅的"水袖"中，从她婀娜的身段中，＿＿＿＿＿＿，滴在地上，溅到空中，落进每一个人的心里，引起一片深远的回音。

A.①柔和而又铿锵　　②一粒一粒地坠下来

B.①婉转而又悠扬　　②一粒一粒地坠下来

C.①柔和而又铿锵　　②一粒一粒地滚下来

D.①婉转而又悠扬　　②一粒一粒地滚下来

19.结合语境，在下面语段中的横线处填写语句最恰当的一项是（　　）。

蚕织下厚厚的茧。她埋怨，气恼，挣扎，累得沉沉睡去。她梦到＿＿＿＿＿＿、新鲜的空气。醒来，她突然明白拯救自己的，只有自己。她奋力把茧咬破。果然，一道光芒向她投来，在她眼前闪着亮；新的空气，像清新的酒，使她陶醉。＿＿＿＿＿＿一伸腰，果然腾空而起，原来在她沉睡时，背上已长出了两片翅膀。

A.雨后的彩虹　　她简直要跳起来了！她简直要飞起来了！

B.灿烂的阳光　　她简直要跳起来了！她简直要飞起来了！

C.雨后的彩虹　　她简直要飞起来了！她简直要跳起来了！

D.灿烂的阳光　　她简直要飞起来了！她简直要跳起来了！

20.结合语境，在下面语段中的横线处填写句子最恰当的是（　　）。

从此，有很长一段时间，我不再想起黄鹂。第二年的春季，我到了太湖，这里的＿＿＿＿＿＿，柳密堤长，这里的＿＿＿＿＿＿，良田俊苇，这里的＿＿＿＿＿＿的天气，使我看到了黄鹂的全部美丽，它们的啼叫，是要伴着春雨，它们的飞翔，是要伴着朝晖的。这里才是它们真正的家乡。

A. 茂林修竹　湖清山秀　乍晴乍雨

B. 湖清山秀　茂林修竹　乍雨乍晴

C. 湖清山秀　茂林修竹　乍晴乍雨

D. 茂林修竹　湖清山秀　乍雨乍晴

第五节　修辞种类与鉴赏

一、考点解读

考试中要求学生辨析、运用的修辞格有：比喻、拟人、夸张、排比、反复、对偶、设问、反问八种，教材中常出现的修辞格还有借代、引用、反语等。一般考题出现在基础知识部分，以选择题的形式出现，或者出现在记叙文阅读部分，以简答题形式出现，主要考查学生辨析和使用常见修辞方法的能力。

此类题型多结合语言环境进行，所以在复习中应重点将修辞与句子理解、表达效果结合起来。试题类型如下。

（1）有对修辞手法的辨识选择题，包括一种或多种方法的辩识。解答时，要求考生能透彻了解八种修辞手法各自的特点，尤其注意区别清楚容易混淆的几种修辞手法，如比喻与非比喻的区别，设问与反问的区别、排比与反复的区别等。

（2）有对各种修辞作用的理解、分析、判断题。解答时，除了抓住各种修辞的本质特征去辨析外，更重要的是结合句意进行理解，不仅要分析修辞对描述对象的表现效果，还要体会出作者的思想、意图。有的还要结合课文内容去把握。

（3）还有修辞手法的实际运用题（包括主观题和客观题），其中主观题越来越受到命题者的重视。如提供带有某种修辞手法的情境，用规定的方法拟写句子。

二、知识梳理

对要求掌握的修辞格，首先要熟记其定义，理解其要点。

（一）比喻

［定义］根据事物的相似点，用具体、浅显、熟知的事物来说明抽象的、深奥的、生疏的事物，即打比方。

［作用］能将表达的内容说得生动具体形象，给人以鲜明深刻的印象，用浅显常见的事物对深奥生疏事物进行解说、帮助人深入理解。比喻的三种类型：明喻、

暗喻和借喻。

[举例]我似乎打了一个寒噤；我就知道，我们之间已经隔了一层可悲的厚障壁了。

（二）拟人

[定义]把物当作人来写，赋予物以人的言行或思想感情，用描写人的词来描写物。

[作用]使具体事物人格化，语言生动形象。

[举例]油蛉在这里低唱，蟋蟀们在这里弹琴。

（三）夸张

[定义]对事物的性质、特征等故意地夸张或缩小。

[作用]揭示事物本质，烘托气氛，加强渲染力，引起联想效果。

[举例]白发三千丈，缘愁似个长。

（四）排比

[定义]把结构相同或相似、语气一致、意思相关联的三个以上的句子或成分排列在一起。

[作用]增强语言气势，加强表达效果。

[举例]他们的品质是那样的纯洁和高尚，他们的意志是那样的坚韧和刚强，他们的气质是那样的淳朴和谦逊，他们的胸怀是那样的美丽和宽广。

（五）对偶

[定义]字数相等、结构形式相同、意义对称的一对短语或句子，表达两个相对或相近的意思。

[作用]整齐匀称，节奏感强，高度概括，易于记忆，有音乐美感。

[举例]墙上芦苇，头重脚轻根底浅；山间竹笋，嘴尖皮厚腹中空。

（六）反复

[定义]为了强调某个意思、某种感情，有意重复某个词语或句子。反复分为：连续反复和间隔反复。连续反复中间无其他词语间隔，间隔反复中间有其他的词语。

[作用]能表达强烈深挚的思想感情，起到强调主题思想、增强旋律美的作用。

[举例]沉默啊，沉默啊，不在沉默中爆发，就在沉默中灭亡。

（七）设问

[定义]为了引起别人的注意，故意先提出问题，然后自己回答。

［作用］提醒人们思考，有的为了突出某些内容。

［举例］是谁创造了人类世界？是我们劳动群众。

（八）反问

［定义］无疑无问，用疑问形式表达确定的意思，用肯定形式反问表否定，用否定形式反问表肯定。

［作用］增强语气。

［举例］池水涟漪，莺花乱飞，谁能说它不美呢?

三、辨别方法

修辞方法的辨识要注意以下几点。

（1）不要把有"像""好像"的句子都看成比喻句。

在多数情况下，"像""好像""仿佛"表示比喻，但是要注意以下几种情况不是比喻。

①表示比较的。如：他长得很像他哥哥。

②表示推测、揣度的。如：他刚才好像出去了。

③表示列举。如：本次考试很多同学的进步很大，像张昊、李疏桐等。

④表示想象。如：闭了眼，树上仿佛已经满是桃儿、杏儿、梨儿。

（2）注意区分设问与反问。

设问和反问都是疑问句，但是设问是自问自答，引起读者的注意和思考，反问则是问而不答，答在问中，以加强语气。

例：谁是我们最可爱的人呢？我们的战士。（设问）

难道你就觉得它只是树？（反问）

（3）注意区别排比和反复。

排比句至少是三个句子，反复句是两个以上的句子。排比句的结构相同或相似，语气一致，意思相关，有共同词语。反复句是两种以上相同的语句重复，为了突出强调。

例：一个人能力有大小，但只要有这点精神，就是一个高尚的人，一个纯粹的人，一个有道德的人，一个脱离了低级趣味的人，一个有益于人民的人。

四、典型试题

1. 下列对修辞手法及其作用分析不正确的一项是（　　　）。

A. 这棵大树依然挺立着，烈日烤灼着它，干渴折磨着它，然而它没有倒下，它坚韧而顽强地活着（运用排比的修辞手法，突出了这棵大树所经受的种种磨难，表现了它的坚韧和顽强。）

B. 接天莲叶无穷碧，映日荷花别样红（运用对偶的修辞手法，描绘了一幅天高日丽、红碧交辉的彩色图画，令人心旷神怡。）

C. 一个老城，有山有水，全在天底下晒着阳光，暖和而安适地睡着，只等春风来把它们唤醒（运用拟人的修辞手法，将"老城"人格化，使之带有生命的感觉与意味，体现了老城暖和安适的特点。）

D. 我就知道，我们之间已经隔了一层可悲的厚障壁了（运用比喻的修辞手法，用"可悲的厚障壁"形象地表达出"我"与闰土之间因观念、地位、生活环境的差异所带来的精神上的隔膜。）

2. 对下面文段中所使用的修辞方法及作用理解有误的一项是（ ）。

①吴越古道，处处佳景。②或古树参天，或落英缤纷，或瀑布飞挂，或石桥横卧。③蓊蓊郁郁的古道是那么长，长得看不到尽头；斑斑驳驳的古道是那么深，深得听不见外界的声音。④既有大自然随处可见的鬼斧神工，又有人类千百年来的巧夺天工。⑤一束极细的阳光从遥远的天际投射过来，抚摸着那历经悠悠岁月的古道刻痕，似乎也在驻足凝思。⑥荒凉，有时呈现另类美丽；静默，或许倾诉别样情怀。⑦我们仿佛在穿越古今，忽然一声清脆的鸟鸣，让我们收住思绪，又迈步前行。

A. 选段第②句，运用"或……"的排比句式，表现了吴越古道佳景多而美的特点，增强了语势

B. 选段第⑤句，将"阳光"人格化，写出了吴越古道的厚重历史，极易引起观景者的千古幽思

C. 选段第⑥句，用对偶的形式，抒发了作者对吴越古道的"荒凉"与"静默"之美的独特感受

D. 选段第⑦句，作者以"穿越古今"来比喻千年古道中的无限幽思，鸟鸣声把作者的思绪拉回到现实中来

3. 对下面文段中所使用的修辞方法的理解正确的一项是（ ）。

当春天来临的时候，麦田就已经很绿很绿了，只是略微显得瘦弱、单薄了点。几场春雨下来，麦苗吸足了水分，"噌噌"地向上生长，你似可以听见麦苗拔节的声音。它们一棵挨着一棵，一棵挤着一棵，相互簇拥着，形成一片麦海。远远望去，绿油油的麦田，呈现出蓬勃的生机，微风吹来，一片绿浪随风荡过，美丽极了，若绿毡，若织锦，若碧波。清晨的麦苗儿，一棵棵挂着晶莹的露珠，在阳光的照射下灼灼闪耀。这样的春天，这样的清晨，怎么能不让人心生喜爱呢？

A. 选段中用"瘦弱、单薄"赋予麦苗以人的特征，生动地描写出初春时麦田里的麦苗稀疏、荒凉的样子

B. 选段中运用"一棵……，一棵……"的排比句式，集中地表达了作者对雨后麦苗竞相生长的由衷赞美

C. 选段中把绿油油的麦田比作"绿毡""织锦""碧波"，形象地写出了微风吹拂下的麦田绿色怡人的美丽景象

D. 选段最后一句运用反问的修辞方法，语气强烈地抒发了作者对阳光照射下挂着晶莹露珠的麦苗的喜爱之情

4. 下列句子修辞方法判断正确的一项是（　　）。

A."鱼，我所欲也，熊掌，亦我所欲也；二者不可得兼，舍鱼而取熊掌者也。"（比喻、排比）

B."鸢飞戾天者，望峰息心；经纶世务者，窥谷忘反。"（比喻、对偶）

C."狼亦黠矣，而顷刻两毙，禽兽之变诈几何哉？止增笑耳。"（设问）

D."我了解像世界一样古老的河流，比人类血管中流动的血液更古老的河流。"（象征）

5. 对下面文段中所使用的修辞方法及作用理解正确的是（　　）。

皎洁的月光装饰了春天的夜空。

田野、村庄、树木，在幽静的睡眠里，披着银色的薄纱。那些稠密的白杨树叶子，像是一条流水，沙沙沙，沙沙沙，在人们看不见的地方，平静又响亮地流着。

我喜爱夜的柔和、舒缓；我喜爱夜的安宁、静谧；我更喜爱夜使一切浮华和喧嚣退去，让我们重新找到了自己。

A. 选段首句运用了夸张的修辞手法，生动地描写出春天夜空的明亮、透彻

B. 选段中连用"沙沙沙"，是运用反复的修辞手法，突出了夜晚的喧嚣

C. 选段中把"月光"比喻成"银色的薄纱"，形象地描绘出春天夜景的朦胧美

D. 选段中运用"我喜爱……"的排比句式，描写了山村夜晚的柔美、安谧

6. 对下面文段中所使用的修辞方法的作用理解不正确一项是（　　）。

远处安详的骆驼山静卧在绿树烟雨间，南面深沉的象鼻山在雨中岿然不动，仍在畅饮漓江水，西面的老人峰须眉毕现，头巾在舞弄雨丝；而近处的伏波山，正玉立于碧水萦回的漓江之滨，仿佛是一位青纱拂面的仙女，是那样的神奇、秀美和迷人。啊！桂林的每一座山都是一幅清新的画，一首朦胧的诗，一支悠扬的歌。这神奇的桂林山水，真可谓：江作青罗带，山如碧玉簪。

A. 选段中用"静卧"一词赋予骆驼山以人的状态，生动地描述了绿树、碧水、薄雾交相辉映的美丽景象

B. 选段中运用了"一……的……"的排比句式，形象地写出了桂林的山具有豪放的气势

C. 选段中把漓江比喻成仙女，形象地写出了漓江的神奇、秀美、迷人

D. 选段中"江作青罗带，山如碧玉簪"，用比喻和对偶的修辞方法赞美了桂林山水的清秀柔美

7.对下面文段中画横线句子使用的修辞方法的作用理解不正确的一项是（　　）。

春天来了，或许天气并无异样。①山峦上依然弥漫着灰蒙蒙的雾霭，天边依然漂泊着厚重的云朵，早晨和傍晚依然冷得我们伸不出手，但春天确实来了。

过了春分，大地忽然变得朗润。②因为冰雪的滋润，此刻的大地如同一个晶莹水润的姑娘，到处水灵灵的，③她丢却了冬日的僵硬，温柔得一塌糊涂。地里的麦苗开始疯狂地拔节，油菜开始快速地抽薹。④燕子急急忙忙地从南方回来了，几口就垒出了新巢。不经意间，你的眼前还会飞过一两只打扮得花枝招展的蝴蝶。

A.①句运用"……依然……"的排比句式，具体写出初春时节，春天在不知不觉中到来的情态

B.②句将"大地"比喻成"晶莹水润"的、"水灵灵"的姑娘，生动形象地表现了大地在冰雪的滋润下朗润的特点

C.③句用"丢却"和"温柔"等词语将冰雪人格化，生动形象地写出冰雪融化成春水后轻柔流淌的景象

D.④句使用了夸张的手法，描写出燕子在春天到来时珍惜时光垒窝建巢的情景

8.对下面文段中所使用的修辞方法的作用理解正确的一项是（　　）。

来得突然——跟着一阵阵湿润的山风，跟着一缕缕轻盈的云雾，雨，悄悄地来了……

光是听见它的声音，从很远的山林里传来，从很高的山坡上传来——

沙啦啦，沙啦啦……

像一曲无字的歌谣，神奇地从四面八方飘然而起，逐渐清晰起来，响亮起来。由远而近，由远而近……

雨声里，山中的每一块岩石、每一片树叶、每一丛绿草，都变成了奇妙无比的琴键。飘飘洒洒的雨丝是无数轻捷柔软的手指，弹奏出一阙又一阙优雅的，带着幻想色彩的小曲……"此曲只应天上有"啊！

A.文段中"沙啦啦，沙啦啦……"一句运用反复的修辞方法，表现了雨滴落在树叶上时声音之清脆，并且富有节奏感

B.文段中作者将雨声比作"无字的歌谣"，突出了雨来时一种逐渐清晰、缥缥缈缈的音韵美，表达了作者对山雨的独特情感，并给人以无限遐想

C.文段中"跟着一阵阵湿润的山风，跟着一缕缕轻盈的云雾。"一句运用排比的方法表现雨来得突然

D.文段中"'此曲只应天上有'啊！"一句运用引用的修辞方法，写出雨声的少有、奇特

9. 对下面语句所使用的修辞手法及作用分析不正确的一项是（　　）。

A. 从未见过这么茂盛的藤萝，只见一片辉煌的淡紫色，像一片瀑布，从空中垂下。

分析：运用比喻的修辞手法，把藤萝比作瀑布，生动形象地写出了藤萝的茂盛，表达了作者对藤萝的赞美之情

B. 你就是调尽五颜六色，又怎能画出祖国的面貌呢？

分析：运用反问的修辞手法，意在表明多调一些颜色，祖国的面貌是可以画出来的

C. 六月十五那天，天热得发了狂。太阳刚一出来，地上已经像下了火。

分析：运用夸张的修辞手法，生动形象地写出了天气的酷热

D. 整条岷江就在我们的左侧晃悠着，肆无忌惮地呼啸着，随时都有可能把我们连人带车一起揽进它的怀中。

分析：运用拟人的修辞手法，生动形象地写出了岷江江水的凶猛，突出行车的危险

10. 对下面语段中各句所使用的修辞方法的作用理解不正确的是（　　）。

①溪流一出来，便宣告了它的生命寻着自己的道路要流动了。②正因为要寻着自己的道路，它的步伐是艰辛的。③然而，它从石板上滑下，便有了自己金属般的声响；它从石崖上跌落，便有了自己白练般的颜色；它回旋在幽潭之中，便有了自己不可测的深沉。

A. 第①句运用拟人的修辞方法，借溪流的"宣告"显示了它勇往直前的坚定决心

B. 第②句运用拟人的修辞方法，以"艰辛的步伐"强调了前进路途中的坎坷不平

C. 第③句运用比喻的修辞方法，描摹了溪流欢快流淌时喧嚣的声音和优雅的姿态

11. 对下面文段中所使用的修辞方法的作用理解有误的一项是（　　）。

①仲春时节踏上旅途，眼前的风光就是一幅清丽的图画。②岸边的垂柳，柔条如发，随风摇曳；路旁的小花，纤蕊若丝，带露绽开。③一路走，一路看，美丽的风光尽收眼底。④享受着这和煦阳光的抚慰，置身于清爽春风的怀抱，耳边传来呢喃的鸟语，扑鼻的花香令人心醉。⑤此时，胸中纵有万般的愁绪又怎能不被化解？

A. 第①句把旅途的"风光"比喻成"图画"，形象地写出了仲春时节旅途风光的清新美丽

B. 第②句运用对偶、比喻的修辞方法，形象写出细柳摇摆的柔美与小花绽放时的娇美

C. 第④句运用拟人的修辞方法，将阳光清风人格化，生动地写出了阳光清风的活泼欢畅

D. 第⑤句运用反问的修辞方法，突出强调仲春旅途美景能够使人忘却忧愁，倍感轻松惬意

12. 对下面文段中所使用的修辞方法的作用，理解有误的是（　　）。

①春天的青岛之海，是美的。

②当寂静的树林悄悄朦胧出一层鹅黄，当天真的燕子开始娇羞地呢喃，青岛之海，便以她耀眼的天姿国色，吸引了纷至沓来的游人。

③在和煦春风的吹拂之中，大海如同一册被打开的浅蓝色的诗集，无边无垠，一片蔚蓝。那天使般翔飞的海鸥，是诗行；那蝶翅般竞发的船只，是诗行；那自由自在、缓缓涌动的波浪，是诗行；那于阳光下湛蓝的浪丛辐射出的斑斓的光束，更是诗行……这一行行绝美的诗句，怎不令游人频频驻足，一咏三叹？

A. 选文第②段中的"娇羞地呢喃"，运用拟人的修辞方法，形象地表现了初春时青岛之海的天真与娇羞

B. 作者把"大海"比喻成"被打开的浅蓝色的诗集"，生动地写出了在春风的吹拂下，蔚蓝色的大海广阔无边的景象

C. 作者反复运用"那……，是诗行"的句式，强调了海面上海鸥翔飞、船只竞发、波浪涌动、光束斑斓的绝美景象带给人的美好感受

D. 结尾"怎不令游人频频驻足，一咏三叹"一句，运用反问的修辞手法，表达了作者对春天里青岛之海的美的强烈的赞叹之情

13. 对下面文段中所使用的修辞方法的作用理解有误的一项是（　　）。

门前老树长新芽，院里枯木开小花……时间啊，时间，你都去哪儿了呢？

在孩童的哭闹声里，你悄悄溜走；在少年的欢笑声里，你轻轻滑过；在青年远行的脚步声里，你默默流逝。

时间啊，时间，你都去哪儿了呢？

你无声无息地，藏进了父亲的白发，藏进了母亲的皱纹，藏进了双亲蹒跚的步履。

你是个轮回的沙漏。终有一天，你也会让我们重复父母的过往……

A. 选段开头运用对偶句，生动地描绘出老树、枯木迎来新生的景象，表达了作者在经过漫长等待后的惊喜之情

B. 选段中反复追问"时间啊，时间，你都去哪儿了呢"，强调了作者对时光流逝的思考，抒发了作者的惋惜之情

C. 选段中用"藏进"一词把时间人格化，运用排比句形象地写出随着时间的悄然逝去，父母在渐渐老去的情状

D. 选段中把时间比作"轮回的沙漏"，形象地写出随着时光轮转，"我们"也

会像父母一样老去的事实，表达了作者无尽的感慨

14.对下面文段中有关修辞方法作用的分析，有误的一项是（　　）。

山雀是顽皮的，老是成群结队地撒野，老是呼朋唤友，兴奋地吵闹。山雀们短促而嘹亮的鸣声，让人来不及凝神，只感到一阵轻快的音乐雨，散乱地、急骤地、漫天撒来，直把你全身淋透；而后，雨过天晴，在你荫翳的心里上引进阳光，在你灰白的生命里加上色彩，把你浸于奔放的欢乐而又有些淡淡的悒郁里，不是吗？谁，面对着山雀子这么奢侈的自由、这么天真的喜乐能不怅然呢？……它们飞翔像一阵旋风卷起，它们落下像一片云彩罩地，它们跳跃像一群精灵轻移。为了欢乐，它们是忙碌的。难得的是有这片深山广林，要不，这些喜欢唱歌的精灵向何处容身？

　　A.选段中运用拟人的手法，用"撒野""呼朋唤友""吵闹"，形象地写出了山雀顽皮可爱的特点

　　B.选段将山雀们的歌声比喻成"散乱地、急骤地、漫天撒来"的，把人"全身淋透"的"音乐雨"，生动地写出了雨势大而急促的特点

　　C.选段中运用"它们……像……"的排比、比喻，生动形象地写出了山雀们轻捷、活跃、美好的生活情态

　　D.选段最后运用反问，加强语气，强调了山雀们因为生长在"这片深山广林"才能快乐自由地歌唱

15.对下面文段中有关修辞方法作用的分析，有误的一项是（　　）。

遭遇不如意事，"反其道而行之"，以身作则用减法，标志着一个人立身的高度与处事的眼光。他们会这样认为：有人冷落了你，同时也强化了你的自立；有人伤害了你，同时也磨炼了你的心态，有人欺骗了你，同时也增进了你的见识；有人绊倒了你，同时也锤炼了你的能力。从而，你的生活处处绿意，充满阳光。心胸狭隘，遇不如意事，喜欢"以其人之道，还治其人之身"，喜欢做加法，自以为得计，可占到便宜了吗？没有，绝对没有。生活中的减法，会完美自己的人格，减少了不如意事，增进了社会和谐，何乐而不为呢？

　　A.选段中运用"有人冷落了……锤炼了你的能力"的排比句，列举了以"减法"的心态对待人生中的种种困境反而收获颇多的现象，证明了"减法"有助于个人成长

　　B.选段中"你的生活处处绿意，充满阳光"运用了比喻的手法，形象地表现了"减法"可以使生活变得非常美好

　　C.选段中"可占到便宜了吗？没有，绝对没有"采用设问的方式，自问自答，引起读者思考并认识到心胸狭隘的后果

　　D.选段运用了排比、反问等多种修辞手法，突出地表现了完美自己的人格，增进社会和谐的积极意义

16. 对下面文段中有关修辞方法及作用的分析，有误的一项是（ ）。

如果春天是珠圆玉润的小诗，夏日是管弦嘈切的歌剧，那秋天则是一篇优美绚丽的神话，富于想象，更富于色彩。你不觉得它像一个乡村美人吗？乍得了远亲姨祖母的首饰箱，遂天真地在人前尽量炫弄了。于是枝头挂上了红玛瑙似的小果子，藤间缀上了紫水晶似的葡萄珠，亮闪闪的耀着你的眼。秋天是豪华的，慷慨的，它给予人们的唯恐不多不够，它献出的果实把树枝都压弯了。如果说春天像一个恋人，秋天不是更像一个母亲吗？

A. 文段开始，作者把秋天比喻成"一篇优美绚丽的神话"，形象生动地表现出秋天富于想象，更富于色彩的特点

B. 文段中"炫弄"一词，赋予秋天以人的行为，生动地刻画出秋天向人们展示果实时天真可爱的样子

C. 文段中把果实比喻成"红玛瑙""紫水晶"，写出了果实的色彩美，形态美，突出了秋天到处结满累累硕果的特点

D. 文段最后，作者运用了反问的修辞方法，加强语气，强调了秋天就像母亲一样，尽其所能地给予，唯恐不多不够

17. 对下列诗句中修辞方法的作用理解有误的一项是（ ）。

A. 过尽千帆皆不是，斜晖脉脉水悠悠。肠断白蘋洲。

理解：诗句运用夸张的修辞方法，表达了凝望的女子希望落空时的痛苦心情

B. 酒酣胸胆尚开张。鬓微霜，又何妨！

理解：诗句运用反问，写出了诗人虽已满头白发但雄心不已的豪迈气概

C. 塞下秋来风景异，衡阳雁去无留意。

理解：诗句运用拟人的修辞方法，写出了北雁南飞无意停留，衬托出塞下天气的寒冷

D. 八百里分麾下炙，五十弦翻塞外声，沙场秋点兵。

理解：诗句运用了对偶的修辞方法，突出地表现了军营生活的雄豪、壮美，写出了将士们高昂的战斗情绪

18. 对下面文段中有关修辞方法作用的分析，有误的一项是（ ）。

①临水的柳树随处可见，树影婆娑，从"草色遥看近却无"到"绿荫渐覆长堤水"，颜色一天新似一天，一天绿过一天。②柳树间的桃花次第盛开，灼灼其左；柳树们左右逢源，幸福着、沉醉着。③办公楼下的一树樱桃，在春天里如襁褓中的婴儿般见风长，一天一个样。④上班时和同事经过树下，我们惊喜不已：昨天樱桃还含苞待放，今天就有敲锣打鼓的，有甩花手绢的，有抛媚眼的……

A. 选段第①句引用古人诗句，形象地写出了柳树颜色由似有若无到青翠浓郁的缓慢过程

B. 选段第②句运用对偶、拟人的修辞方法，生动地描绘出桃红柳绿相互映衬

的美丽景象

    C. 选段第③句把"樱桃"比喻成"襁褓中的婴儿"，生动形象地写出樱桃在春风吹拂下迅速生长的情态

    D. 选段第④句运用拟人、排比的修辞方法，生动地描绘出樱桃开放时热烈、奔放的样子，表达了人们的惊喜之情

19. 对下列名言所使用的修辞手法分析有误的是（　　）。

A. 富贵不能淫，贫贱不能移，威武不能屈，此之谓大丈夫。——孟子

分析：孟子以排比的方式列举了人在不同境遇中的表现，体现大丈夫坚贞的操守

B. 人固有一死，或重于泰山，或轻于鸿毛。——司马迁

分析：司马迁运用"泰山"和"鸿毛"的夸张表述，抒发了视死如归的豪迈气概

C. 冬天到了，春天还会远吗？——雪莱

分析：雪莱以反问的语气，强调希望与苦难同在，启迪人们乐观地面对坎坷不幸

D. 真正的友情，是一株成长缓慢的植物。——华盛顿

分析：华盛顿将"友情"比作"成长缓慢的植物"，告诫人们友情需要耐心培育

20. 对下面文段中所使用的修辞方法的作用理解正确的一项是（　　）。

    ①一年三季，花开花落，没有间歇；莺歌燕舞，变化亦多。②然而，在一墙之隔的大门内，夹竹桃却在那里悄悄地一声不响，一朵花败了，又开出一朵，一嘟噜花黄了，又长出一嘟噜。③在和煦的春风里，在盛夏的暴雨里，在深秋的清冷里，看不出它什么特别茂盛的时候，也看不出什么特别衰败的时候，如温润的少女，无日不迎风含笑，从春天一直到秋天，从迎春花一直到玉簪花和菊花，无不奉陪。④这一点韧性，同院子里那些花比起来，不是显得非常可贵吗？

    A. ①句运用对偶的修辞手法，绘出了三季百花次第竞放、色彩斑斓的绚丽景象，语言凝练，意蕴丰富。

    B. ②句赋予花以人的情态，写出了夹竹桃不与百花争艳，"一声不响"坚持默默开放的态势，表现了夹竹桃的胆小懦弱及少女温润而执着的个性。

    C. ③句运用排比、比喻和拟人的修辞手法，突出了夹竹桃无论环境如何，始终如一的坚韧品格和少女般张扬而不屈服的个性。

    D. ④句运用反问的修辞手法，有力地突出了夹竹桃韧性品格的可贵，表达了作者对夹竹桃的赞美之情。

第二章　重要作家作品

一、考点解读

《中考说明》要求考生了解课文涉及的重要的作家作品知识。复习时考生要关注课文涉及的重要的作家的朝代、国籍、代表作或入选教材的经典课文篇目及作品的相关内容。

二、知识梳理

（一）中国古代重要作家作品

（1）《诗经》是中国第一部诗歌总集。它汇集了从西周初年到春秋中叶，也就是公元前 1100 年到前 600 年，约 500 多年间的诗歌 305 篇。

《诗经》在先秦叫作《诗》，或者取诗的数目整数叫《诗三百》，本来只是一本诗集。但是，从汉代起，儒家学者把《诗》当作经典，尊称为《诗经》，列入"五经"之首。

《诗经》中的诗当初都是配乐的歌词，按当初所配乐曲的性质，分成风、雅、颂三个部分。

"风"的意思是土风、风谣，也就是各地方的民歌民谣。"风"包括了 15 个诸侯国的民歌，即"十五国风"，共 160 篇，占了诗经的一半以上。与"雅""颂"相比，"风"显得活泼，生活气息更浓，如开篇《关雎》写初涉爱河的青年，《氓》写被丈夫抛弃的女子的哀怨，《静女》写恋爱时的微妙心理。

"雅"是正声雅乐，是正统的宫廷乐歌。"雅"分为"大雅"和"小雅"，一共有 105 篇。"大雅"用于隆重盛大宴会的典礼；"小雅"用于一般宴会的典礼。

"颂"是祭祀乐歌，用于宫廷宗庙祭祀祖先，祈祷赞颂神明，现存共 40 篇。

《诗经》是中国韵文的源头，是中国诗史的光辉起点。它形式多样，史诗、讽刺诗、叙事诗、恋歌、战歌、颂歌、节令歌以及劳动歌谣样样都有。

它内容丰富，对周代社会生活的各个方面，如劳动与爱情、战争与徭役、压迫与反抗、风俗与婚姻等都有所反映，被誉为古代社会的人生百科全书。

《诗经》的表现手法：①大量运用赋、比、兴的表现手法。②《诗经》以四言为主，章节复沓，反复咏叹。

（2）《论语》是儒家学派的经典著作之一，由孔子的弟子及其再传弟子编撰而成。它以语录体和对话文体为主，记录了孔子及其弟子的言行，集中体现了孔子的政治主张、理论思想、道德观念及教育原则等。与《大学》《中庸》《孟子》《诗经》《尚书》《礼记》《易经》《春秋》并称"四书五经"。通行本《论语》共20篇。《论语》首创语录体。孔子的政治思想核心是"仁"。孔子（前551—前479），名丘，字仲尼，春秋时鲁国人，汉族，儒家学派的创建者，是我国历史上伟大的思想家、教育家。北宋政治家赵普曾有"半部《论语》治天下"之说。

（3）孟子（前372年—前289年），名轲，字子舆，战国时期鲁国人，今山东邹县人。中国古代著名思想家、教育家，战国时期儒家代表人物。著有《孟子》一书。孟子继承并发扬了孔子的思想，成为仅次于孔子的一代儒家宗师，有"亚圣"之称，与孔子合称为"孔孟"。孟子在人性问题上提出性善论，即"人之初，性本善"。

（4）《左传》是中国古代一部编年体的历史著作。《左传》全称《春秋左氏传》，原名《左氏春秋》，汉朝时又名《春秋左氏》《左氏》。汉朝以后才多称《左传》。它与《公羊传》《谷梁传》合称"春秋三传"。

《左传》相传是春秋末期的史官左丘明所著。《左传》代表了先秦史学的最高成就，是研究先秦历史和春秋时期历史的重要文献，对后世的史学产生了很大影响，特别是对确立编年体史书的地位起了很大作用。《左传》不仅是历史著作，也是一部非常优秀的文学著作。它表现在长于记述战争，善于刻画人物，重视记录辞令。

（5）《战国策》是一部国别体史书。主要记述了战国时期的纵横家的政治主张和策略，展示了战国时代的历史特点和社会风貌，是研究战国历史的重要典籍。西汉末刘向编定为33篇，书名亦为刘向所拟定。《邹忌讽齐王纳谏》入选初中九年级下册的课文。

（6）陶渊明（约365—427），字元亮，一说名潜，号五柳先生，谥号靖节先生，东晋末期南朝宋初期诗人、文学家、辞赋家、散文家。东晋浔阳柴桑（今江西省九江市）人。出身于破落仕宦家庭。曾祖父陶侃，是东晋开国元勋，军功显著，官至大司马，封长沙郡公。祖父陶茂、父亲陶逸都做过太守。他是我国第一位田园诗人。曾做过几年小官，后辞官回家，从此隐居。田园生活是陶渊明诗的主要题材，名篇有《饮酒》《归园田居》《桃花源记》《五柳先生传》《归去来兮辞》《桃花源诗》，有《陶渊明集》。

（7）王维（701—761），字摩诘，祖籍山西祁县，唐朝诗人，外号"诗佛"。今存诗400余首。王维精通佛学，佛教有一部《维摩诘经》，是维摩诘向弟子们讲学的书，王维很钦佩维摩诘，因而为自己取字摩诘。他在诗书画音乐方面都很擅长，多才多艺。

（8）柳宗元（773—819），字子厚，世称"柳河东"，因官终柳州刺史，又称"柳柳州""柳愚溪"，祖籍河东（今山西省永济市）。唐代文学家、哲学家、散文家和思想家，与韩愈共同倡导唐代古文运动，并称为"韩柳"。与刘禹锡并称"刘柳"。与王维、孟浩然、韦应物并称"王孟韦柳"。与唐代的韩愈、宋代的欧阳修、苏洵、苏轼、苏辙、王安石和曾巩，并称为"唐宋八大家"。

柳宗元出身于官宦家庭，少有才名，早有大志。早年为考进士，文以辞采华丽为工。贞元九年（793）中进士，十四年（798）登博学鸿词科，授集贤殿正字。一度为蓝田尉，后入朝为官，积极参与王叔文集团政治革新，迁礼部员外郎。永贞元年（805）九月，革新失败，贬邵州刺史，十一月柳宗元加贬永州司马（任所在今湖南省永州市零陵区），在此期间，写下了著名的《永州八记》（《始得西山宴游记》《钴鉧潭记》《钴鉧潭西小丘记》《小石潭记》《袁家渴记》《石渠记》《石涧记》《小石城山记》）。元和十年（815）春回京师，不久再次被贬为柳州刺史，政绩卓著。宪宗元和十四年十一月初八（819年11月28日）卒于柳州任所。其交往甚蕃，刘禹锡、白居易等都是他的好友。

柳宗元一生留诗文作品600余篇，其文的成就大于诗。其诗多抒写抑郁悲愤、思乡怀友之情，幽峭峻郁，自成一路。最为世人称道者，是那些清深意远、疏淡峻洁的山水闲适之作。

（9）李白（701—762），字太白，号青莲居士，又号谪仙人。唐朝诗人，有"诗仙""诗侠"之称。祖籍陇西郡成纪县（今甘肃省平凉市静宁县南），出生于蜀郡绵州昌隆县（今四川省江油市青莲乡），另有说法称出生于西域碎叶（今吉尔吉斯斯坦托克马克）。4岁再迁回四川绵州昌隆县（今四川省江油市）。有《李太白集》传世，代表作有《望庐山瀑布》《行路难》《蜀道难》《将进酒》《梁甫吟》《早发白帝城》等多首。

李白是中国唐代伟大的浪漫主义诗人，其诗大多为描写山水和抒发内心的情感为主。他与杜甫并称为"李杜"。李白出生于盛唐时期，但他的一生绝大部分却在漫游中度过，游历遍迹了大半个中国。

（10）杜甫（712—770），字子美，自号少陵野老，盛唐大诗人，世称"诗圣"，现实主义诗人，代表作"三吏"（《新安吏》《石壕吏》《潼关吏》）、"三别"（《新婚别》《垂老别》《无家别》）。

杜甫原籍湖北襄阳，生于河南巩县。初唐诗人杜审言之孙。唐肃宗时，官左拾遗。后入蜀，友人严武推荐他做剑南节度府参谋，加检校工部员外郎。故后世又称他杜拾遗、杜工部。他忧国忧民，人格高尚，一生写诗1500多首，诗艺精湛，被后世尊称为"诗圣"。

杜甫与李白合称"李杜"，为了与另两位诗人李商隐与杜牧即"小李杜"区别，杜甫与李白又合称"大李杜"，杜甫也常被称为"老杜"。杜甫与杜牧是远房宗亲，同为晋朝灭孙吴的大将杜预之后裔（杜甫为杜预二十世孙）。杜甫的诗被称为"诗史"。

（11）白居易（772—846），字乐天，晚年又号香山居士，河南新郑（今郑州新郑）人，唐代伟大的现实主义诗人，中国文学史上负有盛名且影响深远的文学家，他的诗歌题材广泛，形式多样，语言平易通俗，有"诗魔"和"诗王"之称。官至翰林学士、左赞善大夫。有《白氏长庆集》传世，代表诗作有《长恨歌》《卖炭翁》《琵琶行》等。

（12）刘禹锡（772—842），字梦得，唐朝彭城人，祖籍洛阳，唐朝文学家、哲学家，自称汉中山靖王后裔，曾任监察御史，是王叔文政治改革集团的一员。曾任太子宾客，世称刘宾客。与柳宗元并称"刘柳"。与白居易合称"刘白"。

（13）欧阳修（1007—1073），字永叔，号醉翁，又号六一居士。吉安永丰（今属江西）人，自称庐陵（今永丰县沙溪人）。谥号文忠，世称欧阳文忠公，北宋时期政治家、文学家、史学家和诗人。与韩愈、柳宗元、宋王安石、苏洵、苏轼、苏辙、曾巩合称"唐宋八大家"。有《欧阳文忠公文集》，代表作《醉翁亭记》。

（14）王安石（1021—1086），字介甫，号半山，封荆国公。临川人（今江西省抚州市区荆公路邓家巷人），北宋杰出的政治家、思想家、文学家、改革家，唐宋八大家之一。有《王临川集》《临川集拾遗》等存世。官至宰相，主张改革变法。为人正直，执法严明，为百姓做了不少有益的事，如组织民工修堤堰，挖陂塘，改善农田水利灌溉，便利交通等。在青黄不接时，将官库中的储粮低息贷给农户，解决百姓度荒困难。

（15）范仲淹（989—1052），字希文，苏州吴县（今属江苏）人。唐宰相履冰之后。北宋著名的政治家、思想家、军事家和文学家，祖籍邠州（今陕西省彬县），后迁居苏州吴县（今江苏省苏州市）。他为政清廉，体恤民情，刚直不阿，力主改革，屡遭奸佞诬谤，数度被贬。谥文正，封楚国公、魏国公。有《范文正公集》传世，代表作《岳阳楼记》。

（16）苏轼（1037—1101），字子瞻，又字和仲，号"东坡居士"，世人称其为"苏东坡"。眉州（今四川眉山，北宋时为眉山城）人，祖籍栾城。北宋著名文学家、书画家、词人、诗人、美食家，唐宋八大家之一，豪放派词人代表。其诗、词、赋、散文，均成就极高，且善书法和绘画，是中国文学艺术史上罕见的全才，也是中国数千年历史上被公认文学艺术造诣最高的大家之一。其散文与欧阳修并称"欧苏"，诗与黄庭坚并称"苏黄"，词与辛弃疾并称"苏辛"，书法名列"苏、黄、米、蔡"北宋四大书法家之一，其画则开创了湖州画派。苏轼与父苏洵、弟苏辙并称"三苏"。

（17）辛弃疾（1140—1207），南宋爱国词人。原字坦夫，改字幼安，中年名所居曰稼轩，因此自号"稼轩居士"。历城（今山东省济南市历城区遥墙镇四风闸村）人。辛弃疾存词600多首。强烈的爱国主义思想和战斗精神是辛词的基本思想内容。他是我国历史上伟大的豪放派词人、爱国者、军事家和政治家。辛弃疾在文学上与苏轼齐名，号称"苏辛"，与李清照（易安居士）并称"济南二安"。有人这样赞美过他：稼轩者，人中之杰，词中之龙。

（18）马致远（约1250—1321），大都（今北京）人，另据考证，马致远是河北省东光县马祠堂村人。马致远字"千里"，晚年号"东篱"，以示效陶渊明之志。他的年辈晚于关汉卿、白朴等人，与关汉卿、郑光祖、白朴并称"元曲四大家"，是我国元代著名戏剧家、散曲家。代表作《天净沙·秋思》《汉宫秋》。

（19）吴敬梓（1701—1754），字敏轩，一字文木，号粒民，晚年自号文木老人，清代小说家，安徽人。代表作《儒林外史》。

（二）中国现代重要作家作品

（20）鲁迅（1881—1936），浙江绍兴人，原名周树人，字豫才。他时常穿一件朴素的中式长衫，头发像刷子一样直竖着，浓密的胡须形成了一个隶书的"一"字。毛主席评价他是伟大的无产阶级的文学家、思想家、革命家，是中国文化革命的主将。也被人民称为"民族魂"。代表作有小说集《呐喊》《彷徨》《故事新编》；散文集《朝花夕拾》；散文诗集《野草》；杂文集《华盖集》《华盖集续编》《南腔北调集》《且介亭杂文集》等。

（21）郭沫若（1892—1978），中国现代著名学者、文学家、历史学家、古文字学家。1892年11月16日出生，原名郭开贞，四川乐山人。早年赴日本留学，与成仿吾、郁达夫等组织"创造社"，积极从事新文学运动。这一时期的代表作诗集《女神》摆脱了中国传统诗歌的束缚，充分反映了五四时代精神，在中国文学史上开一代诗风，是现代最优秀的革命浪漫主义诗作。

（22）茅盾（1896—1981），原名沈德鸿，字雁冰。现代杰出作家，五四新文学运动的先驱之一。主要作品为《蚀》三部曲（《幻灭》《动摇》《追求》）、《子夜》、"农村二部曲"（《春蚕》《秋收》《残冬》）、《林家铺子》，散文《风景谈》《白杨礼赞》。《子夜》是我国现代文学史上第一部现实主义长篇杰作，显示了"左翼"文学阵营的战斗实绩。

（23）巴金（1904—2005），原名李尧棠，字芾甘。主要作品为长篇小说"激流三部曲"（《家》《春》《秋》）、"爱情三部曲"（《雾》《雨》《电》）、中篇小说《寒夜》《憩园》等，散文集《保卫和平的人们》《随想录》等。《家》等为我国现代文学史上描写封建家庭历史的最成功的作品。1982年获意大利"但丁国际奖"。

（24）老舍（1899—1966），满族，出生于北京，原名舒庆春，字舍予，中国现代小说家、文学家、戏剧家。老舍的一生，总是在忘我地工作，他是文艺界当之无愧的"劳动模范",获得"人民艺术家"的称号。主要作品有长篇小说《骆驼祥子》《四世同堂》,剧本《茶馆》《龙须沟》《西望长安》等。其作品充满了浓郁的地方色彩,生动活泼的北京口语,通俗而不乏幽默。他也是"京味小说"的开创者。

(25)朱自清(1898—1948),原名自华,号秋实,字佩弦。原籍浙江绍兴,生于江苏东海。现代著名散文家、诗人、学者、民主战士。其散文朴素缜密、清隽沉郁、语言洗练、文笔清丽,极富有真情实感。主要作品有《踪迹》《背影》《欧游杂记》《春》《荷塘月色》《论雅俗共赏》等。

(三)外国重要作家作品

(26)契诃夫(1860—1904),19世纪末俄国伟大的批判现实主义作家,情趣隽永、文笔犀利的幽默讽刺大师,著名剧作家。代表作有短篇小说《变色龙》《装在套子里的人》等。他和法国的莫泊桑、美国的欧·亨利,并称三大短篇小说巨匠。

(27)高尔基(1868—1936),苏联伟大的文学家,"无产阶级艺术的杰出代表"(列宁语),著有长篇小说《母亲》,自传体三部曲《童年》《在人间》《我的大学》等。

(28)莎士比亚(1564—1616),英国文艺复兴时期伟大的剧作家和诗人,主要作品有剧本37部,悲剧有《王子复仇记》(又名《哈姆莱特》)《李尔王》《奥赛罗》《罗密欧与朱丽叶》等,喜剧有《威尼斯商人》《第十二夜》《皆大欢喜》等,历史剧有《理查二世》《亨利四世》等。马克思称之为"人类最伟大的戏剧天才"。

(29)巴尔扎克(1799—1850),世界文学界的伟人,法国现实主义大师。主要作品《人间喜剧》(包括《高老头》《欧也尼·葛朗台》等),是世界文学中规模最宏伟的创作之一,也是人类思维劳动最辉煌的成果之一。马克思称它"提供了一部法国社会特别是巴黎上流社会的卓越的现实主义历史"。

(30)都德(1840—1879),法国19世纪著名作家。主要作品有长篇小说代表作《小东西》等,短篇小说有《最后一课》《柏林之围》等。与福楼拜、左拉、龚古尔、屠格涅夫组成文学社团"五人聚餐会"。

第三章 名著阅读与推荐

一、考点解读

近年中考注重对名著阅读积累的考查，从涉及的内容看，主要考查名著的名称，名著的作者，名著中的主要人物形象，精彩的故事情节，内容提要以及从作品中得到的启发等。复习的时候，要多关注名著的名称、作者，名著的内容、精彩的故事情节、人物形象或评价等。

二、知识梳理

以下名著以考试频率顺序排列

（一）《水浒传》

1. 作品简介

《水浒传》又名《忠义水浒传》，长篇小说，现在一般认为应是元末明初的施耐庵所作。《水浒传》是我国第一部歌颂农民起义的长篇章回体小说，生动地描写了梁山好汉们从起义到兴盛再到最终失败的全过程，特别是通过写众多草莽英雄不同的人生经历和反抗道路，鲜明地表现了"官逼民反"的主题，是一部反抗封建暴政的英雄传奇。

书中的人物形象鲜明生动、惟妙惟肖，例如李逵、武松、林冲、鲁智深等梁山英雄形象；本书采取了先分后合的链式结构，使小说的故事情节环环相扣，头绪众多而线索分明；语言上，小说采用古白话，所以本书语言描写生动形象，活灵活现，具有很高的艺术成就；但是有鼓吹"忠义"的思想，表现出了作者的思想局限性。

2. 主要人物形象及情节

（1）宋江

绰号：及时雨。

性格特点：为人仗义、善于用人，一心渴望被招安。他谦虚谨慎，疏财仗义，任人唯才，具有高超的组织管理才能和军事指挥才能，但忠义是他的本色，报君是他的信念，他将招安视为起义军最完满的归宿，最终落得毒酒赐死的下场。

主要事迹：私放晁盖，怒杀阎婆惜，浔阳楼吟反诗，神聚蓼（liǎo）儿洼。

私放晁盖

宋江明明知道晁盖窃了生辰纲，犯了弥天大罪，却因为晁盖是他的心腹兄弟，纵然法度上不可能饶恕，但是他还是连夜奔走到东溪村告知消息放走晁盖。

怒杀阎婆惜

晁盖一伙在梁山落脚之后，晁盖派刘唐送金子和书信给宋江以表感谢，不料宋江的老婆阎婆惜发现宋江私通梁山晁盖，趁机要胁，宋江无可奈何之下怒杀阎婆惜，逃往沧州。

浔阳楼题诗

宋江被刺配江洲，在江州结识了戴宗和李逵，日子过得很是惬意，一日独登浔阳楼喝闷酒，醉后误题反诗在墙上："心在山东身在吴，飘蓬江海谩嗟吁。他时若遂凌云志，敢笑黄巢不丈夫！"被黄文炳看见，告蔡知府说他的诗里有反意，宋江因此被打入死牢。

（2）李逵

绰号：黑旋风。

性格特点：疾恶如仇、侠肝义胆、脾气火爆、头脑简单、直爽率真。他疾恶如仇，又莽撞急躁。他具有最坚决的革命性和最强烈的反抗性，天不怕，地不怕，坚决反对招安。战场上冲锋陷阵，舍生忘死。李逵的性格中渗透着"真"和"直"的天性，但他头脑简单，做事鲁莽，此外还贪吃贪喝，撒泼耍赖，乱砍滥杀，破坏性很强。

主要事迹：真假李逵、沂溪岭杀四虎、中州劫法场。

真假李逵

李逵回乡探母，路遇一贼剪径。贼人自称是"黑旋风"李逵，真李逵见其竟敢冒用自己的名号作恶，怒从心起，一下擒住假李逵。假李逵苦苦求饶，口称家中上有高堂，下有妻儿。李逵念此人虽然作恶，但亦是一孝子，于是放过贼人。其后，李逵路过一山野小店，入内吃饭之时，无意中得知此店乃适才的剪径贼所开。李逵听那贼人与妻子大侃自己骗过李逵，挽回一命之事，不由大怒，操起两把板斧，将那贼人李鬼变作斧下亡魂。

沂溪岭杀四虎

李逵回家接老母，走到沂岭，老母口渴，李逵找完水回来时母亲却不见了踪影，李逵按地上的血迹寻去，发现老虎吃了母亲，就杀了两只小虎，又入虎穴杀了母虎和公虎。李逵拾母亲余骨下葬，大哭一场。后来李逵被称作当地的杀虎英雄。

中州劫法场

宋江因为喝醉酒误在浔阳楼上题了反诗，被黄文炳发现，下入死囚牢中。吴用让萧让、金大坚伪造回信，没想到图章上出现了纰漏，戴宗一起被下死囚牢，晁盖起梁山兵马，攻打江州，李逵一马当先，劫了法场，救下宋江。

（3）武松

绰号：行者。

性格特点：崇尚忠义、勇而有谋、有仇必复、有恩必报，是下层英雄好汉中最富有血性和传奇色彩的人物。同时也有软肋：好勇斗狠，使性逞强，滥杀无辜，手段残忍，思想狭隘，随遇而安。

主要事迹：景阳冈打虎、血刃潘金莲、斗杀西门庆、醉打蒋门神、大闹飞云浦、血溅鸳鸯楼、除恶蜈蚣岭。

景阳冈打虎

武松回家探望哥哥，途中路过景阳冈。在冈下酒馆喝了很多酒，跟跄着向冈上走去。行不多时，只见一棵树上写着："近因景阳冈大虫伤人，但有过冈客商，应结伙成队过冈，请勿自误。"武松认为，这是酒家写来吓人的，为的是让过客住他的店，竟不理它，继续往前走。太阳快落山时，武松来到一破庙前，见庙门贴了一张官府告示，武松读后，方知山上真有虎，待要回去住店，怕店家笑话，又继续向前走。由于酒力发作，便找了一块大青石，仰身躺下，刚要入睡，忽听一阵狂风呼啸，一只斑斓猛虎朝武松扑了过来，武松急忙一闪身，躲到老虎背后。老虎一纵身，武松又躲了过去。老虎急了，大吼一声，用尾巴向武松打来，武松又急忙跳开，并趁猛虎转身的那一霎间，举起哨棒，运足力气，朝虎头猛打下去。只听"咔嚓"一声，哨棒打在树枝上。老虎兽性大发，又向武松扑过来，武松扔掉半截哨棒，顺势骑在虎背上，左手揪住老虎头上的皮，右手猛击虎头，没多久就把老虎打得眼、嘴、鼻、耳到处流血，趴在地上不能动弹。武松怕老虎装死，举起半截哨棒又打了一阵，见那老虎确实没气了，才住手。从此武松威名大震。

血刃潘金莲

武松有一个哥哥，名叫武大郎，武大郎有个漂亮的老婆，叫潘金莲，她与一个叫西门庆的有钱人通奸，后来两个奸夫淫妇合谋毒死了武大郎，武松知情后就提刀把潘金莲杀了，割下潘金莲的头颅来祭拜哥哥武大郎。

斗杀西门庆

武松杀了嫂子潘金莲之后，就来到酒楼寻找西门庆。将嫂子的人头往西门庆脸上一掼，西门庆吓了一跳，想跳窗逃走。武松跨步上前，与西门庆打斗起来。西门庆终不是武松的对手，只几个回合，就被武松摔到酒楼下，跌得发昏。武松跳下楼，手起刀落，取了西门庆的人头，用来祭拜哥哥。

醉打蒋门神

说武松发配至孟州牢营，管营施忠之子施恩，慕其名，免了武松的一百杀威棒，二人结拜。施恩的酒店被恶霸蒋门神霸占，武松闻之大怒，带酒边走边饮到快活林，醉打蒋门神，帮助施恩夺回快活林中的酒店。

大闹飞云浦

武松在孟州因遭张都监陷害，被刺配恩州。在荒僻之地飞云浦因公人受张都监等指示要害武松，武松立于桥头假意观望，两名提刀的公人刚要从背后下手，却被武松一脚一个踢入河中。另两个公人扭头就跑，武松扭断木枷，冲过去将二人擒住。原来，这几个人就是蒋门神的徒弟，此次武松受诬，完全是蒋门神与张团练勾结张都监一手策划。武松闻言大怒，将四人斩杀后，折回孟州报仇。

血溅鸳鸯楼

武松大闹飞云浦之后，一不做二不休，奔回张都监府中，恰巧张都监、张团练、蒋门神正在鸳鸯楼中饮酒作乐，武松不论婢女、奴仆一个都不放过，统统将他们杀了，共计15人，血溅鸳鸯楼，并蘸血大书"杀人者打虎武松也"字样在墙壁。

除恶蜈蚣岭

武松经过蜈蚣岭时路遇一恶道人，在此欺凌良家妇女、劫掠财物。武松与之冲突，最后杀死恶道及其道童，解救了那女子，将恶道的财物给了那妇女养家，遣她回家。

（4）鲁智深

绰号：花和尚。

性格特点：疾恶如仇、侠肝义胆、粗中有细、勇而有谋、豁达明理。他思想单纯，爱憎分明，富有正义感和同情心，乐于助人。他最具"路见不平，拔刀相助"的侠义精神，是《水浒传》中颇受人们喜爱的人物。

主要事迹：拳打镇关西、倒拔垂杨柳、大闹野猪林。

拳打镇关西

鲁提辖和史进、李忠正在酒楼喝酒，听闻金翠莲父女的遭遇，非常生气。第二天把父女送走，然后就去找镇关西算账。一开始鲁提辖慢慢叫他做臊子，将他激怒让他先动手。鲁提辖见郑屠一刀过来就朝郑屠小腹一脚，郑屠倒在地上。鲁提辖冲过去就打，一拳比一拳厉害，先是打在眼睛上，郑屠直叫好，鲁提辖又一拳打在鼻子上使鼻子歪到一边，郑屠哭着求饶，鲁提辖又一拳过去打在太阳穴上，郑屠躺在地上，鲁提辖看郑屠死了就借郑屠假死的理由，然后逃之夭夭。

倒拔垂杨柳

鲁智深在东京相国寺菜园中与众泼皮喝酒，吃到半酣，只听门外大树上的乌鸦喳喳叫个不停，吵得人心烦。泼皮们嫌不吉利，要搬梯子上树去拆掉老鸦窝。鲁智深跟着他们来到树下，他打量了一下那棵绿柳树，把衣服一脱，弯下腰去，两手抱紧树干，腰一挺，竟把那棵大树连根拔了起来。

大闹野猪林

林冲因为得罪太尉高俅，被高俅、陆谦设计陷害，以刺杀太尉罪发配沧州。陆谦又买通解差董超、薛霸在途中加害于他。林冲在大相国寺与鲁智深结识，鲁智深唯恐途中有失，暗地跟踪，至野猪林，解差正欲谋害林冲时，鲁智深救林冲脱险，并一路护送至沧州。

（5）杨志

绰号：青面兽。

性格特点：精明能干、粗暴蛮横。

主要事迹：杨志卖刀、智取生辰纲。

杨志卖刀

杨志乃杨令公之孙，因丢了花石纲，想补殿帅府职役，却被高俅赶了出来。盘缠用尽，便卖宝刀。遇到泼皮牛二，无理取闹，杨志性起用刀杀了牛二，被监禁于死囚牢中。众人见他为东京百姓除了牛二这祸害，多方周济。后被送至北京大名府留守司充军。留守梁中书见杨志大喜，通过演武试艺，抬举杨志。

智取生辰纲

杨志受梁中书之命押送生辰纲，过黄泥冈时，挑夫们口渴，挑着白酒的白胜出现了，挑夫们想买酒，但杨志怕中招，不让。晁盖、吴用等人假扮车夫也来到黄泥冈，迷惑杨志等人，买了酒喝。杨志等人上当，在挑夫的多次要求下，终于喝下了带有蒙汗药的酒，晁盖等人取走生辰纲。

（6）林冲

绰号：豹子头。

性格特点：武艺高强、勇而有谋，但为人安分守己、循规蹈矩。他一生经历的打击、迫害、压抑最多，性格也经历了从委曲求全、随遇而安、妥协忍让到勇于反抗、反对投降的转变，是官逼民反的典型。

主要事迹：误闯白虎堂、风雪山神庙、火烧草料场、雪夜上梁山。

误闯白虎堂

高太尉的干儿子高衙内想占有林冲之妻，于是陆虞候、富安等设计陷害林冲。先是诱使林冲买下一把宝刀，然后约林冲到太尉府比看，把林冲骗到军机要地白虎节堂，诬陷林冲手执利刃独闯节堂是要刺杀太尉，把林冲拿下，押送开封府。林冲因此中计被擒。

风雪山神庙

林冲因得罪高太尉而被陷害发配沧州。到了沧州后，林冲遇到了曾被自己解救过的李小二而得到细心照顾并准备安下心来过日子。但没想到高太尉派陆虞候追踪而至，与当地管事密谋陷害他。林冲从小二嘴中知道实情后怒火中烧，但后来见没有动静，心里也就懈怠了。之后他被调到草料场去看守草料，因天下雪，他外出买酒御寒，回来发现住的草屋被风吹倒而被迫夜宿山神庙，没想到追踪而至的陆虞候、富安串通差拨火烧大军草料场，并在山神庙门外议论此事。林冲在庙内听到实情，义愤填膺，两枪搠倒富安、差拨，最后手刃仇人，割下仇人头颅，连夜奔梁山而去。

火烧草料场

林冲由于被高俅陷害私自带刀入白虎堂，被发配到沧州。由于朋友柴进的关照在沧州他被安排去看守天王堂，后被调到草料场。高俅要对林冲赶尽杀绝，派陆虞候到沧州谋害林冲。陆虞候想一把火烧了草料场并把林冲烧死。哪知一场大雪却救了林冲的命。这天林冲出门打酒，当他回到草料场时见屋子被雪压塌了一块没法住了，想起离草料场不远有处山神庙，便投向那里过夜。在山神庙中林冲忽然听到外面有爆响，一看是草料场起火了，便要去救火，刚要出门见得陆虞候等刚放了火过来，嘴里还说着要烧死林冲如何如何，林冲见状明白了原委，将陆虞候杀死。林冲后在众兄弟的劝解下，无奈上了梁山。

雪夜上梁山

富安和陆谦打算害死林冲，被他发现，他杀了富安和陆谦，逃走途中因贪酒被庄客抓住，所幸遇到了柴进，柴进敬重林冲是好汉，就把他放了并推荐他上梁山落草，林冲与柴进分别后，转眼在路上都已走了十来天。雪一直下着，林冲找了家酒店，那里的店主是"旱地忽律"朱贵。林冲向小二打听了上梁山的路程多远，告知没那么容易到，感慨之余写了首诗：仗义是林冲，为人最朴忠，江湖驰誉望，京国显英雄，身世悲浮梗，功名类转蓬，他年若得志。威镇泰山东。朱贵很敬佩他，就带他上了水泊梁山，等他上了梁山，却处处受王伦的习难。

（7）吴用

绰号：智多星。

性格特点：足智多谋、神机妙算。他是梁山泊义军的军师，讲信重义。梁山事业轰轰烈烈，离不开他的谋略。

主要事迹：智取生辰纲，江州劫法场，三打祝家庄，攻打大名府。

智取生辰纲

杨志押送生辰纲过黄泥冈，挑夫们口渴时，挑着白酒的白胜出现了。挑夫们想买酒，但杨志怕中招，不让。晁盖、吴用等人假扮车夫也来到黄泥冈。晁盖等人迷惑杨志等人，买了酒喝，杨志等人上当，在挑夫的多次要求下，终于喝下了带有蒙汗药的酒，吴用等人取走生辰纲。

（二）《西游记》

1.作品简介

《西游记》是一部长篇小说，一百回，明代吴承恩作。

《西游记》主要描写的是唐僧、孙悟空、猪八戒、沙僧师徒四人西天取经，历经九九八十一难的故事；是在民间流传的唐僧取经故事和有关话本、杂剧的基础上，经过再创作而成。前七回叙述孙悟空出世、大闹天宫的故事。此后，转而写他被迫皈依佛门，在猪八戒和沙僧的协助下，保护唐僧去西天取经，沿途降妖伏魔的经过。

全书内容分三大部分：第一部分（一到七回）介绍孙悟空的神通广大；第二部分（八到十二回）讲述三藏取经的缘由；第三部分（十三到一百回）是全书故事的主体，写悟空等降伏妖魔，最终到达西天取回真经。小说用幻想的形式反映社会矛盾，写出了个人的自由本质与不得不受制约的矛盾处境，歌颂了孙悟空不畏强暴、机智英勇以及百折不挠的斗争精神。

作品运用浪漫主义的创作方法，想象丰富，情节曲折，语言生动诙谐，别具风格。书中所塑造的孙悟空、猪八戒、唐僧、沙僧、白骨精、铁扇公主等众多的艺术形象，都具有鲜明的个性。

2. 主要情节

猴王出世

主要叙写了石猴从出世到称王的全过程。通过石猴发现水帘洞和带领群猴进住这两件事的描述表现出石猴聪明灵巧、本领超群、有胆有识的个性特点。

三打白骨精

故事围绕白骨精的"三变"、孙悟空的"三打"和唐僧的"三责"展开。白骨精为达到目的不择手段，一变村姑施美人计，二变老妇行苦肉计，三变老者设离间计，可谓是一计生一计。孙悟空的"三打"：一"打"、二"打"直截了当，三"打"则迂回曲折，反映了孙悟空疾恶如仇、敢于斗争、善于斗争的特点。唐僧的三"责"则表现了其以慈悲为怀、人妖不分的特点。

三调芭蕉扇

主要讲述了唐僧师徒四人过火焰山，必须借到铁扇公主的芭蕉扇，方可灭火，于是孙悟空就去借芭蕉扇，借不出来，只好智取，他向灵吉菩萨借了"定风丹"，又变作小虫子钻进铁扇公主的肚子里，让她交出芭蕉扇，后来有了"二调芭蕉扇"，以至"三调芭蕉扇"，最终拿到芭蕉扇灭火，师徒四人过了火焰山。

3. 主要人物及形象

（1）孙悟空

《西游记》中最光辉的艺术形象是孙悟空，他在读者心目中是理想的英雄人物的化身。作者在这一艺术形象上寄予了自己的理想，孙悟空的主要特征是敢于斗争，不怕困难，积极乐观，勇武机智。他敢于蔑视皇权，勇于造反，表现了作者反抗传统、反抗权威、蔑视等级制度等反封建的叛逆思想和斗争精神。

（2）猪八戒

性格温和，憨厚单纯，力气大，但是好吃懒做，爱占小便宜，好进谗言，贪图女色，经常被妖怪的美色所迷，难分敌我。但他知错必改，对师父忠心耿耿。

（3）唐僧

慈悲善良，意志坚定，不辞劳苦，不畏艰险。他对徒弟要求严格，不为财色迷惑，不为死亡征服，其不达目的、誓不罢休的坚强信念，使他终成正果。

（4）沙僧

憨厚朴实，稳重踏实，任劳任怨。他肩挑重担，艰难跋涉，但没有半句怨言；师兄闹矛盾，他从中调停和解；师父遇难，他挺身而出，以死相救。尽管平时少言寡语，但在保护师父的战斗中冲锋陷阵，英勇无比，忠心耿耿。

4. 主题思想

《西游记》写于明朝中期，当时社会经济虽繁荣，但政治日渐败坏，百姓生活困苦。作者对此不合理的现象，透过故事提出批评。小说用幻想的形式反映社会矛盾，写出了个人的自由本质与不得不受制约的矛盾处境，歌颂了孙悟空不畏强暴、机智英勇以及百折不挠的斗争精神。

（三）《朝花夕拾》

1. 作品简介

原名《旧事重提》，是鲁迅先生1926年所作的回忆散文集，共10篇。

《朝花夕拾》的"朝"是早上的意思，"夕"是晚上的意思。对《朝花夕拾》书名进行解析：早上的花晚上来捡，就是成年时回忆往事。

《朝花夕拾》作者的其他代表作有：我国现代文学史上第一篇白话小说《狂人日记》，中篇小说《阿Q正传》，回忆性散文集《朝花夕拾》，小说集《呐喊》《彷徨》等。

有关《朝花夕拾》的诗句：独酌花酒释胸竹，寒衣不胜暑，朝花夕拾谁归属，甜酸咸辣苦。

《朝花夕拾》的思想：记述了作者童年的生活和青年时求学的历程，追忆那些难于忘怀的人和事，抒发了对往日亲友和师长的怀念之情。作品在夹叙夹议中，对反动、守旧势力进行了抨击和嘲讽。

2. 主要内容

《狗·猫·鼠》——在这篇文章里，鲁迅先生清算猫的罪行：第一，猫对自己捉到的猎物，总是尽情玩弄够了，才吃下去；第二，它与狮虎同族，却天生一副媚态；第三，它老在交配求偶时嗥叫，令人心烦；第四，它吃了"我"小时候心爱的一只小隐鼠。虽然后来证并非猫所害，但"我"对猫是不会产生好感的，何况它后来确实吃了小兔子！这篇文章取了"猫"这样一个类型，尖锐而又形象地讽刺了生活中与猫相似的人。

《阿长与〈山海经〉》——阿长是鲁迅小时候的保姆。记述作者儿时与阿长相处的情景，描写了长妈妈善良、朴实而又迷信、唠叨、"满肚子是麻烦的礼节"的性格；对她寻购赠送自己渴求已久的绘图《山海经》之情，充满了尊敬和感激。文章用深情的语言，表达了对这位劳动妇女真诚的怀念。

《二十四孝图》——所谓《二十四孝图》是一本讲中国古代二十四个孝子故事的书，配有图画，主要目的是宣扬封建的孝道。鲁迅先生从自己小时候阅读《二十四孝图》的感受入手，重点描写了在阅读"老莱娱亲"和"郭巨埋儿"两个故事时所引起的强烈反感，形象地揭露了封建孝道的虚伪和残酷，指出这类封建孝道不顾儿童的性命，将"肉麻当作有趣""以不情为伦纪，诬蔑了古人，教坏了后人"。

《五猖会》——五猖会是一个迎神赛会，在童年的"我"的心目中是一个节日。记述作者儿时盼望观看迎神赛会的急切、兴奋的心情，和被父亲强迫背诵《鉴略》的扫兴而痛苦的感受。指出强制的封建教育对儿童天性的压制和摧残，表现了父亲对儿童心理的无知和隔膜，暗示着对封建思想习俗的不合理的批判。

《无常》——无常是个具有人情味的鬼，去勾魂的时候，看到母亲哭死去的儿子那么悲伤，决定放儿子"还阳半刻"，结果被顶头上司阎罗王打了四十大棒。文章在回忆无常的时候，时不时加进几句对现实所谓正人君子的讽刺，虚幻的无常给予当时鲁迅寂寞悲凉的心些许的安慰。

《从百草园到三味书屋》——描述了儿时在家中百草园得到的乐趣和在三味书屋读书的乏味生活，揭示儿童广阔的生活趣味于束缚儿童天性的封建书橱教育的尖锐矛盾，表达了应让儿童健康活泼地成长的合理要求。

《父亲的病》——父亲被庸医治死，一直是埋在鲁迅心中的痛苦。文章重点回忆儿时为父亲延医治病的情景，描述了几位"名医"的行医态度、作风、开方等种种表现，揭示了这些人巫医不分、故弄玄虚、勒索钱财、草菅人命的实质。

《琐记》——鲁迅在这篇文章里主要回忆了自己离开绍兴去南京求学的过程。作品描述了当时的江南水师学堂和矿务铁路学堂的种种弊端和求知的艰难，批评了洋务派办学的"乌烟瘴气"。作者记述了最初接触进化论的兴奋心情和不顾老辈反对，如饥如渴地阅读《天演论》的情景，表现出探求真理的强烈欲望。

《藤野先生》——记录作者在日本留学时期的学习生活，叙述在仙台医专受日本学生歧视、侮辱和决定弃医从文的经过。作者突出地记述了日本老师藤野先生的严谨、正直、热诚、没有民族偏见的高尚品格，表达了对藤野先生深情的怀念。

《范爱农》——追叙作者在日留学时和回国后与范爱农接触的几个生活片段，描述了范爱农在革命前不满黑暗社会、追求革命，辛亥革命后又备受打击迫害的遭遇，表现了对旧民主革命的失望和对这位正直倔强的爱国者的同情和悼念。

3. 主要人物及形象

《朝花夕拾》中出现的四个主要人物，是作者的保姆长妈妈、恩师藤野先生、朋友范爱农和父亲。

（1）长妈妈

这是鲁迅在《朝花夕拾》中用了相当多笔墨的一个人。因为社会的影响，"长妈妈"保留了许多迂腐的习俗，如在新年的早晨要吃福橘，喜欢切切察察，喜欢告状，还盲目地对"长毛"的故事妄加评论，甚至还踩死了"我"喜爱的隐鼠。因此，"我"对她怀恨在心。这是一个活脱脱粗俗、守旧的妇女形象。然而，鲁迅对她的印象远不止这些。她有可爱的一面。"长妈妈"知道"我"喜欢《山海经》，尽管她连《山海经》的正确名字都不知道，甚至叫"三哼经"，目不识丁的她居然为鲁迅买回了他一直都渴望得到的《山海经》，尽管这些书比较简陋。由此，"我"又认为她"有伟大的神力"。在《阿长与〈山海经〉》的结尾，鲁迅表达了他对长妈妈的爱，希望仁慈的地母能让长妈妈安息。从长妈妈身上，我们看到鲁迅对底层劳动人民的感情：既揭示他们身上愚昧麻木的一面，也歌颂他们身上美好善良的一面。

（2）藤野先生

在《藤野先生》中，鲁迅日本的医学导师藤野先生是一位穿着不拘小节的人，"这藤野先生，据说是穿衣服太模糊了，有时竟会忘记戴领结；冬天是一件旧外套，寒颤颤的……"但藤野先生对工作是极其认真的，他把"我"的讲义都用红笔添改过了；血管移了一点位置也要指出。这个对比手法，写出了藤野先生的高贵品质，写出了鲁迅对他的敬仰。另外，藤野先生对中国留学生孜孜不倦的教诲及对学生的一视同仁，这与日本学生对中国学生的轻蔑态度形成了鲜明的对比，体现出藤野先生是个真正的君子。一位异国医学教授，因为表现出平等待人的态度，因为关心弱国子民的学业，他朴素而伟大的人格令人肃然起敬。他所做的一切都很平凡，如果不设身处地地想象鲁迅当时的处境，便很难感受到这位老师的伟大之处。

（3）范爱农

一位觉醒的知识分子，但是无法在黑暗社会立足。他无法与"狂人"一样，最终与这个社会妥协，也无法像"N先生"一样忘却，所以他的内心痛苦、悲凉，我们和鲁迅先生一样，疑心他是自杀的。

（4）父亲

父亲曾让童年鲁迅困惑过，因为在他兴高采烈地要去看五猖会时，父亲勒令他背书。但是，鲁迅从来没有指责过父亲。作者从不正面写家道衰败的颓唐，只写父亲口里说的嘘嘘的话，以及作者左右奔波瞻前顾后的疲态，表面上是祥和安平，但心里却按捺不住，到篇尾，衍太太唆使作者大叫父亲，却遗留给作者的"最大的错处"。文章感人肺腑，又不乏暗中对衍太太这个自私多言的使坏形象的嘲讽，他忏悔的是自己没有让父亲安静地死去，这让他的心灵永远不安、永远痛苦。我们能感到鲁迅先生强烈的爱。

4. 艺术手法

（1）把记叙、描写、抒情和议论有机地融合为一体，充满诗情画意。如描写百草园的景致，绘声绘色，令人神往。

（2）在对往事深情的回忆时，作者无法忘却现实，时不时插入一些"杂文笔法"（即对现实的议论），显示了鲁迅先生真实而丰富的内心世界。如《狗·猫·鼠》一文既有作者对童年时拥有过的一只可爱的小隐鼠的深情回忆，又有对祖母讲述的民间故事的生动记叙，同时揭示了现实中那些像极了"猫"的正人君子的真实面目。

（3）常摄取生活中的小细节，以小见大，写人则写出人物的神韵，写事则写出事件的本质。如在《无常》中，从无常也有老婆和孩子的事实中，作者既写出了无常富于人情味的特点，又巧妙地讽刺了生活中那些虚伪的知识分子，入木三分。

（4）作者在批判、讽刺封建旧制度、旧道德时，多用反讽手法。表面上冷静地叙述事件的始末，其实是反话正说，在叙述中暗含着"言在此而意在彼"的巧妙讽刺。如在《父亲的病》中，对庸医的行医过程细细道来，没有正面指责与讽刺，但字里行间处处蕴含着作者激愤的批判和讽刺。

（5）作者在散文中常用对比手法。如《五猖会》通过"我"前后的心境对比表达了对封建社会的反感和批判；《无常》通过无常这个"鬼"和现实中的"人"对比，深刻地刻画出了现实生活中某些"人格"不如"鬼格"的丑恶面目；《狗·猫·鼠》作者对小隐鼠的爱和对猫的强烈憎恨形成了鲜明的对比。

5. 其他

（1）在《无常》中，鲁迅提到了"大戏"和"目连"，它们都是绍兴的地方戏。

（2）《父亲的病》开头先写了衍太太，这是一个虚伪的散布流言的女人。

（3）鲁迅得知范爱农的死讯时，怀疑他是投水自杀的，文章表达了对范爱农的同情和悼念之情。

（4）保姆长妈妈，"我"平时叫她"阿妈"；"憎恶她的时候"叫她"阿长"。

"实在不大佩服她"的原因是她"喜欢切切察察，向人们低声絮说些什么事"；又不许"我"走动，并动辄以告状相威胁；睡觉的姿态不好，占了过多的地方；满肚子麻烦的礼节等。

"对她发生过空前的敬意"，是因为她常对"我"讲"长毛"的故事，某些情况表明她似乎有"伟大的神力"。对她"有了特别的敬意"。后来因为她给"我"弄到了绘图的《山海经》，这是"别人不肯做，或不能做的事，她却能够做成功"，又使"我"对她发生了"新的敬意"。

（四）《骆驼祥子》

1. 作品简介

《骆驼祥子》是老舍的代表作之一，主要是以北平（今北京）一个人力车夫祥子的行踪为线索，以 20 世纪 20 年代末期的北京市民生活为背景，讲述的是一个普通人力车夫的辛酸故事。小说批判了那个不让好人有出路的社会，深刻揭露了旧中国的黑暗，控诉了统治阶级对劳动者的剥削、压迫，表达了作者对劳动人民的深切同情，向人们展示军阀混战、黑暗统治下的北京底层贫苦市民生活于痛苦深渊中的图景。

2. 主要内容

祥子来自乡间，带着中国农村破败凋敝的大背景，也带着农民的质朴和固执。当他认准了拉车这一行，他就成了"车迷"，一心想买上自己的车。凭着勤劳和坚韧，他省吃俭用，花了三年的时间，终于实现了这个理想，成为自食其力的上等车夫（"一起"）。但当时中国军阀混战的社会环境，不容他有丝毫的个人幻想，不到半年，他就在兵荒马乱中被逃兵掳走，失去了洋车，只牵回三匹骆驼（"一落"）。祥子没有灰心，他依然倔强地从头开始，更加克己地拉车攒钱。可这次还没等他再买上车，所有的积蓄又被侦探敲诈洗劫一空，买车的梦想再次成为泡影（"二起二落"）。当他又一次拉上自己的车，是以与虎妞成就畸形的婚姻为代价的。但好景不长，虎妞死于难产，祥子人车两空（"三起三落"）。生活捉弄了他，他也开始游戏生活，吃喝嫖赌，彻底堕落为城市的垃圾，变成一具失去灵魂的行尸走肉。

3. 主要人物及形象

（1）祥子

祥子来自农村，他老实、健壮、坚忍，如同骆驼一般。他自尊好强，吃苦耐劳，凭自己的力气挣饭吃。但最后，经历了三起三落，祥子失去了生活的信心，变成了麻木、潦倒、狡猾、好占便宜、吃喝嫖赌、自暴自弃的行尸走肉。一个曾经那么要强的头等车夫，最后还是没有挣扎出悲惨的命运。祥子是旧社会贫苦劳动人民的缩影，反映了旧社会劳动人民生活的苦难与无奈。

（2）虎妞

泼辣而有心计的中年妇女，生就一副男儿性格，很会打理事务，将人和车厂管理得井井有条。

（3）刘四爷

旧社会的袍哥人物，改良办起了车厂，为人耿直，性格刚强，从不肯在外场失面子。

（4）曹先生

一个平凡的教书人，爱好传统美术，因为信奉社会主义，所以待人宽和，被祥子认为是"圣人"。

（5）高妈

心地善良、为人要强的老妈子，乐意帮助别人，经历了不幸，学会了在旧社会最底层生活的方法。有自己的想法，常常开导祥子，是祥子很佩服的一个人。

（6）小马儿的祖父

一个一辈子要强，最后却连自己的小孙子也救不了的车夫。

（7）小福子

一个善良、可悲的人物，是祥子喜欢的人，但留给我们的只有深深的同情和无限的思考。

（8）二强子

一个自暴自弃的车夫。

（五）《三国演义》

1.作品简介

《三国演义》是中国古典四大名著之一，全名为《三国志通俗演义》。元末明初小说家罗贯中所著，是中国第一部长篇章回体历史演义小说。

该书描写了从东汉末年到西晋初年之间近100年的历史风云。全书再现了三国时代的政治军事斗争，反映了当时各类社会矛盾的转化，并概括了这一时代的历史巨变，塑造了一批叱咤风云的英雄人物。

2.著名战役

官渡之战

对战方：袁绍——曹操　对比：袁绍兵力十倍于曹操，结果曹操胜利！

赤壁之战

对战方：曹操——孙权　对比：曹操兵力十余倍于孙权，结果孙权胜利！

夷陵之战

对战方：刘备——孙权　对比：刘备兵力十余倍于孙权，结果孙权胜利！

新野之战

火烧博望坡之后，曹操卷土重来，派曹仁和曹洪大军进攻新野。诸葛亮料新野待不了，就留下空城，民房屋上藏硫黄等引火之物。曹军进城之后住入了民房。夜里狂风大作，埋伏在城外的刘备军往城里射火箭。大火迅速烧起来。曹兵逃奔出城，被刘备军截杀，大败而归。

官渡之战

建安四年六月，袁绍精兵十万战马万匹，南下进攻许昌。试图依靠军力优势，打破曹操"挟天子以令诸侯"的政治优势，双方各有胜负，于官渡对峙。袁绍不听许攸分兵袭击许都的建议，致使许攸弃袁绍而投奔曹操。曹操采纳许攸之计，领兵烧了袁绍在乌巢积囤的粮草，袁绍军大败，部下张郃、高览投降曹操。

夷陵之战

孙权攻杀蜀将关羽于章乡（今湖北当阳东北），占领荆州。刘备为了给关羽报仇，亲自挥师东进，连连告捷。陆逊总督东吴兵马，以静制动，等待破蜀良机。由于天热难耐，刘备让蜀兵避暑林中，犯了兵家大忌。陆逊见时机已到，调动各路兵马一起行动，火烧蜀军边营，刘备损兵折将，全面溃败，幸亏赵云救驾，才逃到白帝城。

3. 主要人物及形象

（1）刘备

忠：刘备对汉室的忠心，受汉献帝血衣带诏，汉室未亡时绝不称帝。

仁：新野自身难保时坚持携民渡江。

义：两个结义兄弟遇难后坚持为他们报仇，甚至为此而毁国亡身。

厚：多次寄人篱下有机夺取而不取。

勇：三英战吕布中体现了他勇武的一面。

重视人才："猥自枉屈"，三顾茅庐；赵云单骑救主后，刘备摔阿斗，收买人心。

当然，刘备过于注重一些小德，忽视大德，不但有时给人以"伪"的感觉，而且过于强调兄弟情义不顾国家大义，导致蜀汉元气大伤，让恢复汉室化为泡影。

（2）曹操

胆略：曹操献刀——董卓自封为相国后，欺主弄权，朝中正直的大臣们都想除掉他。校尉曹操，足智多谋并早有杀董卓之心。一日，曹操藏宝刀来到相府，他走到小阁，站在一旁等待机会。曹操见董卓躺下，急抽刀欲刺，董卓在穿衣镜内看见曹操的动作，转身急忙问："你要干什么？"这时吕布也牵马回来。曹操急中生智说："我得一口宝刀，欲献恩相。"董卓接刀一看，长有盈尺，锋利无比，果然是宝刀。董卓引曹操出阁看马，曹操谢道："愿借马一试。"然后快马加鞭往东南疾去，逃得无影无踪了。

才智：望梅止渴——曹操带兵攻打张绣，行军路过一片荒凉的干旱地区，将士们又累又渴。此时，曹操灵机一动，告诉将士说："前面有一片梅林，梅树结满了梅子。"一想到梅子，将士们嘴里就流出口水，都加快了步伐。走出了干旱之地，将士们虽没见到梅林，但已经有水喝了。

奸诈：梦中杀人——曹操生怕遭人暗算，扬言他有特异功能，谁若在他熟睡时靠近其卧榻，他虽在梦中也能觉察到。他还对侍臣和姬妾们说："我睡觉时不可随便靠近我，一靠近我，我便杀人，而且我自己也不知道。"一日，曹操佯装熟睡，故意没盖被子，一个近侍忘了曹操"梦中杀人"的话，好心去给他盖上了被子，结果此人好心未得好报，被一跃而起的曹操一剑砍死了。从此，在曹操睡觉的时候，左右谁也不敢靠近其卧榻。

冤杀粮官——管粮官任峻部下仓官王垕入禀曹操曰："兵多粮少，当如之何？"操曰："可将小斛散之，权且救一时之急。"垕曰："兵士倘怨，如何？"操曰："吾自有策。"垕依命，以小斛分散。操暗使人各寨探听，无不嗟怨，皆言丞相欺众。操密诏王垕入曰："吾欲向汝借一物，以压众心，汝必勿吝。"垕曰："丞相欲用何物？"操曰："欲借汝头以示众耳。"垕大惊曰："某实无罪！"操曰："吾亦知汝无罪，但不杀汝，军心变矣。汝死后，汝妻子吾自养之，汝勿虑也。"垕再欲言时，操早呼刀斧手推其出门一刀斩讫，悬头高竿，出榜晓示曰："王垕故行小斛，盗窃官粮，谨按军法。"于是众怨始解。

多疑：杀吕伯奢——曹操刺杀董卓未果，逃走，在途中投奔故人吕伯奢，吕杀猪待客，曹操反以为吕将加害自己，杀了吕伯奢的全家。自此，"宁可我负天下人，休叫天下人负我"成了他的至理名言。

杀害华佗——曹操得了头痛顽症，将华佗请来为他看病。华佗认为曹操头痛的病根在脑袋中，需要先饮"麻沸散"进行麻醉后，才能开颅做手术，曹操认为华佗想杀害他借机为关羽报仇，于是命令左右将华佗收监拷问，致使一代神医屈死狱中。

虚伪：割发代首——曹操发兵宛城时规定："大小将校，凡过麦田，但有践踏者，并皆斩首。"这样，骑马的士卒都下马，仔细地扶麦而过。可是，曹操的马却因受惊而践踏了麦田。他很严肃地让执法的官员为自己定罪。执法官对照《春秋》上的道理，认为不能处罚担任尊贵职务的人。曹操认为：自己制定法令，自己却违反，怎么取信于军？即使我是全军统帅，也应受到一定处罚。他拿起剑割发，传示三军："丞相踏麦，本当斩首号令，今割发以代。"别人犯罪就割掉头颅，到他自己犯罪时就是一把头发了事了。

狠毒：徐州屠城——他为报父仇，进攻徐州，所到之处，"尽杀百姓"，"鸡犬不留"。

（3）诸葛亮

雄辩口才：舌战群儒——东汉末期，曹操挟天子以令诸侯，实力强大。孙权手下的谋士大都主张降曹自保，只有鲁肃主张联刘抗曹。但鲁肃自知难以说服孙权和东吴的文臣，特意请诸葛亮来当说客。正好诸葛亮也正建议刘备联吴抗曹。

在东吴朝廷，东吴的谋士一个接一个地向诸葛亮发难，先后有七人之多，都被诸葛亮反驳得有口难辩。

超人胆识：空城计——诸葛亮屯兵于阳平，把部队都派去攻打魏军了，只留少数老弱残兵在城中。忽然听到魏军大都督司马懿率十五万大军来攻城。诸葛亮临危不惧，传令大开城门，还派人去城门口洒扫。诸葛亮自己则登上城楼，端坐弹琴，态度从容，琴声不乱。司马懿来到城前，见此情形，心生疑窦，怕城中有伏兵，因此不敢贸进，便下令退兵。司马懿被诸葛亮吓退的原因主要有：①诸葛亮的弄险仅此一次，超出司马懿的预料。②诸葛亮超强的心理控制能力，使空城计出演得滴水不漏。

足智多谋：草船借箭——东吴与刘备联合抗曹，周瑜命诸葛亮十日内制作十万支箭。诸葛亮说只需三日，并立下军令状。鲁肃来见诸葛亮，第一天不见动静，第二天也不动。第三天四更，诸葛亮密请鲁肃到船上。同时，把二十条船用绳索连好，向曹营进发。只见江上大雾迷漫，对面看不见人。五更时分，船只接近曹营。诸葛亮让军士们在船上擂鼓呐喊，装作周瑜来偷袭。无奈江上雾大看不清楚，曹操只好调三千弓箭手向船上射箭。待草人身上密密地插满了箭，天已放亮，诸葛亮下令收船。军士们高喊着："谢谢曹丞相的箭。"高高兴兴地回去了。回营后，把箭取下，十万有余。

忠心事主：白帝托孤——刘备称帝后伐吴，在夷陵之战中被陆逊击败，退守到白帝城。从此刘备一病不起。临终将其儿子刘禅托孤于诸葛亮，诸葛亮哭着答应："臣怎么敢不竭尽全力，辅助幼主，鞠躬尽瘁，死而后已呢？"后来，尽管刘禅很不成器，但诸葛亮还是尽力辅佐，真正做到了"鞠躬尽瘁，死而后已"。

矢志不渝：遗恨五丈原——234年，诸葛亮率兵由汉中出发，穿过秦岭，进驻五丈原。初来乍到，粮草不济，先屯田练兵，待机伐魏。魏将司马懿，深知诸葛亮神机妙算，在渭河北岸固守，不敢贸然出兵。双方在五丈原相持百天不战，诸葛亮不得不引诱魏兵入葫芦沟作战，并放火烧断谷口，欲大败魏将司马懿，未料一场大雨，魏军死里逃生。同年秋天，诸葛亮病死军中，蜀军败退。当司马懿进兵诸葛亮指挥作战的地方时，看到蜀军阵地之险要，惊叹道："天下奇才也。"后人为了纪念诸葛亮，在这里修建了寺庙。

心胸广阔：七擒孟获——刘备死后，南蛮王孟获起兵造反，诸葛亮领军前往镇压，诸葛亮明白杀了孟获无济于事，欲屈人之兵须先服其心，便容忍孟获屡次不服，最终以七次生擒七次放走的记录感化了孟获。从此南方便无后患。

其他事迹：火烧博望新野，三气周瑜，智取荆、益、安居平五路，六出祁山等。

诸葛亮著作：《前出师表》《后出师表》《隆中对》

诸葛亮发明：革新连弩，作木牛流马，作八阵图等。

（4）周瑜

足智多谋：蒋干中计——曹操欲打探东吴实力，派与周瑜有旧的蒋干前往。不想周瑜早看出蒋干的目的，诱与之共寝，将假书信放于案上。蒋看周熟睡（假寐），故查看书信，发现周与曹营的毛介、蔡瑁有书信来往，周又设计让蒋"无意"听见与毛蔡的人互通情报（找人演戏），故蒋干中计，报之与曹，曹一怒将毛蔡二人杀害。

周瑜打黄盖（黄盖行苦肉计）——为了让曹操上当，以便火攻曹军，周瑜决定使用苦肉计。黄盖愿行此计，并在周瑜与众将商议退敌之策时，故意大唱反调。于是周瑜下令将黄盖打得皮开肉绽，卧床不起。随后黄盖诈降曹操，率船火烧曹操水军，立下大功。

心胸狭窄：三气周瑜——一气：赤壁大战后，南郡、荆州、襄阳等处都被诸葛亮巧计占领。第二年，周瑜去夺取荆州，被诸葛亮抢先夺去。二气：周瑜本想借把孙权的妹妹嫁给刘备，把刘备扣下，逼诸葛亮交出荆州，不料诸葛亮用计使周瑜"赔了夫人又折兵"。三气：周瑜向刘备讨还荆州不利，又率兵攻打失败，结果病死了。临死前，他说："既生瑜，何生亮！"活活被气死了。

妒贤嫉能：草船借箭。

（5）关羽

忠：关云长千里走单骑——关羽与刘备失散，暂居曹营。曹操一心想收服关羽，三日一小宴，五日一大宴，赐美女、金银、官职等，关羽独留下赤兔马，以便来日寻刘备方便。听到刘备下落后，关羽将官印吊于屋中，带上嫂嫂，奔向刘备。途中因没获曹操批准，在五个关口受到阻拦，关羽皆杀之闯关。

义：义释曹操——赤壁之战曹军遭遇火攻，死伤惨重。曹操大败逃跑，沿路遭遇张飞、赵云等人的截杀，身边只剩下几百人马。经过华容道，关羽已经在此埋伏多时。此时曹操走投无路，便请求关羽看在往日的情分上放他一马。关羽是个很讲情义的人，想起寄居在曹操那里时曹操对他的恩义，心一软，就放了曹操。

勇：斩颜良、诛文丑——刘备投奔袁绍，关羽找不到，只好帮曹操"打工"。袁绍派颜良去进攻曹操，刘备拜托颜良打听关羽的消息。路上颜良看见关羽觉得像，就想问认不认识刘备，关羽心里只想着杀个人做见面礼给曹操，也没听见，就把颜良砍了。袁绍很生气，又派文丑去报仇，文丑聪明，知道战场上人多不好说话，就想把关羽引到没人的地方再说，谁知道关羽骑的赤兔马太快了，一下子追上了文丑，一刀把文丑砍了。刘备想，自己兄弟杀了袁绍两个大将，还有脸在袁绍这儿混吗？没几天就跑了。

温酒斩华雄——董卓当权，把持朝政。十八路诸侯兴兵声讨。交战中，先后有四位各诸侯中的悍将被董卓的部将华雄斩杀。此时，关羽自告奋勇，愿与华雄交锋。袁绍嫌他地位低微，称其"安敢乱言"，喝令将其打出。曹操上前阻止，关羽才有了出战的机会。曹操端了杯热酒为关羽壮行，而关羽愿先去斩华雄，回来再喝酒。果然在温酒未凉之际提来了华雄首级，令众诸侯惊讶不已。

单刀赴会——东吴屡次讨要荆州未果。遂采用鲁肃之计，设下鸿门宴，埋伏好刀斧手邀关羽来吴国赴宴。关羽轻驾小舟、单刀赴会，只带领十几个随从人员。席间关羽借与鲁肃多年未见叙旧为由，拉着鲁肃不放，互相敬酒。实则以鲁肃为人质。埋伏的刀斧手见鲁肃被困，不敢轻易下手。关羽因此安全脱身。

刮骨疗毒——关羽在攻打樊城时身中毒箭，毒已渗入骨头。众将劝其回荆州医治，关羽因战事拒回荆州。众将访问名医，终找到华佗。华佗将关羽受伤的胳膊固定在木架子上的铁环中进行刮骨疗毒，整个过程不用麻药，关羽一边饮酒食肉，一边和马良谈笑对弈。事毕，佗曰："某为医一生，未尝见此。君侯真天神也！"

谋：水淹七军——关羽进攻襄樊不久，时值八月秋天，连日大雨不止。关羽把军队移于高阜处，差人堰住各处水口。在一个风雨大作的夜里，命人放水淹了魏将于禁的七军，于禁投降。庞德奋战被擒，誓不投降，引颈受刑，壮烈而死。

傲：大意失荆州——关羽无视孙权，拒绝和孙权联姻，激怒了孙权。孙权令吕蒙夺回荆州。吕蒙把战士化装成商人的模样，骗过了关羽的江边守军，顺利渡江，趁关羽轻敌，毫无防备，没伤一兵一卒就占领了荆州。同时关羽在前线被徐晃包围，败退到麦城。吕蒙又把麦城紧紧围住，关羽突围不成功，被俘不降，孙权杀之。

（6）赵云

义勇双全：单骑救主——新野一战，刘备以少胜多打败曹操，曹操引五十万大军前来报仇。慌乱中，赵云发现不见了刘备，走散了糜夫人母子，急集合三十骑，杀回乱军寻找。赵云势不可挡，七进七出，斩将夺旗，闯围救主，视曹军百万之众如同草芥。曹操传令活捉赵云，赵云就利用这个机会冲出包围，终于将阿斗交给了刘备。

（7）张飞

直率勇猛：喝断长坂坡——赵云救来阿斗，张飞在长坂坡独挡曹军，命手下在桥后砍倒树木绑在马后往来奔驰作疑兵之计，飞在桥上厉声大喝，声如巨雷。曹操见张飞如此气概，颇有退心。张飞望见曹操后军阵脚移动，再次挺矛大喝，将曹操身边的夏侯杰吓得肝胆碎裂，倒撞于马下。操便回马而走。于是诸军众将一齐往西奔走。

（六）《红岩》

1. 作品简介

《红岩》是国民党集中营的幸存者罗广斌、杨益言创作的长篇小说。它主要叙述了 1948 年在国民党的统治下，处在黎明前最黑暗的时刻的共产党员在渣滓洞中，敌人为了得到口供，妄图用炎热、蚊虫、饥饿和干渴动摇革命者的意志，但在共产党员的坚强意志前，敌人却是一筹莫展，一败涂地。1961 年 12 月，此书正式出版，重印 98 次，印量超过了 1000 万。本书为红色经典作品，轰动一时，曾被改编为电影《烈火中永生》。

2. 主要内容

1948 年，在国民党的统治下处在黎明前最黑暗的时刻。为了配合工人运动，重庆地下党工运书记许云峰命甫志高建立沙坪书店，作为地下党的备用联络站。甫志高为了表现自己，不顾联络站的保密性质，擅自扩大书店规模，销售进步书刊。

一天，区委书记江姐要去华蓥山根据地，甫志高到码头为江姐送行，江姐嘱咐他要注意隐蔽，他嘴上答应，心里却不以为然。江姐到离根据地不远的一座县城时，发现自己的丈夫、华蓥山纵队政委彭松涛的人头被高挂城头。见到纵队司令员"双枪老太婆"后，她忍住悲痛，坚决要求到丈夫生前战斗的地方工作。

甫志高又自作主张吸收一名叫郑克昌的青年入店工作，许云峰知道情况后大吃一惊，几经分析发现郑克昌形迹可疑，便让甫志高通知所有人员迅速转移。甫志高却根本不听劝告，反认为许云峰嫉妒自己的工作成绩，结果被捕并成了可耻的叛徒。由于他的告密，许云峰、成岗、余新江和刘思扬等人很快相继被捕。特务头子徐鹏飞得意忘形，妄图借此将重庆地下党一网打尽。然而，他使尽各种伎俩，都没能从许云峰等人身上得到任何所需的东西。凶残的敌人为了得到口供，疯狂地折磨他们。敌人给他们食用霉烂的食物，而且在炎热的夏天限制饮水数量，妄图用炎热、蚊虫、饥饿和干渴动摇革命者的意志。为了粉碎敌人的阴谋，狱中难友趁放风时在墙角挖出一眼泉水。在保护泉水的斗争中，龙光华英勇牺牲，全狱难友绝食抗议敌人的暴行，敌人不得不妥协让步。

叛徒甫志高带领特务窜到乡下，江姐不幸被捕，关押在渣滓洞里。在狱中，她受尽了折磨，凶残的敌人把竹签钉进了她的十指。面对毒刑，她傲然宣告："毒刑拷打是太小的考验，竹签子是竹做的，共产党员的意志是钢铁铸成的！"秋去冬来，转眼到了年底。全国革命形势一片大好，国民党当局在受到沉重打击后开始放出和谈空气。阴历年三十，渣滓洞全体难友举行了一个别开生面的联欢会。更令人高兴的是，地下党派人与他们取得了联系。敌人为了表示和谈的"诚意"，假意释放了一些共产党员，来自资本家家庭的共产党员刘思扬是其中之一。在他被送回刘公馆的第二天夜里，一个自称姓朱的人潜入刘家，说他受区委书记李敬原的委派，前来了解刘思扬在狱中的表现，并要他详细汇报狱中地下党的情况。正当刘思扬对此怀疑时，李敬原派人送来情报，揭穿了这个伪装特务郑克昌的真面目。刘思扬来不及转移，又被抓起来关进另一所监狱"白公馆"。郑克昌在诱骗刘思扬失败后，又伪装成同情革命的记者高邦晋打入渣滓洞，他妄图通过苦肉计刺探狱中地下党的秘密。余新江等人识破了他的伪装，并借敌人之手除掉了这个阴险的特务。

解放军日益逼近重庆，地下党准备组织狱中暴动。在白公馆装疯多年的共产党员华子良与狱中党组织接上了关系。同时，关在地窖中的许云峰用手指和铁镣挖出了一条秘密通道。当解放军攻入四川，即将解放重庆的时候，徐鹏飞等狗急跳墙，提前秘密杀害了许云峰、江姐、成岗等人。就在许云峰等人被害的当天晚上，渣滓洞和白公馆同时举行了暴动。刘思扬等一些同志牺牲了，但更多的同志终于冲出了魔窟，伴随着解放军隆隆的炮声，去迎接黎明时分灿烂的曙光！

3. 主要人物形象

江姐：政治上成熟的共产党员。她稳重、精细、安详、深沉、坚强，处处表现出纯洁的党性和对革命事业的无比忠贞，深受同志们的爱戴。就义前，她从容地向同志们告别，庄严地实践了自己的世界观和人生观。这一人物是无产阶级真善美的化身。

许云峰：一个工人出身，长期从事地下党工运领导工作，有着丰富斗争经验的党的领导人形象；果断，沉着，冷静，有非凡的胆识和过人的机智；以顽强的意志在潮湿阴森的地窖里用手指挖通了石壁，把越狱的通道留给了同志们，自己则带着对胜利的坚定信念从容就义。

成岗：16 岁加入中国共产党，参加地下刊物《挺进报》的编辑、印刷和发行工作；在工作间被捕，关押于渣滓洞、白公馆看守所，在敌人的威逼利诱下坚持自己的气节，在狱中坚持出版《挺进报》。后被枪杀。

刘思扬：出身于大地主家庭，却投身革命，为信仰劳碌奔波，是知识分子中的楷模。他有着丰富的内心世界和坚定的革命信仰，至死没有玷污党的荣誉。

小萝卜头：在敌人的监狱里长大，不知道外面的世界是什么样。6 岁时在黄将军的帮助下学习，非常刻苦，记忆力很强，非常尊敬老师，经常帮助大人做秘密工作。遇害时不满 9 岁，但在监狱中关了 8 年。

甫志高：原为重庆地下党员，后因被捕不堪严刑拷打而叛变，供出了许云峰、江雪琴等人，对地下党网络造成了极大的破坏，是贪图享乐，没有革命精神的典型。

华子良：潜伏最深的共产党员，忍辱负重、忠贞不屈。因装疯卖傻而被特务称为"疯老头"，被关押在白公馆。特务对他比较放心，常让他去磁器口卖菜。得知"提前分批密裁"的罪恶计划后，他逃到了解放区，为越狱的计划作了巨大的贡献。

（七）《钢铁是怎样炼成的》

1. 作品简介

作者：尼古拉·奥斯特洛夫斯基（1904—1936），苏联著名的布尔什维克作家，自小说《钢铁是怎样炼成的》问世以来，他就同书中的保尔·柯察金一道，成了全球千万有志青年的朋友和楷模。

主题：当一位英国记者问作者为什么以《钢铁是怎样炼成的》为书名时，奥斯特洛夫斯基回答说："钢是在烈火与骤冷中铸造而成的。只有这样它才能成为坚硬的，什么都不惧怕，我们这一代人也是在这样的斗争中、在艰苦的考验中锻炼出来的，并且学会了在生活面前不颓废。"这个书名，形象地概括了他所要表达的思想内容，以及他这一代人的成长道路和思想性格。

通过保尔·柯察金的成长道路，小说告诉人们，一个人只有在革命的艰难困苦中战胜敌人，战胜自己，只有在把自己的追求和祖国、人民的利益联系在一起的时候，才会创造出奇迹，才会成长为钢铁战士。革命者在斗争中百炼成钢，这是小说的一个重要主题。

小说形象地告诉青年一代，什么是共产主义理想，如何为共产主义理想去努力奋斗。革命战士应当有一个什么样的人生，这是小说的又一主题。保尔在凭吊女战友娃莲的墓地时所说的那段话，是对小说这一主题的阐发："人最宝贵的东西是生命，生命对于我们只有一次。人的一生应该是这样度过的：当他回首往事的时候，他不会因为虚度年华而悔恨，也不会因为碌碌无为而羞耻；这样，在临死的时候，他就能够说：'我的整个生命和全部精力，都已经献给世界上最壮丽的事业——为人类的解放而斗争。'"

可以这样来概括小说的主题思想：人的一生应当像保尔·柯察金那样去度过。

2. 主要内容

保尔·柯察金，出生于贫困的铁路工人家庭，早年丧父，全凭母亲替人洗衣做饭维持生计。12岁时，母亲把他送到车站食堂当杂役，在那儿他受尽了凌辱。他憎恨那些欺压穷人的店老板，厌恶那些花天酒地的有钱人。

"十月革命"爆发后，帝国主义和反动派妄图扼杀新生的苏维埃政权。保尔的家乡乌克兰谢别托卡镇也经历了外国武装干涉和内战的岁月。红军解放了谢别托夫卡镇，但很快就撤走了，只留下老布什维克朱赫来在镇上从事地下工作。他在保尔家住了几天，给保尔讲了关于革命、工人阶级和阶级斗争的许多道理，朱赫来是保尔走上革命道路的最初领导人。

在一次钓鱼的时候，保尔结识了林务官的女儿冬妮娅。

一天，朱赫来被白匪军抓走了。保尔到处打听他的下落，在匪兵押送朱赫来的途中，保尔猛扑过去，把匪兵打倒在壕沟里，与朱赫来一起逃走了。由于波兰贵族李斯真斯基的儿子维克多的告密，保尔被抓进了监狱。在狱中，保尔经受住了拷打，坚强不屈，为迎接白匪头子彼得留拉来小城视察，一个二级军官错把保尔当作普通犯人放了出来。他怕重新落入魔掌，不敢回家，遂不由自主地来到了冬妮娅的花园门前，纵身跳进了花园。由于上次钓鱼时，保尔解救过冬妮娅，加上她又喜欢他"热情和倔强"的性格，他的到来让她很高兴。保尔也觉得冬妮娅跟别的富家女孩不一样，他们都感受到了朦胧的爱情。为了避难，他答应了冬妮娅的请求，住了下来。几天后，冬妮娅找到了保尔的哥哥阿尔青，他把弟弟送到喀察丁参加了红军。

保尔参军后当过侦察兵，后来又当了骑兵。他在战场上是个敢于冲锋陷阵的能干而且优秀的政治宣传员。他特别喜欢读《牛虻》《斯巴达克斯》等作品，经常给战友们朗读或讲故事。在一次激战中，他的头部受了重伤，但他用顽强的毅力战胜了死神。他的身体状况使他不能再回前线，于是他立即投入了恢复和建设国家的工作。他做团的工作、肃反工作，并忘我地投入到艰苦的体力劳动中去。特别是修建铁路的工作尤为艰苦：秋雨、泥泞、大雪、冻土，大家缺吃少穿，露天住宿，而且还有武装匪徒的袭扰和疾病的威胁。

在这一段时间里，他和冬妮娅的爱情产生了危机，冬妮娅那庸俗的个人主义令他反感。等到在修筑铁路时又见到她的时候，她已和一个有钱的工程师结了婚。保尔在铁路工厂任团委书记时，与团委委员丽达在工作上经常接触，两人逐渐产生了感情。但他又错把丽达的哥哥当成了她的恋人，因而失去了与她相爱的机会。

在筑路工作要结束时，保尔得了伤寒并引发了肺炎，组织上不得不把保尔送回家乡去休养。半路上误传出保尔已经死去的消息，但保尔第四次战胜死亡回到了人间。病愈后，他又回到了工作岗位，并且入了党。由于种种伤病及忘我的工作和劳动，保尔的体质越来越坏，丧失了工作能力，党组织不得不解除他的工作，让他长期住院治疗。在海滨疗养时，他认识了达雅并相爱。保尔一边不断地帮助达雅进步，一边开始顽强地学习，增强写作的本领。

1927年，保尔已全身瘫痪，接着又双目失明，肆虐的病魔终于把这个充满战斗激情的战士束缚在床榻上了。保尔也曾一度产生过自杀的念头，但他很快从低谷中走了出来。这个全身瘫痪、双目失明并且没有丝毫写作经验的人，开始了他充满英雄主义的事业——文学创作。保尔忍受着肉体和精神上的巨大痛苦，先是用硬纸板做成框子写，后来是自己口述，请人代录。在母亲和妻子的帮助下，他用生命写成的小说《暴风雨所诞生的》终于在1934年出版了！保尔拿起新的武器，开始了新的生活。

3. 主要人物及形象

（1）保尔

个性倔强，充满青春活力，不畏困难，勇敢坚强，意志坚定。对共产主义事业抱着坚定不移的信念，是在革命斗争中锻炼和党的教育下成长的共产主义战士。保尔是一个自觉的、无私的革命战士，他总是把党和祖国的利益放在第一位，更是一个刚毅坚强的革命战士，他在人生各个方面都经受住了严峻的考验。在敌人的严刑拷打面前，他坚贞不屈；在枪林弹雨的战场上，他勇往直前；在与吞噬生命的病魔的搏斗中，他多次令死神望而却步，创造了"起死回生"的奇迹。尤其是他在病榻上还奋力向艺术殿堂攀登的过程，表现了一个革命战士钢铁般的意志所能达到的最高境界。他是一个于平凡中见伟大的英雄人物。面对疾病的沉重打击，他也曾产生过自杀的念头，而且就是在他与病魔抗争的英雄主义激情中。

（2）冬妮娅

天真、纯朴、醉心于爱情，最后由小资产阶级小姐完全变成时代落伍者与寄生虫。她是林务官的女儿，也是保尔·柯察金少年时代的爱人，她曾把《牛虻》这部小说介绍给保尔·柯察金看。这部书对他的思想起了一定的启发作用。她是在偶然间认识保尔·柯察金的，由于他的倔强和热情，她不自觉地喜欢上他，进而爱上他。但由于阶级出身的关系，她没有和当时许多青年一样去参加保卫苏维埃政权的伟大斗争。

（3）朱赫来

共产党员，一个坚强的红军战士，勇敢、机智，善于领导和组织群众。他在革命斗争中很好地团结了广大的工人和教育了无数的青年，保尔·柯察金就是其一。

（八）《儒林外史》

1. 作品简介

长篇小说，共五十六回。成书于(乾隆十四年)1749年或稍前，先以抄本传世，初刻于（嘉庆八年）1803年。作者为清代的吴敬梓，字敏轩，安徽全椒人。本书以写实主义描绘各类人士对于"功名富贵"的不同表现，一方面真实地揭示人性被腐蚀的过程和原因，从而对当时吏治的腐败、科举的弊端、礼教的虚伪等进行了深刻的批判和嘲讽；一方面热情地歌颂了少数人物以坚持自我的方式所做的对于人性的守护，从而寄寓了作者的理想。白话的运用已趋纯熟自如，人物性格的刻画也颇为深入细腻，尤其是采用高超的讽刺手法，使该书成为中国古典讽刺文学的佳作。该书代表着中国古代讽刺小说的高峰，开创了以小说直接评价现实生活的范例。

《儒林外史》的语言是准确、生动、洗练的，人物形象的塑造栩栩如生，讽刺手法高超绝妙，艺术上达到了较高水平。鲁迅先生认为《儒林外史》的出现，"乃始有足称讽刺之书"。作者看透了当时黑暗的政治和腐朽的社会风气，对丑恶现实进行了深刻揭露和有力批判，显示出民主主义思想色彩。

2. 主要内容

《儒林外史》是一部以知识分子为主要描写对象的长篇小说，也是一部典型的讽刺小说，描写了一些深受八股科举制度毒害的儒生形象，反映了当时世俗风气的败坏。

作品以十多个既独立又有联系的故事，展示了一幅18世纪中国社会的风俗画。它以封建士大夫的生活和精神状态为中心，从揭露科举制度及其奴役下的士人的丑恶灵魂入手，刻画了特定时代各个不同阶层的众生相。如写周进、范进为考中举人耗尽了毕生的精力，到胡子花白还没有考中秀才。尽管生活极为困顿，还是念念不忘科举考试。周进路过一处考场，进去观看，触动了一生的辛酸和痛苦，放声大哭，竟然难过得死去活来。后来在一些小商人的帮助下参加了考试，博得了考官的同情，才时来运转。当他考中举人时，以前讥讽挖苦他的那些人，都来奉承他，把他吹捧成最有学问的人。又如范进，中举前家里穷得没有米下锅，抱着一只老母鸡去集市上卖。当得知自己中举的消息时，竟然喜极而狂，变成了疯子，幸亏岳父胡屠户打了他一巴掌，才使他恢复了清醒。这时候，当地的乡绅等有头脸的人物都对他刮目相看，有送房屋的，有送财产的，范进的生活立刻发生了变化。《儒林外史》通过不和谐的人和事进行婉曲而又锋利的讽刺，抨击腐蚀士人灵魂的八股取士制度，写出它的腐败与不合理。

3. 主要人物及形象

（1）腐儒的典型——周进、范进

作者在第二、三回分别着力塑造了这两个年纪老大而没有考中科举的可怜虫。二人在中举之前都是很穷困的，受尽别人的白眼和嘲讽。

（2）贪官污吏的典型——汤奉、王惠

可怜的读书人一旦考中了进士，便可以名正言顺地踏入仕途。而那些原本可怜的读书人一旦做了官，很快便会成为贪官污吏。其中汤奉和王惠就是两个典型的例子。这些官吏就凭借科举得意，升官发财，作威作福；贪狠、蛮横则成了他们的共同特征。这就进一步暴露了科举制度的罪恶，同时也反映了当时整个封建官吏政治的腐败不堪。

（3）八股迷的典型——马静、鲁编修

科举既然成了读书人猎取功名富贵的唯一手段，八股文自然就成了文章的正宗。于是无数的封建文人，孜孜不倦地钻研八股文，其中最虔诚的八股制信徒当属马静和鲁编修。

（4）正面典型——王冕、杜少卿

《儒林外史》中不仅有对儒林丑类的揭露和讽刺，而且有对正面人物的肯定和歌颂。作者肯定的最多的是那些不慕功名利禄的知识分子，王冕和杜少卿是其中的典型代表。正面人物杜少卿是以作者本人为原型写成的，他不热衷功名，反对八股科举，不愿做官，被视为"自古及今难得的一个奇人"。在他身上蔑视科举的思想尤为突出。他说"这学里的秀才未见得好似奴才"。这对封建社会选拔官吏的制度是嘲讽，也是批判。

杜少卿轻视礼教，反对歧视妇女，反对纳妾，具有初步的民主主义思想。他仗义疏财，平等爱人，是作者心目中的理想人物。

第四章　古诗文背诵与默写

一、考点解读

近年中考注重古诗文积累的考查，在 2015 年最新的《中考说明》中，又增加了 9 篇背诵篇目，考查的形式有直接识记型默写和理解型默写。考生复习时要识记《中考说明》规定的需要掌握的古诗文，并能根据上下文或具体的语言环境准确默写古诗文。默写时，考生不能错字、漏字或添字。

二、知识梳理

1.《曹刿论战》

左丘明（先秦）

十年春，齐师伐我。公将战，曹刿请见。其乡人曰："肉食者谋之，又何间焉。"刿曰："肉食者鄙，未能远谋。"乃入见。问何以战。公曰："衣食所安，弗敢专也，必以分人。"对曰："小惠未徧，民弗从也。"公曰："牺牲玉帛，弗敢加也，必以信。"对曰："小信未孚，神弗福也。"公曰："小大之狱，虽不能察，必以情。"对曰："忠之属也，可以一战，战则请从。"

公与之乘。战于长勺。公将鼓之。刿曰："未可。"齐人三鼓。刿曰："可矣。"齐师败绩。公将驰之。刿曰："未可。"下视其辙，登轼而望之，曰："可矣。"遂逐齐师。

既克，公问其故。对曰："夫战，勇气也，一鼓作气，再而衰，三而竭。彼竭我盈，故克之。夫大国难测也，惧有伏焉。吾视其辙乱，望其旗靡，故逐之。"

2.《生于忧患，死于安乐》

孟子（先秦）

舜发于畎亩之中，傅说举于版筑之间，胶鬲举于鱼盐之中，管夷吾举于士，孙叔敖举于海，百里奚举于市。故天将降大任于斯人也，必先苦其心志，劳其筋骨，饿其体肤，空乏其身，行拂乱其所为，所以动心忍性，曾益其所不能。

人恒过，然后能改；困于心，衡于虑；而后作；征于色，发于声，而后喻。入则无法家拂士，出则无敌国外患者，国恒亡。然后知生于忧患，而死于安乐也。

3.《论语》三则

孔子的弟子及再传弟子（先秦）

子曰："学而时习之，不亦说乎？有朋自远方来，不亦乐乎？人不知而不愠，

不亦君子乎？"（《学而》）

子曰："温故而知新，可以为师矣。"

子曰："学而不思则罔，思而不学则殆。"（《为政》）

4.《桃花源记》(节选)

陶渊明（东晋）

晋太元中，武陵人捕鱼为业。缘溪行，忘路之远近。忽逢桃花林，夹岸数百步，中无杂树，芳草鲜美，落英缤纷。渔人甚异之，复前行，欲穷其林。

林尽水源，便得一山，山有小口，仿佛若有光。便舍船，从口入。初极狭，才通人。复行数十步，豁然开朗。土地平旷，屋舍俨然，有良田、美池、桑竹之属。阡陌交通，鸡犬相闻。其中往来种作，男女衣着，悉如外人。黄发垂髫，并怡然自乐。

5.《陋室铭》

刘禹锡（唐）

山不在高，有仙则名。水不在深，有龙则灵。斯是陋室，惟吾德馨。苔痕上阶绿，草色入帘青。谈笑有鸿儒，往来无白丁。可以调素琴，阅金经。无丝竹之乱耳，无案牍之劳形。南阳诸葛庐，西蜀子云亭。孔子云：何陋之有？

6.《小石潭记》

柳宗元（唐）

从小丘西行百二十步，隔篁竹，闻水声，如鸣珮（佩）环，心乐之。伐竹取道，下见小潭，水尤清冽。全石以为底，近岸，卷石底以出，为坻，为屿，为嵁，为岩。青树翠蔓，蒙络摇缀，参差披拂。

潭中鱼可百许头，皆若空游无所依。日光下澈（彻），影布石上，佁然不动；俶尔远逝，往来翕忽，似与游者相乐。

潭西南而望，斗折蛇行，明灭可见。其岸势犬牙差互，不可知其源。

坐潭上，四面竹树环合，寂寥无人，凄神寒骨，悄怆幽邃。以其境过清，不可久居，乃记之而去。

7.《岳阳楼记》

范仲淹（宋）

庆历四年春，滕子京谪守巴陵郡。越明年，政通人和，百废具（俱）兴，乃重修岳阳楼，增其旧制，刻唐贤今人诗赋于其上。属予作文以记之。

予观夫巴陵胜状，在洞庭一湖。衔远山，吞长江，浩浩汤汤，横无际涯，朝晖夕阴，气象万千，此则岳阳楼之大观也，前人之述备矣。然则北通巫峡，南极潇湘，迁客骚人，多会于此，览物之情，得无异乎？

若夫淫（霪）雨霏霏，连月不开，阴风怒号，浊浪排空；日星隐曜（耀），山岳潜形；商旅不行，樯倾楫摧；薄暮冥冥，虎啸猿啼。登斯楼也，则有去国怀乡，忧谗畏讥，满目萧然，感极而悲者矣。

至若春和景明，波澜不惊，上下天光，一碧万顷，沙鸥翔集，锦鳞游泳，岸芷汀兰，郁郁青青。而或长烟一空，皓月千里，浮光跃金，静影沉璧，渔歌互答，此乐何极！登斯楼也，则有心旷神怡，宠辱偕忘，把酒临风，其喜洋洋者矣。

嗟夫！予尝求古仁人之心，或异二者之为，何哉？不以物喜，不以己悲；居庙堂之高则忧其民，处江湖之远则忧其君。是进亦忧，退亦忧。然则何时而乐耶？其必曰"先天下之忧而忧，后天下之乐而乐"乎（？）噫！微斯人，吾谁与归？

时六年九月十五日。

8.《关雎》

选自《诗经》

关关雎鸠，在河之洲。窈窕淑女，君子好逑。

参差荇菜，左右流之。窈窕淑女，寤寐求之。

求之不得，寤寐思服。悠哉悠哉。辗转反侧。

参差荇菜，左右采之。窈窕淑女，琴瑟友之。

参差荇菜，左右芼之。窈窕淑女，钟鼓乐之。

9.《蒹葭》

选自《诗经》

蒹葭苍苍，白露为霜。所谓伊人，在水一方。

溯洄从之，道阻且长。溯游从之，宛在水中央。

蒹葭萋萋，白露未晞。所谓伊人，在水之湄。

溯洄从之，道阻且跻。溯游从之，宛在水中坻。

蒹葭采采，白露未已。所谓伊人，在水之涘。

溯洄从之，道阻且右。溯游从之，宛在水中沚。

10.《观沧海》

曹操（东汉末年）

东临碣石，以观沧海。水何澹澹，山岛竦峙。

树木丛生，百草丰茂。秋风萧瑟，洪波涌起。

日月之行，若出其中；星汉灿烂，若出其里。

幸甚至哉！歌以咏志。

11.《饮酒》

陶渊明（东晋）

结庐在人境，而无车马喧。

问君何能尔？心远地自偏。

采菊东篱下，悠然见南山。

山气日夕佳，飞鸟相与还。

此中有真意，欲辨已忘言。

12.《木兰辞》

《乐府诗集》（南北朝）

唧唧复唧唧，木兰当户织。不闻机杼声，惟（唯）闻女叹息。

问女何所思，问女何所忆。女亦无所思，女亦无所忆。

昨夜见军帖，可汗大点兵，军书十二卷，卷卷有爷名。

阿爷无大儿，木兰无长兄，愿为市鞍马，从此替爷征。

东市买骏马，西市买鞍鞯，南市买辔头，北市买长鞭。

旦辞爷娘去，暮宿黄河边，不闻爷娘唤女声，但闻黄河流水鸣溅溅。

旦辞黄河去，暮至黑山头，不闻爷娘唤女声，但闻燕山胡骑鸣啾啾。

万里赴戎机，关山度若飞。朔气传金柝，寒光照铁衣。

将军百战死。壮士十年归。归来见天子，天子坐明堂。

策勋十二转，赏赐百千强。可汗问所欲，木兰不用尚书郎；

愿驰千里足，送儿还故乡。爷娘闻女来，出郭相扶将；

阿姊闻妹来，当户理红妆；小弟闻姊来，磨刀霍霍向猪羊。

开我东阁门，坐我西阁床。脱我战时袍，著我旧时裳。

当窗理云鬓，对镜帖花黄。出门看火伴，火伴皆惊忙：

同行十二年，不知木兰是女郎。雄兔脚扑朔，雌兔眼迷离；

双兔傍地走，安能辨我是雄雌？

13.《送杜少府之任蜀州》

王勃（唐）

城阙辅三秦，风烟望五津。

与君离别意，同是宦游人。

海内存知己，天涯若比邻。

无为在歧路，儿女共沾巾。

14.《登幽州台歌》

陈子昂（唐）

前不见古人，后不见来者。

念天地之悠悠，独怆然而涕下。

15.《次北固山下》

王湾（唐）

客路青山外（下），行舟绿水前。

潮平两岸阔，风正一帆悬。

海日生残夜，江春入旧年。

乡书何处达？归雁洛阳边。

16.《使至塞上》

王维（唐）

单车欲问边，属国过居延。

征蓬出汉塞，归雁入胡天。

大漠孤烟直，长河落日圆。

萧关逢候骑，都护在燕然。

17.《闻王昌龄左迁龙标遥有此寄》

李白（唐）

杨花落尽子规啼，闻到龙标过五溪。

我寄愁心与明月，随风（君）直到夜郎西。

18.《行路难》

李白（唐）

金樽清酒斗十千，玉盘珍馐值万钱。

停杯投箸不能食，拔剑四顾心茫然。

欲渡黄河冰塞川，将登太行雪满山。

闲来垂钓碧溪上，忽复乘舟梦日边。

行路难，行路难，多歧路，今安在？

长风破浪会有时，直挂云帆济沧海。

19.《黄鹤楼》

崔颢（唐）

昔人已乘黄鹤去，此地空余黄鹤楼。

黄鹤一去不复返，白云千载空悠悠。

晴川历历汉阳树，芳草萋萋鹦鹉洲。

日暮乡关何处是？烟波江上使人愁。

20.《望岳》

杜甫（唐）

岱宗夫如何？齐鲁青未了。

造化钟神秀，阴阳割昏晓。

荡胸生层（曾）云，决眦入归鸟。

会当凌绝顶，一览众山小。

21.《茅屋为秋风所破歌》

杜甫（唐）

八月秋高风怒号，卷我屋上三重茅。

茅飞渡江洒江郊，高者挂胃长林梢，下者飘转沉塘坳。

南村群童欺我老无力，忍能对面为盗贼。

公然抱茅入竹去，唇焦口燥呼不得，归来倚杖自叹息。

俄顷风定云墨色，秋天漠漠向昏黑。布衾多年冷似铁，娇儿恶卧踏里裂。

床头屋漏无干处，雨脚如麻未断绝。自经丧乱少睡眠，长夜沾湿何由彻！

安得广厦千万间，大庇天下寒士俱欢颜！风雨不动安如山。

呜呼！何时眼前突兀见此屋，吾庐独破受冻死亦足！

22.《白雪歌送武判官归京》
岑参（唐）

北风卷地白草折，胡天八月即飞雪。

忽如一夜春风来，千树万树梨花开。

散入珠帘湿罗幕，狐裘不暖锦衾薄。

将军角弓不得控，都护铁衣冷难着。

瀚海阑干百丈冰，愁云惨淡万里凝。

中军置酒饮归客，胡琴琵琶与羌笛。

纷纷暮雪下辕门，风掣红旗冻不翻。

轮台东门送君去，去时雪满天山路。

山回路转不见君，雪上空留马行处。

23.《钱塘湖春行》
白居易（唐）

孤山寺北贾亭西，水面初平云脚低。

几处早莺争暖树，谁家新燕啄春泥。

乱花渐欲迷人眼，浅草才能没马蹄。

最爱湖东行不足，绿杨阴里白沙堤。

24.《酬乐天扬州初逢席上见赠》
刘禹锡（唐）

巴山楚水凄凉地，二十三年弃置身。

怀旧空吟闻笛赋，到乡翻似烂柯人。

沉舟侧畔千帆过，病树前头万木春。

今日听君歌一曲，暂凭杯酒长精神。

25.《泊秦淮》
杜牧（唐）

烟笼寒水月笼沙，夜泊秦淮近酒家。

商女不知亡国恨，隔江犹唱后庭花。

26.《夜雨寄北》
李商隐（唐）

君问归期未有期，巴山夜雨涨秋池。

何当共剪西窗烛，却话巴山夜雨时。

27.《相见欢》

李煜（五代时期南唐）

无言独上西楼，月如钩。寂寞梧桐深院锁清秋。

剪不断，理还乱，是离愁。别是一般（番）滋味在心头。

28.《浣溪沙》

晏殊（宋）

一曲新词酒一杯，去年天气旧亭台。夕阳西下几时回？

无可奈何花落去，似曾相识燕归来。小园香径独徘徊。

29.《登飞来峰》

王安石（宋）

飞来山（峰）上千寻塔，闻说鸡鸣见日升。

不畏浮云遮望眼，自缘身在最高层。

30.《渔家傲》

范仲淹（宋）

塞下秋来风景异，衡阳雁去无留意。四面边声连角起，

千嶂里，长烟落日孤城闭。

浊酒一杯家万里，燕然未勒归无计。羌管悠悠霜满地，

人不寐，将军白发征夫泪。

31.《水调歌头》

苏轼（宋）

明月几时有？把酒问青天。不知天上宫阙，今夕是何年。

我欲乘风归去，又恐琼楼玉宇，高处不胜寒。

起舞弄清影，何似在人间。

转朱阁，低绮户，照无眠。不应有恨，何事长向别时圆？

人有悲欢离合，月有阴晴圆缺，此事古难全。

但愿人长久，千里共婵娟。

32.《江城子·密州出猎》

苏轼（宋）

老夫聊发少年狂，左牵黄，右擎苍，锦帽貂裘，千骑卷平冈。

为报倾城随太守，亲射虎，看孙郎。

酒酣胸胆尚开张。鬓微霜，又何妨！持节云中，何日遣冯唐？

会挽雕弓如满月，西北望，射天狼。

33.《游山西村》

陆游（宋）

莫笑农家腊酒浑，丰年留客足鸡豚。

山重水复疑无路，柳暗花明又一村。

箫鼓追随春社近，衣冠简朴古风存。

从今若许闲乘月，拄杖无时夜叩门。

34.《渔家傲》

李清照（宋）

天接云涛连晓雾，星河欲转千帆舞。仿佛梦魂归帝所。

闻天语，殷勤问我归何处。

我报路长嗟日暮，学诗谩有惊人句。九万里风鹏正举。

风休住，蓬舟吹取三山去！

35.《南乡子·登京口北固亭有怀》

辛弃疾（宋）

何处望神州？满眼风光北固楼。

千古兴亡多少事？悠悠。不尽长江滚滚流。

年少万兜鍪，坐断东南战未休。

天下英雄谁敌手？曹刘。生子当如孙仲谋。

36.《破阵子·为陈同甫赋壮词以寄之》

辛弃疾（宋）

醉里挑灯看剑，梦回吹角连营。

八百里分麾下炙，五十弦翻塞外声，沙场秋点兵。

马作的卢飞快，弓如霹雳弦惊。

了却君王天下事，赢得生前身后名，可怜白发生！

37.《过零丁洋》

文天祥（宋）

辛苦遭逢起一经，干戈寥落四周星。

山河破碎风飘絮，身世浮沉雨打萍。

惶恐滩头说惶恐，零丁洋里叹零丁。

人生自古谁无死？留取丹心照汗青。

38.《天净沙·秋思》

马致远（元）

枯藤老树昏鸦，小桥流水人家，古道西风瘦马。

夕阳西下，断肠人在天涯。

39.《山坡羊·潼关怀古》

张养浩（元）

峰峦如聚，波涛如怒，山河表里潼关路。

望西都，意踌躇（踟蹰）。伤心秦汉经行处，

宫阙万间都做了土。兴，百姓苦；亡，百姓苦。

40.《己亥杂诗》

龚自珍（清）

浩荡离愁白日斜，吟鞭东指即天涯。

落红不是无情物，化作春泥更护花。

三、古诗名句120句

1.粉骨碎身全（浑）不怕，要留清白在人间。（明·于谦《石灰吟》）

2.春风又绿江南岸，明月何时照我还。（宋·王安石《泊船瓜洲》）

3.水光潋滟晴方好，山色空蒙雨亦奇。欲把西湖比西子，淡妆浓抹总相宜。

（宋·苏轼《饮湖上初晴后雨》）

4.问渠那得清如许？为有源头活水来。（宋·朱熹《观书有感》）

5.纸上得来终觉浅，绝知此事要躬行。（宋·陆游《冬夜读书示子聿》）

6.遍身罗绮者，不是养蚕人。（宋·张俞《蚕妇》）

7.小荷才露尖尖角，早有蜻蜓立上头。（宋·杨万里《小池》）

8.他年我若为青帝，报与桃花一处开。（唐·黄巢《题菊花》）

9.天街小雨润如酥，草色遥看近却无。（唐·韩愈《早春呈水部张十八员外》）

10.今夜偏知春气暖，虫声新透绿窗纱。（唐·刘方平《月夜》）

11.竹外桃花三两枝，春江水暖鸭先知。（宋·苏轼《惠崇春江晚景》）

12.留连戏蝶时时舞，自在娇莺恰恰啼。（唐·杜甫《江畔独步寻花》）

13.乡村四月闲人少，才了蚕桑又插田。（宋·翁卷《乡村四月》）

14.羌笛何须怨杨柳，春风不度玉门关。（唐·王之涣《凉州词》）

15.劝君更尽一杯酒，西出阳关无故人。（唐·王维《送元二使安西》）

16.家国兴亡自有时，吴人何苦怨西施。（唐·罗隐《西施》）

17.千淘万漉虽辛苦，吹尽狂沙始到金。（唐·刘禹锡《浪淘沙》）

18.少壮不努力，老大徒伤悲。（汉乐府《长歌行》）

19.天苍苍，野茫茫，风吹草低见牛羊。（北朝民歌《敕勒歌》）

20.尝将冷眼观螃蟹，看你横行得几时。（明·民谣《京师人为严嵩语》）

21.感时花溅泪，恨别鸟惊心。烽火连三月，家书抵万金。（唐·杜甫《春望》）

22.蝉噪林逾静，鸟鸣山更幽。（南北朝·王籍《入若耶溪》）

23.掬水月在手，弄花香满衣。（唐·于良史《春山夜月》）

24. 沉舟侧畔千帆过，病树前头万木春。（唐·刘禹锡《酬乐天扬州初逢席上见赠》）

25. 山重水复疑无路，柳暗花明又一村。（宋·陆游《游山西村》）

26. 晴川历历汉阳树，芳草萋萋鹦鹉洲。（唐·崔颢《黄鹤楼》）

27. 几处早莺争暖树，谁家新燕啄春泥。乱花渐欲迷人眼，浅草才能没马蹄。（唐·白居易《钱塘湖春行》）

28. 西塞山前白鹭飞，桃花流水鳜鱼肥。（唐·张志和《渔歌子》）

29. 月上柳梢头，人约黄昏后。（宋·欧阳修《生查子》）

30. 问君能有几多愁，恰似一江春水向东流。（南唐·李煜《虞美人》）

31. 水是眼波横，山是眉峰聚。（宋·王观《卜算子·送鲍浩然之浙东》）

32. 莫等闲，白了少年头，空悲切。（宋·岳飞《满江红》）

33. 胡马依北风，越鸟巢南枝。（汉·无名氏《古诗十九首》）

34. 老骥伏枥，志在千里。烈士暮年，壮心不已。（东汉·曹操《龟虽寿》）

35. 奇文共欣赏，疑义相与析。（晋·陶渊明《移居·其一》）

36. 忽如一夜春风来，千树万树梨花开。（唐·岑参《白雪歌送武判官归京》）

37. 长风破浪会有时，直挂云帆济沧海。（唐·李白《行路难》）

38. 谁言寸草心，报得三春晖。（唐·孟郊《游子吟》）

39. 万里赴戎机，关山度若飞。（乐府诗集《木兰诗》）

40. 黄鹤楼中吹玉笛，江城五月落梅花。（唐·李白《与史郎中饮听黄鹤楼上吹笛》）

41. 白日放歌须纵酒，青春作伴好还乡。（唐·杜甫《闻官军收河南河北》）

42. 可怜身上衣正单，心忧炭贱愿天寒。（唐·白居易《卖炭翁》）

43. 人有悲欢离合，月有阴晴圆缺，此事古难全。但愿人长久，千里共婵娟。（宋·苏轼《水调歌头·丙辰中秋》）

44. 醉里挑灯看剑，梦回吹角连营。八百里分麾下炙，五十弦翻塞外声，沙场秋点兵。（宋·辛弃疾《破阵子·醉里挑灯看剑》）

45. 窈窕淑女，君子好逑。（《诗经》）

46. 言者无罪，闻者足戒。（《诗经》）

47. 他山之石，可以攻玉。（《诗经》）

48. 皮之不存，毛将焉附。（《左传》）

49. 天网恢恢，疏而不漏。（《老子》）

50. 己所不欲，勿施于人。（《论语·颜渊》）

51. 人无远虑，必有近忧。（《论语·卫灵公》）

52. 路漫漫其修远兮，吾将上下而求索。（屈原《离骚》）

53. 富贵不能淫，贫贱不能移，威武不能屈。（《孟子·滕文公》）

54. 锲而不舍，金石可镂。（《荀子·劝学》）

55. 青，取之于蓝，而青于蓝。（《荀子·劝学》）

56. 君子之交淡如水，小人之交甘若醴。（《庄子》）

57. 十年树木，百年树人。（《管子·权修》）

58. 塞翁失马，焉知非福。（《淮南子·人间训》）

59. 临渊羡鱼，不如退而结网。（《汉书·董仲舒传》）

60. 忠言逆耳利于行，良药苦口利于病。（《史记·留侯世家》）

61. 本是同根生，相煎何太急。（三国·曹植《七步诗》）

62. 读书百遍，其义自见。（晋·陈寿《三国志》）

63. 近朱者赤，近墨者黑。（晋·傅玄《太子少傅箴》）

64. 一年之计在于春，一日之计在于晨。（南朝·萧绎《纂要》）

65. 海内存知己，天涯若比邻。（唐·王勃《送杜少府之任蜀州》）

66. 不知细叶谁裁出，二月春风似剪刀。（唐·贺知章《咏柳》）

67. 欲穷千里目，更上一层楼。（唐·王之涣《登鹳雀楼》）

68. 绿树村边合，青山郭外斜。（唐·孟浩然《过故人庄》）

69. 春眠不觉晓，处处闻啼鸟。（唐·孟浩然《春晓》）

70. 洛阳亲友如相问，一片冰心在玉壶。（唐·王昌龄《芙蓉楼送辛渐》）

71. 月出惊山鸟，时鸣春涧中。（唐·王维《鸟鸣涧》）

72. 蜀道之难，难于上青天。（唐·李白《蜀道难》）

73. 举头望明月，低头思故乡。（唐·李白《静夜思》）

74. 清水出芙蓉，天然去雕饰。（唐·李白《经乱离后天恩流夜郎忆旧游书怀赠江夏韦太守良宰》）

75. 飞流直下三千尺，疑是银河落九天。（唐·李白《望庐山瀑布》）

76. 抽刀断水水更流，举杯销（消）愁愁更愁。（唐·李白《宣州谢朓饯别校书叔云》）

77. 天生我材必有用，千金散尽还复来。（唐·李白《将进酒》）

78. 两岸青山相对出，孤帆一片日边来。（唐·李白《望天门山》）

79. 莫愁前路无知己，天下谁人不识君。（唐·高适《别董大》）

80. 朱门酒肉臭，路有冻死骨。（唐·杜甫《自京赴奉先县咏怀五百字》）

81. 读书破万卷，下笔如有神。（唐·杜甫《奉赠书左丞二十二韵》）

82. 好雨知时节，当春乃发生。（唐·杜甫《春夜喜雨》）

83. 随风潜入夜，润物细无声。（唐·杜甫《春夜喜雨》）

84. 会当凌绝顶，一览众山小。（唐·杜甫《望岳》）

85. 为人性僻耽佳句，语不惊人死不休。（唐·杜甫《江上值水如海势聊短述》）

86. 正是江南好风景，落花时节又逢君。（唐·杜甫《江南逢李龟年》）

87.业精于勤，荒于嬉；行成于思，毁于随。（唐·韩愈《进学解》）

88.野火烧不尽，春风吹又生。（唐·白居易《赋得古原草送别》）

89.日出江花红胜火，春来江水绿如蓝。（唐·白居易《忆江南》）

90.同是天涯沦落人，相逢何必曾相识。（唐·白居易《琵琶行》）

91.在天愿作比翼鸟，在地愿为连理枝。（唐·白居易《长恨歌》）

92.年年岁岁花相似，岁岁年年人不同。（唐·刘希夷《代悲白头翁》）

93.黑发不知勤学早，白首方悔读书迟。（唐·颜真卿《劝学》）

94.十年磨一剑，霜刃未曾试。（唐·贾岛《剑客》）

95.谁知盘中餐，粒粒皆辛苦。（唐·李绅《悯农》）

96.春蚕到死丝方尽，蜡炬成灰泪始干。（唐·李商隐《无题》）

97.身无彩凤双飞翼，心有灵犀一点通。（唐·李商隐《无题》）

98.何当共剪西窗烛，却话巴山夜雨时。（唐·李商隐《夜雨寄北》）

99.夕阳无限好，只是近黄昏。（唐·李商隐《登乐游原》）

100.海阔凭鱼跃，天高任鸟飞。（宋·阮阅《诗话总龟前集》）

101.等闲识得东风面，万紫千红总是春。（宋·朱熹《春日》）

102.不识庐山真面目，只缘身在此山中。（宋·苏轼《题西林壁》）

103.春色满园关不住，一枝红杏出墙来。（宋·叶绍翁《游园不值》）

104.人生自古谁无死？留取丹心照汗青。（宋·文天祥《过零丁洋》）

105.沾衣欲湿杏花雨，吹面不寒杨柳风。（宋·诗僧志南《绝句》）

106.近水楼台先得月，向阳花木易为春。（宋·苏麟《断句》）

107.有意栽花花不发，无意插柳柳成荫。（清·周希陶《增广贤文》）

108.十年窗下无人问，一举成名天下知。（元·高明《琵琶记》）

109.男儿有泪不轻弹，只因未到伤心处。（元·李开先《宝剑记》）

110.有缘千里来相会，无缘对面不相逢。（明·施耐庵《水浒传》）

111.只要功夫深，铁杵磨成针。（宋·祝穆《方舆胜览·眉州·磨针溪》）

112.路遥知马力，日久见人心。（元·无名氏《争报恩》）

113.人逢喜事精神爽，月到中秋分外明。（明·冯梦龙《醒世恒言》）

114.踏破铁鞋无觅处，得来全不费工夫。（明·冯梦龙《警世通言》）

115.天下兴亡，匹夫有责。（清·顾炎武《日知录》）

116.落红不是无情物，化作春泥更护花。（清·龚自珍《己亥杂诗》）

117.我劝天公重抖擞，不拘一格降人才。（清·龚自珍《己亥杂诗》）

118.四面荷花三面柳，一城山色半城湖。（清·刘鹗《老残游记》）

119.江山代有才人出，各领风骚数百年。（清·赵翼《论诗》）

120.横眉冷对千夫指，俯首甘为孺子牛。（鲁迅《自嘲》）

第五章　文言文阅读

一、考点解读

明确《考试说明》中对文言文阅读的考查要求。

（1）能借助注释和工具书，理解文章中文言词语的含义。

（2）了解句意，能将文言语句译成现代汉语。

（3）理解文章的基本内容。

示例一：2014年北京市中考试题

阅读《送东阳马生序》（节选），完成9~11题。

余幼时即嗜学。家贫，无从致书以观，每假借于藏书之家，手自笔录，计日以还。天大寒，砚冰坚，手指不可屈伸，弗之怠。录毕，走送之，不敢稍逾约。以是人多以书假余，余因得遍观群书。既加冠，益慕圣贤之道。又患无硕师名人与游，尝趋百里外，从乡之先达执经叩问。先达德隆望尊，门人弟子填其室，未尝稍降辞色。余立侍左右，援疑质理，俯身倾耳以请；或遇其叱咄，色愈恭，礼愈至，不敢出一言以复；俟其欣悦，则又请焉。故余虽愚，卒获有所闻。

9.解释下列语句中加点的意思。（2分）

（1）又患无硕师名人与游　游：＿＿＿＿＿＿＿＿＿＿＿＿

（2）援疑质理　质：＿＿＿＿＿＿＿＿＿＿＿＿

10.用现代汉语翻译下列语句。（4分）

（1）以是人多以书假余　翻译：＿＿＿＿＿＿＿＿＿＿＿＿＿＿＿＿＿＿＿＿＿＿

（2）故余虽愚，卒获有所闻　翻译：＿＿＿＿＿＿＿＿＿＿＿＿＿＿＿＿＿＿＿＿

11.选文记述了作者年轻时求学的经历，从中我们可以悟出一些关于求学的道理。例如，从"尝趋百里外，从乡之先达执经叩问"一句中可以感悟到：在求学过程中要不辞辛苦，向名师求教，请你从文中另外找一个记述作者求学经历的句子，并说出自己的感悟。（4分）

示例二：2013年北京市中考试题

阅读《核舟记》（节选），完成第12~14题。

明有奇巧人曰王叔远，能以径寸之木，为宫室、器皿、人物，以至鸟兽、木石，罔不因势象形，各具情态。尝贻余核舟一，盖大苏泛赤壁云。

舟首尾长约八分有奇，高可二黍许。中轩敞者为舱，箬篷覆之。旁开小窗，左右各四，共八扇。启窗而观，雕栏相望焉。闭之，则右刻"山高月小，水落石出"，左刻"清风徐来，水波不兴"，石青糁之。

船头坐三人，中峨冠而多髯者为东坡，佛印居右，鲁直居左。苏、黄共阅一手卷。东坡右手执卷端，左手抚鲁直背。鲁直左手执卷末，右手指卷，如有所语。东坡现右足，鲁直现左足，各微侧，其两膝相比者，各隐卷底衣褶中。佛印绝类弥勒，袒胸露乳，矫首昂视，神情与苏、黄不属。卧右膝，诎右臂支船，而竖其左膝，左臂挂念珠倚之——珠可历历数也。

……

通计一舟，为人五；为窗八；为箬篷，为楫，为炉，为壶，为手卷，为念珠各一；对联、题名并篆文，为字共三十有四。而计其长曾不盈寸。盖简桃核修狭者为之。嘻，技亦灵怪矣哉！

12.解释下列语句中加点词的意思。（2分）

（1）中峨冠而多髯者为东坡　峨：＿＿＿＿＿＿＿＿＿＿＿

（2）其两膝相比者　比：＿＿＿＿＿＿＿＿＿＿＿

13.用现代汉语翻译下面的句子。（3分）

矫首昂视，神情与苏、黄不属。

翻译：＿＿＿＿＿＿＿＿＿＿＿＿＿＿＿＿＿＿＿＿＿

14.下面是有关文中"核舟"的简介，请根据文章内容将其补充完整。（前两空用原文回答，后两空用自己的话回答。）（4分）

核舟简介

这件雕刻品取材于"大苏泛赤壁"的掌故，原材料只是一个"＿＿①＿＿"的桃核，雕刻者不仅把船上的人物雕刻得"＿＿②＿＿"，对船的雕刻也细致入微，如核舟中间部分有箬竹叶做成的船篷、＿＿③＿＿、雕着花纹的栏杆。这些都充分体现了雕刻者＿＿④＿＿。

二、复习要点及策略

（一）理解文章中文言词语的含义

1.文言文词语考查的重点

（1）教材下面注释中涉及的单个词语解释以及语句中重点词语的解释；

（2）文章中出现的通假字、词类活用、古今异义词和一词多义等特殊用法的词语；

（3）重点的实词。

2.文言文词语复习的策略

（1）词语的解释要准确；

（2）理解词义，要结合语句，应注意词语在具体语句中的特殊含义；

（3）注意特殊用法的词语解释。

（二）了解句意，能将文言语句译成现代汉语

1. 文言文语句考查的重点

（1）教材注释中提供了完整句子解释的词语；

（2）含有重点实词解释的语句；

（3）含有特殊词法现象的语句；

（4）省略、倒装、判断等特殊句式的语句；

（5）文章中的主旨句、关键句。

2. 文言文语句复习的策略

（1）直译原则，即将文言文单音节词语按顺序直译为现代汉语（对号入座）；

（2）含有特殊词法现象的语句，要根据词语在语句中的特殊意义处理；

（3）判断、省略、倒装等特殊句式的翻译，要注意以下原则。

①判断句（标准形式：……者……也）翻译：……是……

②省略句（常省略的是主语、宾语、介词、量词等）翻译：补出省略的内容。

③倒装句（宾语前置、状语后置）翻译：按现代汉语语序进行调整。

（三）理解文章的基本内容

1. 写景抒怀类文章

核心：（1）写了什么样的景？

（2）作者借此抒发了什么情感？

要点：（1）梳理全文的行文思路，把握文章的线索；

（2）概括选文局部的内容，把握所写景物特征；

（3）感受作者借景所抒发的情怀。

2. 写人叙事类文章

核心：（1）叙了什么事？（塑造了怎样的人物形象？）

（2）作者借此表达的思想情感是什么？

要点：（1）理清文章思路、结构，把握主要事件、内容；

（2）分析主要人物思想性格以及人物形象的意义；

（3）明晰文章主旨；

（4）了解文章的写作特点。

3. 阐明事理类文章

核心：（1）文中作者的观点是什么？

（2）围绕中心论点作者是怎样一步步进行论证的（即理解论证的内容）。

要点：（1）明确作者要表达的观点；

（2）分析论述作者论证的思路，重在内容的理解而不是论证过程（如论据的内容、论据的特点、段与段之间的关系等）；

（3）结合实际阐述自己对作者观点的体会。

三、常用虚词梳理

常用虚词有："之""其""以""于""为""然"

梳理原则如下。

（1）中考范围内；

（2）典型用法，不求全面；

（3）尽量回避有歧义者。

【之】

（一）代词

（1）第三人称代词，可以代人、代物。译作"他（她）（他们）""它（它们）"。如：

①公与之乘，战于长勺。（《曹刿论战》）

②彼竭我盈，故克之。（《曹刿论战》）

③具答之。（《桃花源记》）

④亲戚畔之。（《得道多助，失道寡助》）

⑤楚人怜之；陈胜佐之，并杀两尉。（《陈涉世家》）

⑥孰视之。（《邹忌讽齐王纳谏》）

⑦闭之，则有刻"山高月小，水落石出"，左刻"清风徐来，水波不兴"。（《核舟记》之，指代窗户。）

⑧持就火炀之。（《活板》之，代指"铁板"）

⑨不以木为之者。（《活板》之，代指"活字印，字模子"）

（2）指示代词，这，此，常译作"这件事"。

①渔人甚异之。（《桃花源记》）

②南阳刘子骥，高尚士也，闻之，欣然规往。（《桃花源记》）

③肉食者谋之。（《曹刿论战》）

④暮寝而思之。（《邹忌讽齐王纳谏》）

⑤弗之怠。（《送东阳马生序》）

⑥固以怪之矣。（《陈涉世家》）

（二）助词

（1）结构助词，可译为"的"，如：

①览物之情；予尝求古仁人之心。（《岳阳楼记》）

②小大之狱，虽不能察，必以情。（《曹刿论战》）

③鸿鹄之志。(《陈涉世家》)

④圣贤之道。(《选东阳马生序》)

(2)结构助词,放在主谓之间,取消句子的独立性,不译。

①予独爱莲之出淤泥而不染。(《爱莲说》)

②无丝竹之乱耳,无案牍之劳形。(《陋室铭》)

③吾妻之美我者,私我也。(《邹忌讽齐王纳谏》)

④王之蔽甚矣。(《邹忌讽齐王纳谏》)

⑤汤熨之所及也;医之好治不病以为功。(《扁鹊见蔡桓公》)

(3)结构助词,宾语提前的标志;定语后置的标志。如:

①何陋之有?(《陋室铭》)

②居庙堂之高则忧其民,处江湖之远则忧其君。(《岳阳楼记》)

(4)语气助词。补足调整音节,一般不翻译。如:

①怅恨久之。(《陈涉世家》)

(三)动词

可译为"到……去""往"。如:

①又间令吴广之次所旁丛祠中。(《陈涉世家》)

②辍耕之垄上。(《陈涉世家》)

【其】

(一)代词

(1)人称代词,多为第三人称,可译作"他(她)""他(她)的""他们""他们的""它""它们""它们的"。如:

①余人各复延至其家。(《桃花源记》)

②不可知其源。(《小石潭记》)

③百姓多闻其贤。(《陈涉世家》)

④增其旧制。(《岳阳楼记》)

(2)指示代词,可译为"那""那些"。如:

①其人视端容寂,若听茶声然。(《核舟记》)

②复前行,欲穷其林。(《桃花源记》)

③其喜洋洋者矣。(《岳阳楼记》)

④以其境过清,不可久居。(《小石潭记》)

【以】

(一)介词

(1)介绍动作行为产生的原因,可译为"因为""由于"。如:

①不以物喜,不以己悲。(《岳阳楼记》)

②是以先帝简拔以遗陛下。(前一个"以"表原因,后一个"以"表目的。)

（《出师表》）

③扶苏以数谏故，上使外将兵。（《陈涉世家》）

④以是人多以书假余。（《送东阳马生序》）

（2）介绍动作行为所凭借的条件，可译为"凭借""按照""依靠"等。如：

①域民不以封疆之界，固国不以山溪之险，威天下不以兵革之利；以天下之所顺。（《得道多助，失道寡助》）

②何以战；可以一战；必以情；必以信。（《曹刿论战》）

（3）表示动作行为的方式，可译作"把""拿""用"等。如：

①全石以为底。（《小石潭记》）

②以衾拥覆。（《送东阳马生序》）

③必以分人。（《曹刿论战》）

④今诚以吾众诈自称。（《陈涉世家》）

⑤醒能述以文者。（《醉翁亭记》）

⑥能以径寸之木。（《核舟记》）

⑦以松脂、蜡和纸灰之类冒之。（《活板》）

（二）连词

（1）表示目的，相当于现代汉语里的"来""用来"如：

①以光先帝遗德。（《出师表》）

②属予作文以记之。（《岳阳楼记》）

③无从致书以观。（《送东阳马生序》）

④是以先帝简拔以遗陛下。（《出师表》）

⑤以备一板内有重复者（连词，连接两个分句，表目的，翻译为"用来"）。（《活板》）

（2）表示结果，可译作"以致"。如：

①不宜妄自菲薄，引喻失义，以塞忠谏之路也。（《出师表》）

②以伤先帝之明。（《出师表》）

（3）如，及。

虽乘奔御风不以疾也。（《三峡》）

（三）副词

通"已""已经"。如：

固以怪之矣。（《陈涉世家》）

（四）动词（属于实词）

可译为"认为"。如：

皆以美于徐公。（《邹忌讽齐王纳谏》）

【于】

（1）引出动作发生的处所、时间，可译作"在""从""到"等。如：

①公与之乘，战于长勺。（《曹刿论战》）

②苟全性命于乱世，不求闻达于诸侯。（《出师表》）

（2）引出动作的对象，可译作"向""对""对于""给"等。如：

①每与臣论此事，未尝不叹息痛恨于桓、灵也。（《出师表》）

②故天将降大任于是人也。（《生于忧患，死于安乐》）

③万钟于我何加焉。（《鱼我所欲也》）

（3）表示比较，一般可译作"比"。如：

①使人之所恶莫甚于死。（《鱼我所欲也》）

②皆以美于徐公。（《邹忌讽齐王纳谏》）

【为】

（一）音 wéi

（1）表动作行为，做。如：

①今为宫室之美为之。（《鱼我所欲也》）

②温故而知新，可以为师矣。（《论语》）

③为坛而盟。（《陈涉世家》）

④为宫室，器皿。（《核舟记》）

⑤陈胜、吴广皆次当行，为屯长。（《陈涉世家》）

⑥行拂乱其所为。（《生于忧患，死于安乐》）

⑦唐人尚未盛为之。（《活板》）

（2）是。如：

①项燕为楚将。（《陈涉世家》）

②中峨冠而多髯者为东坡。（《核舟记》）

③皆为板本。为：动词（《活板》）

（3）成为，变成。如：

为坻，为屿，为堪，为岩。（《小石潭记》）

（4）指心理活动。如：

予尝求古仁人之心，或异二者之为？（《岳阳楼记》）

（5）表示被动，译作"被"。如：

①吴广素爱人，士卒多为用者。（《陈涉世家》）

②其印为予群从所得。（《活板》）

（二）音 wèi

（1）介词，表示动作行为的对象，可译作"向""对"等。如：

①不足为外人道也。（《桃花源记》）

②此人一一为具言所闻。(《桃花源记》)

③为天下唱，宜多应者。(《陈涉世家》)

（2）表示动作、行为的目的，可译作"为着""为了"。如：

①为宫室之美、妻妾之奉，所识穷乏者得我与？(《鱼我所欲也》)

②今为宫室之美为之。(《鱼我所欲也》)

【然】

（1）用在形容词之后，作为词尾，译作"……的样子"；还用于句尾，常与"如""若"连用，构成"如……然""若……然"格式，相当于"……的样子"。如：

①杂然前陈。(《醉翁亭记》)

②其人视端容寂，若听茶声然。(《核舟记》)

（2）指示代词，译作"这样""如此"。如：

①然则。（这样——那么）

②然后知生于忧患而死于安乐也。(《生于忧患，死于安乐》)

③人恒过，然后能改。(《生于忧患，死于安乐》)

（3）连词，表转折关系，译作"然而""但是"等。如：

①然足下卜之鬼乎。(《陈涉世家》)

②然侍卫之臣不懈于内。(《出师表》)

（4）是的，对的。如：

吴广以为然。(《陈涉世家》)

四、知识梳理

(一)《曹刿论战》

1.重点实词

（1）又何间焉。间：参与。

（2）弗敢加也。加：虚报。

（3）小信未孚。孚：信服。

（4）虽不能察。察：明察，弄清楚。

（5）既克。克：战胜。

（6）公问其故。故：缘故，原因。

（7）彼竭我盈。盈：旺盛，充沛。

（8）望其旗靡。靡：倒下。

（9）肉食者鄙。鄙：鄙陋。这里指目光短浅。

2. 重点虚词

（1）一鼓作气，再而衰，三而竭（连词：就，表示承接）。

（2）虽不能察，必以情（介词：依，按照）。

（3）又何间焉（语气助词：呢）。

（4）惧有伏焉（兼词：于此，在那里）。

（5）公将鼓之（语气助词：可不译）。

（6）大小之狱（助词：的）。

（7）夫战，勇气也（句首发语词：可不译）。

3. 通假字

小惠未徧。徧，通"遍"，遍及，普遍。

4. 词类活用

（1）神弗福也。福，名词作动词，赐福。

（2）公将鼓之。鼓，名词作动词，击鼓。

5. 古今异义

（1）又何间焉。　间：古义是参与；今义是隔开、不连接。

（2）牺牲玉帛。牺牲：古义是指古代祭祀用的猪牛羊等；今义是指为了正义的目的舍弃自己的生命。

（3）大小之狱。　狱：古义是指诉讼案件、罪案；今义是指监禁罪犯的地方。

（4）必以情。　情：古义是实情；今义是感情。

（5）忠之属也。　忠：古义是指尽力做好本分的事；今义是指忠诚、忠实。

（6）可以一战。可以：古义是可以凭借；今义是表可能或能够的能愿动词。

6. 特殊句式

（1）判断句

忠之属也。（这是尽了本职一类的事情。）

夫战，勇气也。〔作战，（靠的是）勇气。〕

（2）省略句

可以一战。〔可以凭（这个条件）打一仗。〕

再而衰，三而竭。〔第二次（击鼓）士气就减弱了，第三次（击鼓）士气就衰竭了。〕

（3）倒装句

何以战。（凭借什么作战。）

7. 重点问题

（1）试分析曹刿的人物形象。

他是一个深谋远虑的军事家，有爱国热情，敢于负责任，冷静沉着，有卓越的军事才能。论战表现出他的勇气，作战"下视其辙""登轼而望"，充分体现了他审慎和丰富的军事经验。

（2）曹刿的"远谋"体现在哪里（智慧表现在哪里？）用自己的话从政治和军事两方面说说。

政治上：认为取信于民是作战的先决条件。

军事上：善于把握进攻和追击的时机。

（3）有人说长勺之战的胜利，曹刿功不可没，但从某种意义上说，鲁庄公也有一定的功劳，你的看法呢？（鲁庄公被认为是"肉食者鄙"的形象，其实他不鄙，表现在哪里？）

我认为鲁庄公也有一定的功劳，因为他知人善任，用人不疑，虚心听取曹刿的意见，作为决策者有一定的功劳。

（4）作战时，曹刿和鲁庄公的表现形成了对比，其作用是什么？

突出曹刿指挥作战的军事才能。

（5）本文仅用二百余字就写出了长勺之战的全过程，想一想：作者是怎样安排详略的？这样安排有什么好处？

本文以曹刿为中心，详细描写了他在战前、战中、战后的表现，对于战争双方的对峙、交锋则略写。这样安排，突出了曹刿的"远谋"。

（二）《得道多助，失道寡助》

1. 重点字词

（1）天时：指宜于做某事的自然气候条件。

（2）地利：地理的优势。

（3）人和：人心归向，上下团结。

（4）城：内城。郭：外城。

（5）环：包围。

（6）池：护城河。

（7）兵革：武器装备。兵，兵器。革，用皮革制成的盔甲。

（8）委而去之：弃城逃跑。委，放弃。去，离开。

（9）域：限制。封疆：疆界，边境。固国：巩固国防。威：建立威信。

（10）之至：达到极点。至，极点。

（11）畔：同"叛"，背叛。

（12）得道者：施行仁政，得到民心的人。

（13）失道者：施行暴政，失去民心的人。

（14）顺：服从。

（15）"故君子"二句：得道的君子有不战之时，若进行战争，则必定胜利。

（16）亲戚：古代指亲属，即跟自己有血缘关系或婚姻关系的人。亲，指族内；戚，指族外。

（17）是：这（是），这正说明。

2. 特殊句式

（1）判断句式。

然而不胜者，是天时不如地利也。（者……也，为标志）

（2）倒装句。

得道者多助，失道者寡助——得道者助多，失道者助寡。

3. 重点问题

（1）《得道多助，失道寡助》的中心论点：天时不如地利，地利不如人和。

主旨是：得道者多助，失道者寡助。

"道"是指施行"仁政"，"人和"是指下文说的"多助"和"天下顺之"，是克敌制胜的重要条件。

二者间的关系是只有施行"仁政"，方能得"人和"，得民心，民心所向，作战就会取得胜利。

（2）现代生活中，"得道多助，失道寡助"仍然有其普遍的意义，请结合你的生活，谈谈对"道"的理解。

①以外交而言，"道"指国家间和平共处、互不侵犯。

②以国家内部而言，"道"指爱民，为老百姓着想。

③以个人而言，"道"指与人为善，仁义道德。

（三）《生于忧患，死于安乐》

1. 重点实词

（1）舜发于畎亩之中。　　　　　发：举，被任用。

（2）百里奚举于市。　　　　　　市：市场，这里指市井之间。

（3）故天将降大任于是人也。　　任：责任，使命。

（4）行拂乱其所为。　　　　　　乱：干扰，错乱。

（5）困于心衡于虑而后作。　　　作：奋起，指有所作为。

（6）征于色发于声而后喻。　　　喻：了解。发：表现。

2. 重点虚词

（1）舜发于畎亩之中（介词：从）。

（2）困于心衡于虑而后作（连词：表承接关系）。

（3）然后知生于忧患而死于安乐也（连词：表并列关系）。

（4）故天降大任于是人也（指示代词：这）。

（5）人恒过（副词：常常，往往）。

3. 通假字

（1）曾益其所不能。　　　　曾，通"增"，增加。

（2）困于心衡于虑而后作。　衡，通"横"，不顺，梗塞。

（3）入则无法家拂士。　　　拂，通"弼"，辅佐。

（4）亲戚畔之。　　　　　　畔，通"叛"，背叛。

4. 古今异义

（1）举于版筑之间。　　　　筑：古义指捣土用的杵；今义是建筑、修路。

（2）举于士。　　　　　　　士：古义是狱官；今义是士兵。

5. 词类活用

（1）劳其筋骨。劳，形容词活用为使动词，使……劳累。

（2）饿其体肤。饿，形容词活用为使动词，使……饥饿。

（3）空乏其身。空乏，形容词活用为使动词，使……穷困缺乏。

（4）所以动心忍性。动，使动用法，使……惊动；忍，使动用法，使……坚忍。

（5）行拂乱其所为。乱，使动用法，使……受到阻挠。

（6）人恒过。过，名词活用为动词，犯错误、犯过失。

（7）入则无法家拂士。入，动词活用为名词，国内。

（8）出则无敌国外患者。出，动词活用为名词，国外。

6. 特殊句式

固定结构

所以动心忍性。［所以用来表示目的或作用：用（这样的途径）来使他的内心惊动，使他的性格坚强起来。］

7. 重点问题

（1）《生于忧患，死于安乐》的中心论点是：生于忧患，死于安乐，首段列举古代六位贤士的事例，是为了证明人才是在艰难困苦中造就的道理。

（2）勾践灭吴的故事，印证了孟子的哪些说法？现在社会安定，经济繁荣，人民安居乐业，"生于忧患，死于安乐"的说法是否还有现实意义？请简要谈谈你的认识。

①说法：a.天将降大任于是人也，必先苦其心志。b.出则无敌国外患者，国恒亡（用自己的话说也可）。

②现实意义：在学习和生活中，我们不可以掉以轻心，要时时提醒自己勤奋学习，努力拼搏，积极进取，与时俱进，否则就会停滞不前，甚至落后落伍。我们不应安于现状、不思进取，而要有长远考虑，不断地拼搏进取，充实完善自己，这样才能在竞争中立于不败之地。

（四）《鱼我所欲也》

1. 重点实词

（1）二者不可得兼。兼：得到，拥有。

（2）故不为苟得也。为：做，干。

（3）死亦我所恶。恶：厌恶。

（4）蹴尔而与之。蹴：践踏；与：给。

（5）为宫室之美、妻妾之奉。奉：侍奉。

（6）是亦不可已乎。已：结束，停止。

2. 重点虚词

（1）蹴尔而与之（连词：就，表承接关系）。

（2）由是则生而有不用也（转折连词：却）。

（3）所欲有甚于生者（介词：比）。

（4）万钟于我何加焉（介词：对于）。

（5）贤者能勿丧耳（否定副词：不）。

（6）如使人之所欲莫甚于生（否定副词：没有）。

（7）呼尔而与之（助词：可不译）。

（8）乡为身死而不受（介词：为了）。

3. 通假字

（1）故患有所不辟也。辟，通"避"，躲避。

（2）万钟则不辨礼义而受之。辩，通"辨"，辨别。

（3）所识穷乏者得我与。得，通"德"，感激　与，通"欤"，语气助词，相当于"吗"。

（4）乡为身死而不受。乡，通"向"，从前。

4. 特殊句式

判断句：鱼，我所欲也。（鱼，是我喜欢的。）

5. 重点问题

（1）在本文中，孟子提出了什么观点？这一观点是怎样提出的？这样写有什么好处？

舍生而取义。用"舍鱼而取熊掌"做比喻提出的。（用"鱼"和"熊掌"做比喻提出）

好处：给所要论述的问题增加了通俗性，引出"舍生取义"的观点。

（2）本文使用了哪些论证方法？试举例。

答：比喻论证、对比论证、举例论证、道理论证。用"鱼"和"熊掌"做比喻论证对生与死的抉择；用"一箪食，一豆羹"和"万钟"的事例论证"义"重于"生"的观点；用"乡"与"今"对待"一箪食，一豆羹"的不同做法进行对比论证；用讲道理来论证为何要"舍生"。

（3）你认为"义"的内涵是什么？今天还有坚持的必要吗？为什么？

"义"是正义，是有利于人民、民族、国家的大义。任何时候，我们都应该坚持国家、人民的利益高于一切的原则。

（4）古今中外有许多舍生取义的英雄人物，试举出两位，并用一句话概括其事迹。

文天祥宁死不降元。朱自清宁愿饿死也不吃美国的救济粮。

（五）《扁鹊见蔡桓公》

1. 通假字

（1）扁鹊望桓侯而还走。　还，通"旋"，回转，掉转。

（2）疾在腠理，汤熨之所及也。　汤，通"烫"，用热水焐。

（3）在肠胃，火齐（jì）之所及也。　齐，通"剂"。

2. 重点句子

①医之好治不病以为功。医：医生。之：主谓之间，不译。好治，喜欢治。不病：没病（的人）。以为功：把（它）当成功劳。

全句的意思是：医生喜欢给没病的人治病，以此显示自己的本领。

②扁鹊望桓侯而还走。望：远远看见。还：通"旋"，回转、掉转。走：跑。

全句意思是：扁鹊远远看见桓侯转身就跑。

③今在骨髓，臣是以无请也。今：现在。是以：因此。请：问。

全句意思是：现在（您的病）在骨髓里，因此我就不再求求给他治病了。

④讳疾忌医：讳：隐瞒。疾：病。忌：惧，害怕。医：医治。本意是隐瞒病情，害怕医治。比喻隐瞒缺点和错误，拒绝批评和帮助。

3. 重点问题

（1）本文是篇比较短小的寓言故事，但对扁鹊与蔡桓公的形象却刻画得栩栩如生。思考作者运用了什么方法？

主要通过对话和动作与神态描写对人物进行了生动地刻画。

（2）本文说明的道理是要正视自己的缺点和错误，不能拒绝批评，由本文内容演变成的成语是讳疾忌医。

（3）本文写了扁鹊几次见蔡桓公？为什么最后一次见到他就转身而跑呢？

四次。第四次见桓公，扁鹊转身就跑，"望桓侯而还走"的动作，简洁写出桓公病情严重的程度。用原文的话就是"在骨髓，司命之所属，无奈何也。今在骨髓，臣是以无请也。"

（4）你觉得扁鹊和蔡桓公各是什么样的人？

①扁鹊是一个医术高超、对病人诊断细心、并能善意规劝病人的神医。同时他又是个机警的人。②蔡桓公是一个固执己见、盲目自信、讳疾忌医的人。

（5）蔡桓公最后因讳疾忌医而死，从他身上我们能吸取哪些教训？

①要正视自己的缺点错误，不能拒绝批评帮助。

②有病须早治，切勿讳疾忌医。

③切勿拒绝忠告，不可主观猜忌。

④对待祸患要敢于正视，要防微杜渐（言之成理即可）。

（六）《邹忌讽齐王纳谏》

1. 重点实词

（1）邹忌修八尺有余。修：身长。

（2）谓其妻曰。谓：告诉，对……说。

（3）明日徐公来，孰视之。孰：仔细。

（4）于是入朝见威王。见：朝见。

（5）群臣吏民能面刺寡人之过者。刺：指责。

（6）时时而间进。间：偶尔，间或。

（7）期年之后。期：一周（年、月）。

2. 重点虚词

（1）四境之内莫不有求于王（介词：向）。

（2）皆朝于齐（介词：到）。

（3）此所谓战胜于朝廷（介词：在）。

（4）令初下（副词：才，刚刚）。

3. 古今异义

（1）邹忌讽齐王纳谏。讽：古义是委婉劝说；今义是讥讽。

（2）今齐地方千里。地方：古义是土地方圆；今义是某一区域，部位。

（3）宫妇左右莫不私王。左右：古义是指国君身旁的近臣；今义是方位词。

4. 词类活用

（1）吾妻之美我者。美：意动用法，以……为美。

（2）私我也。私：形容词作动词，偏爱。

（3）群臣吏民能面刺寡人之过者。面：名词作状语，当面。

（4）闻寡人之耳者。闻：使动用法，使……听到。

5. 特殊句式

（1）判断句

城北徐公，齐国之美丽者也（城北的徐公，是齐国的美男子）。

（2）省略句

客从外来，与坐谈［客人从外边来，（邹忌）与（他）坐着谈话］。

（3）被动句

王之蔽甚矣（大王被蒙蔽得太厉害了）。

（4）倒装句

忌不自信（邹忌不相信自己）。

（5）固定结构

我孰与城北徐公美［我同城北徐公（比）谁（更）漂亮］。

6. 重点问题

（1）分析邹忌和齐王的形象特点。

邹忌：善于进谏、关心国事、善于辞令、有自知之明、实事求是。

齐王：善于纳谏、心胸宽阔、英明果断。

（2）说说邹忌是怎样成功说服齐王的？他的劝说方式对我们今天的人际交往有什么启示？

①邹忌以家事喻国事，由自己的切身体会进行类比推理，由小及大，委婉规劝。

②邹忌采用设喻的说理方法，由己及人，以小见大，委婉中肯，使齐王受到启发，明白道理，从而愉快地接受意见。这种方式对我们今天的人际交往仍有一定的启示。

（3）邹忌讽齐王纳谏的故事，向人们揭示了一个什么道理？

人要有自知之明，不要一味喜欢听奉承话。作为国君更要虚心纳谏，那样才能政治修明，国家得到治理。

（4）阅读全文，说说齐国为什么能在朝廷上战胜他国？

一是因为邹忌以自己的实际例子，来告诫威王要虚心纳谏，对臣下友好，要赏罚分明，要亲近向自己提建议的人，远离一味奉承自己的人，所以数月来提建议的人络绎不绝，使宫中像集市一样。一年之后大家想提也提不出什么意见了。二是威王的虚心纳谏。

（5）中国历史上不乏忠臣进谏的故事，但他们的命运却各不相同，请举例说明。想想，如果想劝谏成功需要什么条件。

历史上敢于直谏的贤臣和从谏如流的明君：魏征等劝谏唐太宗而有"贞观之治"；曹刿劝谏鲁庄公而大获全胜；邹忌劝谏齐威王而齐国大治。

历史上进谏难，纳谏尤难的反面事例：商朝的大臣比干，他力谏商纣王不要虐待人民，被纣王剖心而死；春秋时吴国的大臣伍子胥，他劝吴王夫差杀死越王勾践，以免后患，吴王不听，坚决同吴王争论，最后被迫自杀；屈原劝谏楚怀王连齐抗秦而被放逐；蹇叔劝谏秦穆公不要出兵伐郑而被嘲讽羞辱。

如果想要劝谏成功，不仅需要臣子以国家为己任，敢于进谏，还需要臣子善于进谏，有高超的语言技巧，委婉说理；更需要君主有容忍之量，从谏如流。

（七）《唐雎不辱使命》

1. 通假字

（1）故不错意也。错，通"措"，放置。

（2）仓鹰击于殿上。仓，通"苍"，青黑色。

（3）轻寡人与。与，通"欤"，疑问语气助词。

（4）岂直五百里哉。直，通"值"，只，仅仅。

（5）寡人谕矣。谕，通"喻"，明白。

2. 一词多义

（1）以

①寡人欲以五百里之地易安陵（用）。

②而安陵以五十里之地存者（凭借）。

③徒以有先生也（因为）。

④以君为长者（把）。

（2）徒

①亦免冠徒跣（动词：光着）。

②徒以有先生也（副词：只，仅仅）。

（3）夫

①此庸夫之怒也（……的人）。

②夫专诸之刺王僚也（句首发语词，无意义）。

（4）怒

①此庸夫之怒也，非士之怒也（发怒）。

②怀怒未发（名词：愤怒）。

（5）使

①秦王使人谓安陵君曰（动词：派遣）。

②安陵君因使唐雎使于秦（两者皆为动词，前"使"：派遣；后"使"：出使）。

（6）而

①挺剑而起（表修饰，不翻译）。

②而安陵以五十里之地存者（表转折，但是）。

③受地于先王而守之（表顺承，不译）。

（7）之

①而安陵以五十里之地存者（结构助词，的）。

②愿终守之（代词，指代安陵国土）。

③夫专诸之刺王僚也（主谓之间，取消句子独立性，不译）。

④长跪而谢之曰（代词，指唐雎）。

⑤愿终守之（它）。

⑥寡人以五百里之地易安陵（的）。

（8）者

①以君为长者（……的人）。

②而安陵以五十里之地存者（……的原因）。

（9）然

①虽然（这样）。

②秦王怫然怒（……的样子）。

（10）虽

①虽千里不敢易也（转折连词，即使）。

②虽然，受地于先王（假设连词，虽然）。

（11）于

①受地于先王（从）。

②仓鹰击于殿上（到）。

③请广于君（给）。

（12）与

①轻寡人与（通"欤"，疑问语气助词）。

②与臣而将四矣（加）。

3. 古今异义

（1）非若是也（古：这样，如此。今：常用作判断词）。

（2）岂直五百里哉（古：只，仅仅。今：不弯曲）。

（3）休祲降于天（古：吉祥。今：常用作休息）。

（4）以五百里之地易安陵（古：交换。今：容易，简单）。

（5）虽然，受地于先王（古：即使这样。今：连词，用在上半句，下半句多用"但是""可是""却"等与它呼应，表示承认前边的事，但后边的并不因此而不成立）。

（6）徒以有先生也（古：只。今：徒弟）。

（7）秦王色挠（古：屈服。今：轻轻地抓）。

（8）长跪而谢之（跪，古：一种坐姿。今：双膝着地。谢，古：道歉。今：感谢或凋落）。

（9）以头抢地耳（古：撞。今：抢夺）。

（10）安陵君因使唐雎使于秦（古：于是。今：因为）。

（11）大王加惠，以大易小（古：给予。今：增加）。

4. 词类活用

（1）轻寡人与（轻，形容词用作动词，意动用法，"认为……轻"，小看）。

（2）请广于君（广，形容词用作动词，使动用法，"使……扩充"）。

（3）天下缟素（缟素，名词用作动词，穿丧服）。

（4）且秦灭韩亡魏（使动用法，使韩国和魏国灭亡）。

（5）伏尸二人，流血五步（伏，使动用法，使……伏尸，使动用法，使……流血）。

（6）亦免冠徒跣（免，动词的使动用法，使……免，脱去。徒：形容词的使动用法，使……徒，光着）。

（7）与臣而将四矣（数词活用做动词，成为四人）。

5. 特殊句式

（1）判断句

非若是也。

（2）判断句

此三子者，皆布衣之士也。

（3）判断句

此庸夫之怒也，非士之怒也。

（4）状语后置

受地于先王。

（5）状语后置

请广于君。

（6）状语后置

苍鹰击于殿上。

6. 重点问题

（1）秦王是怎样恐吓唐雎的？唐雎是如何回应秦王的？

秦王先以"大国骄横之气"力压唐雎，实行暗吓，后以"天子之怒"恫吓唐雎。针对前者，唐雎不动声色，委婉回绝，从容应对；而对于后者，唐雎以"布衣之怒"，针锋相对，慷慨陈词，力敌秦王，不辱使命。

（2）用自己的话简要回答，唐雎是怎样让秦王理屈词穷的？从中可以看出唐雎是个怎样的人？

首先，唐雎针锋相对，寸步不让，用"布衣之怒"来对抗秦王的"天子之怒"。

其次，唐雎列举了三个布衣之士的例子来反驳秦王。

最后，唐雎"挺剑而起"，以死相拼，舍生取义，挫败秦王。

唐雎是一个有勇有谋、不畏强暴、敢于献身的人。

（3）外交辞令往往委婉含蓄，隐藏着潜台词，听话者应仔细揣摩，才能灵活应付。请揣摩下列各句，说说其潜台词是什么。

①公亦尝闻天子之怒乎？

你最好是将你们的土地奉送给我，不然的话我将发怒，那后果将不堪设想。

②与臣而将四矣。

我将效法他们三人，与你同归于尽。

（4）从文中可以看出秦王、唐雎分别是怎样的形象？

秦王：骄横狂妄、阴险狡诈、外强中干、贪得无厌、以强凌弱。

唐雎：不畏强暴、有胆有识、临危不乱、机智勇敢、从容镇定、善于辞令、忠贞爱国。

（5）列举我国历史上两个不辱使命的外交人才，分别用一句话概括他们的主要事迹。

①墨子，阻止公输盘和楚王攻打宋国。

②晏子，出使楚国，令楚王自取其辱。

③诸葛亮，舌战群儒，联吴抗曹。

（八）《陈涉世家》

1.通假字

（1）適戍渔阳。適，通"谪"。

（2）为天下唱。唱，通"倡"，倡导。

（3）固以怪之矣。以，通"已"。

（4）身被坚执锐。被，通"披"。

2.词类活用

（1）死国可乎。死，为……而死。

（2）天下苦秦久矣。苦，苦于……。

（3）丹书帛。丹，用朱砂。

（4）狐鸣呼。狐鸣，发出像狐狸叫一样的声音。

（5）皆指目陈胜。指，用手指指。目：用眼睛看。

（6）被坚执锐。坚，代铁甲。锐，代武器。

3.一词多义

（1）为

①作，当。"若为佣耕。"

②担任。"为屯长。"

③是。"号为张楚。"

④作为。"为天下唱。"

⑤制，建造。"为坛而盟。"

（2）行

①行列。"皆次当行（háng）。"

②做，进行。"乃行卜。"

③行进，行军。"行收兵。"

（3）次

①编列。"皆次当行。"

②停留，驻扎。"又间令吴广之次所旁丛祠中。"

（4）当

①值，承担。"皆次当行。"

②应该。"不当立。"

③在，正当。"当此时。"

（5）举

①起事，发动。"举大计"。

②立。"死即举大名耳。"

（6）之

①往。"辍耕之垄上。"

②助词。"怅恨久之。"

③的。"鸿鹄之志。"

④代词。"二世杀之。"（代人）"然足下卜之鬼乎！"（代事）"皆下之。"（代地方）

（7）以

①因为。"扶苏以数谏故。"

②认为。"或以为死。"

③把。"今诚以吾众诈自称公子扶苏、项燕。"

④用。"以激怒其众。"

⑤表界限。"徇蕲以东。"

⑥已经。"固以怪之矣。"

（8）也

①表判断。"吾闻二世少子也。"

②表诘问。"何富贵也？"

（9）乃

①于是，就。"陈胜吴广乃谋曰。"

②是。"当立者乃公子扶苏。"

（10）固

①本来。"固以怪之矣。"

②必定。"而戍死者固十六七"。

（11）而

①表前后两部分是转折关系。"而戍死者固十六七"。

②表前后是承接关系。"夺而杀尉。"

③表前后是方式与目的关系。"为坛而盟。"

④表前后部分在时间上有先有后。"收而攻蕲。"

4. 特殊句式

（1）判断句

陈胜者，阳城人也。（陈胜是阳城人。）

当立者乃公子扶苏。（应当做皇帝的人是公子扶苏。）

（2）被动句

吴广素爱人，士卒多为用者。（吴广平素很爱护士兵，士兵大多愿意替他出力。）

5. 重点问题

（1）陈胜对当时的形势进行了怎样的分析？提出了什么口号？

陈胜认为当时的形势有利于发动起义：①"天下苦秦久矣"，人民对秦王朝的残暴统治极其愤恨。②长子扶苏"贤"而被杀，二世"不当立"而立，引起人民对秦王朝的更大不满。③楚人怀念楚将项燕，有强烈的复国愿望。

口号：提出了"诈自称公子扶苏、项燕"的策略口号。

（2）陈胜是怎样为起义做舆论准备的？又是怎样发动起义的？

舆论准备：①置书鱼腹。②篝火狐鸣。

起义三步骤：①并杀两尉。②召令徒属，揭露秦的苛政，晓以利害，得到士卒的拥护。③提出策略口号，为坛而盟，组建义军。

（3）请用简洁的语言概括陈胜和吴广的人物形象。

陈胜：有远大抱负，有反抗精神，有洞察时局的能力和卓越的组织领导才能，有勇有谋。

吴广：关爱士兵，机智勇敢［在杀两尉的过程中，他①抓住时机。②故意使自己受辱（激将法）。③激怒众人。］

（九）《出师表》

1. 重点虚词

（1）以

①恐托付不效，以伤先帝之明（连词：以致）。

②以塞忠谏之路也（连词：以致）。

③以光先帝遗德（连词：来）。

④故临崩寄臣以大事也（介词：把）。

⑤咨臣以当世之事（介词：用）。

（2）盖

盖追先帝之殊遇（相当于"原来是"）。

（3）于

未尝不叹息痛恨于桓、灵也（介词：对，对于）。

（4）之

①恢弘志士之气（助词：的）。

②先帝称之曰能（代词：代指向宠）。

2. 通假字（这两个通假字，书中注释没有）

（1）必能裨补阙漏，有所广益。阙，通"缺"，缺点。

（2）是以先帝简拔以遗陛下。简，通"拣"，挑选。

3. 词类活用

（1）光先帝遗德。光，形容词作动词，发扬光大。

（2）陟罚臧否。臧否，形容词作动词，评论人物好坏。

（3）此皆良实。良实，形容词作名词，善良诚实的人。

（4）攘除奸凶。奸凶，形容词作名词，奸邪凶恶的人。

（5）亲贤臣远小人。亲/远，形容词作动词，亲近/疏远。

（6）深入不毛。毛，副词作名词，生长草木的地方。

4. 古今异义

（1）临表涕零。涕：古义是眼泪；今义是鼻涕。

（2）未尝不叹息痛恨于桓、灵也。痛恨：古义是痛心、遗憾；今义是深切地憎恨。

（3）开张圣听。开张：古义是扩大；今义是店铺开张。

（4）不以臣卑鄙。卑鄙：古义是身份低微、出身低下；今义是（语言、行为）恶劣。

（5）危急存亡之秋也。秋：古义是时候、时刻；今义是四季之中的第三个季节。

5. 特殊句式

（1）判断句

①此诚危急存亡之秋也。（这实在是危急存亡的关键时刻。）

②此皆良实。（这些都是善良、诚实的人。）

③此悉贞良死节之臣。（这些都是坚贞可靠，以死报国的忠臣。）

（2）固定句式

此后汉所以倾颓也。（所以这是后汉倾覆衰败的原因。）

6. 重点问题

（1）《出师表》情词恳切，有不少脍炙人口的名句，请写出你欣赏的一句。结合文章内容，说出诸葛亮是怎样的一个人。

　　如："受任于败军之际，奉命于危难之间""亲贤臣，远小人"。对人物的把握能从文章中找到依据。如：忠君报国，深谋远虑。

（2）成语及名句：妄自菲薄；三顾茅庐；勿以恶小而为之，勿以善小而不为；受任于败军之际，奉命于危难之间。

（3）下面是杜甫的一首七律《蜀相》，诗中哪些句子的意思与文章意思是一致的？请把它摘录到横线上。<u>三顾频烦天下计，两朝开济老臣心。</u>

丞相祠堂何处寻，锦官城外柏森森。

映阶碧草自春色，隔叶黄鹂空好音。

三顾频烦天下计，两朝开济老臣心。

出师未捷身先死，长使英雄泪满襟。

（4）下面的一副对联概括了诸葛亮一生的功绩。参考示例，从列出的六项中任意选出两项，写出具体所指。

　收二川，排八阵，六出七擒，五丈原前，点四十九盏明灯，一心只为酬三顾。

　取西蜀，定南蛮，东和北拒，中军帐里，变金木土爻神卦，水面偏能用火攻。

　［示例］a.三顾：三顾茅庐　b.六出：六出祁山　c.七擒：七擒孟获　d.东和：东和孙吴　e.北拒：北拒曹魏　f.收二川：收取东川、西川　g.排八阵：摆设八阵图（任意答出其中两个，意思对即可）。

（5）回忆全文内容，从诸葛亮对刘禅"宜开张圣听""不宜偏私""宜自谋""不宜妄自菲薄""亲贤臣，远小人"的谆谆教导中，你悟出了哪些做人的道理？

　　虚心听取别人意见，不自私，要自信、自立、自强，要审慎交友。（除此四点外，有新的感悟也可。）

（十）《桃花源记》

1. 重点虚词

（1）焉

不复出焉（介宾：相当于"于之"）。

（2）之

①忘路之远近（助词：的）。

②渔人甚异之（代词：代指看到的景象）。

③具答之（代词：代指桃花源中问话的人）。

④闻之，欣然归往（代词：代指渔人去桃花源这件事情）。

（3）其

①既出，得其船（代词：代指渔人的）。

②太守即遣人随其往（代词：代指渔人）。

2. 通假字

便要还家。要，通"邀"，邀请。

3. 古今异义

（1）芳草鲜美，落英缤纷。鲜美：古义是鲜艳美丽；今义是食物新鲜，味道好。

（2）复前行，欲穷其林。穷：古义是极，尽；今义是资财缺乏（古时用"贫"）

（3）阡陌交通，鸡犬相闻。交通：古义是交错相通；今义是交通运输。

（4）问所从来。从来：古义是从哪里来；今义是从过去到现在。

（5）率妻子邑人来此绝境。a. 妻子：古义是妻子儿女；今义是男子的配偶。b. 绝境：古义是与世隔绝的地方；今义是没有出路的境地。

（6）无论魏晋。无论：古义是不要说，更不必说；今义是连词，表无条件关系。

4. 词类活用

（1）欲穷其林。穷：形容词作动词，穷尽，走到尽头。

（2）渔人甚异之。异：意动用法，以……为异。

（3）处处志之。志：名词作动词，做标记。

（4）寻向所志。志：名词作动词，做标记（和"所"字组成所字结构）。

5. 特殊句式

（1）判断句

南阳刘子骥，高尚士也。（南阳郡的刘子骥，是一位高尚的名士。）

（2）省略主语

见渔人，乃大惊。[（桃花源中人）见到捕鱼之人，于是非常震惊。]

（3）省略介词

林尽水源。[桃花林（在）溪水发源的地方没有了。]

（4）省略宾语

此人一一为具言所闻。[这个渔人一一地为（桃花源中的人）详细地诉说。]

6. 重点问题

（1）桃花源亦美亦幻，说它"美"，美在何处？说它"幻"，神秘在何处？

美：环境幽雅，风景优美（桃林美、土地美、屋舍美、田池美、桑竹美、阡陌美），民风淳朴，热情好客。

幻：桃林神秘，山洞神秘，林中人神秘，结局神秘。

（2）桃花源的生活是幸福的，你从哪里看出？

黄发垂髫怡然自乐（和平安定、丰衣足食）；男女往来种作（安居乐业、安宁和谐）。

杀鸡作食，皆出酒食（民主平等、民风淳朴、和乐美好）。

（3）陶渊明描写"世外桃源"，寄托了他怎样的社会理想？这种理想在当时的条件下能不能变成现实？我们今天应当怎么评价作者的这种理想？

这是作者不满现实的一种精神寄托，表达了作者对美好生活的追求与向往，对黑暗现实的否定与批判，寄托了他的政治理想，也反映了广大人民追求理想社会的愿望。这个理想反映了人民摆脱压迫、剥削的要求，是对当时黑暗社会的批判，具有一定的积极意义，但它又带有一定程度的复古倾向，这只能是一种空想，是不可能实现的。

（十一）《三峡》

1. 重点虚词

（1）之：春冬之时（结构助词，的）。

（2）以：不以及也（连词，比、如）。

（3）其：飞漱其间（代词，这里是它们，指怪柏）。

其间千二百里（代词，代指白帝城和江陵之间）。

（4）则：则素湍绿潭（连词，连接上下文，带有轻微转折的意思，可以不译）。

（5）虽：虽乘奔御风（连词，即使）。

（6）或：或王命急宣［连词，表示两种（或以上）的情况可供选择或者动作行为的交替发生，可译为"有时"］。

2. 通假字

（1）两岸连山，略无阙处。阙：通"缺"，缺口，中断。

（2）哀转久绝。转：通"啭"，声音曲折。

3. 词类活用

虽乘奔御风。奔：动词作名词，奔驰的快马。

4. 特殊句式

（1）省略句，省略介词

飞漱其间［即飞漱（于）其间］。

（2）判断句

……也（不以及也）。

5. 重点问题

（1）作者是从哪些方面描写三峡自然景观的？

文章先写山，后写水。写山，突出连绵不断、遮天蔽日的特点；写水，则描绘不同季节的不同景象。

夏：水涨流速，交通断绝。春冬：水退潭清，风景秀丽。秋：水枯气寒，猿鸣凄凉。写出了三峡的奔放美、清幽美和凄婉美。

（2）作者为什么先写夏水？又为什么先写山，后写水？

作者是为江水作注，重点是写水，而水以夏季为盛，故先写"夏水"。为写水势，先写山势，这既能揭示水急的原因，又能使急流和峻岭相互映衬，能形成一幅险峻壮奇的图画。

（3）阅读李白的《早发白帝城》，请说出它和本文内容上的联系。

朝辞白帝彩云间，千里江陵一日还。两岸猿声啼不住，轻舟已过万重山。

《早发白帝城》和《三峡》都描写了三峡风光，前者是诗，后者为游记散文。文章第二段与这首诗的一、二、四句相印证，都表现了夏天三峡水流速度极快；文章第四段与诗的第三句相对应，都是写连续不断的猿啼；文章第一段则和诗中的"万重山"相应。

（十二）《与朱元思书》

1. 通假字

（1）千转不绝。转，通"啭"，鸟鸣声。

（2）窥谷忘反。反，通"返"，返回。

2. 词类活用

（1）猛浪若奔。奔：动词作名词，飞奔的马。

（2）互相轩邈。轩邈：形容词用作动词，往高处或往远处伸展。

（3）任意东西。东西：名词作动词，向东或向西。

（4）负势竞上。上：名词用作动词，向上。

（5）望峰息心。息：动词使动用法，使……平息。

（6）横柯上蔽。上：名词用作状语，在上边。

3. 一词多义

（1）绝

①天下独绝（绝妙）。

②猿则百叫无绝（断、停）。

（2）上

①负势竞上（向上）。

②横柯上蔽（在上面、上边）。

（3）百

①一百许里（数量）。

②猿则百叫无绝（及言其多）。

（4）无

①直视无碍（没有）。

②猿则百叫无绝（不）。

4.古今异义

（1）经纶世务者。经纶：古义是治理，筹划；今义是政治规律，如"满腹经纶。"

（2）鸢飞戾天者。戾：古义是至；今义是罪恶。

5.重点句子

（1）水皆缥碧，千丈见底。游鱼细石，直视无碍。急湍甚箭，猛浪若奔。

江水都是青白色的，（清澈得）千丈深也能见到水底。游鱼和细石可以看得清清楚楚，毫无障碍。（有时）湍急的江流比箭还快，汹涌的波浪像飞奔的马。

（2）负势竞上，互相轩邈，争高直指，千百成峰。

山峦凭借（高峻的）地势，争着向上，仿佛都在争着往高处和远处伸展，争夺高处，笔直地向上，直插云天，形成无数山峰。

（3）鸢飞戾天者，望峰息心；经纶世务者，窥谷忘反。

（那些）极力追求功名利禄的人，看到这些雄奇的山峰，就会平息热衷于功名利禄的心；（那些）治理政务的人，看到（这些幽美的）山谷，（就）流连忘返。

（4）横柯上蔽，在昼犹昏；疏条交映，有时见日。

横斜的树枝在上边遮蔽着，即使在白天，也像黄昏时那样昏暗；稀疏的枝条相互掩映，有时也可以看见阳光。

6.重点问题

（1）本文表达了作者怎样的思想感情？

表达了作者对世俗官场和追求利禄之徒的蔑视，含蓄传达出自己热爱美好自然、避世退隐的高洁志趣。

（2）作者说："自富阳桐庐一百许里，奇山异水，天下独绝。"这一段山水到底"奇"在哪里，"异"在哪里？

水之"异"：清澈，"千丈见底"，"直视无碍"；湍急，"急湍甚箭，猛浪若奔"。

山之"奇"：树多，"皆生寒树"；山高，"争高直指，千百成峰"；音美，泉音、鸟鸣、蝉嘶、猿叫。

（十三）《陋室铭》

1.重点字词

（1）山不在高，有仙则名（名：出名）。

（2）斯（斯：这）是陋室,惟（惟：只）吾德馨（德馨：香气,这里指品德高尚）。

（3）谈笑有鸿（鸿：大）儒，往来无白丁（白丁：平民。这里指没有什么学问的人）。

（4）可以调［调：调弄，这里指弹（琴）］素琴（素琴：不加装饰的琴）

（5）阅金经（经：指佛经）。

（6）无丝竹（丝竹：琴瑟、箫管等乐器，这里指奏乐的声音）之乱耳，无案牍（案牍：官府的公文）之劳（劳：使……劳累）形（形：形体、身体）。

（7）何陋之（之：提宾的标志）有？

2. 句子翻译

（1）山不在高，有仙则名。水不在深，有龙则灵。

山不一定要高，有仙人（居住）就有名；水不一定要深，有龙（居住）就有灵气了。

（2）斯是陋室，惟吾德馨。苔痕上阶绿，草色入帘青。谈笑有鸿儒，往来无白丁。

这是简陋的屋子，只是我（住屋的人）的品德好（就不感到简陋了）。苔痕碧绿，长到阶上；草色青葱，映入眼帘。说说笑笑的是学问渊博的人，来来往往的没有没学问的人。

（3）无丝竹之乱耳，无案牍之劳形。

没有（嘈杂的）音乐扰乱耳朵，没有官府的文书、公文之类使身体劳累。

（4）孔子云：何陋之有？

孔子说："有什么简陋的呢？"

3. 重点问题

（1）作者认为"陋室"不陋的原因是什么？本文是从哪几个方面具体来论述"陋室"不陋的？

斯是陋室，惟吾德馨。

三个方面：自然环境之雅（苔痕上阶绿，草色入帘青）；交往人物之雅（谈笑有鸿儒，往来无白丁）；生活情趣之雅（可以调素琴，阅金经；无丝竹之乱耳，无案牍之劳形）。

（2）刘禹锡身居陋室却不嫌其陋，还充满感情地描绘陋室，这是为什么？可见作者是一个怎样的人？

"身居陋室却不嫌其陋"也是一种文化现象，古代文人将心灵的完善与自我满足视为人生最根本的意义和最高的境界，结合"南阳诸葛庐，西蜀子云亭"一句，体会作者不愿追逐名利，光宗耀祖，扬名立万；不愿高官厚禄，安贫乐道的思想境界。

作者是一个高洁傲岸、安贫乐道之人。

（十四）《师说》

1. 通假字

（1）师者，所以传道受业解惑也。受：通"授"。

（2）或师焉，或不焉。不：通"否"。

（3）授之书而习其句读者。读：通"逗"。

2. 古今异义

（1）古之学者必有师。学者：古义是求学的人；今义是指有专门学问的人。

（2）师者，所以传道受业解惑也。所以：古义是用来……的；今义是表因果关系的连词。

（3）是故弟子不必不如师。不必：古义是不一定；今义是不需要。

（4）是故无贵无贱，无长无少。无：古义是无论；今义是没有。

（5）吾从而师之。从而：古义是两个词，跟随、而且；今义是连词，表目的和结果。

（6）今之众人。众人：古义是一般人；今义是许多的人。

（7）小学而大遗。小学：古义是小的方面学习；今义是对儿童、少年实施初等教育的学校。

3. 一词多义

（1）师

①古之学者必有师（名词，老师）。

②师道之不传也久矣（动词，从师求学）。

③吾从而师之（名词的意动用法，以……为师）。

④吾师道也（名词作动词，学习）。

（2）传

①师者，所以传道受业解惑也（动词，传授）。

②师道之不传也久矣（动词，流传）。

③六艺经传皆通习之（zhuàn，名词，解释经文的著作）。

（3）道

①传道受业解惑也（名词，道理）。

②师道之不传也久矣（有"风尚"的意思）。

③道相似也（名词，道德学问）。

（4）惑

①惑之不解（名词，疑难问题）。

②于其身也，则耻师焉，惑矣（形容词，糊涂）。

③惑而不从师（动词，遇到疑难问题）。

4.词类活用

（1）吾师道也。师：名词意动用法，以……为师。

（2）吾从而师之。师：名词的意动用法，以……为师。

（3）而耻学于师。耻：形容词的意动用法，以……为耻。

（4）孔子师郯子。师：名词意动用法，以……为师。

（5）其下圣人也亦远矣。下：名词作动词，低于。

（6）小学而大遗。小、大：形容词作名词，小的方面、大的方面。

（7）吾未见其明也。明：形容词作名词，高明的地方。

（8）惑而不从师。惑：形容词作动词，遇到疑难问题。

（9）是故圣益圣，愚益愚。圣、愚：形容词作名词，圣明的人、愚昧的人。

5.特殊句式

（1）判断句

①师者，所以传道受业解惑也。

②道之所存，师之所存也。

（2）介词结构后置

①而耻学于师。

②师不必贤于弟子。

（3）宾语前置

句读之不知，惑之不解。

（4）被动句

不拘于时（介词"于"表被动）。

（十五）《小石潭记》

1.古今异义

①乃记之而去。去：古义是离开；今义是前往，到某处。

②怡然不动。怡然：古义是静止不动的样子；今义是痴呆或深思的样子。

③崔氏二小生。小生：古义是年轻人；今义是戏曲艺术中的一种角色。

2.一词多义

（1）以

①全石以为底（介词，用）。

②卷石底以出（承接，"而"不译）。

③以其境过清（介词，表原因）。

（2）为

①全石以为底（动词，当"作为"讲）。

②为坻，为屿，为堪，为岩（动词，"成为"）。

（3）清

①下见小潭，水尤清冽（形容词，清澈）。

②以其境过清（形容词，冷清）。

（4）可

①潭中鱼可百许头（副词，大约）。

②不可知其源（助动词，能够）。

（5）差

①参差披拂（形容词，长短不一）。

②其岸势犬牙差互（动词，交错）。

3. 重点句子

（1）全石以为底，近岸，卷石底以出。

潭以整块石头为底，靠近岸边（的地方），石底向上弯曲，露出水面。

（2）青树翠蔓，蒙络摇缀，参差披拂。

青翠的树木，翠绿的藤蔓，遮掩缠绕，摇动下垂，参差不齐，随风飘拂。

（3）潭中鱼可百许头，皆若空游无所依。

潭中游鱼大约有一百来条，都好像在空中游动，什么依靠也没有。

（4）日光下澈，影布石上，怡然不动，俶尔远逝，往来翕忽，似与游者相乐。

阳光照到水底，鱼的影子映在水底的石上，呆呆地不动，忽然又向远处游去，来来往往轻快敏捷，好像在与游人互相逗乐。

（5）潭西南而望，斗折蛇行，明灭可见。

顺着潭向西南方向望去，看到溪水像北斗七星那样曲折，像蛇那样蜿蜒前行，或隐或现。

4. 重点问题

（1）说说课文是按照什么顺序写的，抓住了小石潭的哪些特点？作者对小石潭的整体感受是什么？

写作顺序：发现小石潭→潭中景物→小潭源流→潭中气氛。

小石潭特点：幽静、优美。

作者对小石潭的整体感受：幽深冷寂、孤凄悲凉。

（2）第二段对游鱼的描写好在哪里？

这几句描写游鱼，动静结合，充分显示出游鱼的情趣；也间接地表现了小石潭水的清澈。

（3）作者在写景中流露了怎样的心境？

流露出作者贬居生活孤凄悲凉的心境。

（4）文中提到"乐"字，这跟全文的情调协调吗？说说你的理解。

作者寄情山水，正是为了摆脱政治失意带来的抑郁心情，因此当他听到水声，看到鱼儿"往来翕忽"的游态时，感到自然间的乐趣，心情也变得欢快起来，成为当时心情的反衬，跟全文忧伤凄苦的基调形成了对立的统一，从而更有力地揭示了痛苦的深度。

（十六）《活板》

1. 重点词语

（1）盛为之（盛：大规模）。

（2）和纸灰之类冒之（和：混合）（冒：覆盖）。

（3）则以一铁范（范：框子）。

（4）持就火炀之（持：拿）（就：靠近）。

（5）则字平如砥（砥：磨刀石）。

（6）第二板已具（具：准备好）。

（7）以纸帖之（帖：用标签标出）。

（8）每韵为一帖（帖：标签）。

（9）有奇字（奇字：写法特殊的）。

（10）木理有疏密（木理：纹理，质地）。

（11）不若燔土（燔：烧）。

（12）用讫再火令药镕（讫：终了，完毕）（火：用火）。

（13）殊不沾污（殊不：一点也不）。

2. 一词多义

（1）以

①则以一铁范置铁板上（用）。

②以备一板内有重复者（用来）。

③以纸帖之（用）。

④以松脂、蜡和纸灰之类冒之（用）。

⑤以手拂之（用）。

⑥则以一平板按其面（用）。

（2）就

①持就火炀之（靠近）。

②瞬息可就（完成）。

（3）者

①以备一板内有重复者（……的字）。

②不以木为之者（……的原因）。

（4）为

①每字为一印（做）。

②又为活板（发明）。

③唐人尚未盛为之（使用）。

④皆为版本（是）。

⑤未为简易（算是）。

⑥极为神速（算是）。

⑦满铁范为一板（成为）。

⑧每字为一印（刻）。

⑨不以木为之者（雕刻）。

⑩为予群从所得（被）。

3.重点问题

（1）活板中哪些短语体现了"活板"的"活"，它们各说明了"活板"的什么特征？

活：字活（每字为一印），排版方法活（乃密布字印，满铁范为一板），印刷方法活（常作二铁板），做法方法活（有奇字素无备者，旋刻之，以草火烧，瞬息可成），拆板方法活（以手拂之，其印自落，殊不沾污），字数活（每一字皆有数印）。

（十七）《岳阳楼记》

1.通假字

（1）百废具兴。"具"通"俱"，全，都。

（2）属予作文以记之。"属"通"嘱"，嘱托。

2.词类活用

（1）庆历四年春，腾子京谪守巴陵郡。守：太守，名词。这里活用为动词，做太守。

（2）百废具兴。废：无用，形容词。这里活用为名词，指荒废了的事业。

（3）北通巫峡，南极潇湘。北：向北。南：向南。"北"和"南"在这里是方位名词作状语。

3.重点虚词

（1）夫

①予观夫巴陵胜状（夫：指示代词，这，那）。

②夫环而攻之（夫：语气词，不译）。

（2）斯

①登斯楼也，则有去国怀乡……感极而悲者矣（斯：指示代词，这）。

②微斯人，吾谁与归（斯：指示代词，这）。

（3）若夫

若夫霪雨霏霏（若夫：连词，用在一段话的开头，引起描述的词语，有"像那"

的意思）。

（4）至若

①至若春和景明（至若：连词，用在又一段话的开头，引起另一层描述。相当于"至于""又如"）。

（5）然则

①然则何时而乐耶（然则：连词，相当于"既然如此，那么……"）。

②然则北通巫峡，南极潇湘（用法同上）。

（6）微

微斯人，吾谁与归（微：连词，常用来表示一种否定的假设。可译为"假如没有"）。

4.一词多义

（1）一

①而或长烟一空，皓月千里（副词：全，完全）。

②上下天光，一碧万顷（数词：一片）。

（2）观

①予观夫巴陵胜状（动词：观看）。

②此则岳阳楼之大观也（名词：景色）。

（3）极

①北通巫峡，南极潇湘（尽，直到）。

②感极而悲者矣（极点）。

③浮光跃金，静影沉璧，渔歌互答，此乐何极（穷尽）。

（4）空

①浊浪排空（天空）。

②而或长烟一空（消散）。

（5）或

①而或长烟一空（有时）。

②或异二者之为（或许）。

（6）通

①政通人和（顺利）。

②北通巫峡（通向）。

5.特殊句式

（1）倒装句

①居庙堂之高则忧其民（在朝廷里做高官就担忧他的百姓）。

②微斯人，吾谁与归？（如果没有这种人，我同谁一道呢？）

（2）固定句式

①然则何时而乐耶？（那么，什么时候才快乐呢？）

②览物之情，得无异乎？（观赏自然景物所产生的感情能没有不同吗？）

6. 重点问题

（1）滕子京"谪守巴陵郡"，却仍然"重修岳阳楼"这说明了什么？

说明滕子京在逆境中仍然奋发治理政事，也具有古仁人"不以物喜，不以己悲"的旷达胸襟。

（2）第三、四段作者用虚笔设想了一明一暗两个场景，为什么会产生一悲一喜的结果？

自然的景象包括天气的阴晦晴朗会影响人的情绪，天气恶劣才会"感极而悲"，天气美好才会"心旷神怡"。

（3）第三、四段与文章主旨有什么关系？（写这两段的目的是什么？）

推导出"古仁人之心"与"二者之异"，表现古仁人的"不以物喜，不以己悲"的博大胸襟。

（4）迁客骚人的览物之情是什么？

以物喜，以己悲。

（5）第五段中"或异二者之为"中"二者"指的是什么？这句话在文中有什么作用？作者对"二者之为"持什么态度？

迁客骚人的两种览物之情。引出古仁人之心的内涵。否定态度。

（6）"迁客骚人""古仁人"的区别在哪里？

悲喜观不同。迁客骚人"以物喜，以己悲"；古仁人"不以物喜，不以己悲；居庙堂之高则忧其民，处江湖之远则忧其君"。

（十八）《醉翁亭记》

1. 重点实词

（1）有亭翼然临于泉上者，醉翁亭也。临：靠近。

（2）临溪而渔，溪深而鱼肥。临：到。

（3）名之者谁？太守自谓也。名：命名，动词。

2. 重点虚词

（1）其

①其西南诸峰（代词，指滁州）。

②颓然乎其间者（代词，指代宾客等人）。

③而不知太守之乐其乐（代词，指太守，即欧阳修）。

④醉能同其乐（代词，即众宾客）。

（2）而

①望之蔚然而深秀者（连词，表递进，而且、又）。

②而年又最高（表递进关系连词，可译作"而且"）。

③渐闻水声潺潺，而泻出于两峰之间者（表承接关系连词，有"接着又"的意思）。

④日出而林霏开，云归而岩穴暝（两个"而"均为表承接关系的连词，可不译）。

⑤得之心而寓之酒也（表承接关系连词，可不译）。

⑥野芳发而幽香，佳木秀而繁阴（表承接关系连词，可不译）。

⑦四时之景不同，而乐亦无穷也（表因果关系的连词，可译为"因而"）。

3. 词类活用

有亭翼然临于泉上者，醉翁亭也。翼：名词用作状语。

4. 特殊句式

（1）判断句

①环滁皆山也（"也"表判断语气）。

②望之蔚然而深秀者，琅琊也（"者……也"，表判断语气）。

（2）倒装句

醉能同其乐，醒能述以文者，太守也（述以文：述之以文，以文述之，既是省略句，又是倒装句，属状语后置句）。

（3）省略句

得之心而寓之酒也（"心""酒"前面省略了介词"于"，是省略句）。

5. 重点句子

（1）山行六七里，渐闻水声潺潺，而泻出于两峰之间者，酿泉也。

沿着山路走了六七里，渐渐听到潺潺的水声，从两座山峰之间倾泻出来的，是酿泉啊。

（2）有亭翼然临于泉上者，醉翁亭也。

有一个亭子四角翘起像鸟张开翅膀一样高踞于泉水之上的，是醉翁亭啊。

（3）醉翁之意不在酒，在乎山水之间也。山水之乐，得之心而寓之酒也。

醉翁的情趣不在酒上，而在于山水之间啊。欣赏山水的乐趣，领会在心里，寄托在喝酒上。

（4）若夫日出而林霏开，云归而岩穴暝，晦明变化者，山间之朝暮也。

像那个太阳出来树林里的雾气散了，烟云聚拢来，山谷就显得昏暗了，这明暗交替变化的景象，就是山中的早晨和傍晚。

（5）野芳发而幽香，佳木秀而繁阴，风霜高洁，水落而石出者，山间之四时也。

野花开了，有一股清幽的香味，好的树木枝叶繁茂，形成一片浓郁的绿荫，秋风清爽，霜色洁白，水位低落下来，石头显露，这是山中的四季景色。

（6）苍颜白发，颓然乎其间者，太守醉也。

面容苍老，头发花白，醉醺醺地坐在众人中间，是太守喝醉了。

6. 重点问题

（1）作者到底都在"乐"些什么呢?

作者有三乐：山水之乐，宴酣之乐，乐人之乐。三乐归一，都是"与民同乐"。

（2）第三段写作层次非常清晰，四个画面可各用文中的一个三字短语来概括其大意，分别为：滁人游、太守宴、众宾欢、太守醉。这四个画面中，太守醉是主要画面，其余三幅俱是陪衬，为了突出"太守醉"，"醉"在与民同乐，体现了作者与民同乐的旨意。

（3）本文表达了作者怎样的思想感情?

表达了作者寄情山水、与民同乐的旷达情怀。

（十九）《祖逖》

1. 重点词语

（1）此非恶声也。恶：不好。

（2）因起舞。因：于是。

（3）左丞相睿以为军谘祭酒。以为：派……担任。

（4）纠合骁健。纠合：集合。

（5）毒流中土。毒：祸害；流：遍布。

（6）今遗民既遭残贼。残贼：残害，伤害。

（7）大王诚能命将出师。诚：假如。

（8）使如逖者统之以复中原。复：收复。

（9）睿素无北伐之志。素：向来。

（10）给千人廪。廪：军粮。

（11）逖将其部曲百余家渡江。将：率领。

（12）中流击楫而誓。楫：船桨；誓：发誓。

（13）清中原而复济。清：肃清；济：渡江。

（14）遂屯淮阴。屯：驻扎。

（15）起冶铸兵。冶：冶炼。

2. 特殊句式

（1）省略句

左丞相睿以（之）为军谘祭酒。

（2）倒装句

言于睿曰——于睿言曰。

3. 重点问题

（1）文段的主要内容是"祖逖北伐"，但开篇写的却是"少有大志"，作者为什么要这样写？

"少有大志""闻鸡起舞"是后文的一个铺垫，说明祖逖在晋王朝偏安一隅时，所表现的坚定的信念和意志都是有一定基础的。

（2）"同寝，中夜闻鸡鸣"中包含了怎样一个成语？这个成语让你得到什么启示？

闻鸡起舞。启示：把勤奋努力、不断磨练自己的精神用于自己的学习。

（3）祖逖认为晋王朝战乱不断的原因是什么？如何才能改变这种局面？

晋室之乱，非上无道而下怨叛也，由宗室争权，自相鱼肉，毒流中土（原文）。由于皇族宗室争权夺利，自相残杀，从而让戎狄乘虚而入，屠戮中原（自己的话）。任命将帅，出师北伐，激起沦陷区人民奋起反抗的斗志，赢得天下英豪的响应，定能取得北伐的成功。

（二十）《记承天寺夜游》

1. 重点词语

（1）念无与为乐者。念：想到。

（2）遂至承天寺寻张怀民。遂：于是。

（3）相与步于中庭。相与：共同，一起。

（4）但少闲人如吾两人者耳。但：只是。

（5）水中藻、荇交横。交横：交叉，错杂。

（6）月色入户。户：门。

（7）庭下如积水空明。空明：清澈透明。

2. 重要语句

（1）月色入户，欣然起行。

看见月光透过窗户洒入屋内，（于是我）高兴地起床出门散步。

（2）怀民亦未寝，相与步于中庭。

张怀民也没有睡，我们便一同在庭院中散步。

（3）庭下如积水空明，水中藻、荇交横，盖竹柏影也。

庭院中充满着月光，像积水充满院落，清澈透明，水中的水藻、荇菜交横错杂，原来是竹子和柏树的影子啊。

3. 词类活用

相与步于中庭。步：名词作动词，散步。

4. 特殊句式

（1）倒装句

①相与步于中庭。（状语后置，一起在院子里散步。）

②但少闲人如吾两人者耳。（定语后置，只是缺少像我们两个一样清闲的人罢了。）

（2）省略句

解衣欲睡。[省略主语，（我）脱下衣服准备睡觉。]

5. 重要问题

（1）"庭下如积水空明，水中藻、荇交横，盖竹柏影也。"这一句写出了景物的什么特点？点染出一个怎样美妙的境界？

全句用两个比喻造成一种庭院积水、藻荇交错的错觉，创造了一个清澈透明、空灵静谧的境界。这个空灵的境界反映了作者摆脱贬谪之感，忘怀得失的心境，映照着作者光明磊落、胸无尘俗的襟怀。

（2）全文没有一处直接写友情，但可以从字里行间看出来。请找出能表现苏轼与张怀民友情的句子，并以其中一句为例，说说选择它的理由。

①遂至承天寺。理由：唯张怀民可以同乐。

②怀民亦未寝。理由：心境相同，欣赏趣味相同。

③相与步于中庭。理由：关系亲密。

④但少闲人如吾两人者耳。理由：志趣相投，命运相同。

（3）"但少闲人如吾两人者耳"一句是全文的点睛之笔，请参考下面的背景材料，说说为什么作者称自己为"闲人"，体现了作者当时怎样的心境？

苏轼才华横溢，有济世之志，力主政治改革，但对王安石变法的激进之处持有不同意见，后被贬为黄州团练副使，实际如同流放。《记承天寺夜游》即写于此时。

①苏轼才华横溢，素有大志，但不被朝廷重用，仕途失意的落寞让他感觉自己如同"闲人"；②而作者又能轻松地以"闲人"自嘲，表现了作者自我排遣的乐观与旷达。

（二十一）《读〈孟尝君传〉》

1. 重点词语

（1）孟尝君能得士。得：获得、得到。

（2）以故：因为这个缘故。以：因为；故：缘故。

（3）而卒赖其力。卒：终于。

（4）特鸡鸣狗盗之雄耳。特：只、仅仅；雄：首领；耳：罢了。

（5）不然，擅齐之强。然：这样。擅：拥有、据有。

（6）宜可以南面而制秦。宜：应该；制：制服。

（7）此士之所以不至也。所以：……的原因。

（8）岂足以言得士。岂：哪里。

2. 一词多义

之：①鸡鸣狗盗之力；虎豹之秦；擅齐之强。（的）

②士以故归之。（他）

③鸡鸣狗盗之出其门；士之所以不至也。（用于主谓之间，无实意）

3. 古今异义

特鸡鸣狗盗之雄耳。

a. 特：古义是只、仅仅；今义是特别、非常。

b. 耳：古义是罢了；今义是耳朵。

4. 词类活用

（1）虎豹：名词作状语，像虎豹一样。

（2）南面：名词作状语，向南面。

5. 句子翻译

（1）世皆称孟尝君能得士，士以故归之。

世人都称赞孟尝君能够招揽士人，士人因为这个缘故归附他。

（2）而卒赖其力以脱于虎豹之秦。

而孟尝君终于依靠他们的力量，从像虎豹一样凶残的秦国逃脱出来。

（3）嗟呼！孟尝君特鸡鸣狗盗之雄耳，岂足以言得士？

哎呀！孟尝君只不过是那些鸡鸣狗盗之徒的首领罢了，哪里称得上能得到贤士呢？

（4）不然，擅齐之强，得一士焉，宜可以南面而制秦。

不是这样的话，（孟尝君）拥有齐国强大的国力，（只要）得到一个真正的贤士，（齐国）应当可以南面称王制服秦国。

（5）尚取鸡鸣狗盗之力哉？

还用得着借助那些鸡鸣狗盗之辈的力量吗？

（6）夫鸡鸣狗盗之出其门，此士之所以不至也。

鸡鸣狗盗之辈出于他的门下，这是真正的贤士不归附他的原因呀！

6. 重点问题

（1）作者认为孟尝君不能"南面而制秦"，只能"赖其力以脱于虎豹之秦"的原因是什么？

孟尝君没有得到真正的，具有经邦济世的雄才大略的贤士。

（2）王安石驳斥世人的根据是什么？

①鸡鸣狗盗之徒不是士。②依靠齐国的强大，得到一个真正的贤士，可以制

服秦国。

（3）王安石认为真正的士是什么样的？

具有经邦济世的雄才大略之人，可以辅佐国君使其他国家臣服的人。

（4）百字文章，三次出现"鸡鸣狗盗"，表达上有什么作用？

①第一处强调了孟尝君得到的不是真正的贤士；

②第二处强调了孟尝君的门客不能担当起使齐国强盛的责任；

③强调真正的贤士不归附其门下的原因。

（5）王安石认为孟尝君不能"得士"的原因是什么？

孟尝君得到的是鸡鸣狗盗之士，正因为他收纳了这些人，才不能得到真正的士。

（二十二）《送东阳马生序》

1. 重点虚词

（1）以

①以是人多以书假余。以：第一个是介词，因为；第二个是介词，把。

②俯身倾耳以请。以：连词，表目的。

（2）诸

假诸人而后见也。诸：兼词，相当于"之于"。

（3）盖

盖余之勤且艰若此。盖：句首语气词，可不译。

2. 通假字

（1）四支僵劲不能动。支：通"肢"，肢体。

（2）媵人持汤沃灌。灌：通"盥"，洗手。

（3）同舍生皆被绮绣。被：通"披"，穿。

3. 词类活用

（1）手自笔录。笔：名词作状语，用笔。

（2）腰白玉之环。腰：名词活用为动词，挂在腰间。

4. 一词多义

至

①色愈恭，礼愈至（至：形容词，周到）。

②至舍，四支僵劲不能动（至：动词，到）。

5. 古今异义

（1）录毕，走送之。走：古义是快走，跑；今义是行走，走路。

（2）以是人多以书假余。假：古义是借；今义是虚伪的、不真实的。

（3）媵人持汤沃灌。汤：古义是热水；今义是食物煮熟后所得的汁水。

（4）主人日再食，无鲜肥滋味。再：古义是两次或第二次；今义表示又一次。

6. 虚词"以"的用法

（1）以衾拥覆（介词，相当于"用"）。

（2）生以乡人子谒余［介词，表示动作、行为所凭借的身份，可译为"用（凭）……身份"］。

（3）家贫，无从致书以观（连词，表目的，可译为"来"）。

（4）俯身倾耳以请（连词，表修饰关系，连接状语与中心语）。

（5）以中有足乐者（连词，表原因，相当于"因为"）。

（6）以是人多以书假余（前一个"以"同"是"组成复音虚词，相当于"因此"，引出事理发展或推理的结果；后一个"以"是介词，相当于"把"或"拿"）。

7. 重点问题

（1）文章从哪几个方面表现了作者的求学之苦和用心之专？

幼年得书之难，借书抄录，读书的艰难；成年从师的艰难；求学生活条件的艰难表现作者求学之勤苦；求师艰难，毕恭毕敬，表明作者求知的渴望和决心。

（2）作者以自己的勤奋求学来劝勉马生，却又写老师态度的严厉，这在文中有什么作用？

此处使用侧面描写的手法，写老师的严厉是为了突出作者求师的诚恳，生动地表现了他的虔诚和恭敬的态度，以及用心求学专一。

（3）结合选文具体内容，概括作者求学时的客观条件。

路途：遥远而又艰难；衣着：破旧不能御寒；饮食：每日两顿，毫无滋味。

（4）本文是写给马生的赠序，为什么文中作者详写了自己的求学经历？

作者是现身说法，叙述自己青少年时期求学的艰难和勤奋学习的经历，动之以情，晓之以理，寓含殷殷的期待之情，突出勉励马生勤奋学习，成为德才兼备的人才的写作目的，增强作品感染力和教育作用。

（5）用原文回答为什么作者在众多富有的同学中能"略无慕羡意"。

以中有足乐者，不知口体之奉不若人也。

（二十三）《核舟记》

1. 通假字

（1）诎右臂支船。诎：通"屈"，弯曲。

（2）左手倚一衡木。衡：通"横"，横着。

（3）为字共三十有四。有：通"又"，用在整数和零数之间。

（4）舟首尾长约八分有奇。有：同上。

（5）虞山王毅叔远甫刻。甫：通"父"，男子美称，多附于字之后。

（6）盖简桃核修狭者为之。简：通"拣"，挑拣。

2. 一字多义

（1）奇

①明有奇巧人曰王叔远［奇异、罕见、（手艺）奇妙，奇特］。

②舟首尾长约八分有奇（零数，余数）。

（2）有

①明有奇巧人曰王叔远（表存在的动词，与"无"相对）。

②舟首尾长约八分有奇（通"又"，用在整数和零数之间）。

（3）为

①为宫室、器皿、人物（雕刻）。

②中轩敞者为舱（是）。

③为人五（为，刻有）。

（4）可

①高可二黍许（大约）。

②珠可历历数也（可以）。

（5）端

①东坡右手执卷端（名词，画卷的右端）。

②其人视端容寂（形容词，端正、正）。

（6）木

①能以径寸之木（木块）。

②以至鸟兽、木石（树木）。

（7）者

①中轩敞者为舱（……的部分）。

②居右者椎髻仰面（……的人）。

（8）曰

①明有奇巧人曰王叔远（叫作）。

②文曰：天启壬戌秋日（是）。

（9）扇

①旁开小窗，左右各四，共八扇（量词）。

②居左者右手执蒲葵扇（扇子）。

（10）启

①启窗而观，雕栏相望焉（打开）。

②天启壬戌秋日（古代称立春、立夏为"启"）。

（11）而

①中峨冠而多髯者为东坡（连词，并且）。

②而计其长曾不盈寸（转折，但是）。

（12）以

①能以径寸之木（用）。

②以至鸟兽、木石（甚至）。

（13）盖

①盖大苏泛赤壁云（大概）。

②盖简桃核修狭者为之（原来）。

3. 古今异义

（1）尝贻余核舟一。尝：古义是曾经；今义是品尝。贻：古义是赠送；今义是贻误，贻害。

（2）高可二黍许。可：古义是大约；今义是可以。许：古义是左右、上下，表示约数；今义是答应或表猜测。

（3）其两膝相比者。比：古义是靠近；今义是比较，对比。

（4）而计其长曾不盈寸。曾：古义是尚，还；今义是曾经。

（5）矫首昂视。矫：古义是举；今义是矫正。

（6）舟首尾长约八分有奇。奇：古义是零数；今义是奇数。

（7）盖简桃核修狭者为之。简：古义是挑选；今义是简单。

（8）以至鸟兽、木石。以至：古义是以及；今义是连词，用在下半句的开头，表示下文是前半句所说的动作、情况等所形成的。

4. 词类活用

（1）中峨冠而多髯者为东坡。峨冠：名词用作动词，戴着高高的帽子。

（2）居右者椎髻仰面。椎髻：名词用作动词，梳着锥形发髻。

（3）箬篷覆之。箬篷：名词用作状语，用箬篷。

（4）石青糁之。石青：名词用作状语，用石青。糁：名词用作动词，涂抹。

5. 重点问题

（1）该工艺品艺术的精湛主要表现在哪些地方？

①用料体积小；②所刻事物繁多；③刻物情态毕备。

（2）写三个人的神情主要是为了说明什么？文中哪句话赞叹了雕刻技艺的高超？

雕刻者技艺的高超；"嘻，技亦灵怪矣哉"。

（3）"闭"字和"启"字相应，一启一闭说明了什么？

写出了介绍的顺序：由舟外到舟内，再由舟内到舟外，引导读者仔细观看，并由此引出窗上的文字。

（4）窗上对联为什么要刻这十六个字，而不刻别的字？

这十六个字是前、后《赤壁赋》中的名句，与上段"大苏泛赤壁"相照应，切题，而且可以启发读者联想舟外赤壁景色。作者真切的描述，足见他对核舟观察的精细。

（5）文中第三段介绍苏东坡、佛印、鲁直于船头的位置，为什么先从中间的苏东坡介绍起？

因为这样写符合核舟的主题，苏东坡是"泛舟"的主角。

（6）文中有哪些细节描写是表现人物特点和相互关系的？

"共阅一手卷。……如有所语。"

（7）作者在说明船的正面的时候，为什么不是从船头说到船舱，从船舱说到船尾，而是先说船舱，再说船头和船尾呢？

因为中间船舱的位置和对联的颜色非常醒目，而且窗上的对联也暗示了核舟的背景和主题。先写船舱，不仅可以增强浓厚的艺术情趣，而且也极其自然地引出下文中船头三人的情态的描述。

（二十四）《口技》

1. 重点词语

（1）京中有善口技者。善：擅长。

（2）施八尺屏障。施：设置安放。

（3）会宾客大宴。会：适逢，正赶上。

（4）但闻屏障中抚尺一下。但：只。

（5）众妙毕备。毕：全、都。

（6）以为妙绝。以为：认为；妙绝：到了极点。

（7）宾客意少舒。意：心情；少：稍微；舒：伸展，松弛。

（8）稍稍正坐。稍稍：渐渐。

（9）中间力拉崩倒之声。中：其中；间：夹杂。

（10）曳屋许许声。曳：拉。

（11）虽人有百手。虽：即使。

（12）不能名其一处。名：说出。

（13）于是宾客无不变色离席。于是：这时候；色：脸色。

（14）两股战战。股：大腿。

（15）几欲先走。几：几乎、差点儿。

（16）奋袖出臂。出：举起、扬起。

（17）群响毕绝。绝：消失。

2. 古今异义

（1）几欲先走。走：古义是逃跑，跑；今义是行走。

（2）两股战战。股：古义是大腿；今义是屁股。

3.一词多义

（1）坐

①口技人坐屏障中（坐在）。

②满坐寂然（通"座"，座位）。

③何坐？坐盗（犯罪）。

（2）备

①前人之述备矣（周全、详尽）。

②一时齐发，众妙毕备（具备）。

（3）毕

①毕力平险（尽）。

②群响毕绝（全部）。

（4）绝

①遂与世人间隔（隔绝）。

②以为妙绝（极点）。

③群响毕绝（停止，消失）。

（5）名

①名之者谁（命名、起名）。

②不能名其一处（说出）。

（6）指

手有百指，不能指其一端（手指；指出）。

4.词类活用

（1）会宾客大宴。宴：名作动，摆酒宴。

（2）侧目。目：名作动，看。

（3）妇抚儿乳。乳：名作动，喂。

（4）善口技者。善：形作动，擅长。

（5）妇手拍儿声。手：名词做状语，用手。

5.表时间的副词

（1）表示突然发生：忽，忽然。

（2）表示几件事同时发生：一时。

（3）表示两事相继发生：既而。

（4）表示在特定的某个时间之内发生：是时。

（5）表示过了很短时间就发生：俄而，少顷，未几。

6.通假字

满坐寂然。坐：通"座"，座位。

7. 重点句子

（1）京中有善口技者。

京城中有一个精通口技的人。

（2）会宾客大宴，于厅事之东北角，施八尺屏障，口技人坐屏障中，一桌、一椅、一扇、一抚尺而已。

正赶上大规模宴请宾客，在大厅的东北角设置八尺的屏风，表演口技的人坐在屏风里面，一张桌子，一把椅子，一把扇子，一块醒木罢了。

（3）少顷，但闻屏障中抚尺一下，满坐寂然，无敢哗者。

一会儿，只听见屏风中醒木一拍，全场静悄悄的，没有一个敢大声喧哗的人。

（4）妇抚儿乳，儿含乳啼，妇拍而呜之。

妇人抚摸着孩子喂奶，孩子含着乳头大哭，妇人一边拍一边轻声哼唱着哄孩子入睡。

（5）当是时，妇手拍儿声，口中呜声，儿含乳啼声，大儿初醒声，夫叱大儿声，一时齐发，众妙毕备。

正当这个时候，夫人用手拍打孩子的声音，口中轻声哼唱的声音，孩子含着乳头的声音，大孩子刚刚醒来的声音，丈夫大声呵责大孩子的声音，同时发出，各种妙处都具备。

（6）微闻有鼠作作索索，盆器倾侧，妇梦中咳嗽。

隐约听到有老鼠活动的声音，盆子器皿翻倒倾斜，妇人睡梦中咳嗽的声音。

（7）宾客意少舒，稍稍正坐。

宾客心情稍微放松了些，渐渐坐正了身子。

（8）虽人有百手，手有百指，不能指其一端；人有百口，口有百舌，不能名其一处也。

即使一个人有一百只手，手有一百根手指，不能指明其中（任何）一种（声音）；一个人有一百张嘴，嘴有一百条舌头，不能说出其中的一个地方。

（9）于是宾客无不变色离席，奋袖出臂，两股战战，几欲先走。

在这种情况下宾客没有一个不变了脸色离开座位，扬起袖子露出手臂，两条大腿颤抖，几乎要先逃跑。

（10）忽然抚尺一下，群响毕绝。

忽然屏风中醒木一拍，各种声音全消失了。

8. 重点问题

（1）为什么作者在本文结束时再次交代表演者及所用道具？

这样既与第一段呼应，写出表演者凭借进行表演的道具极为简单，突出"善口技者"的真正本领是全靠一张嘴，衬托了"善口技者"技艺高超。

（2）学生熟读首尾段，体会"一桌、一椅、一扇、一抚尺而已"的作用。

在结构上：首尾呼应。

在内容上：道具的简单衬托了口技表演者技艺的高超。

（3）课文中有哪几处描写了听众的精神和动作？这些描写有什么作用？

（文中侧面描写作用）描写观众反应的句子：

① "满堂宾客无不伸颈，侧目，微笑，嘿叹，以为妙绝也。"

② "宾客意少舒，稍稍正坐。"

③ "于是宾客无不变色离席，奋袖出臂，两股战战，几欲先走。"

描写的作用：侧面衬托出口技表演者表演技艺的高超；使读者有身临其境之感。（揭示主题）

（4）口技表演描摹了几个场面？请进行简略概括。

三个场面：梦中惊醒、渐入梦乡、火起群乱。

（5）分析理解：课文除了直接从正面写表演的过程，还有侧面的衬托，哪些地方是侧面描写？有何作用？

侧面衬托主要有两个方面：一是在几个场面表演中观众的不同神情举止的变化，二是在首尾两段中对道具和场地气氛的描写。侧面描写从不同角度衬托出表演者的高超技艺，使文章表现手法富于变化，增强了感染力，显得真实可信。

第六章　中考传统文化考点

一、考点解读

教育部印发《完善中华优秀传统文化教育指导纲要》，把中华优秀传统文化教育系统融入课程和教材体系，分小学低年级、小学高年级、初中、高中、大学等学段，有序推进中华优秀传统文化教育。据此，我们总结相关知识点，帮助学生了解、掌握传统文化的基本知识，以便轻松备考。

二、知识梳理

（一）汉字文化

汉字是中国文化的重要载体，是中国人表达思维的文字符号，是中华民族的基本标识，是世界上使用人数最多的一种文字，也是寿命最长的文字之一，已有四千多年的历史了。

1. 汉字的演变

汉字从产生到现在，虽没有跳出表意文字的圈子，但文字的形体一直按从繁到简的规律发展演变。主要出现了这样几种字体：甲骨文、金文、大篆、小篆、隶书、楷书、行书、草书。

（1）甲骨文

古代用写或刻的方式，在龟甲、兽骨上所留下的文字。现在发现最早的甲骨文是商朝盘庚时期的甲骨文，其内容多为"卜辞"，也有少数为"记事辞"。甲骨文大部分也是象形字或会意字。

（2）金文

古代称铜为金，故铸刻在青铜器上的文字叫作金文，又叫钟鼎文、铭文。金文始见于商代二里岗的青铜器，不过商代二里岗发现的青铜器有金文的只有少数几件。殷墟出上的青铜器上金文增多；至西周时，青铜器上金文已经较为普遍。商代金文多为象形字以及由象形字合成的会意字。这些字像一幅幅图画，生动逼真，浑厚自然，有的呈团块状。

（3）大篆

据传为周朝史籀所创，故又称籀文、籀篆、籀书等。史籀是周宣王的史官。大篆散见于《说文解字》和后人所收集的各种钟鼎彝器中，其中以周宣王时所作石鼓文最为著名。大篆是古字向小篆过渡的一种汉字字体。

（4）小篆

小篆是由大篆简化而成。相对于大篆而言，小篆的形体结构简明、规正、协调，笔势匀圆整齐，偏旁也发生一定的变异和合并。与大篆相比，小篆的图画性已经大大减弱，每个字的结构已经比较固定。

相传小篆是战国时期秦国宰相李斯负责整理出来。如果小篆的确是在短时期内整理出来的，那么在秦国国内必然有一个主动推广小篆和主动摈斥包括大篆在内的古字的改革过程。

（5）隶书

在小篆通行不久后，民间又创造一种比小篆更为简便、定型的新书体。这就是"隶书"。隶书开始时是写得比较草率的和不够规范的小篆。到秦始皇统一文字时，隶书已经形成一种固定的、规范的字体。隶书改篆书一味圆转的线条为方折的笔画，顺应了社会对书写方便和规范的需要。

相传，有一位名叫程邈的犯人，在狱中把民间流行的隶书整理出三千个字，传给秦始皇。秦始皇大为赏识，并破格提拔程邈为御史，并准许其字用于皂隶小民之间。此后，隶书不仅仅在秦朝民间广泛流行，政府文件一般也都用隶书书写，但重要的诏书仍用小篆书写，所以隶书在秦代又称"佐书"。

隶书的出现是汉字发展史上一个重要的里程碑。隶书以前的汉字是用绘画式的线条书写的，而隶书以后的汉字是用横竖撇点折等笔画构成的。自隶书出现后，汉字的结构基本上固定了下来，一直到新中国成立，基本上没有太大的变化。

（6）楷书

楷书也叫正楷、真书、正书。由隶书逐渐演变而来，更趋简化，横平竖直。楷书的特点在于规矩整齐，是字体中的楷模，所以称为楷书，一直沿用至今。

2. 汉字造字法

关于汉字的造字法，从汉朝以来，相沿有"六书"的说法。六书之首，就是象形法。一般来说，汉字的造字方法有象形、指事、会意、形声。我国古代对造字法有"六书"的提法，除了上述四种外，还包括转注和假借。但严格说来这两种应属于用字的方法。

（1）象形

属于"独体造字法"。用文字的线条或笔画，把要表达物体的外形特征，具体地勾画出来。例如"月"字像一弯明月的形状，"龟"字像一只龟的侧面形状，"马"字就是一匹有马鬃、有四腿的马，"鱼"是一条有鱼头、鱼身、鱼尾的游鱼，"艹"（草的本字）是两束草，"门"字就是左右两扇门的形状。而"日"字就像一个圆形，中间有一点，很像我们在直视太阳时，所看到的形态。

象形字来自图画文字，但是图画性质减弱，象征性质增强，它是一种最原始的造字方法。它的局限性很大，因为有些事物是画不出来的。

（2）指事

属于"独体造字法"。指事字与象形的主要分别，是含有绘画中较抽象的东西。例如"刃"字是在"刀"的锋利处加上一点，以作标示；"凶"字则是在陷阱处加上交叉符号；"上""下"二字则是在主体"一"的上方或下方画上标示符号；"三"则由三横来表示。这些字的勾画，都有较抽象的部分。

（3）形声

属于"合体造字法"。形声字由两部分组成：形旁（又称"义符"）和声旁（又称"音符"）。形旁是指示字的意思或类属，声旁则表示字的相同或相近发音。例如"樱"字，形旁是"木"，表示它是一种树木，声旁是"婴"，表示它的发音与"婴"字一样；"篮"字形旁是"竹"，表示它是竹制物品，声旁是"监"，表示它的韵母与"监"字一样（古音及部分方言）；"齿"字的下方是形旁，画出了牙齿的形状，上方的"止"是声旁，表示两字韵母相同。

（4）会意

属于"合体造字法"。会意字由两个或多个独体字组成，以所组成的字形或字义，合并起来，表达此字的意思。例如"酒"字，以酿酒的瓦瓶"酉"和液体"水"合起来，表达字义；"解"字的剖拆字义，是以用"刀"把"牛"和"角"分开来达义；"鸣"指鸟的叫声，于是用"口"和"鸟"组合而成。

有部分汉字，兼有会意和形声的特点。例如"功"字，既可视为以"力"和"工"会意，而"工"也有声旁的特点；"返"字，既可视为以"反"和"辵"（解作行走，变形作"辶"）会意，而"反"也有声旁的特点。这类字称为会意兼形声字。

（5）转注

属于"用字法"。各说文家解释不同。大致有"形转""音转""义转"三说。《说文解字·叙》说："转注者，建类一道，同意相受，考老是也。"表示事类相同的字作为同一个部首，由于意义相同可以互相训释，这样造出来的字是转注字。转注字有两个条件，一是部首必须相同，二是意义必须相同。如：吹、嘘。

不同地区因为发音有不同，以及地域上的隔阂，以致对同样的事物会有不同的称呼。当两个字是用来表达相同的东西，词义一样时，它们会有相同的部首或部件。例如"考""老"二字，本义都是长者；"颠""顶"二字，本义都是头顶；"窍""空"二字，本义都是孔。这些字有相同的部首（或部件）及解析，读音上也具有音转的关系。

（6）假借

汉字是由象形、象意的文字发展起来的。有的外物有形象可以描绘，有的意思可以利用图像和笔画来表现，可是有很多代表某些事物的概念不能用象形、象意的方式随时造出文字来表现，于是就假借已有的音同或音近的字来代表，这种跟借用的字的形义完全不合的字就称为假借字。

假借字有两类。

一类是本无其字的假借，那就是上面所说的假借字。如"北"，甲骨文字形像二人相背。北方的"北"无形可像，就借语音相同的"背"来表示北方的意思。许慎在《说文叙》里所说"假借者，本无其字，依声托事"，就是这一类。在语言发展过程中这一类的字很多。

假借字的另一类是本有其字的假借。本有其字的意思是在日常使用的文字当中本来有表示某个词义的书写形式，但是在使用当中不用本来约定俗成的字形而写为另外一个意义不相涉而音同或音近的字。这一类在秦汉以前的古书中极为常见。如借"汤"为"荡"；《诗经·豳风·七月》"七月食瓜，八月断壶"，借"壶"为"瓠"，这些都是本有其字的假借。

前一类可以说是不造字的假借，后一类是在用字当中的假借。

（二）对联文化

每逢新春佳节，家家户户都会在门口张贴对联，以祈福迎财，表达美好祝福，盼望家人平安，祝福国家富强。对联不仅可以增添节日喜庆气氛，也是人们表达美好愿望的方式，是中国传统文化中重要的内容。

对联又称楹联、桃符、门对、春帖、春联、对子等，是一种对偶文学，起源于桃符。它是写在纸、布上或刻在竹子、木头、柱子上的对偶语句。言简意深，对仗工整，平仄协调，字数相同，结构相同，是中文语言的独特的艺术形式。

对联相传起于五代后蜀主孟昶（chǎng），他在寝室门板桃符上的题词："新年纳余庆，佳节号长春"，谓文"题桃符"（见《蜀梼杌》），这要算中国最早的对联，也是第一副春联。对联是汉族传统文化瑰宝，春节时挂的对联叫春联，办丧事的对联叫作挽联，办喜事的对联叫庆联。对联是利用汉字特征撰写的一种民族文体，一般不需要押韵（律诗中的对偶句才需要押韵）。

对联作为一种习俗，是汉族传统文化的重要组成部分。2005 年，中国国务院把楹联习俗列入第一批国家非物质文化遗产名录。

拟写一副对联，不但要有丰厚的语文知识积累，还要有极强的语感和清晰的逻辑思维能力。它是一种语文综合素质与能力的体现，因此，这种题目备受全国各地中考命题者的青睐。

近年来全国各地中考语文中的对联题也是你方唱罢我登场，呈现出热闹非凡的景象。这一传统的命题方式不但命题形式灵活，而且还与时事结合起来，使得这一传统的题目更焕发了时代的特色。

1. 对联的形式

千百年来，我国人民都喜欢用对联来抒托情怀、志趣、理想、情操，或歌颂人事、讽喻时世，或酬赠亲友、悼念亡灵。所以婚丧喜庆，送往迎来，应酬赠答，甚至冷嘲热讽都可以用上，为广大群众喜闻乐见。

（1）与课文有关的作家及名胜古迹对联。如：

屈原：何处招魂，香草还生三户地；当年呵壁，湘流应识九歌心。

司马迁：刚直不阿，留将正气冲霄汉；幽愁发愤，著成信史照尘寰。

诸葛亮：成大事以小心，一生谨慎；仰宗臣之遗像，万古清高。

李白：千古诗才，蓬莱文章建安骨；一身傲气，青莲居士谪仙人。

杜甫：民间疾苦，笔底波澜；世上疮痍，诗中圣哲。

白居易：枫叶四时秋，根触天涯迁谪恨；浔阳千尺水，勾留江山别离情。

辛弃疾：铁板铜琶，继东坡高唱大江东去；美芹悲黍，冀南宋莫随鸿雁南飞。

文天祥：犹留正气参天地；永剩丹心照古今。

蒲松龄：写鬼写妖高人一等；刺贪刺虐入木三分。

鲁迅：译书尚未成功，惊闻陨星，中国何人领呐喊？

　　　　先生已经作古，痛忆旧雨，文坛从此感彷徨。

醉翁亭：翁去八百年，醉乡犹在；山行六七里，亭影不孤。

桃花源：说甚神仙，看千年石洞开时，城郭人民还是耕田凿井；阅成古今，听半夜金鸡叫醒，兴亡秦汉都归流水桃花。

黄鹤楼：栏杆外滚滚波涛，任千古英雄，挽不住大江东去；窗户间堂堂日月，尽四时凭眺，几曾见黄鹤西来。

（2）对联的形式。

对联讲究的是对偶，即上下两个词组或句子必须是结构相同、字数相等、词性相同、意义密切相连的。从对偶这种特定的形式看，对联又有不同的对法。就内容来说有人名对、地名对、花木对、鸟兽虫鱼对等；就形式来说又分虚字对、实字对、双声对、叠韵对等；就上下联意义的联系来说可分为正对、反对、串对等。从对联的表意形式看，对联可运用多种修辞形式。

①用典。指在对联中使用古代故事、民间习俗或警语来表情达意，使联语内涵丰富，韵味无穷。如：

滕王何在？剩高阁千秋，剧怜画栋珠帘，都化作空潭云影；

阁公能传，仗书生一序，寄语东南宾主，莫轻看过路才人。（江西滕王阁对联）

②镶名。又叫嵌字，是将人名、地名、物名等专用名词嵌在联语中，使对联新颖，个性化突出。如：

航标引道，旌旗指路，构和平，同创华夏伟业，锦绣河山涛声笑；

国乐迎亲，乡茶叙情，谋发展，共建炎黄愿景，楚汉土地瑜色美。

这副对联嵌进了胡锦涛同志和台湾地区亲民党主席宋楚瑜同志的名字。

③对比。把正反两方面的事物和情况摆出来，进行对比。如：蝉噪林愈静；鸟鸣山更幽。（苏州拙政园联）

④叠字。是把相同的字叠用起来，使重点突出，语气加强。如：山山水水处处明明秀秀；晴晴雨雨时时好好奇奇。（西湖对联）

⑤双关。指一句联语有两层意思，表面说的是这个意思，实际上要表达的则是另一个意思，这另一个意思才是说话的真意所在。这种手法表达含蓄曲折，生动活泼，使联语机智幽默，饶有风趣。

就构成条件看，双关可分谐音双关和语义双关，这两种双关形式又可结合使用。

a.谐音双关。指利用音同或音近的条件构成的双关。如：塔中点灯，层层孔明诸葛亮；池中采藕，节节太白理长根。上下联都用了谐音，嵌入了诸葛亮与李长庚（即李白）的名字，颇见奇妙。

b.语义双关。利用语义的双重性构成的双关。如：抗日战争后期，国民党反动政府更加贪污腐化，司法机关也是"衙门八字向南开，有理无钱莫进来"。当时有人就替法院拟了一副对联：有条有理；无法无天。意思是：有金条就有道理，无法币就暗无天日。八个字把反动政权的腐败堕落揭露得淋漓尽致，令人拍手称快。

⑥回环。指的是在对联中巧妙运用回环修辞手法，顺读逆读一个样，形成音韵上的回环往复美。如：响水潭中潭水响；黄金谷里谷金黄。

还有一种借助谐音构成读音回环的对联。据传，明代唐寅一日到朋友家做客，见壁上挂有一幅僧人所画的《出水芙蓉图》，脱口出句曰："画上荷花和尚画。"联语传开，久而无对。直至清代，才有两个对句。一为李伯元所对：书临汉帖翰林书。另一为纪晓岚所对：观音堂前唐寅观。

⑦顶真。即在联语前后的几个词语与词语之间，由相同的语言成分衔接上下联，上递下承，使得联语结构紧凑，语意连贯，声韵流畅。相传，乾隆皇帝微服出访，来到京城天然居酒楼，忽来灵感，为之题一上联云：客上天然居，居然天上客。后纪晓岚过浙江新昌县郊大佛寺，见其佛像高达丈余，于是对句：人过大佛寺，寺佛大过人。

⑧反复。是为了突出某个意思或强调某种情感，特意重复某个词或某个句子的修辞格式。如：佳山佳水佳风佳月，千秋佳地；痴声痴色痴梦痴情，几辈痴人。（南京秦淮河风月亭）

⑨集句。指引用名人富有哲理的警句成联。可以增强联语的说服力和语言的

典雅性。如：气蒸云梦泽,波撼岳阳城,风景这边独好;星垂平野阔,月涌大江流,江山如此多娇。

⑩用多音字。指巧妙地利用汉字中的形同而音义皆异的多音字。如：

云朝朝朝朝朝朝朝朝散;潮长长长长长长长长长消。（温州江心寺联）

此联为南宋状元王十朋所作,巧妙地利用了多音字"朝"和"长",通过写云聚云散、潮涨潮落,描绘出了温州江心孤岛那风云变幻、气象万千的景象。

⑪缺如。指在联语中故意隐去某些词语,引发人们想起另一层意思的形式来促成联语。如：二三四五,六七八九（横批是"南北"）,联语隐含的意思是"缺一（衣）少十（食）无东西"。

2. 解题技巧点拨

在考试中,这种题目对大多数同学来说是一个"致命的弱点"。这虽不是一类新型的题目,但大多数考生却在"阴沟"里翻了船,还有的甚至"颗粒无收"。纵观他们失分的情况,主要是对对联的一些基本知识和主要特点并没有掌握住。其实只要切实掌握住对联的特点和有关知识,并适当地予以训练,这种题目还是很好做的。

（1）明其特点

做题之前,首先要明确对联的特点,只有"知己知彼"才能"百战百胜"。有些同学之所以在这一题上失分,很多原因就是不知道对联的特点。

对联的特点主要体现在以下几方面。

①字数相等。对联可长可短。不管长短,上下联的字数必须相等,上联（出句）是多少字,下联（对句）也应当是多少字。这是对联最基本的要求。因此,我们在作对时,首先要考虑这一点。

②句式一致。句式指的是句子节奏形式,上下联相对的句子,节奏形式应当相同。比如"大漠孤烟直,长河落日圆",上下联都是"二二一"式。稍长的对联,上联不只一句,上下联句子字数和节奏形式都必须一致。

如某中考题给出的一副不符合要求的上联,上联是：苟有恒,何必要三更才入眠五更就忙着起床。下联是：最无益,莫过一日曝十日寒。让考生对不合适的上联做出修改,我们从句式上就可很快发现,"何必要三更才入眠五更就忙着起床"与"莫过一日曝十日寒"句式不对照,只要稍一调整"苟有恒,何必三更眠五更起"就与下联句式一致了。

③词性相对。对联要求,一般是名词对名词,动词对动词,形容词对形容词,以此类推。如"大漠孤烟直,长河落日圆"一联中上联"大漠""孤烟"是名词,对下联的"长河""落日",上联的"直"是形容词,与下联的形容词"圆"相对。

④结构相应。上下联对应的词或短语,最好是并列短语对并列短语,偏正

短语对偏正短语，依次类推，即它们结构上必须是一样的。如"大漠"与"长河"，"孤烟"与"落日"都是偏正结构。再如名对"山重水复疑无路，柳暗花明又一村"，上联的"山穷水尽"与下联的"柳暗花明"都是并列结构。

⑤内容相关。对联的上下联内容必须是相关的，上下要形成一个有机整体，来共同表达一个主题，绝对不能彼此孤立，各自为政，或是不能风马牛不相及，这是写作对联的大忌。

（2）使用拆合法

明确了对联的上述特点之后，可以使用拆合法来既快又准地对出下联。所谓拆合法也即是把一句拆成若干个词组，分别作对，最后又把分别对出的组合成一句。

如 2007 年江苏扬州市中考题：对偶是汉语常用的修辞手法之一，请为"平山堂下花似锦"写一个下联。（注：平山堂是扬州著名景点之一。扬州名胜很多。如瘦西湖、何园、史公祠、琼花观等等。）

平山堂下花似锦，＿＿＿＿＿＿＿＿＿。

我们就可用此法来应对，"平山堂下花似锦"就可拆为"平山堂——下——花似锦"三段分别对之。提示中已告诉我们"平山堂是扬州著名景点之一"，它显然是地点名词，这样可以迅速地对出"瘦西湖——史公祠——琼花观——雷峰塔"等等一大串；"下"是个方位名词，我们可以对出"畔——上——边——下"；"花似锦"是个主谓结构，并运用了比喻的修辞，我们可以对出"柳如烟——烟如雾——花似海——草如茵"等等。这样我们便可轻而易举地从中选出"瘦西湖——畔——柳如烟""琼花观——边——花似海""雷峰塔——下——草如茵"等好对。

（三）礼仪文化

中国是礼仪之邦，礼仪文化历史悠久。孔子曾说："不学礼，无以立。"荀子则说："人无礼则不生，事无礼则不成，国无礼则不宁。"从这些话中不难看出，古人对礼仪是多么重视。

所谓礼仪，包括"礼"和"仪"两部分。"礼"就是指礼貌和礼节，"仪"就是指"仪表""仪态""仪式""仪容"等内容。

中国是传承千年的礼仪之邦，声名播于海外。相传在 3000 多年前的殷周之际，周公制礼作乐，就提出了礼治的纲领。

中国古代有五礼之说，祭祀之事为吉礼，冠婚之事为喜礼，宾客之事为宾礼，军旅之事为军礼，丧葬之事为凶礼。民俗界认为礼仪包括生、冠、婚、丧四种人生礼仪。实际上礼仪可分为政治与生活两大部类。政治类包括祭天、祭地、宗庙之祭，祭先师先圣、尊师乡饮酒礼、相见礼、军礼等。生活类包括五祀、高禖（méi，古代求子的祭祀）之祀、傩仪、诞生礼、冠礼、饮食礼仪、馈赠礼仪等。中国礼仪渗透于人们日常生活中的点点滴滴。如餐桌上的礼仪、待客之道、拜访致礼等。

1. 重要礼仪

（1）祭祀之礼

祭祀是华夏典礼的一部分，是一种向神灵求福消灾的传统礼俗仪式。祭祀对象分为三类：天神（泛指天上的神仙）、地祇（指土地神、山神、河神等百物之神）、人鬼（包括先祖、先师、功臣，以及其他历史人物等）。古代中国"神不歆非类，民不祀非族"，祭祀有严格等级。天神地祇由天子祭。诸侯大夫祭山川。士庶只能祭己祖先和灶神。清明节、端午节、重阳节是祭祖日。

最初的祭祀活动比较简单，也比较野蛮。人们用竹木或泥土塑造神灵偶像，或在石岩上画出日月星辰野兽等神灵形象，作为崇拜对象的附体。然后在偶像面前陈列献给神灵的食物和其他礼物，并由主持者祈祷，祭祀者则对着神灵唱歌、跳舞，表达心愿。进入文明社会后，物质的丰裕，使祭祀礼节越来越复杂，祭品也越来越讲究，并有了一定的规范。

祭祀神灵，是以献出礼品为代价的。人们对神灵的归顺，可以跪拜叩头，可以焚香燃纸，但对神灵来说最实惠的祭祀方式还是献上祭品，祭品多种多样。主要有献食、玉帛、用人、用血几种；对祭品的处理方式一般采用燔烧、灌注、瘗（yì，埋物祭地）埋、沉没、悬投等。

（2）冠婚之礼

"冠婚"指的是中国古代的冠礼和婚礼，这两种礼仪统称为嘉礼。

冠礼，是华夏民族嘉礼的一种，是古代中国汉族男性的成年礼。成年礼（也称成丁礼）是由氏族长辈依据传统为青年人举行的仪式。冠礼的日期，古人是通过"筮（shì，古代用蓍草占卦：'龟为卜，策为筮。'）日"即用占筮的方式加以确定。古时冠礼在"家庙"之中进行，并且在正堂东边还须搭建设施，称为"东房"。冠礼进行时，由来宾依次加冠三次，即依次戴上三顶帽子，首先加用黑麻布材质做的缁布冠，表示从此有参政的资格，能担负起社会责任；接着再加用白鹿皮做的皮弁（biàn，古代的一种帽子），就是军帽，表示从此要服兵役以保卫社稷疆土；最后加上红中带黑的素冠，是古代通行的礼帽，表示从此可以参加祭祀大典。

古代男子二十而冠，女子十五而笄（jī）。笄礼是女子在十五岁时举行的成人礼仪，俗称"上头""上头礼"。笄，即簪子。自周代起，规定贵族女子在订婚（许嫁）以后出嫁之前行笄礼。一般在十五岁举行，如果一直待嫁未许人，则年至二十也行笄礼。主行笄礼者为女性家长，由约请的女宾为少女加笄，先将女子的头发挽成发髻，盘在头顶，然后用簪子固定，表示女子成年可以结婚。

婚礼是一种宗教仪式或法律公证仪式，其意义在于获取社会的承认和祝福，帮助新婚夫妇适应新的社会角色和要求，准备承担社会责任。

婚礼，在中国原为"昏礼"，因古人认为黄昏是吉时，所以会在黄昏行娶妻之礼，故而得名，是汉人一生礼仪——生冠婚丧——中的一种，是属于汉传统文化精粹之一。

"三书六礼"是中国的传统婚姻习俗礼仪。"三书"是结婚过程中所用的文书，可以说是古时保障婚姻的有效文字记录。分别指：

聘书：即定亲之文书。在纳吉（男女订立婚约）时，男家交予女家之书简。

礼书：即在过大礼时所用的文书，列明过大礼的物品和数量。

迎书：即迎娶新娘之文书。是亲迎接新娘过门时，男方送给女方的文书。

"六礼"是指由求婚至完婚的整个结婚过程。"六礼"即六个礼法，指纳采、问名、纳吉、纳征、请期和亲迎。

纳采：当儿女婚嫁时，由男家家长请媒人向物色好的女家提亲。男家在纳采时，须将大约达三十种有象征吉祥意义的礼物送给女家；女家亦在此时向媒人打听男家的情况。

问名：即在女方家长接纳提亲后，女家将女儿的年庚八字带返男家，以使男女门当户对和后卜吉凶。古代有同姓不婚的讲究。

纳吉：又称过文定，当接收庚帖后，便会将庚帖置于神前或祖先案上请示吉凶，以肯定双方年庚八字没有相冲相克。当得知双方并没有相冲相克之征象后，婚事已初步议定。

纳征：又称过大礼，即男家把聘书和礼书送到女家。在大婚前一个月至两周，男家会请两位或四位女性亲戚（须是全福之人）约同媒人，带备聘金、礼金及聘礼到女方家中；此时，女家需回礼。

请期：又称乞日，即男家择定合婚的良辰吉日，并征求女家的同意。

亲迎：或迎亲，在结婚吉日，穿着礼服的新郎会偕同媒人、亲友亲自往女家迎娶新娘。新郎在到女家前须到女家的祖庙行拜见礼，之后才用花轿将新娘接到男家。在男家完成拜天、地、祖先的仪式后，便送入洞房。

（3）宾客之礼

宾客之礼是指诸侯见天子，以及各诸侯国之间相互交往时的礼节，即所谓"以宾礼亲邦国"（《周礼·春官·大宗伯》）。宾礼包括朝、聘、盟、会、遇、觐、问、视、誓、同、锡命等一系列的礼仪制度。宾，是为客人，故又称宾客，古代也称他国派遣的使臣为宾客，所以宾礼实际是主人与客人，东道国与他国交往中的礼仪。使用的范围比较广泛，属于经常性的礼节仪式。

朝，是诸侯按规定的时间拜见天子的礼节。各个朝代所规定的"朝"的时间不一，商代规定五年一朝。诸侯如不按照规定的时间朝见天子，就被视作"大不敬"，将受到天子及其他诸侯国的讨伐。朝见天子时，诸侯要携带玉帛、兽皮、珍珠及本地的奇异特产等"礼物"，贡献给天子，所以又称为"朝贡"。天子接受礼物后，也以玉帛、珠宝等物"回赠"诸侯。

日常生活中，老百姓也讲究待客之道。有人来访的时候，要起身出门迎接，请客人进屋，然后让座、倒茶，陪客人说话。客人走时，主人要起身相送，欢迎客人下次再来。

（4）军礼

军礼在我国古代也称"兵礼"，是师旅操演、征伐之礼。古代"军礼"是一个含义宽泛的概念。西周时期，军礼主要是指军队和军人的行为规范、礼仪形式，既包括交战的规则，也包括军队中的各类礼仪和纪律。这些礼仪在当时也是维持军事纪律、保证军事行动效率的重要制度。

古时候，国家在军事活动方面也制定了许多礼节，比如天子出征讨伐时，要祭拜天地和祖先，然后到太庙去商讨战争策略。得胜还朝之后，还要举行凯旋、告庙、献俘、受降等仪式。

先秦时军礼的范围是很宽泛的，不仅用在治军上，同时战争中也有一套礼节。如遇到身份高的人，尤其是遇到敌军的统帅，普通士兵一定要下战车敬礼。若是敌军统帅在逃跑，追赶的人一定不能不择手段地追捕。对待敌国的君主要像对待本国的君主一样。还有不能杀头发花白的老人，不能继续打击已经受伤的人，等等。这些规矩在我们今天看来似乎十分可笑。

中国人民解放军现在也有一套标准的礼仪规定，军礼是军队中使用的严肃礼节。军人敬礼分为举手礼、注目礼和举枪礼。着军服戴军帽或者不戴军帽，通常行举手礼。携带武器装备不便行举手礼时，可以行注目礼。举枪礼仅限于执行阅兵和仪仗任务时使用。

2. 古代礼节形式

（1）拱手礼

拱手礼与其相似的礼仪称作揖，是中国古代相见或感谢时常用的一种礼节。行礼时，双手互握合于胸前。当代一般右手握拳在内，左手在外；若为丧事行拱手礼，则正好相反。一说古人以左为敬，又有人在攻击别人时，通常用右手，所以拱手时，左手在外，以左示人，表示真诚与尊敬。女子行拱手礼时则正好反过来，这是因为男子以左为尊，女子以右为尊。

（2）跪拜礼

跪拜礼是旧时使用年代最长、最频繁的一种礼节。古人认为，不跪不叫拜。拜，在古代就是行敬礼的意思。按照周代礼仪的规定，当时对跪拜的动作和对象，作了严格的规范，共分稽首、顿首、空首，称为"正拜"。

（3）顿首礼

顿首即叩首，九拜之一。古人席地而坐，姿势和跪差不多，行顿首拜时，取跪姿，先拱手下至于地，然后引头至地，便立即举起。因为头触地时间很短，只是略作停顿，所以叫顿首。顿首是平辈之间的拜礼。稽首是称扬之辞，顿首是请罪之辞。后来，又因其拜礼至重，人们在有重大的事情请求时也用"顿首"。

（4）稽首礼

指古代汉族跪拜礼，为九拜中最隆重的一种。常为臣子拜见君父时所用。国君对于神之至尊者或者向臣表示极度尊敬时，也行稽首礼。

行稽首礼时，拜者必须屈膝跪地，左手按右手，支撑在地上，然后，缓缓叩首到地，稽留多时，手在膝前，头在手后。一般用于臣子拜见君王和祭祀先祖的礼仪。（后来，用于僧人举一手向人们行礼，也称"稽首"。）

（5）万福礼

一种古代妇女相见行礼的方式。此种行礼方式多口称"万福"，故称万福礼。姿势是双手交叠放在小腹，目视下微屈膝。女子行礼方式还有多种，比如素拜与手拜。行礼方式在各个朝代也在变化。目前对万福礼的具体细节还有争议。

另外注意：虽然满族建立的清朝也有道万福的说法，但与汉族传统的万福礼是不一样的，"女子叩首称行'万福'之礼，用手按腿三叩首后，手抚鬓角后起身。后又以平辈人抚鬓点头行礼称之为抚鬓礼"。满族的万福礼实际上只是套用了汉族的万福礼之名。

3. 尊称与谦称

中国是一个礼仪之邦，在称谓方面很讲究，主要有尊称和谦称，其他有自称、他称、鄙称、专称、代称、惯称等。

尊称，也叫敬称，是对谈话对方表示尊敬的称呼，表示尊称所用的词叫作敬辞。

按敬辞的词性分以下三种情况。

一是直接用表敬称的代词，一般是单音节词，常用的有"汝、尔、子、而、公、君"等，这些均可译作"您"。

二是用名词来代替代词称呼对方，这种词都是双音节词，这种称呼又有三种形式：一般的尊称用"先生、吾子"等；也可用对方所在的处所或手下的人来代表对方，常用的有"足下、陛下、阁下、执事、左右"等；还有用官职身份尊称对方的，如"大王、大夫、将军、公子"等。这些名词也都可译为"您"，陛下是专称君主皇帝，可不译，官职身份的也可不译。

三是用形容词来称呼与对方有关的人物行为，这种词一般是双音节词，前一个为形容词，后一个为与人物有关的名词。常见的有：

尊：尊府、尊兄、尊驾、尊夫人；

贤：贤弟、贤妻；

仁：仁兄、仁弟；

贵：贵体（有问候意）、贵姓、贵庚；

高：高朋、高亲、高邻、高见；

大：大礼、大作、大驾。

这些词一般都不需要翻译。这些敬辞随着社会的发展发生了变化，以上第一、二种情况到现在基本不用了；而第三种仍普遍使用，这些称呼既尊重对方，又有亲切感，语言气氛也很和谐。

谦称，表示谦虚的自称。用来表示谦称的词叫作谦辞。可以分两种情况来认识和掌握。

一种是用某些名词来代替代词"我"。又可分以下四类。

一是用自己的姓或名表示谦下。"苏子与客泛舟赤壁之下。"（《赤壁赋》）用姓；"季父愈闻汝丧之七日。"（《祭十二郎文》）用名。

二是用"臣、仆、某、小人"自称，表示歉下。"仆以口语遇遭此祸。"（《报任安书》）"某自幼熟读兵书。"（《失街亭》）

三是妇女往往用"妾、婢、奴、奴婢"等表示谦下。"同是被逼迫，君尔妾亦然。"（《孔雀东南飞》）

四是君主常用"寡人（寡得之人）、不穀（不善之人）、孤（孤独之人）"表示谦下。"寡人之于国也，尽心焉耳矣。"（《孟子·梁惠王上》）这些谦称都可译成"我"。

另一种是用某些词语称呼与自己有关的人物。这种词都是双音节合成词且前一个词修饰后一个词，从修饰词的词性来看，又可分为三种情况。

一是用形容词来修饰，以示谦下，常见的有：

愚：愚兄、愚弟（此二词都表示"我"）、愚见、愚意（这两个"愚"均可译为"我的"）；

敝：敝国、敝邑（"敝"相当于"我的"）；

贱：贱体、贱躯、贱息（在国君皇帝面前称自己的儿子）、贱内（称自己的妻子）（"贱"相当于"我的"）；

小：小女、小儿、小号；

微：微臣；

卑：卑职。

二是用动词来修饰，以行为来表示谦下，常见的有：

窃：窃思、窃念、窃闻。（"窃"可译为私下私自）

伏：伏惟（趴在地上想，在下对上或晚辈对长辈陈述想法时用）、伏闻。"伏闻圣朝以孝治天下。"（《陈情表》）

三是用名词来修饰，以示谦下。在别人面前谦称自己的兄长用"家"，"家父、家君、家尊、家严"都可用于称自己的父亲，"家母、家慈"称自己的母亲；"家兄"是称自己的哥哥。在别人面前称呼比自己年纪小或辈分低的亲属用"舍"，"舍弟"就是自己的弟弟，"舍侄"就是自己的侄辈。"家""舍"都可译成"我的"。

这些谦称随着社会的发展有了较大的变化。第一种情况基本不用了，第二种情况还有部分仍在用。

4. 其他称谓

自称是在别人面前对自己的称呼。帝王自称"寡人"，老人自称"老朽"，年幼者在年长者面前自称"小弟"，和尚自称"贫道、贫僧"，一般人自称"鄙人"。谦称都属于自称。

他称是称呼别人。如称陪伴新娘的女子为"伴娘"，称贵族妇女为"仕女"，"夫人"在古代称诸侯的妻子，后来用来尊称一般人的妻子，称年老男子为"老丈"，称年轻男子为"郎君"。尊称都属于他称。

鄙称是用轻蔑的口吻称呼别人，如"竖子、小子、女流"。

专称是某些约定俗成的称谓。如称砍柴的为"樵夫"，称船夫为"舟子"，称国家的杰出人物为"国士"。

代称是借用别的称谓代替本来的称谓，如用"巾帼"代称女子，用"梨园"代称戏班，用"俳优"代称滑稽演员。代称属于修辞上的借代手法。

惯称是用约定俗成的习惯称谓称呼某人。如"老庄"是指老子（李耳）和庄子（庄周）及其学说，"郊寒岛瘦"是指孟郊和贾岛。

5. 社交用语和交友称谓

初次见面说"久仰"；等候客人用"恭候"；

对方来信叫"惠书"；请人帮忙说"劳驾"；

托人办事用"拜托"；请人指点用"赐教"；

赞人见解用"高见"；求人原谅说"包涵"；

老人年龄问"高寿"；客人来到用"光临"；

与人分别用"告辞"；看望别人用"拜访"；

请人勿送用"留步"；麻烦别人说"打扰"；

求给方便说"借光"；请人指教说"请教"；

欢迎购买叫"光顾"；好久不见说"久违"；

中途先走用"失陪"；赠送作品用"斧正"。

6. 亲友间礼貌称呼

父母同称高堂、椿萱、双亲、膝下。

父母单称家父、家严，家母、家慈。

父去世称：先父、先严、先考。

母去世称：先母、先慈、先妣。

兄弟姐妹称：家兄、家弟、舍姐、舍妹。

兄弟代称：昆仲、手足。

夫妻称：伉俪、配偶、伴侣。

同辈去世称：亡兄、亡弟、亡妹、亡妻。

别人父母称：令尊、令堂。

别人兄妹称：令兄、令妹。

别人儿女称：令郎、令爱。

妻父称：丈人、岳父、泰山。

别人家庭称：府上、尊府。

自己家庭称：寒舍、舍下、草堂。

男女统称：男称须眉、女称巾帼。

夫妻单方去世称：丧偶。

老师称：恩师、夫子。

学生称：门生、受业。

学校称：寒窗、鸡窗。

同学称：同窗。

7. 古代年龄称谓小集

襁褓：不满周岁。

孩提：两至三岁。

始龀、髫年：女孩七岁。

始龀、龆年：男孩八岁。（根据生理状况，男孩八岁、女孩七岁换牙，脱去乳齿，长出恒牙，这时叫"龀"，"龆年"或"髫年"。）

总角：幼年泛称。

垂髫之年：指儿童。（古代小孩头发下垂，引申以指未成年的人。）

黄口：十岁以下。

幼学：十岁。（《礼记·曲礼上》："人生十年曰幼，学。"因为古代文字无标点，人们就截取"幼学"二字作为十岁代称。）

金钗之年：女孩十二岁。

豆蔻年华：女子十三岁。

志学：十五岁。(《论语》：子曰："吾十有五而志于学……")

及笄：女子十五岁。(《礼记·内则》："女子十有五年而笄。")

碧玉年华、破瓜之年：女子十六岁。(旧时文人拆"瓜"字为二八纪年，谓十六岁，多用于女子。)

弱冠：二十岁。(《礼记·曲礼上》："二十曰弱冠。")

桃李年华：女子二十岁。

花信年华：女子二十四岁。

而立：三十岁。

不惑：四十岁。

天命：五十岁。(《论语》：子曰："吾十有五而志于学，三十而立，四十而不惑，五十而知天命，六十而耳顺，七十而从心所欲，不逾矩。")

知非之年：五十岁。(《淮南子·原道训》："伯玉年五十，而有四十九年非。"说春秋卫国有个人叫伯玉，他不断反省自己，到五十岁时知道了以前四十九年中的错误，后世因而用"知非"代称五十岁。)

耳顺、花甲之年：六十岁。(我国自古以来用天干地支互相错综相合纪年，可组成六十对干支，因而称作"六十干支"或"六十花甲子"，所以六十岁又称作"花甲之年"。)

古稀：七十岁。(杜甫《曲江二首》："酒债寻常行处有，人生七十古来稀。")

耄耋：八十、九十岁。(《礼记·曲礼》："八十九十曰耄。"人们根据这解释，把耄耋两字连用代称八十、九十岁。)

期颐：百岁之人。(《礼记·曲礼》："百年曰期颐。"意思是人生以百年为期，所以称百岁为"期颐之年"。元人陈浩解释说："人寿以百年为期，故曰期；饮食起居动人无不待于养，故曰颐。")

（四）书法文化

书法，中华民族独有的文字艺术，古老悠久而生机勃勃。只有含蓄隽永、机敏睿智的炎黄子孙，才能将这独具特色的方块字演绎得如此风姿俊秀。书法最能体现出个人修养、个性魅力和时代精神。

一幅优秀的书法作品，首先应能从整体上感染欣赏者，如果失去了整体美，局部的"美"也失去意义。并预示着这幅作品的失败。要把握整体，就要与作品保持一定的距离，作品的整体布局、意味都会在一定空间距离外闪现出来。书法作品的整体美，即一幅作品的章法布局之美。集点画成字，集字成行，由行联篇，构成章法。

章法是从整体上看书法作品的印象与效果。它包括了书法作品的正文与落款、分行与布白、落款与印章等多方面的关系处理。但是，作为整体效果是由局部的、单个的字与线条构成的，如果单个的局部的字与线条不美，那么整体的美也就无从谈起。应该说"单个的线条是美的，组合得好，就达到了更高的美"。

书法的审美标准，没有固定统一的界限，因人而异。一般来说，一幅书法作品首先要看的是有没有"古韵"，也就是说古人的笔迹，因为任何一个书法家都是从临摹古人的书法而得来的灵感。优秀的书法家能辨别一幅书法作品包含了哪位古人及现代知名书法家的风格。而我们常人欣赏书法主要还是以观书法以受熏陶，赏书法以得品位为主。

1. 篆书

篆书，代表人物李斯。篆书始于先秦，成熟于小篆。小篆由籀文整理而成，曲线圆写，笔画统一匀称，结体谨严，遒劲庄重，兼而有之。在中国文字及书法艺术上，都有极大的影响，许慎编《说文解字》十五卷，即以"小篆"为主要文字依据。

2. 隶书

代表作品如《张迁碑》。隶书是由古文篆文渐次演变而来，据说是秦人程邈所创。隶书又分"秦隶"与"汉隶"。"秦隶"结体浑圆，相近于篆文，多用方笔，又称之为"古隶"。秦隶在结体上有自己特殊的时代特征，既有后世隶书的特征，又包含了篆书的特点。"汉隶"世人又称为"八分"体，变圆曲为方直，结体宽扁，逆笔突进，波磔呈露，此种字体，因演变成于汉，故称为"汉隶"。

3. 草书

草书，代表人物张旭。草书是中国文字最为简约的书体。"狂草"的得名，据传是由于张旭，他每次作书前，多饮酒引发情绪，或因自然界的现象来触发灵感，醉后呼叫狂走，再下笔作书。世人以张颠呼之。

本来草书足以表现个人的性灵、气度、学养与创造创新的意境，但狂草的诡奇疾速、恣意纵横、用笔之活、变化之能，于意境更多所启发，已经心物一如、神而化之，完全脱离了实用意义，是一种纯粹的高度的艺术形式。历代狂草大家还有黄庭坚、祝允明、王铎、傅山等。

4. 楷书

楷书，代表人物颜真卿。楷书又称正书，或称真书。

楷书大家林立，最为著名的四大家是：唐欧阳询（欧体）、唐颜真卿（颜体）、唐柳公权（柳体）、元赵孟頫（赵体）。

（1）欧阳询——欧体

欧阳询生于南朝陈武帝永定元年（557），卒于唐太宗贞观十五年（641），字信本，潭州临湘人（今湖南）。以楷书和行书著称，为书法史上第一大楷书家，其字体被称为"欧体"，与颜（真卿）体、柳（公权）体、赵（孟頫）体并驾齐驱。

（2）柳公权——柳体

柳公权生于唐代宗大历十三年（778），卒于懿宗咸通六年（865）。字诚悬，京兆华原（今陕西耀县）人。唐代著名楷书家。

（3）颜真卿——颜体

颜真卿（709—785）唐代书法家。字清臣，京兆万年（今陕西西安）人，祖籍琅琊临沂（今山东临沂）。书史亦称颜鲁公。为人刚直不阿。唐代书法革新家，为盛唐书法树立一面旗帜。颜真卿自幼学书，又得到张旭亲授，并师法蔡邕、王羲之、王献之、褚遂良等人，融会贯通，加以发展，形成独特风格。其楷书结体方正茂密，笔画横轻竖重，笔力雄强圆厚，气势庄严雄浑，人称"颜体"。其行草书纵横跌宕中具凝练浑厚之势。

（4）赵孟頫——赵体

赵孟頫（1254—1322）字子昂，号雪松道人，又号水晶宫道人，湖州（浙江吴兴）人。官至翰林学士承旨，荣禄大夫，封魏国公，谥文敏。著有《松雪斋集》。赵孟頫是元代初期很有影响的书法家。《元史》本传讲，"孟頫篆籀分隶真行草无不冠绝古今，遂以书名天下"。赞誉很高。据明人宋濂讲，赵氏书法早岁学"妙悟八法，留神古雅"的思陵（即宋高宗赵构）书，中年学"钟繇及羲献诸家"，晚年师法李北海。此外，他还临摹过元魏的定鼎碑及唐虞世南、褚遂良等人书法，集前代诸家之大成。诚如文嘉所说："魏公于古人书法之佳者，无不仿学。"所以，赵氏能在书法上获得如此成就，是和他善于吸取别人的长处分不开的。

5. 行书

行书，代表人物王羲之。行书既没有正书那样规矩繁难，也没有草书那样狂放难认，因具有"不拘不放，易认好写"的优点，所以笔札函牍，皆使用，兼以古今人学书，亦特别重视此体。久之已成为在社会上流行最普遍，在日常生活中最切实用的字体。在应用价值上来说，算得是最伟大的。故能自后汉相传至今，历久而弥新。

（五）戏曲文化

中国戏曲融文学、音乐、舞蹈、美术、武术、杂技以及各种表演艺术于一炉，是一座丰富的文化宝库，从多个层次和侧面映照出中华文化的神韵风采。是世界戏剧殿堂中绽开的一朵瑰丽花朵，与古希腊戏剧、印度梵剧一起，并称世界三大古老戏剧文化。经过长期的发展演变，逐步形成了以"京剧、越剧、黄梅戏、评剧、豫剧"五大戏曲剧种为核心的中华戏曲百花苑。中国戏曲剧种种类繁多，据不完全统计，中国各民族地区的戏曲剧种约有360多种，传统剧目数以万计。戏曲是中国传统文化中一个重要的组成部分。

戏曲是中国传统艺术之一，剧种繁多有趣，表演形式载歌载舞，有说有唱，有文有武，集"唱、做、念、打"于一体，在世界戏剧史上独树一帜，其主要特点，以集古典戏曲艺术大成的京剧为例，一是男扮女（越剧中则常见为女扮男）；二是划分生、旦、净、丑四大行当；三是有夸张性的化装艺术——脸谱；四是"行头"（即戏曲服装和道具）有基本固定的式样和规格；五是利用"程式"进行表演。中国民族戏曲，从先秦的"俳优"、汉代的"百戏"、唐代的"参军戏"、宋代的杂剧、南宋的南戏、元代的杂剧，直到清代地方戏曲空前繁荣和京剧的形成。

综合性、虚拟性、程式性，是中国戏曲的主要艺术特征。这些特征，凝聚着中国传统文化的美学思想精髓，构成了独特的戏剧观，使中国戏曲在世界戏曲文化的大舞台上闪耀着它独特的艺术光辉。

1. 戏曲行当

扮演剧中人物分角色行当，是中国戏曲特有的表演体制。主要有生、旦、净、丑，且各个行当都有各自的形象内涵和一套不同的程式和规制；每个行当都具有鲜明的造型表现力和形式美。

（1）生

生行是戏曲表演行当的主要类型之一。扮演男性人物。生的名目初见于宋元南戏，泛指剧中男主角。历代戏曲都有这一行当，近代各地戏曲剧种根据所扮演人物年龄、身份的不同，又划分为老生、小生、武生等分支，表演上各有特点。

①老生。生行的一支。因多挂髯口（胡须），又名须生。扮演中年或老年男子，多为性格正直刚毅的正面人物，重唱功，用真声，念韵白；动作造型庄重、端方。

②小生。生行的一支，与老生相对应，小生扮演青年男性，不戴胡须。高腔和地方小戏系统剧种多用真声演唱。昆曲和皮黄系统剧种多以假声为主、真假声结合。

③武生。扮演擅长武艺的青壮年男子，其中分长靠武生、短打武生两类。长靠武生：装扮上"扎"靠，戴盔，穿厚底靴子而得名；扮演大将，一般使用长柄武器；表演要求功架优美、稳重、沉着，具有大将风度和英雄气魄；念白讲究吐字清晰，峭拔有力，重腰腿功和武打。短打武生：常用短兵器，表演以动作轻捷矫健，跌扑翻打的勇猛炽烈见长；舞蹈身段要求漂、帅、脆，干净利索。武生也兼演部分武净戏。

（2）旦

戏曲表演行当的主要类型之一，女角色之统称。早在宋杂剧时已有"装旦"这一角色。宋元南戏和北杂剧形成后仍沿用旦的名称，运用上又略有不同。昆山腔成熟期，形成正旦、小旦、贴旦、老旦四个分支。其后各剧种又繁衍出众多分支。近代戏曲旦角根据所扮演人物年龄、性格、身份的不同，大致划分为正旦（青衣）、花旦、武旦、老旦、彩旦等专行，表演上各有特点。

①正旦。旦行的一支。原为北杂剧行当名，泛指旦行中主角。在近代戏曲中的正旦已成概括一定类型的独立行当。主要扮演娴静庄重的青年、中年妇女。重唱功，多用韵白。因常穿青素褶子，故又名"青衣"。

②花旦。旦行的一支。多扮演性格明快或活泼放荡的青年女性。表演常带喜剧色彩，重做功和念白。

③武旦。旦行的一支。扮演擅长武艺的女性，按扮演人物的身份和技术特点，又分刀马旦和武旦两种类型。刀马旦多扎靠，骑马，持长兵器，表演重身段、功架、念白。

④老旦。旦行的一支。扮演老年妇女。唱念用本嗓，唱腔虽与老生相近，但具有女性婉转迂回的韵味。多重唱功，兼重做功。有些剧种称老旦为夫旦或婆旦。

⑤彩旦。旦行的一支，又叫"丑旦""丑婆子"，扮演滑稽或奸刁的女性人物。表演富于喜剧、闹剧色彩，实属女丑，故常由丑行兼扮。有的剧种称"摇旦"。

（3）净

戏曲表演行当的主要类型之一，俗称花脸。以面部化妆运用各种色彩和图案勾勒脸谱为突出标志，扮演性格、气质、相貌上有特异之点的男性角色。或粗犷豪迈，或刚烈耿直，或阴险毒辣，或鲁莽诚朴。演唱声音洪亮宽阔，动作大开大阖、顿挫鲜明，为戏曲舞台上风格独特的性格造型。据说此行当是从宋杂剧副净演变而来。"花部"兴起后，净扮演人物范围不断扩大。净行根据角色性格、身份的不同，划分为若干专行，表演上各有特点。

①大花脸。净行的一支，也叫正净、大面。扮演剧中地位较高，举止稳重的人物，多为朝廷重臣，故造型上以气度恢宏取胜。表演上重唱功，唱念及做派要求雄浑、凝重。

②二花脸。净行的一支，又称副净、架子花脸、二面。大都扮演勇猛豪爽的正面人物。以做功为主，重身段功架，唱念中有时夹用炸音，以点染特定人物的威势和性格上的刚烈。一些勾白脸的奸臣，也属二花脸范围。

③武二花。净行的一支，也叫摔打花脸、武净。以跌扑摔打为主，不重唱、念。

④油花脸。俗称毛净。多用垫胸、假臀等塑型扎扮，以形象奇特笨重、舞蹈身段粗犷而妩媚多姿为其特点，有时用喷火、耍牙等特技。有名的鬼魂形象钟馗，在中国戏曲舞台上就是扎扮造型，非常独特。

（4）丑

戏曲表演行当主要类型之一，喜剧角色。由于面部化妆用白粉在鼻梁眼窝间勾画小块脸谱，又叫小花脸。宋元南戏至今各戏曲剧种都有此角色行当。扮演人物种类繁多，有的心地善良，幽默滑稽；有的奸诈刁恶，悭吝卑鄙。近代戏曲中，丑的表演艺术有了长足的发展，不同的剧种都有各自的风格特色。丑的表演一般不重唱工而以念白的口齿清楚、清脆流利为主。相对地说，丑的表演程式不像其他行当那样严谨，但有自己的风格和规范，如屈膝、蹲裆、踮脚、耸肩等都是丑的基本动作。按扮演人物的身份、性格和技术特点，大致可分为文丑和武丑两大支系，表演上各有特点。

①文丑。丑行的一个支系。包括人物类型极广，除武夫外各种丑角均由文丑扮演。

②武丑。丑行的一支，俗称开口跳。扮演机警幽默、武艺高超的人物，念白口齿伶俐，吐字清晰真切，语调清脆，动作轻巧敏捷，矫健有力，擅长翻跳扑跌等武功。

2.戏曲脸谱

脸谱化妆，主要是用于"净""丑"行当的各种人物，以夸张强烈的色彩和变幻无穷的线条来改变演员的本来面目，与"素面"的"生""旦"化妆形成对比。"净""丑"角色的勾脸是因人设谱，一人一谱，尽管它是由程式化的各种谱式组成，但却是一种性格妆，直接表现人物个性，有多少"净""丑"角色，就有多少谱样，不相雷同。

戏曲脸谱的变形大胆而夸张，但是，这种大胆和夸张，又不是随便涂抹而成的，是有一定的规律和方法的。脸谱艺术非常讲究章法，将点、线、色、形有规律地组织成装饰性的图案造型，由此也就产生了戏曲脸谱各种各样的格式与规则，也就是形成了一定的程式。

一般情况下，脸谱的脑门和两颊部位的颜色构成脸谱的主色，谱色分类就是按照脸谱的主色来分类。

谱色有相对固定的象征意义和特殊寓意，表现人物的基本性格特征。这是在长期的戏曲演出中，观演之间互动对话、约定俗成的结果。

红脸：表示忠勇耿直，有血性的勇烈人物。如关羽、赵匡胤、姜维等。但也有例外，如《法门寺》中反面人物刘瑾就勾红脸，这里有讽刺之意，使人一看便知是个擅权的太监。

粉红脸：表示年迈气衰，德高望重的忠勇老将。如廉颇、袁绍等。

紫脸：表示刚毅威武、稳重沉着的人物。如常遇春、樊哙等。

黄脸：表示武将骁勇善战、残暴，如典韦、宇文成都等。表示文士内有心计，如姬僚等。

蓝脸：表示刚直勇猛、桀骜不驯的人物。如窦尔墩、夏侯惇等。

绿脸：表示侠骨义肠、性格暴躁的人物。如程咬金、青面虎等。

黑脸：表示忠耿正直、铁面无私，或粗率莽撞的人物。如包拯、张飞、夏侯渊等。

白脸：又分水白脸和油白脸。水白脸表示阴险奸诈、善用心计。如曹操、赵高、严嵩等。白脸多用于反面人物，但也有例外，如鲁智深、杨延德（杨五郎）等。

瓦灰色脸：表示老年枭雄。

金银脸：一般用于神、佛、鬼怪，象征虚幻之感。如二郎神、金翅鸟等。也用于一些英勇无敌的将帅或番邦将帅。如李元霸、金兀术等。

3. 戏曲剧种

中国戏曲剧种种类繁多。下面介绍几种考试中常见的，具有代表性的剧种。

（1）京剧

京剧，曾称评剧，中国五大戏曲剧种之一，腔调以西皮、二黄为主，用胡琴和锣鼓等伴奏，被视为中国国粹，中国戏曲三鼎甲"榜首"。

徽剧是京剧的前身。清代乾隆五十五年（1790）起，原在南方演出的三庆、四喜、春台、和春，四大徽班陆续进入北京，他们与来自湖北的汉调艺人合作，同时接受了昆曲、秦腔的部分剧目、曲调和表演方法，又吸收了一些地方民间曲调，通过不断的交流、融合，最终形成京剧。京剧形成后在清朝宫廷内开始快速发展，直至民国得到空前的繁荣。它走遍世界各地，成为介绍、传播中国传统文化的重要手段。分布地以北京为中心，遍及中国。

京剧的经典剧目有《霸王别姬》《贵妃醉酒》《白蛇传》《定军山》《锁麟囊》《拾玉镯》等，《霸王别姬》主要讲述了秦末，楚汉相争，韩信命李左车诈降项羽，诓项羽进兵。在九里山十面埋伏，将项羽困于垓下。项羽突围不出，又听得四面楚歌，疑楚军尽已降汉，在营中与虞姬饮酒作别。虞姬自刎，项羽杀出重围，迷路，至乌江，感到无面目见江东父老，自刎江边。

著名的京剧"四大名旦"分别是梅兰芳、程砚秋、尚小云和荀慧生。其中以梅兰芳最为人们所熟知。梅兰芳是近代杰出的京昆旦行演员，"四大名旦"之首，"梅派"艺术的创始人；同时也是享有国际盛誉的表演艺术大师，其表演被推为"世界三大表演体系"之一。在西方人的眼中，梅兰芳就是京剧的代名词，他的代表剧目有《贵妃醉酒》《霸王别姬》等；昆曲有《游园惊梦》《断桥》等。

（2）越剧

越剧是中国第二大剧种，有第二国剧之称，又被称为是"流传最广的地方剧种"，有观点认为是"最大的地方戏曲剧种"，在国外被称为"中国歌剧"。

越剧长于抒情，以唱为主，声音优美动听，表演真切动人，唯美典雅，极具江南灵秀之气；多以"才子佳人"题材的戏为主。代表作有《梁山伯与祝英台》《红楼梦》《西厢记》《五女拜寿》《孔雀东南飞》等。

（3）黄梅戏

黄梅戏，旧称黄梅调或采茶戏，是中国五大戏曲剧种之一。起源地有安徽怀宁，安徽桐城，湖北黄梅，安徽宿松四种说法。王兆乾（黄梅说的提出人）晚年承认黄梅戏源自"湖北黄梅"缺乏理性的思考。四种说法中，以宿松说最为可靠，后在清末传入安徽省怀宁县等地区与当地民间艺术结合，并用安庆方言歌唱和念白，逐渐发展为一个新生的戏曲剧种。一度被称为"怀腔""皖剧"。

黄梅戏唱腔淳朴流畅，以明快抒情见长，具有丰富的表现力。表演质朴细致，以真实活泼著称。成为演绎、传播中国传统文化的重要手段。2006 年 5 月 20 日，黄梅戏经国务院批准列入第一批国家级非物质文化遗产名录。分布地以安庆为中心，遍及中国。

优秀剧目有《天仙配》《牛郎织女》《女驸马》等。

（4）昆曲

昆曲又称昆剧、昆腔、昆山腔，是中国最古老的剧种，也是中国传统文化艺术中的珍品。贯云石做过翰林学士，深受汉族的思想与文学的影响，爱慕江南风物，憧憬恬静闲适的生活，后辞官不做，隐居江南，改名"易服"，在钱塘卖药为生，自号"芦花道人"。他善作散曲，所创的曲调，传给浙江澉浦杨氏，后称为"海盐腔"，流传至明代，为"昆腔"的先驱。自明代中叶独领中国剧坛近 300 年。昆曲糅合了唱念做打、舞蹈及武术等，以曲词典雅、行腔婉转、表演细腻著称，被誉为"百戏之祖"。昆曲以鼓、板控制演唱节奏，以曲笛、三弦等为主要伴奏乐器，其唱念语音为"中州韵"。昆曲在 2001 年被联合国教科文组织列为"人类口述和非物质遗产代表作"。

昆曲在长期的演出实践中，积累了大量的上演剧目。其中有影响而又经常演出的剧目如王世贞的《鸣凤记》，汤显祖的《牡丹亭》，孔尚任的《桃花扇》，洪昇的《长生殿》，另外还有一些著名的折子戏，如《游园惊梦》《思凡》《断桥》等。

（六）节庆文化

中华传统节日是我们中华民族悠久历史文化的一个组成部分。传统节日的形成过程，是一个民族或国家的"历史文化长期积淀凝聚的过程"。中华传统节日，是从远古先民时期发展而来，在这些传承至今的世俗民风节日里，清晰地记录着中华民族"丰富而多彩的社会生活文化内容"，承载着神话、传说、天文、地理、术数、历法等众多人文与自然文化内容。

节气为节日的产生提供了前提条件，大部分节日在先秦时期，就已初露端倪，但是其中风俗内容的丰富与流行，还是经历了一个漫长的发展过程。最早的风俗活动和原始崇拜、生活禁忌有关；神话传奇故事为节日平添了几分浪漫色彩；还有宗教对节日的冲击与影响；一些对历史人物永恒的纪念也渗入节日。所有这些，都融合凝聚到节日的内容里，使中国的节日有了深沉的历史感。

1. 主要传统节日

（1）春节

春节，是农历正月初一，又叫阴历年，俗称"过年"。这是我国民间最隆重、最热闹的一个传统节日。春节的历史很悠久，它起源于殷商时期年头岁尾的祭神祭祖活动。按照我国农历，正月初一古称元日、元辰、元正、元朔、元旦等，俗称年初一，到了民国时期，改用公历，公历的一月一日称为元旦，把农历的一月一日叫春节。

相传中国古时候有一种叫"年"的怪兽，头长尖角，凶猛异常，长年深居海底，每到除夕，爬上岸来吞食牲畜伤害人命，因此每到除夕，村村寨寨的人们扶老携幼，逃往深山，以躲避"年"的伤害。

有一年除夕，乡亲们都忙着收拾东西逃往深山，这时候村东头来了一个白发老人对一户老婆婆说只要让他在她家住一晚，他定能将"年"兽驱走。众人不信，老婆婆劝其还是上山躲避的好，老人坚持留下，众人见劝他不住，便纷纷上山躲避去了。

当"年"兽像往年一样准备闯进村肆虐的时候，突然传来白发老人放的爆竹声，"年"兽浑身战栗，再也不敢向前凑了，原来"年"兽最怕红色、火光和炸响。这时大门大开，只见院内一位身披红袍的老人哈哈大笑，"年"兽大惊失色，仓皇而逃。

第二天，当人们从深山回到村里时，发现村里安然无恙，这才恍然大悟，原来白发老人是帮助大家驱逐"年"兽的神仙，人们同时还发现了白发老人驱逐"年"兽的三件法宝。从此每年除夕，家家贴红对联、燃放爆竹；户户烛火通明、守更待岁。初一一大早，还要走亲串友道喜问好。这风俗越传越广，成了中国民间最隆重的传统节日。

有关春节的古诗词很多，其中以王安石的《元日》最为有名。

元日（宋）王安石

爆竹声中一岁除，春风送暖入屠苏；

千门万户曈曈日，总把新桃换旧符。

（2）元宵节

元宵节是中国一个重要的传统节日。正月十五日是一年中第一个月圆之夜，也是一元复始、大地回春的夜晚、人们对此加以庆祝、也是庆贺新春的延续、因此又称"上元节"，即农历正月十五日。在古书中，这一天称为"上元"，其夜称"元夜""元夕"或"元宵"。而元宵这一名称一直沿用至今。

由于元宵有张灯、看灯的习俗，民间又习称为"灯节"。此外还有吃元宵、踩高跷、赏花灯、猜灯谜、舞龙、舞狮子等风俗。

传说元宵节是汉文帝时为纪念"平吕"而设。汉高祖刘邦死后，吕后之子刘盈登基为汉惠帝。惠帝生性懦弱，优柔寡断，大权渐渐落在吕后手中。汉惠帝病死后，吕后独揽朝政，把刘氏天下变成了吕氏天下，朝中老臣与刘氏宗室深感愤慨，但都惧怕吕后残暴而敢怒不敢言。

吕后病死后，诸吕惶惶不安害怕遭到伤害和排挤。于是，在上将军吕禄家中秘密集合，共谋作乱之事，以便彻底夺取刘氏江山。此事传至刘氏宗室齐王刘襄耳中，刘襄为保刘氏江山，决定起兵讨伐诸吕。随后与开国老臣周勃、陈平取得联系，设计铲除了吕禄，"诸吕之乱"终于被彻底平定。

平乱之后，众臣拥立刘邦的第二个儿子刘恒登基，称汉文帝。文帝深感太平盛世来之不易，便把平息"诸吕之乱"的正月十五，定为与民同乐日，京城里家家张灯结彩，以示庆祝。从此，正月十五便成了一个普天同庆的民间节日——"元宵节"。

灯谜在春秋时代就有，那时叫"隐语"，到汉魏时才开始称为"谜"，南宋时有人将谜语写在灯上，在上元节让人猜灯谜。南宋后，赏花灯、猜灯谜让元宵节的气氛热闹而温馨。由于灯谜都难以猜中，如同老虎难以被射中一样，所以也称为"灯虎"（也叫"文虎"）。传统灯谜的制作讲求一定的格式，需运用巧思才可以制出十分高妙的灯谜，是中国独创的文学艺术形式。

古代元宵节由于开禁，人流如织，男女相遇，易产生爱情。婚姻不幸的宋代女词人朱淑贞在《生查子》（一说作者为欧阳修）中写道："去年元夜时，花市灯如昼。月上柳梢头，人约黄昏后。今年元夜时，月与灯依旧。不见去年人，泪湿春衫袖。"千百年来，在元宵节上演的两情相悦的爱情故事，举不胜举。

（3）清明节

清明节又叫踏青节，按阳历来说，它是在每年的4月4日至6日之间，是中国最重要的祭祀节日，是最适合祭祖和扫墓的日子。扫墓俗称上坟，是祭祀死者的一种活动。汉族和一些少数民族大多都是在清明节扫墓。同时因为清明节正是春光明媚草木吐绿的时节，也正是人们春游的好时候，所以古人有清明踏青、开展一系列体育活动的习俗。

中国传统的清明节大约始于周代，已有2500多年的历史。清明最开始是一个很重要的节气，清明一到，气温升高，正是春耕春种的大好时节，故有"清明前后，种瓜种豆""植树造林，莫过清明"的农谚。后来，由于清明与寒食的日子接近，而寒食是民间禁火扫墓的日子，渐渐地，寒食与清明就合二为一了。而寒食既成为清明的别称，也变成清明时节的一个习俗，清明之日不动烟火，只吃凉的食品。

按照旧的习俗，扫墓时，人们要携带酒食果品、纸钱等物品到墓地，将食物供祭在亲人墓前，再将纸钱焚化，为坟墓培上新土，折几枝嫩绿的新枝插在坟上，然后叩头行礼祭拜，最后吃掉酒食回家。唐代诗人杜牧的《清明》："清明时节雨纷纷，路上行人欲断魂。借问酒家何处有？牧童遥指杏花村。"写出了清明节的特殊气氛。

（4）端午节

农历五月初五日为"端午节"，是中国一个古老的传统节日。"端午"本名"端五"，端是初的意思。因为人们认为"五月"是恶月，"初五"是恶日，因而避讳"五"，改为"端午"。端午节早在西周初期即有记载，并非为纪念屈原而设立的节日，但是之后的一些端午节习俗则受到屈原的影响。

据《史记·屈原贾生列传》记载，屈原，著名爱国诗人，是春秋时期楚怀王的大臣，他倡导举贤授能，富国强兵，力主联齐抗秦，遭到贵族子兰等人的强烈反对，屈原遭谗去职，被赶出都城，流放到沅、湘流域。他在流放期间，写下了忧国忧民的《离骚》《天问》《九歌》等不朽诗篇，独具风貌，影响深远（因而，端午节也称诗人节）。公元前278年，秦军攻破楚国京都。屈原眼看自己的祖国被侵略，心如刀割，但是始终不忍舍弃自己的祖国，于五月五日，在写下了绝笔作《怀沙》之后，抱石投汨罗江身死，以自己的生命谱写了一曲壮丽的爱国主义乐章。

传说屈原死后，楚国百姓哀痛异常，纷纷涌到汨罗江边去凭吊屈原。渔夫们划起船只，在江上来回打捞他的尸身。有位渔夫拿出为屈原准备的饭团、鸡蛋等食物，"扑通、扑通"地丢进江里，说是让鱼龙虾蟹吃饱了，就不会去咬屈大夫的身体了。人们见后纷纷仿效。一位老医师则拿来一坛雄黄酒倒进江里，说是用药弄晕蛟龙水兽，以免伤害屈大夫。后来为怕饭团为蛟龙所食，人们用楝树叶包饭，外缠彩丝，后发展成粽子。

部分地区也有纪念伍子胥、曹娥等说法。端午节有吃粽子，喝雄黄酒，挂菖蒲、蒿草、艾叶，薰苍术、白芷，赛龙舟的习俗。

端午节纪念屈原，因此，它也成了人们心中的诗人节。历代诗词中有不少描述端午景象、缅怀古人的诗词佳作。

（5）七夕节

阴历七月七日的晚上称"七夕"。中国民间传说牛郎织女此夜在天河鹊桥相会。所谓乞巧，即在月光下对着织女星用彩线穿针，如能穿过七枚大小不同的针眼，就算很"巧"了。农谚上说"七月初七晴皎皎，磨镰割好稻"。这也是磨镰刀准备收割早稻的时候。

牛郎织女为中国著名民间故事中的人物，从牵牛星、织女星的星名衍化而来。

主要讲述了牛家庄的一个孤儿牛郎，依哥嫂过活。嫂子为人刻薄，经常虐待他，他被迫分家出来，靠一头老牛自耕自食。这头老牛很通灵性，有一天，织女和诸仙女下凡游戏，在河里洗澡，老牛劝牛郎去取织女的衣服，织女便做了牛郎的妻子。婚后，他们男耕女织，生了一儿一女，生活十分美满幸福。不料天帝查知此事，派王母娘娘押解织女回天庭受审。老牛不忍他们妻离子散，于是触断头上的角，变成一只小船，让牛郎挑着儿女乘船追赶。眼看就要追上织女了，王母娘娘忽然拔下头上的金钗，在天空划出了一条波涛滚滚的银河。牛郎无法过河，只能在河边与织女遥望对泣。他们坚贞的爱情感动了喜鹊，无数喜鹊飞来，用身体搭成一道跨越天河的彩桥，让牛郎织女在天河上相会。王母娘娘无奈，只好允许牛郎织女每年七月七日在鹊桥上会面一次。

七夕节习俗主要有穿针乞巧、投针验巧、为牛庆生、晒书晒衣、拜织女等。中国越来越多的情侣把那天视为中国情人节，男女双方会互赠礼物，或外出约会。

（6）中秋节

中秋节又称月夕、秋节、仲秋节、八月节、八月会、追月节、玩月节、拜月节、女儿节或团圆节，是流行于中国众多民族与东亚诸国中的传统文化节日，时在农历八月十五；因其恰值三秋之半，故名中秋，也有些地方将中秋节定在农历八月十六。

中秋节始于唐朝初年，盛行于宋朝，至明清时，已与元旦齐名而成为中国的主要节日之一。受中华文化的影响，中秋节也是东亚和东南亚一些国家，尤其是当地的华人华侨的传统节日。自 2008 年起中秋节被列为国家法定节假日。2006 年 5 月 20 日，该节日经国务院批准列入第一批国家级非物质文化遗产名录。

到了晚上，月圆桂香，旧俗中人们把它看作大团圆的象征，要备上各种瓜果和熟食，是赏月的佳节。中秋节还要吃月饼。据传说，元朝末年，广大人民为了推翻残暴的元朝统治，把发起暴动的日期写在纸条上，放在月饼馅里，以便互相秘密传递，号召大家在八月十五日起义。终于在这一天爆发了全国规模的农民大起义，推翻了腐朽的元朝统治。此后，中秋吃月饼的风俗就更加广泛地流传开来。

中秋赏月的风俗在唐代十分流行，许多诗人的名篇中都有咏月的诗句。到宋代，中秋赏月之风更盛，每逢这一日，"贵家结饰台榭，民间争占酒楼玩月"。明清宫廷和民间的拜月赏月活动更具规模，中国各地至今遗存着许多"拜月坛""拜月亭""望月楼"等古迹。文人士大夫对赏月更是情有独钟，他们或登楼揽月或泛舟邀月，饮酒赋诗，留下不少脍炙人口的千古绝唱。如杜甫《八月十五夜月》用象征团圆的十五明月反衬自己漂泊异乡的羁旅愁思；宋代文豪苏轼，中秋欢饮达旦，大醉而作《水调歌头》（明月几时有？把酒问青天。不知天上宫阙，今夕是何年。我欲乘风归去，又恐琼楼玉宇，高处不胜寒。起舞弄清影，何似在人间？

转朱阁，低绮户，照无眠。不应有恨，何事长向别时圆？人有悲欢离合，月有阴晴圆缺，此事古难全。但愿人长久，千里共婵娟），借月之圆缺喻人之离合。直到今天，一家人围坐在一起，欣赏皓月当空的美景仍是中秋佳节必不可少的活动之一。

另外还有"嫦娥奔月""吴刚折桂""玉兔捣药"等传说故事。

（7）重阳节

重阳节，又称重九节、晒秋节、踏秋，汉族传统节日。庆祝重阳节一般会包括出游赏秋、登高远眺、观赏菊花、遍插茱萸、吃重阳糕、饮菊花酒等活动。

每年的农历九月九日，也是中国传统的四大祭祖节日之一。重阳节，早在战国时期就已经形成，到了唐代被正式定为民间的节日，此后经历朝历代沿袭至今。重阳与三月三日"踏春"皆是家族倾室而出，重阳这天所有亲人都要一起登高"避灾"。

1989年，中国把每年的九月九日定为老人节，传统与现代巧妙地结合，成为尊老、敬老、爱老、助老的老年人的节日。

较早有关重阳节的传说，见于梁朝吴均的《续齐谐记》。

汝南桓景随费长房游学累年，长房谓曰："九月九日，汝家中当有灾。宜急去，令家人各作绛囊，盛茱萸，以系臂，登高饮菊花酒，此祸可除。"景如言，齐家登山。夕还，见鸡犬牛羊一时暴死。长房闻之曰："此可代也。"今世人九日登高饮酒，妇人带茱萸囊，盖始于此。

九九重阳，因为与"久久"同音，九在数字中又是最大数，在数中最尊贵，有"长久、长寿"的含意，且秋季也是一年收获的黄金季节，重阳佳节，寓意深远，人们对此节历来有特殊的感情，历代诗词中有不少贺重阳、咏菊花的诗词佳作。如唐朝诗人王维的《九月九日忆山东兄弟》（独在异乡为异客，每逢佳节倍思亲。遥知兄弟登高处，遍插茱萸少一人）。民间歌谣俗语中有很多是关于岁时节日的，重阳节也不例外。如"菊花黄，黄种强；菊花香，黄种康；九月九，饮菊酒，人共菊花醉重阳"。

2.二十四节气

二十四节气是指二十四时节和气候。二十四节气是中国古代订立的一种用来指导农事的补充历法，依次为：冬至、小寒、大寒、立春、雨水、惊蛰、春分、清明、谷雨、立夏、小满、芒种、夏至、小暑、大暑、立秋、处暑、白露、秋分、寒露、霜降、立冬、小雪、大雪；是中国古代劳动人民长期经验的积累和智慧的结晶，形成于春秋战国时期。

由于农历是一种"阴阳历"，既根据太阳也根据月亮的运行规律制定，因此不能完全反映太阳运行周期。但中国古代又是一个农业社会，农业需要严格了解太阳运行情况，农事完全根据太阳进行，所以在历法中又加入了单独反映太阳运行周期的"二十四节气"，用作确定闰月的标准。

每个节气约间隔半个月的时间，分列在十二个月里面。在月首的叫作节气，在月中的叫作"中气"。所谓"气"就是气象、气候的意思。二十四节气能反映季节的变化，指导农事活动，影响千家万户的衣食住行。

立春：2月3日—5日，"立"是开始的意思，表示万物复苏的春天又开始了，天气回暖，万物更新，是农事活动开始的标志。这一天春季开始。

雨水：2月18日—20日，表示气候逐渐回暖，冰雪融化，雨水逐渐增多，空气湿度不断增大，但冷空气活动仍十分频繁。

惊蛰：3月5日—7日，春雷开始轰鸣，惊醒了蛰伏在泥土里冬眠的昆虫和小动物，过冬的虫卵快要孵化了，这个节气表示春意渐浓，气温升高，但乍寒乍暖，气温和风的变化都较大。

春分：3月21日—22日，"分"是"半"的意思，这是春季九十天的中分点，叫春分，这一天昼夜长短相等，我国广大地区越冬作物进入春季生长阶段。

清明：4月5日—6日，这个节气表示气温已变暖，草木萌动，自然界出现一片清秀明朗的景象。

谷雨：4月19日—21日，"雨生百谷"，这一天起雨量增多，对谷物生长有利。

立夏：5月5日—6日，这个节气表示夏季开始，万物生长，炎热的天气将要来临，农事活动也已进入夏季欣欣向荣的繁忙时节了。

小满：5月20日—22日，"满"，饱满，麦类等夏熟作物籽粒逐渐饱满，但未成熟。

芒种：6月5日—7日，"芒"是指壳实尖端的细毛，在北方是割麦种稻的时候，也是耕种最忙的时节，需要及时进行夏收、夏管和夏种了。

夏至：6月20日—22日，此时太阳移至黄经90度，日光直射北回归线，出现"日北至，日长至，日影短至"，故曰"夏至"。这一天北半球白天最长，黑夜最短，表示盛夏就要来临，气温将继续升高。

小暑：7月6日—8日，入暑，标志着我国大部分地区进入炎热季节。

大暑：7月22日—24日，正值中伏前后。这一时期是我国广大地区一年中最炎热的时期，但也有反常年份，"大暑不热"，雨水偏多。

立秋：8月7日—9日，这个节气表示炎热的夏季将过，天高气爽的秋天开始，草木开始结果，到了收获季节。

处暑：8月22日—24日，"处"是终止的意思，表示炎热即将过去，暑气于这一天结束，我国大部分地区气温逐渐下降。由于正值秋收之际，降水十分宝贵。

白露：9月7日—9日，由于太阳直射点明显南移，各地气温下降很快，天气凉爽，晚上贴近地面的水气在草木上结成白色露珠，由此得名"白露"。

秋分：9月22日—24日，太阳移至黄经180度，日光直射点又回到赤道，这是秋季九十天的中分点，这一天昼夜长短再次相等，从这一天后，北半球日短夜长。

寒露：10月8日—9日，此时太阳直射点开始向南移动，北半球气温继续下降，天气更冷，露水有森森寒意，故名为"寒露"。这个节气表示冬季的开始，预示气候的寒凉程度将逐渐加剧。

霜降：10月23日—24日，黄河流域初霜期一般在10月下旬，与"霜降"节令相吻合，霜对生长中的农作物危害很大。

立冬：11月7日—8日，冬季开始。

小雪：11月22日—23日，北方冷空气势力增强，气温迅速下降，降水出现雪花，但此时为初雪阶段，雪量小，降雪次数不多，黄河流域多在"小雪"节气后降雪。

大雪：12月6日—8日，此时太阳直射点快接近南回归线，北半球昼短夜长。降雪天数和降雪量比小雪节气增多，地面渐有积雪。

冬至：12月21日—23日，此时太阳几乎直射南回归线，北半球则形成了"日南至、日短至、日影长至"，成为一年中白昼最短的一天。冬至以后北半球白昼渐短，气温持续下降，并开始进入数九寒天。

小寒：1月5日—7日，这个节气表示开始进入冬季最寒冷的季节，会有霜冻。

大寒：1月20日—21日，天气冷到极点，到了天寒地冻的时期，是一年中最冷的时节。

为了方便记忆和传颂，古人还把二十四节气编成了歌谣、诗歌和对联。"春雨惊春清谷天，夏满芒夏暑相连；秋处露秋寒霜降，冬雪雪冬小大寒（"寒又寒"或"寒更寒"）。每月两节日期定，最多相差一两天；上半年来六廿一，下半年是八廿三。"

在我国对联中，以节气为题材的很多，有的还很精彩。传说明代有一位学台，在浙江天台山游览时，夜宿山中茅屋。次日晨起，见茅屋一片白霜，心有所感，随口吟出上联：

昨夜大寒，霜降茅屋如小雪

联中嵌有三个节气，一气呵成，毫无痕迹。一时成为绝对。直至近代，才由浙江的赵恭沛先生对出下联：

今朝惊蛰，春分时雨到清明

一样三个节气，对得十分工整。

另一副对联则更有文学性和科学性：

二月春分八月秋分昼夜不长不短；

三年一闰五年再闰阴阳无差无错。

上联不仅指出了春分和秋分这两个节气所在的月份，而且把这两个月份的时间特点讲得清清楚楚，即二八月是昼夜相平。下联则换了另一个角度，道出了农历闰年的规律性，其科学性也是毋庸置疑的。

原明朝大臣，后降清的洪承畴，在"谷雨"那天与人下棋时对了一副对联，云：

一局妙棋今日几乎忘谷雨；

两朝领袖他年何以别清明。

上联是洪承畴所出，下联为同弈者所对。意在讽刺洪失义辱节，一语双关，深藏讽意。

（七）民间艺术

"民间艺术"，是艺术领域中的一项分类，冠以"民间"字样，显然是要与所谓的"宫廷艺术"与"贵族艺术"等有所区隔。不过"民间艺术"的领域很宽广，而且也不乏很多"绝活"，像剪纸、年画、雕塑、刺绣等，都是很著名的民间艺术，也是中华文化的瑰宝。

1. 剪纸

剪纸，又叫刻纸，是一种镂空艺术，是中国汉族最古老的民间艺术之一。其在视觉上给人以透空的感觉和艺术享受。

剪纸在中国农村是历史悠久，并且流传很广的一种民间艺术形式。剪纸，就是用剪刀将纸剪成各种各样的图案，如窗花、门笺、墙花、顶棚花、灯花等。这种民俗艺术的产生和流传与中国农村的节日风俗有密切关系，逢年过节抑或新婚喜庆，常常会贴"囍"这个字，人们把美丽鲜艳的剪纸贴在雪白的墙上或明亮的玻璃窗上、门上、灯笼上等，节日的气氛便被渲染得非常浓郁喜庆。

剪纸艺术是汉族传统的民间工艺，它源远流长，经久不衰，是中国民间艺术中的瑰宝，已成为世界艺术宝库中的宝藏。那质朴、生动有趣的艺术造型，有着独特的艺术魅力。其特点主要表现在空间观念的二维性，刀味纸感，线条与装饰，写意与寓意等许多方面。

中国的民间剪纸手工艺术有它自身的形成和发展过程，中国剪纸的发明是在公元前的春秋战国时期，当时人们运用薄片材料，通过镂空雕刻的技法制成工艺品，但这一艺术早在未出现纸时就已流行，即以雕、镂、剔、刻、剪的技法在金箔、皮革、绢帛，甚至在树叶上剪刻纹样。《史记》中的"剪桐封弟"记述了西周初期成王用梧桐叶剪成"圭"字赐其弟，封叔虞到唐为侯的故事。

真正意义上的剪纸，应该从纸的出现开始。汉代纸的发明促使了剪纸的出现、发展与普及。唐代剪纸已处于大发展时期，杜甫诗中有"暖水濯我足，剪纸招我魂"的句子，以剪纸招魂的风俗当时就已流传民间。宋代造纸业成熟，纸品名目繁多，为剪纸的普及提供了条件。明、清时期剪纸手工艺术走向成熟，并达到鼎盛时期。民间剪纸手工艺术的运用范围更为广泛，举凡民间灯彩上的花饰，扇面上的纹饰，以及刺绣的花样等等，无一不是利用剪纸作为装饰再加工的。而更多的是中国民间常常将剪纸作为装饰家居的饰物，美化居家环境。

剪纸分为南北两派，南方派代表为湖北沔阳剪纸、广东佛山剪纸和福建民间剪纸。北方派代表为海伦剪纸、庆阳剪纸、山西剪纸、蔚县剪纸、陕西民间剪纸、磁性剪纸和山东民间剪纸。

山西省吕梁市中阳县民俗剪纸，2006 年被列入首批国家非物质文化遗产保护名录，成为 500 多个非物质文化遗产保护专案中全国八项民间工艺美术类保护专案之一，剪纸艺人王计汝被评为全国首批非物质文化遗产传承人，她的 50 余件精华之作被德国、美国、日本等国家的专家收藏。

2. 年画

年画是中国画的一种，始于古代的"门神画"，汉族民间艺术之一，也是常见的民间工艺品之一。清光绪年间，正式称为年画，是中国特有的一种绘画体裁，也是中国农村老百姓喜闻乐见的艺术形式。大都用于新年时张贴，装饰环境，含有祝福新年吉祥喜庆之意，故名。

年画是中国特有的民间美术形式，其名称有一个不断演变的过程，在宋代曾被称为"纸画"，明代则称为"画贴"，清代称作"画片""画张""卫画"等，直到清道光二十九年（1849 年），李光庭的《乡言解颐》一书中始见"年画"一词。

年画起源于汉代，发展于唐宋，盛行于明清。

年画的题材包罗万象，总计画样有 2000 多种，堪称一部民间生活百科全书。它大致可分为四个方面。

（1）神仙与吉祥物

这是年画的基本题材。神仙是早期年画的主要表现内容，在年画中占有很大的比重。吉祥物包括狮、虎、鹿、鹤、凤凰等瑞兽祥禽，莲花、牡丹等花卉，摇钱树、聚宝盆等虚构品，通过隐喻、象征或谐音等手法表示吉利祥瑞的意义，表达辟邪禳灾、迎福纳祥的主题。

（2）世俗生活

民间艺术家通过自身的观察与感受，表现现实生活。这类题材在年画中少于其他题材。世俗生活的题材主要包括人们的生息劳作、节令风俗、时事趣闻等。

（3）娃娃美人

这种题材在民间年画中占有很大比例，表达了人们早生贵子、夫妻和美的良好愿望。

（4）故事传说

这一部分大多取材于历史事件、民间故事、神话传说、笔记小说以及戏曲等，其中戏曲题材比重最大。这类年画常见的有《三国演义》《西游记》《水浒传》《红楼梦》《白蛇传》《牛郎织女》等。人们往往通过这类题材增长了知识，并接受了传统的道德教育。

年画的艺术风格与文化内涵的完美结合，表达了民众的审美取向和文化祈求，是年画根深叶茂、长久不衰的重要原因。

年画作为民间的新年祝福，充满了喜庆，因此，民间年画大多采用大红大黄等鲜艳明亮的色彩，注重情趣和造型的表现，人物生动可爱，富有活力。体现了民众智慧，形成了博大精深的传统文化。

年画在历史长河中逐步形成了不同的艺术风格和明显的地方特色，在中国历史上，四川绵竹年画、天津杨柳青、山东潍坊、江苏桃花坞的木版年画在全国最为著名，被誉为中国"四大年画"。

绵竹年画，因产于竹纸之乡的四川省绵竹市而得名。绵竹年画以彩绘见长而区别于其他年画，有浓厚的民族特点和鲜明的地方特色。它起源于北宋，在明末清初进入繁盛时期。绵竹年画构图讲求对称、完整、均衡、饱满、主次分明；色彩上采用对比手法，设色单纯、艳丽、强烈明快，构成了红艳热烈的艺术效果；线条讲究刚柔结合，洗练流畅，疏密有致，具鲜明节奏感；而夸张、变形、象征、寓意的造型，更具诙谐活泼的效果。

苏州桃花坞年画，桃花坞位于江苏省苏州市以北，桃花坞年画源于宋代的雕版印刷工艺，由绣像图演变而来，到明代发展成为民间艺术流派，清代雍正、乾隆年间为鼎盛时期。桃花坞年画的印刷兼用着色和彩套版，构图对称丰满，刻线工秀，色彩绚丽。被民间画坛称为"姑苏版"。

天津杨柳青年画，杨柳青位于天津市西20公里，它的木版年画始于明代崇祯年间，从清代雍正、乾隆至光绪初期最为风行。杨柳青周围的几十个村庄也都绘制年画。杨柳青年画的特点是：木刻水印和手工彩绘相结合，保留了民间绘画的技法，并受清代画院的影响；多取材于旧戏剧、美女、胖娃等，构图丰满，线条工整，色彩鲜艳，人物的头脸多粉金晕染，富有装饰性。

潍坊杨家埠年画，杨家埠木版年画始创于明末，全以手工操作，用传统方式制作，初期受到杨柳青年画的影响，清代光绪年间达到鼎盛期，风行黄河下游一带。杨家埠年画题材广泛，想象丰富，重用原色，线条粗犷，风格纯朴。

3. 雕塑

中国古代雕塑是中国古代艺术精华，其在题材内容、形式风格、雕塑技法，以及所使用的材质上都具有鲜明浓郁的民族特色、时代特色。根据雕塑的材料不同，可分为泥塑、砖雕、石雕、木雕等。

泥塑，俗称"彩塑"，是中国民间传统的一种古老常见的民间艺术。即用黏土塑制成各种形象的一种民间手工艺。制作方法是在黏土里掺入少许棉花纤维，捣匀后，捏制成各种人物的泥坯，经阴干，涂上底粉，再施彩绘。它以泥土为原料，以手工捏制成形，或素或彩，以人物、动物为主。天津"泥人张"和无锡的惠山泥人是著名的南北两大泥人艺术流派，也都列入国家级非物质文化遗产名录。

砖雕，主要应用于古代建筑上，是一种花雕，它是中国古建筑雕刻艺术及青砖雕刻工艺品，列入国家级非物质文化遗产名录。由东周瓦当、汉代画像砖等发展而来。在青砖上雕出山水、花卉、人物等图案，是古建筑雕刻中很重要的一种艺术形式。主要用来装饰寺、庙、观、庵及民居的构件和墙面。通常也指用青砖雕刻而成的雕塑工艺品。砖雕主要流派有：北京砖雕、天津砖雕、山西砖雕、徽州砖雕、苏派砖雕（苏州砖雕）、广东砖雕、临夏砖雕（河州砖雕）、唐语砖雕等。

石雕，指用各种可雕、可刻的石头，创造出具有一定空间的可视、可触的艺术形象，借以反映社会生活，表达艺术家的审美感受、审美情感、审美理想的艺术。石雕讲究造型逼真，手法圆润细腻，纹式流畅洒脱。它的传统技艺始于汉，成熟于魏晋，在唐朝流行开来。常用的石材有花岗石、大理石、青石、砂石等。石材质地坚硬耐风化，是大型纪念性雕塑的主要材料。石雕文化艺术综合价值极高，因为其特殊性，有相当部分为群雕。而且被雕刻或设计者赋予了灵魂。它反映了社会生活，表达了艺术家的审美感受、审美情感、审美理想。

木雕，雕塑的一种，在我们国家常常被称为"民间工艺"。木雕可以分为立体圆雕、根雕、浮雕三大类。木雕是从木工中分离出来的一个工种，在我们国家的工种分类中为"精细木工"。以雕刻材料分类的民间美术品种。一般选用质地细密坚韧、不易变形的树种如楠木、紫檀、樟木、柏木、银杏、沉香、红木、龙眼等。采用自然形态的树根雕刻艺术品则为"树根雕刻"。木雕有圆雕、浮雕、镂雕或几种技法并用。有的还涂色施彩用以保护木质和美化。木雕艺术起源于新石器时期的中国，距今 7000 多年前的浙江余姚河姆渡文化，已出现木雕鱼。秦汉两代木雕工艺趋于成熟，绘画、雕刻技术精致完美。施彩木雕的出现，标志着古代木雕工艺已达到相当高的水平。

4. 刺绣

刺绣，古代称之为针绣，是用绣针引彩线，将设计的花纹在纺织品上刺绣运针，以绣迹构成花纹图案的一种工艺。古代称"黹""针黹"。因刺绣多为妇女所作，故属于"女红"的一个重要部分。刺绣是中国古老的手工技艺之一，中国的手工刺绣工艺，已经有 2000 多年历史了。据《尚书》载，远在 4000 多年前的章服制度，就规定"衣画而裳绣"。至周代，有"绣缋共职"的记载。湖北和湖南出土的战国、两汉的绣品，水平都很高。唐宋刺绣施针匀细，设色丰富，盛行用刺绣作书画、饰件等。明清时封建王朝的宫廷绣工规模很大，民间刺绣也得到进一步发展，先后产了苏绣、粤绣、湘绣、蜀绣，号称"四大名绣"。

刺绣的工艺要求是：顺，齐，平，匀，洁。顺是指直线挺直，曲线圆顺；齐是指针迹整齐，边缘无参差现象；平是指手势准确，绣面平服，丝缕不歪斜；匀是指针距一致，不露底，不重叠；洁是指绣面光洁，无墨迹等污渍。

苏绣，已有 2600 多年历史，在宋代已具相当规模，在苏州就出现有绣衣坊、绣花弄、滚绣坊、绣线巷等生产集中的坊巷。明代苏绣已逐步形成自己独特的风格，影响较广。清代为盛期，当时的皇室绣品，多出自苏绣艺人之手；民间刺绣更是丰富多彩。苏州刺绣，素以精细、雅洁著称。图案秀丽，色泽文雅，针法灵活，绣工细致，形象传神。双面绣《金鱼》《小猫》是苏绣的代表作。

湘绣，以湖南长沙为中心的刺绣品的总称，是在湖南民间刺绣的基础上，结合了苏绣和粤绣的优点而发展起来的。早期湘绣以绣制日用装饰品为主，以后逐渐增加绘画性题材的作品。湘绣的特点是用丝绒线（无拈绒线）绣花，劈丝细致，绣件绒面花型具有真实感。常以中国画为蓝本，色彩丰富鲜艳，十分强调颜色的阴阳浓淡，形态生动逼真，风格豪放，曾有"绣花能生香，绣鸟能听声，绣虎能奔跑，绣人能传神"的美誉。湘绣以特殊的鬅毛针绣出的狮、虎等动物，毛丝有力、威武雄健。1982 年，在全国工艺美术品百花奖评比中，湘绣荣获金杯奖。

粤绣历史悠久，相传最初创始于少数民族，与黎族所制织锦同出一源。远在明代，粤绣就用孔雀羽编线为绣，使绣品金翠夺目，又用马尾毛缠绒作勒线，使粤绣勾勒技法有更好表现。明朝中后期形成特色。其特色有：一是用线多样，除丝线、绒线外，也用孔雀羽捻缕作线，或用马尾缠绒作线。二是用色明快，对比强烈，讲求华丽效果。三是多用金线作刺绣花纹的轮廓线。四是装饰花纹繁缛丰满，热闹欢快。五是绣工多为男工所任，为世所罕见。绣品品种丰富，有被面、枕套、床楣、披巾、头巾、绣服、鞋帽、戏衣等，也有镜屏、挂幛、条幅等。

蜀绣集中于四川成都，产于四川成都、绵阳等地。在晋代被称蜀中之宝。蜀绣以软缎和彩丝为主要原料，讲究"针脚整齐，线片光亮，紧密柔和，车拧到家"。充分发挥了手绣的特长，形成了浓厚的地方风格。蜀绣题材多为花鸟、走兽、山水、虫鱼、人物。当今绣品中，既有巨幅条屏，也有袖珍小件；既有高精欣赏名品，也有普通日用消费品。比如北京人民大会堂四川厅的巨幅"芙蓉鲤鱼"座屏、蜀绣名品"蜀宫乐女演乐图"挂屏、双面异色的"水草鲤鱼"座屏和"大小熊猫"座屏，就是蜀绣中的代表作，是观赏性与实用性兼备的精美艺术品。

随感：写给忧心忡忡的中国式家长

孩子不爱背诵，不是孩子太懒

——谈语文基础知识的记忆问题

问题的提出

某种程度上，语文的学习实质上拼的是记忆，那些过目不忘的天才们往往成了文学家，那些"记忆力好"的孩子往往成了学霸。只有知识的存储量达到一定值以后才会发生各种创造性的变化。古今中外，没有一位文学家是凭借很少的记忆量就达到极高成就的，即使有如"仲永"般的超强记忆力，没有后天的大量输入与存储，恐怕也只能成为"庸人"。而本来就是普通人的我们，如果没有大量的记忆，更不可能达到优秀，所以不管怎样，"大容量存储"也是一种优秀。现实问题是，很多孩子根本不愿意背诵，或者背完了在考试的时候还漏洞百出，家长很是惆怅。

关于记忆应该有的认识

我喜欢以一种"推己及人"的方式来分析问题的根源。虽然每个人的思维方式不同、性格特点不同，但在长期的人类进化过程中，有一些内在的本性是一致的。按照我的分析，记忆分为"内动力型记忆"与"外刺激型记忆"。

内动力型记忆是一种非常少见的记忆，这样的记忆来源于内心强大的兴趣与动力，这些兴趣点激发大脑神经的活跃度，产生高效的记忆。对于普通人而言，这样的记忆只存在于某些瞬间，比如在宴会上看到一位心仪的美女会一直记得她的名字，看到一句与自己内心十分契合的句子便会记忆深刻。当然，也有部分"天才"，他们的记忆兴奋度可以长久地保持下去，导致他们在某一领域的记忆力超乎常人，因此也更容易变得杰出。

外刺激型记忆是常见的记忆。这种记忆分为积极性刺激与消极性刺激两类。积极性刺激指的是外部刺激是正面的，比如老师的表扬、家长的赞美、同学的肯定、考试成绩的进步。相反，消极性刺激指的是老师的批评、家长的监督、面对考试的不理想等。

按照记忆的效率与牢固度，从高到低做一个排序吧：

内动力型记忆＞积极性外部刺激＞消极性外部刺激。

关于"勤奋"的误解

很可惜，关于勤奋的理解，我们常常存在误区。我们常常以绝对时间来衡量一个人的勤奋程度。比如：小明放学后学习时间是 1 小时，抄写了生字词 3 遍。小红放学后学习时间是 3 小时，抄写生字词 10 遍。普遍意义上我们都会认为小红比小明要更加勤奋一些。

然而勤奋并不一定带来记忆的牢固。

我们通过以下的分析便会发现，在记忆这件事情上，绝对时间往往不重要。众所周知，对某种东西的记忆靠不断的重复来实现，但"不断重复"只是表象，其内在的原理是通过不断重复使得大脑皮层形成神经的"特殊区"。举个例子，如果大脑是一只脚的话，记忆就是通过不停地给脚部的某个地方进行摩擦而产生厚厚的茧，从而使这个区域有别于别的区域。这个"特殊区"的形成有两种方式，一种是通过大量反复的轻微刺激，一种是通过少量的强烈刺激。大量反复的轻微刺激最典型的例子就是一遍一遍记英文单词，而少量的强烈刺激最极端的例子就是某些生活中的精神创伤。总而言之，不管通过哪种方式，一定要让大脑皮层对于这一事物形成特殊区，最好形成"条件反射"。

再来看看小明和小红的例子——

"不勤奋"的小明战胜"勤奋"的小红可以有以下几种原因。

（1）基于刺激强度的差别。小明抄写 3 遍的时候对大脑的刺激强度很高，而小红的 10 遍对大脑的刺激强度很低。

（2）基于刺激数量的差别。小明抄写 3 遍的时候在大脑中已经默读了几十遍，而小红抄写 10 遍的时候只默读了 10 遍。

（3）基于双重的差别。小明抄写 3 遍的时候不但刺激强度高而且默读了几十遍，小红则正好相反。

所以，勤奋并不一定带来记忆的牢固。

是什么导致了记忆的差别

我们一起来做一个数学计算。

假设对"宥岁"这个词语，我们需要累计 10 个刺激电子才能在大脑皮层记住它。来看看不同的情况。

情况一：小明抄写了三遍这个词语，每抄写一遍就记忆一遍，但由于他的刺激强度比较高，每记忆一遍都形成 5 个刺激电子，抄写完以后形成了 15 个电子，结果是记忆牢固。

情况二：小明抄写 3 遍这个词语，每抄写一遍就会默记 5 遍，共 15 遍，但由于他的刺激强度比较低，每记忆一遍只形成一个刺激电子，抄写完成以后形成 15 个电子，结果同上。

情况三：小明抄写 3 遍这个词语，每抄写一遍会默记 5 遍，共 15 遍，由于刺激强度比较高，每记忆一遍都形成 5 个刺激电子，抄写完成以后形成 75 个电子，远远超出了记忆所需的 15 个电子。

总结一下我们便会发现，刺激强度以及大脑记忆的次数决定了记忆的牢固度。大部分的老师在教学过程中，比较注重的是记忆的次数，而忽略的是刺激的强度。但这里必须得注意一个问题，即同样的朗读次数和同样的抄写次数带来的记忆次数是不一样的，甚至有一些朗读次数和抄写次数带来的记忆次数为零，就是所谓的"有口无心"。

最完美的记忆与可选择的记忆

在第一部分里面我们谈到过记忆的类型，相信大家还记得这样的排序：
内动力型记忆 > 积极性外部刺激 > 消极性外部刺激。

最完美的记忆是内动力型的记忆。因为不论是从刺激的强度上看还是从记忆次数上看，内动力型的记忆都会优于别的记忆。从刺激的强度上看，由于内动力型的记忆是建立在极大的兴趣上的记忆，所以刺激强度非常高。同时，由于大脑是愉悦的，所以我们会不自然地对对象进行反复多次的记忆。还是举小明的例子，虽然他只抄写了一遍，但是大脑已经愉悦地重复了五遍。

然而，内动力型记忆可遇而不可求。我们能进行选择的是积极性的外部刺激和消极性的外部刺激。我个人认为，积极性的外部刺激和消极性的外部刺激在单次刺激的强度上同等。当小明抄写完生词以后，不论是表扬他一句还是打他一顿，其对小明的单次刺激强度是一样的，甚至打他一顿的刺激强度还要更高一些。然而我们不得不考虑到一些后续性的问题，这就涉及记忆次数了。表扬小明使得小明抄写一遍记忆了 5 遍，而打小明一顿使得小明抄写一遍却只记忆了 3 遍，反复的"挨打"可能使这个数量继续下降，最后可能趋于零，导致小明的记忆无效。因此这也可以解释为什么一部分的家长严格监督，一开始会带来不错的效果而后期效果会降低。但是，我们并不能排除一些人天生具有"受虐"倾向，这时候消极性的刺激，比如"挨打"可能会产生意想不到的结果。所以这也导致了教育的复杂性，从某个层面上说，"因材施教"也可能是出于相关方面的考虑吧。到这里为止，情况变得比较明晰了，积极性的外部刺激是我们可以选择的并且比较好的记忆方式。

其实，"难度"来源于我们的"惰性"

事实的情况是，大部分时候我们会采取消极性的刺激来促进孩子的记忆。

原因是消极性刺激比较容易做，或者说在管孩子的问题上我们的"惰性"常常占据上风。心理学研究早就表明，面对不满的时候，"发泄"要比"容忍"来得容易得多，这些发泄包括斥责、批评、唠叨、倾诉等。当孩子出现记忆问题（注意，这里说的是记忆问题，而非道德问题或习惯问题）的时候，我们往往采用比较轻松的方式来完成所谓的"教育"，然而这种方式是不恰当的。如果你常常批评自己的孩子而又希望他变得越来越优秀的话，除非您的孩子天生是个受虐狂。斥责和批评是必要的，但那是针对孩子犯错误的时候，我们需要用这种方式让孩子对错误感到恐惧。但是，"记不住"并不算是一种错误，更不算是一种"罪"。

孩子的记忆从很大程度上不是由自身决定的，而是由外部环境决定的（从内动力型的）。在我国的教育体制下，这个外部环境几乎由老师和家长来构成。老师精力有限，不可能经常对每一个孩子进行一对一式的积极性外部刺激，老师的主要任务是激发热情，引导方向，传授方法，所谓"传道、授业、解惑"。再者，记忆是属于个体行为，个体对知识的掌握程度差别很大，教师没有精力帮助每一个个体完成所有的记忆工作。但这个工作家长是可以做到的，因为家长是最好的一对一老师。

此外，对孩子经常进行批评的行为也是老师与家长责任心不强的表现。为什么这么说呢？因为一旦批评产生，责任方就落到了孩子的身上。本来，孩子记不住东西是家长引导的问题，在家长嘴里却成了"孩子，你怎么这么笨？"本来，孩子不愿意背诵是教师引导的问题，在老师嘴里却成了"孩子，你怎么这么不用心？"仿佛所有的问题都是孩子的问题。从本质上说，这种方式是一种责任的"推诿"，而这种劣根性往往深深地植根在我们大部分人的心中。

家长：我该怎么办？

人类之所以能够站在食物链顶端的主要原因就是对工具的渴望和使用超过了所有别的生物。基于这样的基因，我们在遇到问题的时候一定渴望得到某些具体的工具来解决。在帮助孩子记忆这个问题上，我想我们的工具有以下几个，这些工具一点也不奇特。

（1）共同记忆。

（2）鼓励。

（3）耐心。

以上三个工具，应该不用太多的理论解释，如果转化为更可操作的模式应该是以下这样。

（1）孩子记不住的时候你就跟孩子一起来记。

（2）孩子在记忆的过程中你要鼓励他克服记忆障碍。

（3）孩子记了好多遍还是记不住的时候你不要着急，陪他多记几遍。

一定要记住一点，教育从来就不是简单的事情，想解决孩子的问题，你的付出一定会比孩子多得多。除非你选择"放养"，这样你就可以不用在意那么多了。但选择放养是要极大的"勇气"的，因为孩子可能会在很多方面"不如"别人家的孩子，这时候家长一定会着急。

家长也不用太忧虑

不过也不用过于忧虑，因为家长会变得越来越轻松。

积极性的外部刺激的发出者会慢慢从家长转向教师。情况是这样发生的，当孩子记住了很多东西以后，他变得更有自信，学习成绩也更好，这时候积极性的外部刺激越来越多地来源于老师，家长变得越来越轻松。所以说，成绩不好的家长将会面对更大的压力，因为孩子在学校受到了很多消极性刺激，在家的时候您需要更多地积极性刺激来帮助孩子记忆更多东西，从而使学习进步，慢慢改变状况。

更好的情况是，积极性外部刺激渐渐转化为内动力型刺激。情况是这样发生的，在家长的帮助下，孩子能记住的东西越来越多，成绩越来越好，对于这个领域也越来越感兴趣（每个人都会对于自己擅长的领域兴趣度比较高，难道不是吗），于是有了内在动力，这时候记忆就可以成为轻松而顺理成章的事情了。其实，对于语文学科而言，大量的重复记忆工作并不是在课堂或者作业中完成的，而是在生活中完成的。只有对语文产生亲近感，才能够在生活中不自觉地吸收或复习语文知识，不管是看电影、玩游戏还是读小说，我们都会被语文熏染，生活是最好的语文。记忆的自觉性来源于认同感，孩子有了内动力，有了认同感，学习语文才不会是一件特别痛苦的事情了。

一些诸如"悬梁刺股"的歪谈

"悬梁刺股"仅仅是一种克服瞌睡的物理方法而非精神激励。这是孙敬和苏秦为了避免瞌睡而采用的物理刺激方法，前提是他们内心强大的动力足够让他们去主动学习和记忆。因此，如果我们把悬梁刺股作为一种精神激励的话，带来的后果可能是这样的：小红总记不住知识，但是妈妈告诉她要学习"悬梁刺股"的勤奋，于是小红每一天都非常认真而辛苦地抄写生词，但是不知道为什么，她还是记不住，于是觉得自己笨，慢慢地不愿意再记忆。

苏秦的刺股是有前提的，孩子的勤奋也是有前提的。家长应该做的是帮助孩子变得勤奋，而不是督促孩子要勤奋。因为所谓的"勤奋"如果不是出于内心的话，没有任何实际效果。最简单的方法便是，在孩子不愿意记忆的时候陪伴他一起记忆，在孩子愿意记忆的时候鼓励他多记。

是鼓励与合作，而不是监督

最后我还是想强调，不要监督孩子进行记忆，您应该跟孩子一起记忆，如果做不到，那么不应该对孩子有任何的责备。其实，您不需要一辈子都陪孩子进行记忆，您要坚持的时间或许只是一个学期或者一年，这跟投资或晋升都是一样道理。为了孩子，您不能太忙于工作，既然有时间对领导和下属负责，肯定也有时间对孩子负责。因为，教育从来就不是什么轻松的事情，它比工作更辛苦。其实，陪伴孩子学习比监督孩子学习要快乐得多，陪伴会带来同甘共苦的愉悦，而监督只会带来恨铁不成钢的烦恼。

教师能做的：愉悦的刺激

记忆最关键的环节是重复，在这一点上老师往往比较无奈，毕竟教学时间是有限的，而关于语文知识的记忆大部分时候都应该在生活中来完成。一个老师不可能随时随地都帮助孩子记忆。但是，教师应该承担起另一个方面的重任，即尽量提高知识的刺激强度，帮助孩子消除记忆恐惧与记忆障碍，这便是积极性的刺激在教学中的体现，一种被我称之为"愉悦的刺激"的东西。

别让老师成为监督记忆的机器

从以上的谈论中我们了解到，监督对于记忆这件事的作用是吃力不讨好的。最好的记忆是"引导＋陪伴"转化为"内在动力型"记忆。记忆什么以及怎么记忆，是老师的责任；完成记忆的过程先是家长的责任，其次才是孩子的责任。而现在的语文老师们正因疲于帮助孩子进行知识的"落实"（本质是记忆）而感到无奈——不这么做孩子成绩提高不了，做了又好像不符合教育本质。这样的结果就是：孩子天天做好多作业还是记不住，老师天天改好多作业干生气。但是，不这样又不行，原因是家长在孩子学习中的"缺位""错位"。于是，家长"干着急"，老师"干生气"，学生"很叛逆"。

关乎记忆又不关乎记忆

以上谈的都是关于语文的记忆问题，当然语文不仅仅是记忆，还有关于美感的培养、思维的养成、专业知识的理解，甚至是应试方法的传授。在这些方面，家长就不需要"太关心"，除非家长本身是一名教育工作者，因为文学很专业，并不是所有人都可以进行引导的，因此对于语文老师，自身的涵养与素质极其重要，若非这样，老师就成不了"灵魂的工程师"，而只能成为"学习的保姆"。放眼教育界，多少老师由于形势的无奈已经只能成为"学习的保姆"了！老师应该以其在专业领域的强大性而占据优势，对于完成记忆这样的简单劳动，还是交由家长与学生吧。

也许在不久的将来，记忆可以以芯片的形式植入大脑，而运用知识的方法永远不能被取代。

参考答案

第一篇　现代文阅读

第二章

《目送》

问：结合文章内容，简要分析文章题目"目送"的含义。（150字左右）（7分）

答案示例：在文中，"目送"有两层含义。一是目送儿子渐渐长大的背影：我目送儿子进小学教室，过海关去美国，读大学。表达出对儿子的牵挂与不舍，以及面对儿子的成长难以释怀的落寞。一是目送父亲渐渐老去远离的背影：我目送父亲送我去大学报到后离去，父亲进入病房，最后进入火化炉。表达出面对父亲的老去而无法挽留的痛楚。

《韭菜饺子》

问：文章标题有什么作用？（3分）

答案示例：①线索。②暗示文章中心，表现父母对儿子无私的爱。③设置悬念，吸引读者的阅读兴趣。（每点1分，共3分）

《戏霸》

问：结合文章内容谈谈你对第④段加点词语"霸道"的理解。（4分）

答案示例：写出了洛半城学唱《穆桂英大破洪州》速度快，洛半城和戏班子演得好，表达了戏班老板的吃惊和敬佩之情。（评分说明："内容"1分、"分析"2分、"情感"1分，意思表达准确即可）

《母亲》

问：阅读第④段，理解画线语句的含义。（4分）

答案示例：运用了比喻的修辞方法（1分）；把母亲比成了易碎品（1分）；生动形象地写出了母亲随时可能离开我们的特点（1分）；作者意识到：能够和母亲在一起的日子一定要珍惜（1分）。

《黑暗的剪影》

问：阅读第⑧段，说说本段内容在文中都起到了什么作用。（3分）

答案示例：①交待了剪影者二十年来的流浪生活。②引出下文。③为下文写剪影者对"黑暗"的深刻见解和"我"对剪影者二十年来流浪生活的深刻感悟作

铺垫。（共 3 分。共三个要点，每个 1 分）

《我眼中的老龙湾》

问：联系上下文，简要分析文章第②段的作用。（4 分）

答案示例：承接上文写出千姿百态、恣意涌流的泉水给老龙湾带来灵性，又从写出泉水的特点，以及作者的深刻感受，启下写出老龙湾具体的景物描写。（共 4 分。承上内容 1 分，段意 2 分，启下内容 1 分）

《严冬海猎》

问：阅读文中两处画线部分的景物描写，请分别说明作者的描写意图。（4 分）

答案示例：开头部分：①交待故事发生的地点和时间。海面、海肚天，交待了故事的地点——海边。夕阳、暮霭，交待了时间。②渲染冷寒的气氛，为故事的开展做好铺垫。"硕大无朋的冰块""严寒的海面""怕冷的夕阳""几十年未遇的寒流""冷冷清清"渲染了一种冷寂的气氛，为人物的出场做好铺垫。暗示少年正是因为生活所逼不得不下海，烘托出少年坚强的性格。

结尾：深化小说的主题。结尾用"大海静了""静得像守着摇篮的母亲"，来衬托少年完成海猎之后家庭的宁静快乐，揭示出这一家庭备受生活苦难折磨的生存现状，同时也衬托出少年坚强、懂事、富有责任感的性格，深化了作品的主题。

《温暖孤独旅程》

问：文章除选取典型事件，还运用细节描写刻画人物，请结合文章内容简要分析汪曾祺的形象。（不超过 150 字）（7 分）

答案示例："身着灰色棉衣"这一细节体现了汪老的朴素与质朴；"笑着""铁凝，你的脑门上怎么一点儿头发也不留呀？""我是他久已认识的一个孩子"这些细节体现了汪老的平易近人、和蔼可亲；"上午八点半开会，汪曾祺六点钟就起床收拾整齐，等待作协的车来接了。"这一细节体现了汪老对工作认真负责，没有架子。（共 7 分，联系选文 2 分，分析恰当 4 分；表达顺畅 1 分）

《告别老屋》

问：作者在文章中围绕"老屋"回忆了一些难忘的生活片段。阅读第③—⑦段，概括这些生活片段。（4 分）

答案示例：①四处求人，要到老屋。②偕同父母，搬进老屋。③守着老屋，清贫度日（或"坚持写作"）。④整治老屋环境，散步观景。（共 4 分。共 4 空，每空 1 分）

《善良的心》

问：本文既写了一个年轻大学生在工作之初经历的几件事，也写了他当时的心理。阅读第①至⑧段，填写下面的表格。（4 分）

答案示例：①向老板预支工资并借钱，老板无条件满足。②感动。③着急。④加固大棚，为苗池换水。

第三章

《和老妈过招》

1.答案示例：①坐在电脑前琢磨。②反复问同一个问题。③搂、呆想。④羞愧。（共4分。共4空，每空1分）

2.答案示例：委婉地写出了"我"对老妈多次问话的厌烦，又体现了"我"对老妈的尊重。（共4分。共2个内容要点，每个内容要点2分，意思对即可）

3.答案示例：

"告诉我们要理解老人的心理需求"，这一答案得3分；"启发我们要尊重和关心老人"，这一答案得2分；"抒写了人世间亲情的美好"，这一答案得1分。

（共7分。"结合文章的叙事和描写"2分，主题依照以上标准给分，表达2分，只要答出符合文意的答案，即可得分）

《母亲的书》

1.答案示例：①书里藏着母亲对自己母亲和丈夫的思念。②书里有母亲做人的准则。③书里有母亲做事的依据（书里有许多生活常识）。④书里有外公传授给她的医学常识。⑤做人真诚，热爱生活，贤惠，勤劳朴质。

评分标准：本题共6分，①——④每题1分，⑤题2分。

2.答案示例：①表现母亲做人的准则。②母亲教育孩子如何做人。

评分标准：本题共4分，每层意思2分。

3.答案示例：不矛盾。母亲虽然没有正式认过字、读过书，却有丰富的生活经验和生活知识。比如她能把黄历这本生活知识大全背得滚瓜烂熟；她能把《本草纲目》这本博大精深的医书说得头头是道。从这个角度上看，母亲确实是一位博古通今、学识渊博的人。这样写，表达了作者对母亲的赞美和她为母亲骄傲的感情。

评分标准：本题共6分。第一问1分。第二问3分，说出母亲有丰富的生活经验和生活常识给1分，能举例子1分，有小结1分（从这个角度上看，母亲确实是一位博古通今，学识渊博的人）；第三问2分（赞美和骄傲各1分）。

《最美人瑞这样走来》

1.答案示例：①尊重他人（低调谦恭）。②批斗会公然反抗。③宽容无私。④评价作者新书（给作者回信）。（4分。每个要点1分）

2.答案示例：杨绛先生借作者的比喻生发自己的评论，将作者的作品比作珠玉，说其作品很好；把不当的批评比作砖头，鼓励作者自信，体现出了先生的低调谦恭和幽默的特点。（4分。珠玉1分，砖1分，低调谦恭1分，幽默1分）

3.答案示例：第⑤段作者将杨绛先生在文革时，公然反抗造反派批斗，与别人的服服帖帖作对比，突出了她敢于维护自己尊严的勇气，写出了作者的钦佩之情。第⑩段作者将听到杨绛先生的回话与问候比作如夏天喝了冰水那样畅快，表现出先生为人的美，写出了作者在得到这种关怀时的愉悦之情。又如，作者最后联想到再没有"锺书同候"了，暗指可敬的两位老人如今只剩先生一人，表达出一种深深的遗憾之情。（7分。对第⑤段的分析3分，对第⑩段的分析3分，其中内容写法、作用深意、情感各1分，语言表达1分）

《香远益清》

1. 答案示例：①黄昏时分朗润园独坐湖边，静静怀想。②回忆季老书文中尊师重友的有关内容。③怀想季老对在世及离世的师友的尊重之事。

评分：本题3分。每空1分。

2. 答案示例：

两段主要描写朗润园中年轻人和日语系学生对季老的仰慕尊重之情，这自然引出下文季老对师友的尊重内容的回忆，也让读者领悟到季老得到如此尊重的根源；还为文章结尾"尊人者，势必得到人的尊重"这一议论提供依据。

评分：共3分，每个答题点1分。

3. 答案示例：

画线句表达了作者希望尊师重友的光荣传统焕发出新的生命力，不仅提倡还要传承（1分），要像麝香即使捣成灰尘依然香如故，要像莲藕即使折成寸断依旧丝相连，这一光荣传统要代代传承、历久弥香（2分）。作者希望更多的人能像开白色轿车年轻人和日语系的学生那样受到季老尊重重友的影响，弘扬并传承这一光荣传统（2分）。

评分标准：本题5分。对第一个比喻句的理解1分，第二个比喻句的理解2分，结合文章内容2分。

《我的邻居吴冠中》

1. 答案示例：①把价值成百上千万的作品无私捐献。②对患病的老伴呵护如婴儿。③对身边的普通人平和友善。④为了防范赝品行世，不惜毁掉珍贵的印章。

评分：4分。每个要点1分。

2. 答案示例：

含义：印章极有价值，他却毁掉，目的是防止赝品行世，蒙骗他人。（2分）

用意：作者用直接抒情的方式表达了对吴老钦佩赞美之情。（2分）

3. 答案示例：本文运用人物的动作描写，如"他搀扶着她，缓缓地，一步一步"表现了先生对病妻的悉心爱护；神态和语言描写，如"不动声色"，"这都与我无关"，表现了先生对名利的淡泊与超脱。又通过作者的议论，如"老头偏，价值几百万、几千万的传世名画一捐就是百多幅，消费却极端平民化""他丰满而瘦小，平易而固执，誉满全球却像个苦行僧"，表现了吴老高尚的人格，丰富的精神世界。

评分：描写：语言、动作、神态举例并分析作用，写出2点，4分；议论：举例并分析作用2分；语言通顺1分。

《赌》

1. 答案示例：庆幸　轻松　评分：共2分。每点1分。

2. 答案示例：第一处：第⑤段中：（蚊子）眯着眼说："我喝多了，你替我拿着吧。"第二处：第⑦段中：蚊子向里翻了个身，鼾声依旧排山倒海，气势非凡。"我"的心理：既不信任"他"，小心提防，又希望通过五千元钱的"赌"，看到"他"战胜"恶"的念头，改过自新。评分：共4分。每点1分。

3. 答案示例：第⑩段中"当东方云层缝隙中射出几线柔光的时候"，描写了晨光曦微时的景象，渲染了轻松明朗的气氛，衬托出"他"内心中，"善"终于战胜了"恶"的轻松心情。评分：共3分。

4. 答案示例：可以多角度地谈启示。如：①当自己犯下错误时，要正确对待，只要勇于改正，最终就会战胜自己的弱点，成为一个优秀的人。②正确对待犯错误的人。要给予其信任和鼓励，帮助他们战胜"假恶丑"。③要以发展的观点对待人和事，认识到人和事都是变化的，发展的等。评分：共4分。联系文中人物的经历，1分，阐述启示，3分。

《鉴赏家》

1. 答案示例：①专门给季陶民送水果是爱他的画。②懂季陶民的画。（吸气、惊呼时，正是季陶民的得意之笔）③季陶民的紫藤花。④白荷花的特点等。（每空2分）

2. 答案示例：①表现了叶三对画的珍视与痴爱，表明了叶三态度的坚决。②侧面突出了季陶民画的珍贵。③三次面对不同的谈话对象，三次同样坚定的回答，隐含了叶三表里如一、矢志不移、重友谊和重知己的高贵品质。

3. 答案示例一：遵照父亲的遗嘱，把季陶民的画和父亲一起装进棺材里，埋了。在前文中叶三把季陶民送他的画都放在他的棺材里，并且践行了自己的承诺"一张也不卖"。当叶三在生日提出"把四太爷送我的画拿出去裱了，再给我打一口寿材"的要求时，"老大老二就都依了他"，可以看出叶三的儿子很孝顺，所以孝顺的儿子会完成父亲的愿望。

答案示例二：把父亲留下的画珍藏起来，每到清明的时候，总是带到坟前让父亲观赏。文中叶三的儿子很孝顺，所以他们不会违背父亲的意愿，会把画留下。但是如果带进坟墓中，就会使这样的珍品永不见天日，所以选取了一个折中的办法。既能孝顺父亲，又能留下珍贵的画作。（依据文章内容，言之成理即可。）

《老街名嘴》

1. 答案示例：①为母冠家辩理，街道扬名。②评说足球赛事，精准灵验（或：扬名全城）（共4分。共2空，每空2分）

2. 答案示例：①表达了对墩子称赞、佩服、充满敬意的感情。②表达了巴结、讨好、阿谀墩子的感情。（共4分。共2小题，每小题2分）

3.答案示例一：作者在多个具体情节中综合运用了语言、动作、细节等描写方法，多侧面地表现了墩子的个性特征：绸缎行说成生意，表现他的能说会道、古道热肠；与冠家辩理，表现他的不畏强势；训斥马家不孝子、拒绝赌球等，表现他的正直、富有正义感。作品就是这样塑造了墩子这个"老街名嘴"的生动形象。

答案示例二：作者综合运用了外貌、语言、动作、细节等描写方法，塑造了墩子这个"老街名嘴"的生动形象：他的穿着打扮十分抢眼，突出其作为老街"名嘴"外在形象的与众不同；绸缎行说成生意、与冠家辩理、训斥马家不孝子、拒绝赌球等情节，多侧面地表现了他能说会道、为人热情、不畏强势、正直、富有正义感等性格特征。（共7分。举例3分；分析3分；语言1分）（共8分）

《人在胡同第几槐》

1.答案示例：①吃槐花香饼。②人情美好。③苦涩。④生存艰难。

（共4分。每空1分，意思相同即可）

2.答案示例一：不该删去。（1分）文章谈的是槐树，实际上是借槐树谈对胡同院落和北京传统生活的眷恋。（1分）本段作者谈对北京城改造的看法，实际上是从另一个角度（1分）表达自己对胡同院落的情感不会改变，对北京传统生活方式不会消失的信念。（1分）

答案示例二：可以删去。（1分）文章的中心是借槐树表达自己对北京传统生活的眷恋。（1分）本段虽然也谈到了对北京的爱，但大段篇幅都在谈旧城改造，略显枝蔓，（1分）如果删去可使中心更明确集中。（1分）

（共4分。具体采分点见答案标注，意思相同即可）

3.答案示例：

作者在文末用两句诗结束全文直接点明了文章的中心,（1分）表达自己从"小鬼"到"翁叟"（1分）都对以槐树为代表的老北京胡同院落和传统生活充满深深的眷恋之情（1分）。这样写使表达更加凝炼，更富有文采；也使文章抒发的对老北京胡同院落的眷恋之情显得更加浓烈，更容易引起读者共鸣。（1分）同时又与题目"人在胡同第几槐"相照应。（1分）

（共7分。结合文章内容具体赏析5分,具体采分点见答案标注；语言表达2分）

《明月清泉自在怀》

1.答案示例：王维的诗句"明月松间照，清泉石上流"。（指出王维的诗句即可2分）

2.答案示例：诗中有画（1分）

3.答案示例：江南乘舟、溪边浣纱、湖中采莲、亭中赏雪等等。（句式相同，意境贴切即可）（2分）

4.答案示例：第④段开头（1分）

5.答案示例：坦诚 执著 自识（错一词扣1分，扣完为止）（2分）

6. 答案示例：唯有甘于清贫，甘于寂寞，自始至终保持独立的人格，这才是人生"取之不尽、用之不竭"的精神财富。（2分）

7. 答案示例：这句话运用了对偶的修辞手法，句式工整，语言凝练，表达了王维的诗句对我灵魂的照耀和身心的洗涤。（答出"对偶"1分，"赏析"1分）

8. 答案示例：名句：不以物喜，不以己悲。（1分）事例示例：欧阳修被贬滁州，却与民同乐，造福一方。苏轼多次遭贬，却豁达坦然，心忧民生。（2分，人物事件符合观点即可）

《红豆树下》

1. 答案示例：①历史：古老、沧桑（1分）。②外形：躯干粗壮、面容枯槁、枝丫挺立（1分）。③神韵：孑然孤傲、卓尔不群（1分）。

2. 答案示例：交代作者前往红豆山庄的时令季节（1分）；烘托、渲染了作者内心的惆怅和忧思（2分）。

3. 答案示例：突出了柳如是超凡的民族气节和风骨（1分），表达了作者对柳如是、陈寅恪这些人不媚时俗的独立精神和伟大人格的赞颂和敬仰（1分），也表达了作者对世人渐渐遗失了前人精神遗产的痛心与遗憾（1分）。

4. 答案示例：作者担心人工再现的建筑，会淹没了红豆古树（2分）；作者更为人们热衷于俗世的追求，而忽视了品格、风骨的继承感到可惜（2分）。

5. 答案示例：结构上，呼应前文，前面写"江南春雨，却催不出这古老红豆树的新枝，它已经有80年未开花结果，到哪里去采撷红豆？"结尾写"不知道红豆古树何时能再发出新枝，何时能再开花结果。"（2分）

内容上：抒发了作者的忧思之情，写出了作者期盼红豆古树能再发新枝、开花结果，表达了作者对民族气节与傲岸风骨的呼唤与追寻。（2分）

《雨荷》

1. 答案示例：这句话用了比喻的修辞手法，把红莲比作燃起的火和要倾泼的颜色，生动形象地写出了红莲鲜艳、热烈及勃勃生机，表达了作者对红莲的赞美之情。

2. 答案示例：表明作者的人生态度是：如果拥有雨荷的精神，那么，即使身处冷漠、灰暗的逆境，也能傲然面对，用心中的阳光去照亮自己，照亮生活，去努力创造美好的人生。

3. 答案示例：通过描写雨中红莲的情态，表达了作者对红莲顽强生命的歌颂与赞美。

4. 答案言之有理即可。

5. 答案言之有理即可。

《木瓜树的选择》

1. 答案示例：水沟里，木瓜树依靠烂泥和污水生活，长得翠绿而挺拔；在花

园里，木瓜树拥有向阳的角落和阳明山的有机土，与茶花和杜鹃花为伴，却完全地枯萎了。（4分，每点2分）

2.答案示例：①同情。②怅然。（4分，每点2分）

3.答案示例：保持对美好的憧憬与向往，应该是人生的价值与意义之所在。木瓜树的经历警示我们，在任何时候不能颓废，不能同流合污，否则就会被生活的污泥浊水湮没。生活中难免有丑陋丑恶的时候，我们要有一颗分辨是非美丑的心灵，摒弃那些不健康的东西。只要我们有积极向上的心态，有美好的梦想，我们就会让自己的生活充满阳光和希望。（7分。理解感悟2分；分析阐述3分；语言表达2分）

《老海棠树》

1.答案示例：①糊纸袋。②补花。③扫院子、扫街。④识字、读报纸。（4分，每空1分）

2.答案示例：叹号表感叹，写出我急于想得到奶奶的原谅；破折号表声音的延长，写出我的哀求。（4分，每点2分）

3.答案示例：因为"奶奶和一棵老海棠树"在"我的记忆里不能分开"，老海棠树见证了我和奶奶生活的点点滴滴。老海棠树上曾经有过我无忧无虑的童年，老海棠树下有奶奶的慈爱与羡慕，有奶奶年复一年的劳碌和盼望，盼望着有正式的工作，盼望着能够通过学习变成有文化的人，跟得上时代。"奶奶坐在满树的繁花中，满地的浓阴里"的形象已经永远定格在我的记忆里。（7分。联系2分，概括2分，分析2分，表达1分）

《精神与肉体的抗衡》

1.答案示例：①房间、厨房、客厅。②这样安排是为了表现陈老为孙子的安全考虑得很仔细，做了很多消除隐患的事情。或"陈老为争取孙子留下做了很多事情，表现陈老对孙子细致入微的爱"。

2.答案示例：这是人物的动作描写，反复地开关，表现了陈老内心的忐忑不安，唯恐在此环节留下安全隐患。

3.答案示例一：陈老可能在楼下摔了一跤心脏病突发而死。理由：陈老做了这么多事就是想把孙子留在身边，自从知道儿子要把小宝带到远远的西方去，精神打击过大，心脏病突发，再也没有起来。

答案示例二：陈老可能跳楼自杀而死。理由：知道儿子要把小宝带到远远的西方去，陈老觉得自己孤独的暮年更没有了继续下去的理由。小说交待窗子被陈老仔细上了锁的，结尾窗子却是开着的，靠墙还有椅子，是跳楼自杀。

4.答案示例一：我喜欢"导读一"，因为"导读一"相对容易读懂一些。"导读一"把陈老的行为以及为什么这样做是连起来叙述（交代）的，几个行为就是几个并列的结构，这样结构整齐，节奏流畅。（反复渲染，读起来很酣畅。）

答案示例二：我喜欢"导读二"，"导读二"最主要的特点是把人物的行为与原因分开叙述，这样的好处是在前半部分设置悬念，激发读者的阅读兴趣，后半部分集中交代了原因，给人豁然开朗的感觉。（同时反复强调"陈老就只有这么一个孙子"，让人很震撼。）（意对即可）

《他们那时候多有趣啊》

1. 答案示例：①孩子们到一个集中的地方学习。②年龄相当的孩子学一样的功课。③老师是真人。（评分：共3分。每个要点1分。）

2. 答案示例：相同点：都有老师。不同点：现在学校的老师是真人；未来"机器学校"的老师是机器人。（评分：共4分。相同点和不同点各2分。）

3. 答案示例：现在的教育怎样才能更好地做到因材施教？（评分：共2分。）

4. 答案示例：我认为人类理想的学校应该是适合每个学生的。学校对每个新入学的学生进行各种测试，掌握每个学生的特点，如积累了哪些知识，有什么兴趣爱好，有什么特长，将来适合做什么工作等。根据这些特点制定出具体计划，用机器老师和真人老师相结合的方式教育学生，使每个学生都能够成为优秀人才。（评分：共5分。观点明确2分，内容具体2分，语言通顺1分。）

《手》

1. 答案示例："胖男人"怯懦怕事 "小伙子"明哲保身。（每条1.5分，共3分）

2. 答案示例：①叔叔，你停手吧！（或"叔叔，你回答我的问题呀！"）

②小子，你不想混了吗？

③你的不轨行为我们都已经看在眼里了，住手吧。（大意对即可，每条1分，共3分）

3. 答案示例：第⑩自然段（2分）

4. 答案示例：用比喻的修辞手法表现"公文包"在与小男孩的对话中有激烈的思想斗争，以致让刀片划破了手。（手法1分，效果1分，共2分，若只答"表现小男孩欣赏'公文包'的手"或"表明小男孩发现'公文包'的手里藏有刀片"则只给1分）

5. 答案示例：

线索。（1分）

主题：（答出以下任意一点即给2分）

（1）文章通过叙述"公文包"从演奏家的好苗子到后来走上犯罪道路的故事，告诉我们，手可以用以弹奏美妙的音乐，也可以做出偷盗这样为人所不齿的事。我们要让自己的手像心灵一样向善向美，做出正确的选择。

（2）文章通过叙述小男孩频频夸赞"公文包"的手，最后使"公文包"中止犯罪的故事，赞美了小男孩的纯真可爱（或"智勇双全"）。

（3）文章通过对车厢众生态的描写，如胖男人束手受辱，小伙子出手有忍，乘客袖手旁观，批判了人们对邪恶势力的纵容。

（4）文章通过"公文包"离家出走后走上犯罪道路的故事，告诉我们，要反思家庭教育在青年人的成长过程中的重要影响。（线索和主题共3分）

6.这是一道开放型试题，言之成理即可。

答案示例一：发现了。小男孩是一位智勇双全的小英雄，他目睹"公文包"在前两次偷窃一无所获之后即将第三次行窃，用赞美"公文包""手真好"的方式巧妙地使后者中止了偷窃行为。

答案示例二：没发现。小男孩天真无邪，率真可爱，他由衷地欣赏，赞美"公文包"的手"真好"，并真诚地与"公文包"攀谈，是小男孩的天真举止触动了"公文包"，从而使"公文包"中止了偷窃行为。（回答"发现了"或"没发现"1分，人物形象1分，说明理由1分，共3分；只回答"发现了"或"没发现"而没有分析人物且没有说明理由则不得分；只回答"发现了"或"没发现"和人物形象，没有说明理由得2分。）

第四章

《我们的身体需要变"碱"吗》

1.答案示例：用生活中人们"恐酸"的现象引出下文对人体酸碱度说明。（评分说明：交代现象1分，引出酸碱度说明1分。）

2.答案示例：因为小李的血液和尿液的pH都在正常范围值之内，所以不用补碱。因为人体的pH值是基本不变的，人类从消化系统到排泄系统，再到呼吸系统都精密地控制着酸碱平衡；并且人正常的尿液的pH多呈酸性，如果一个人的尿液呈碱性，反倒是不健康的，所以补碱也没用。（评分说明：分析"不用补"2分，分析"补了也没用"3分，意思表达准确即可）

第五章

《日成一事，方可有为》

1.答案示例：日成一事，方可有为。（共2分）

2.答案示例：强调了"日成一事"的重要性，引出中心论点；并作为事实论据证明中心论点；引起读者阅读兴趣。（共3分，每个要点1分）

3.C 理由：答案示例：因为本文的中心论点是"日成一事，方可有为"，意思是说每天要把一件小事做好，把细节顾全或不慌不忙，不急不躁，才能有所作为。而选项C的意思是"平时爱好读书，但不过分寻求深奥的解释，不在细微处下功夫，往往对书中的意义有所体会，便高兴得忘记吃饭"。既没有强调做事专重细节，也没有强调做事不慌不忙，不急不躁。这与本文的观点不一致。所以C项不适合作为选文论据。（共5分，判断1分，理由4分，理由每个要点1分，意思近即可）

第三篇　基础知识

字音字形

1.C　2.A　3.C　4.D　5.C　6.B　7.C　8.D　9.D　10.B　11.D　12.C　13.A
14.C　15.D　16.C　17.B　18.A　19.C　20.D

辨析并修改病句

1.D　2.B　3.D　4.A　5.A　6.A　7.C　8.B　9.B　10.A　11.B　12.B　13.D
14.B　15.D　16.D　17.D　18.B　19.D　20.D

标点符号的用法

1.B　2.D　3.B　4.C A E D B　5.A E F C D B　6.B A C　7.D　8.B　9.A　10.D
11.D　12.C　13.C　14.A　15.C　16.B　17.C　18.B　19.D　20.D

语言的衔接连贯

1.C　2.D　3.C　4.D　5.C　6.C　7.D　8.B　9.A　10.C　11.C　12.D　13.D
14.D　15.C　16.C　17.D　18.C　19.B　20.B

修辞种类与鉴赏

1.A　2.D　3.C　4.B　5.C　6.D　7.C　8.B　9.B　10.C　11.C　12.A　13.A
14.B　15.D　16.C　17.A　18.B　19.B　20.D